Ina Lackert

Milch, Honig und Granat-Äpfel

W0177444

lichtzeichen VERLAG

Danksagung

Freunde sind ein kostbarer Schatz! Eure Begleitung hat meine Jahre in Israel ermöglicht. Ihr inspiriert mich auf Eure ganz persönliche Art. Wo auch immer Ihr jetzt seid – Danke für die Spuren in meinem Herzen!

Gertraud & Rainer – Euer Impuls war der Startschuss zu diesem Buch.

Esther, Harald, Vera – Danke für die vielen Stunden, die Ihr investiert habt, um den Rohdiamanten zu schleifen und zu polieren. Schaut, wie er glänzt!

Friedrich & Brigitte, Adam & Regina – Ihr seid ein Segen, der sich nicht in Worte fassen lässt.

Über allem: soli Deo gloria!

Inhalt

Prolog

Es gibt eine treffende Lebensweisheit von Søren Kierkegaard: *Das Leben kann nur in der Schau nach rückwärts verstanden, aber nur in der Schau nach vorwärts gelebt werden.*[1] Dieses Buch ist beides – Rückblick und Ausblick. Alles, was wir erleben, prägt und verändert uns, manchmal deutlich spürbar und offensichtlich, manchmal kaum merklich. Das Leben ist eine Reise. Eine Reise im klassischen Sinn hier auf der Erde, also Fortbewegung und Neuentdeckung, aber auch eine Reise durch unser eigenes Ich, das wir unterwegs immer besser kennenlernen – jedenfalls dann, wenn wir ehrlich zu uns selbst sind. Eine Reise, die die Lebenswege anderer kreuzt. Diese Begegnungen hinterlassen Spuren, sowohl bei uns als auch bei anderen, und manche dieser Spuren bleiben unvergesslich.

Der Reiseabschnitt, von dem dieses Buch erzählt, beginnt im Frühling des Jahres 2000. Ein neues Millennium hat begonnen. Y2K, der weltweit angekündigte, breitflächige Kollaps von Technologie und Computersystemen zur Jahrtausendwende, hat sich als Nicht-Ereignis entpuppt. Der Alltagstrott hat die Menschheit wieder – auch diejenigen, die sich durch so manches Apokalypsen-Szenario aus dem Tritt haben bringen lassen. Wir schreiben ein neues Jahrtausend und für mich beginnt ein vollständig neuer Lebensabschnitt. Ich werde die Sicherheit und Bodenständigkeit, die wir Deutschen so lieben, hinter mir lassen und in ein fernes Land ziehen. Fern? Das kommt auf den Blickwinkel an. Ich werde mich auf den Weg in den Nahen Osten, genauer gesagt nach Israel, machen. Zwischen Deutschland und Israel liegen tatsächlich ein paar Tausend Kilometer, doch in mancherlei Hinsicht stehen sich beide Länder viel näher als man denken mag. Die Schicksale beider Nationen und ihrer Menschen sind miteinander verwoben. Auf beiden Seiten brauchen viele Familien nur wenige Generationen zurückzuschauen, um diese Berührungspunkte zu finden. So auch ich.

Ausgangspunkt Braunschweig

Geboren und aufgewachsen in Braunschweig, Tochter von Eltern, die es als Jugendliche nach den Wirren des Zweiten Weltkriegs und der nachfolgenden Teilung Deutschlands dorthin verschlug; die sich als Erwachsene begegneten, heirateten und dann irgendwann mich in den Armen hielten. Wie jeder Mensch machte ich meine eigenen Wirren durch; suchte mich, fand mich, fand das Leben. Ein Leben, das ich möglichst Sinn-voll und Sinn-stiftend leben möchte.

Ich kann mich daran erinnern, dass ich bereits als Jugendliche erstaunt war, wie oft in den Nachrichten aus oder über Israel berichtet wurde. Als hinge das Heil der ganzen Welt vom Geschehen in jenem Land ab (was es in gewisser Weise auch tut). Oft genug, eigentlich fast ausschließlich, ging es um kriegsähnliche Auseinandersetzungen, Sprengstoffattentate, Steine-Werfen und Molotow-Cocktails. Verstehen konnte ich diese Auseinandersetzungen, die so weit weg geschahen, kaum oder gar nicht, dennoch gingen sie mir nach. Im Geschichtsunterricht lernte ich natürlich auch vieles über den Zweiten Weltkrieg. Wie jeder Schüler sah ich Bilder von Leichenbergen und von ausgemergelten, fast verhungerten Menschen in Konzentrationslagern mit tieftraurigen Augen. Augen, die still um Hilfe schreien und in denen doch noch ein Funken Hoffnung, klein wie ein Staubkorn, zu finden ist, wenn man sich die Zeit nimmt, genau hinzuschauen, und den Mut aufbringt, dem schmerzend-kläglichen Blick standzuhalten. Diese Bilder haben mich immer tief berührt und alles in mir schrie „Unrecht". Unfassbares Leid, Trauma, Horror, und das millionenfach, auf der einen Seite – und auf der anderen? Eine wie geschmiert laufende, industrialisierte Tötungsmaschinerie „Made in Germany", inszeniert von einem Psychopathen, umgesetzt von seinen wie Marionetten funktionierenden „Organen", die entweder feige und willenlos oder von Machthunger und Geltungssucht getrieben agierten, und eine breite Masse, die vorgab, von all dem Unrecht, das vor ihren Augen geschah, nichts mitbekommen zu haben.

Wie konnte so etwas passieren?

Dem Bösen etwas entgegensetzen

Irgendwann begriff ich, dass die Stadt, in der ich geboren und aufgewachsen war, diesem unbeschreiblichen Unheil Tür und Tor geöffnet hatte. In Braunschweig wurde Hitler zu einem deutschen Staatsbürger gemacht – Grundvoraussetzung für die Aufstellung zur Wahl zum Reichskanzler. Und dann wurde mir klar, dass ich, klein und unscheinbar wie ich auch sein mag, diesem schrecklichen, nicht wiedergutzumachenden Tiefpunkt der Geschichte etwas Positives, Heilendes, Versöhnendes entgegensetzen möchte.

Ein Jahr Freiwilligendienst in Israel, das war mein Plan. Ich wollte ein Jahr meines Lebens meine eigenen Wünsche und Ziele zurückstellen und diejenigen in den Mittelpunkt stellen, denen meine Stadt (durch die einst gewährte Gefälligkeit) und mein Land so ziemlich alles genommen hatte: ihre Habseligkeiten, ihre Würde, ihre Träume, ihre Gesundheit, ihr Leben. Freund sein – ein richtig echter, verlässlicher Freund, in guten wie in schlechten Zeiten – das wollte ich. Und das durfte ich werden!

Heute blicke ich auf zwölf Jahre Freiwilligendienst in Israel zurück. WOW – Wunder, oh Wunder! Wenn mir das jemand im Frühjahr 2000 gesagt hätte, hätte ich ihn für übergeschnappt gehalten. Oft genug in diesen zwölf Jahren habe ich vor Staunen inne gehalten und konnte es kaum fassen, dass ich bereits einen so langen Zeitraum in Israel lebe. Während dieser Jahre arbeitete ich mit einer internationalen christlichen humanitären Organisation, Bridges for Peace (BFP), die sich zum Ziel gesetzt hat, Wege der Versöhnung zwischen Christen und Juden sowohl zu suchen als auch zu gehen. Etwas, das mir aus dem Herzen sprach und von dem ich spürte, dass es ein passender Ansatzpunkt für mich war. Doch unser Leben besteht nicht nur aus Arbeit, jedenfalls sollte das nicht so sein. Und so wusste ich, dass mir jeder Tag neben der Arbeit noch weitere Möglichkeiten bieten würde, Menschen zu begegnen, worauf ich mich vielleicht noch mehr freute. In dieses Jahr, das ich im Sinn hatte, wollte ich möglichst viel hineinpacken und alles mitnehmen, was sich mir anbot. Manches kam anders und in vielerlei Hinsicht war es abenteuerlich, manchmal aber auch alles andere als leicht.

Heute lebe ich wieder in Deutschland und bin nicht mehr die Person, die im Jahr 2000 nach Israel gegangen ist. Ich schaue auf meine mannigfaltige Entdeckungsreise zurück wie auf ein Puzzle, das sich zusammengefügt hat und ein harmonisches Bild ergibt. Und ich schaue nach vorne auf einen neuen Lebensabschnitt, für den ich aus dieser Entdeckungsreise einige Puzzleteile mitgebracht habe, für die ich nun den ihnen angemessenen Platz suche. Leben eben. Live und in Farbe. Spannend und einzigartig. Wunder-schön!

Grundlage für dieses Buch ist eine Kollektion von Briefen, die ich in den zwölf Jahren an mein deutschsprachiges Netzwerk verschickt habe. Es soll eine Art Entdeckungsreise durch Land und Leute darstellen. Eine Reise, die Fragen aufwerfen und zum Nachdenken anregen soll. Eine Reise durch mein eigenes Leben, durch meine Gedanken, meine Fragen, mein Suchen, mein Tun, mein Erleben, authentisch und ehrlich.

Noch ein Wort zum Titel dieses Buches: Wenn man sich mit Israel beschäftigt, begegnet einem früher oder später die Bezeichnung „das Land, in dem Milch und Honig fließen". Ich habe mich oft gefragt, wieso. Viele Reportagen zeichnen eher ein Bild, das von Auseinandersetzung, Anfeindung, Waffengewalt und Terror geprägt ist; Milch und Honig sind da kaum zu entdecken. So hatte auch ich Israel viele Jahre lang wahrgenommen – als eine konfliktdurchsetzte Region, in der es stets brodelt und immer mal wieder überkocht. Während meiner Jahre in Israel durfte ich jedoch auch diese vielzitierten Attribute, also die Milch und den Honig, wahrnehmen und kosten. Israel ist ein Land, das nicht nur facetten- und abwechslungsreich ist, sondern auch ein Land, das nährt, stärkt und mit seiner Süße überrascht. Milch und Honig sind also markante, symbolische Begriffe für Israel, denen ich, aus meiner persönlichen Erfahrung heraus, einen weiteren hinzufügen möchte: Das Land von Milch, Honig und Granat-Äpfeln.

Granatäpfel? Wieso das? Wir kennen diese Frucht saisonbedingt aus dem Supermarkt. Herrlich, köstlich, erfrischend, gesund. Wenn man sie öffnet trägt man besser eine Schürze oder dunkle Kleidung, denn sie brechen auf, einer Zersplitterung gleich, und Hunderte von saftigen Kernen geizen nicht damit, ihr kostbares Gut zu verspritzen. Ob als Saft, im Salat oder auf Eis – Granatäpfel sind einzigartig. Es existiert sogar der Mythos, dass jeder Granatapfel exakt 613 saftige Kerne enthält – ein Symbol für die 613 zu beachtenden Gebote in der jüdischen Religion. Ich habe es geprüft – es stimmt NICHT! Auch das ist etwas, das Granatäpfel mit Israel verbindet – Mythos und Realität.

Auf Hebräisch heißen sie „Rimonim", in der Einzahl „Rimon", und die deutsche Übersetzung könnte passender nicht sein. Es ist ein Wort, das außerhalb der Agrarwirtschaft in einem ganz anderen Kontext genutzt wird. Denn: „Rimonim", das sind nicht nur Granatäpfel, nein, das sind auch Handgranaten. Und so wandelt sich der Begriff für eine köstliche, nahrhafte Frucht plötzlich und unerwartet auch in einen Begriff, der Kampf und Zerstörung, Leben und Tod, Angriff und Verteidigung bedeutet. Es ist, als hätte der Granat-Apfel zwei Seiten: Im einen Kontext liegt die Betonung auf „Apfel", im anderen auf „Granate". Ich habe oft miterlebt, wie rasch etwas Schönes in etwas Tragisches zersplittern kann. Ich durfte aber auch staunen, welch unerwartete Schönheit oder welch ein Segen aus einer tragischen Situation hervorging. In Israel liegen Freude und Trauer, Jubel und Verzweiflung, Tod und Leben nie weit auseinander. Wie nah Dinge wie diese beieinander liegen, habe ich manchmal kaum fassen können.

Dieses Buch ist eine Einladung, mich auf meiner Reise zu begleiten und den Herzschlag der Menschen in Israel wahrzunehmen. Vor allem aber ist es eine Einladung, zwischen den Zeilen zu lesen und die eigene Entdeckungsreise anzutreten.

Alles wird anders. Ganz anders!

Mein Start ins Abenteuer. Israel blühte und florierte, es erlebte einen Touristenrummel wie noch nie zuvor. Das hatte vielfältige Gründe. Zum einen weil vor rund 2 000 Jahren Jesus Christus in Bethlehem geboren wurde, zum anderen hatte Papst Johannes Paul II. Israel bereist – der zweite Papst erst, der je seinen Fuß in dieses Land setzte. Millionen von Katholiken spürten nun eine neue Freiheit, die Wiege des Christentums zu besuchen. Etwa vier Jahre zuvor wurde die zweite Stufe des Oslo-Friedensprozesses ratifiziert und es war in Bezug auf Terroranschläge stiller in Israel geworden – auch wenn so manchem sicher klar war, dass dieser Friede trügerisch und zerbrechlich war.

Die ersten drei Monate des Jahres, ehe ich ins Flugzeug stieg, verbrachte ich damit, meine Abreise aus Deutschland vorzubereiten, meinen Haushalt aufzulösen, meine Stelle als Erzieherin zu übergeben, allerlei notwendige Bürokratie zu bewältigen und mich von vielen Menschen, die mir lieb und wichtig waren, zu verabschieden. Auch auf Israel hatte ich mich vorbereitet. Nicht genau wissend, was mich erwarten würde, einem weniger komfortablen Lebensstandard entgegenblickend, traf ich Vorsorge – so wie wir Deutschen das gern tun. Alles in allem waren es sehr beanspruchende drei Monate, erfüllt von großer Vorfreude auf den Schritt aus meiner Wohlfühlzone heraus in ein Abenteuer hinein.

Die ersten Monate in Israel waren davon geprägt, mich zurechtzufinden. Vieles war Neuland: Ein Bürojob statt Sozialarbeit, Leben in einer Wohngemeinschaft, Englisch als Hauptsprache, Hebräisch bröckchenweise als Nebensprache, einen Freundeskreis aufbauen, und all das inmitten einer Lebenskultur, die ein Patchwork aus vielerlei Elementen ist.

Es war eine spannende, eine aufgrund der vorprogrammierten Missverständnisse oftmals urkomische Zeit. Aber es war auch eine tragische Zeit. Drei Wochen nach meiner Abreise erkrankte meine Mutter urplötzlich und unvorhergesehen an einer Lungenentzündung und starb zwölf Tage später. Sie starb in der Nacht zum israelischen Unabhängigkeitstag, den die Nation jährlich ausgelassen feiert; eine Nacht in der der Nachthimmel von fröhlichen Feuerwerken erhellt wird. Eine Nacht der krassen Gegensätze für mich. Etwas, das ich in meinen Jahren in Israel noch oft erleben sollte.

Somit reiste ich zunächst nach Deutschland zurück, verabschiedete mich von meiner Mutter, bettete sie in Kissen und in Erde und übergab sie einem besseren Leben in der Ewigkeit.

Und dann, Ende September 2000, brach die *Zweite Intifada* aus. Intifada heißt übersetzt so viel wie „sich erheben, loswerden, abschütteln". Eine erneute Terrorwelle erschütterte Israel und ich war mittendrin. Unvorhergesehen spürte ich hautnah, was Terror bedeutet und wie er sich im Alltag auswirkt – auf jedes Menschenleben, zu jeder Tageszeit. Ein Ende war nicht abzusehen. Das florierende Leben in Israel verwandelte sich ins Gegenteil und glich einem Luftballon, aus dem langsam, aber stetig die Luft entweicht. Auch ich brauchte einige Zeit, bis ich diese veränderte Alltagsrealität begriff. Wie „integriert" man solch einen Irrsinn ins tägliche Leben? Und wie schützt man sich, innerlich und äußerlich? Fragen, die ich mir bis dahin so nicht stellen musste, doch nun platzten sie plötzlich, fordernd und erbarmungslos in mein Leben hinein.

Ankunft in der neuen Heimat

Da bin ich nun. Israel ist greifbare Realität. Die Tage seit meiner Ankunft waren aufregend – vor allem deshalb, weil ich noch immer dabei bin, mich zu akklimatisieren und zurechtzufinden und zu begreifen, dass ich hier nicht nur Urlaub mache.

Man hat mir einen warmen und herzlichen Empfang bereitet. Direkt nach meiner Ankunft begleitete mich einer der Mitarbeiter zu meiner Wohnung im Süden Jerusalems. Es ist eine ruhige und angenehme Wohngegend und ich habe es nicht weit zur „Haas-Promenade" – einem wunderschönen Aussichtspunkt, von dem man die Altstadt und den berühmten Ölberg überblicken kann.

Die Wohnung, in der die Organisation mich untergebracht hat, ist gut ausgestattet. Ich muss gestehen, dass ich weit weniger Komfort erwartet habe. Diese Wohnung teile ich mir derzeit mit einer knapp siebzigjährigen Texanerin. Eine weitere Person soll in absehbarer Zeit dazukommen, dann ist die Dreier-WG komplett.

An meinem offiziellen Begrüßungstag lernte ich Leiterschaft und Mitarbeiter der Organisation kennen. Die Herzlichkeit und Hingabe sind beeindruckend. Gemeinsam mit zwei anderen „Neuen" gingen wir auf Orientierungstour, durch die wir einen Überblick über das Riesenunternehmen erhielten. Es war ziemlich überwältigend. Im Lebensmittelverteilzentrum werden täglich zwei Tonnen Lebensmittel an Bedürftige ausgegeben. Diese Nahrungsmittel werden frisch eingekauft, es sind keine Überbleibsel, wie wir es von den Tafeln in Deutschland kennen. Die Menschen, die in ihrer Not zu uns kommen, leben größtenteils in schrecklich demütigenden Verhältnissen, sodass *Bridges for Peace* ihnen mit dieser Geste auch Wertschätzung und aufrichtige Liebe entgegenbringen möchte. Etwa fünfundzwanzig Volontäre bewältigen die Aufgabe der Lebensmittelportionierung und -verteilung. Da das Passahfest bevorsteht, werden in dieser Zeit zusätzlich zu den üblichen Lebensmittelpaketen täglich zwischen 400 und

500 „Passahpakete" an jüdische Familien verteilt. Darin ist alles enthalten, was für ein traditionelles Passahfest notwendig ist. Viele der jüdisch-orthodoxen Familien leben unterhalb der Armutsgrenze und sollen dadurch Verständnis und Achtung erfahren. Auch Neueinwanderern möchten wir das Feiern ihres ersten Passahfestes in Israel mit dieser Gabe ermöglichen. Diese Geste baut eine Brücke zwischen Judentum und Christentum, denn oft genug wurden im Namen des Christentums in den vergangenen Jahrhunderten Juden und ihre Feste verunglimpft, wurden sie ihrer Identität und Glaubensausübung beraubt.

Preise zum Abgewöhnen

Einkaufen ist ein Unterfangen aus „Versuch und Irrtum", ein Orientieren an Bildern und dem Kontext des Lebensmittelregals. Wie unterscheidet man Joghurt von Schmand von Schlagsahne, wenn die Sprachbarriere einen hindert, das Gedruckte zu verstehen und sich die Becher ähneln? Momentan findet sich dann und wann unfreiwillig etwas auf meinem Speiseplan, das eigentlich etwas anderes hätte sein sollen.

Beim Einkauf für meinen persönlichen Bedarf mache ich an der Kasse manchmal sehr große Augen, denn die Preise haben es im Vergleich zu Deutschland in sich. Ich begreife, wie schwer es sein muss, hier eine Familie zu ernähren, wenn auch nur ein Elternteil von Arbeitslosigkeit betroffen ist. Es gibt keine so umfangreiche „Sozialhilfe" wie in Deutschland. Zur Verdeutlichung einige Beispiele:

- Im Vergleich zu Deutschland kostet ein Liter Milch das Zweieinhalbfache, ein Becher Naturjoghurt das Fünffache;
- ein Paket Cornflakes kostet das Vierfache und ein Glas Nutella oder ein simples Toastbrot das Sechsfache;
- Deodorant kostet den achtfachen Preis, Shampoo etwa den sechsfachen.

An meinem zweiten Tag wurde ich in meinen Arbeitsbereich eingeführt. Ich bin dafür zuständig, täglich mindestens einmal die Webseite zu aktualisieren und neue Artikel hochzuladen. Außerdem fallen diverse Büro- und Sekretariatstätigkeiten an und eine vielfältige Datenerfassung will auch auf dem Laufenden gehalten werden. Weiterhin ist angedacht, dass ich verschiedene Publikationen ins Deutsche übersetze. Es ist viel Verwaltungs- und Computerarbeit, doch jeder von uns hat auch regelmäßig die Gelegenheit, im Lebensmittelverteilzentrum mitzuhelfen. Das wird in der ersten Zeit für mich nicht möglich sein, weil der Administrationsbereich zur Zeit unterbesetzt ist und ich ein Intensivtraining durchlaufe, denn in zwei Monaten werde ich bereits die „Dienstälteste" sein. Die anderen beiden Kollegen dieses Bereichs befinden sich im Heimaturlaub oder beenden ihren Dienst in naher Zukunft.

Zwischen Trauern und Entrümpeln

Die letzten Wochen waren sehr ereignisreich für mich. Da ist so viel Neues, das auf mich einströmt und in dem ich mich zurechtfinden muss. Mitten dorthinein platzte die Nachricht, dass meine Mutter plötzlich an einer sehr schweren Lungenentzündung erkrankte. Zwölf Tage lag sie im Koma und schwebte zwischen Leben und Tod. Dann starb sie.

In Worte zu fassen, was in mir vorgeht, nachdem meine Mutter heimgegangen ist, wie ich all das zu bewältigen versuche, was mich in der Zeit ihres Krankenhausaufenthalts beschäftigt hat, fällt schwer. Ich glaube, es wird noch eine ganze Weile dauern, bis ich mich da durchgewühlt habe. Trotzdem kann ich in dieser Situation sagen: Ich fühle mich total von Gott getragen und in seinem Frieden geborgen, auch wenn ich mich jetzt manchmal nackt und schutzlos fühle, weil meine Mutter nicht mehr da ist. Sie war ein Stück von mir – oder besser gesagt ich von ihr – und das fehlt mir nun auf dieser Seite des Lebens.

Ich bin unendlich dankbar für die letzten Jahre, die ich mit meiner Mutter erleben durfte. Durch viele Gespräche mit den verschiedenen Ärzten nach ihrem Tod habe ich herausgefunden, dass es medizinisch betrachtet ein unerklärliches Wunder ist, dass meine Mutter überhaupt so lange gelebt hat. Als sie 34 Jahre alt war, erlitt sie einen Schlaganfall, den ein Blutpfropfen, der durch ihre dysfunktionale Herzklappe durchgeschwemmt wurde, ausgelöst hat. Ihr Herzklappenfehler wurde jahrzehntelang nicht festgestellt, geschweige denn behandelt. Man hat ihrem Körper angesehen, dass er viel kämpfen musste, und eigentlich hätte sie ihre schwere Herzoperation vor sechseinhalb Jahren gar nicht überleben dürfen. Aber letztlich entscheiden nicht Ärzte über Leben und Tod, sondern Gott. In diesem Licht betrachtet kann ich mehr als dankbar sein, denn in diesen Jahren konnten meine Mutter und ich viele Dinge aufarbeiten, die uns in der Vergangenheit tief verwundet haben. Wir konnten einander Vergebung zusprechen und in Versöhnung weitergehen. Es war kein leichtes Leben, das ihr beschert worden war, ganz im Gegenteil. Das, was sie „packen" musste, ging in jedweder Hinsicht an die Substanz, manchmal gar bis zu einem Punkt, der sie fast das Leben gekostet hätte.

In diesen geschenkten Jahren hat sich meine Mutter mit Gott ausgesöhnt. Und obwohl ich ihr für sie, sicher aber auch für mich, noch ein paar schöne, friedvolle Jahre hier auf Erden gewünscht hätte, gönne ich ihr von Herzen diese wunderbare Herrlichkeit des Himmels, die sie nun erleben darf. Und ich? Ich stehe inmitten aller Trauer in Ehrfurcht und staunender Dankbarkeit vor Gott. Er hat mich nicht nur getröstet und getragen, sondern obendrein die perfekte Lösung für alle Dinge geschenkt: Die Wohnung meiner Mutter konnte ich möbliert weitervermieten. Alle Papiere kamen rechtzeitig zusammen. Alle Rechnungen konnten bezahlt werden. Das Beerdigungsinstitut war mehr als sorgfältig und sensibel. Es konnte genau die Beerdigungsform gefunden werden, die sich meine Mutter gewünscht hatte. Innerhalb von zwei Wochen habe ich das irdische Dasein meiner Mutter „abgewickelt". Es war manchmal wirklich kaum zu fassen, dass alles so parallel abläuft: Trauern, Papierkram, Vermissen, Entrümpeln, Gefühle verarbeiten, Organisieren ... Und hautnah ist mir klargeworden, dass im Prinzip nichts von uns übrig bleibt in dieser Welt, wenn wir einmal gegangen sind: Unser Leben verschwindet in Kisten und Säcken oder auf dem Sperrmüll, Fotos und Erinnerungen verblassen ... Was bleibt? Es bleibt nur das, was wir in die Herzen der Menschen hineingelegt haben. Unsere Spuren in ihren Herzen, in ihrer Seele und in ihrem Geist. Das, was Gott durch meine Mutter in mich hineingelegt hat, wird weiterleben. Es sind Dinge, die ich nie verlieren oder vergessen werde: Standfestigkeit, Lebensfreude, immerwährende Hoffnung auf das Licht am Ende des Tunnels, Durchhaltevermögen, Vergebungsbereitschaft, Kampfeswille, Mut und ihre bedingungslose Liebe, die sie an die Menschen um sie herum großherzig verschenkt hat – selbst wenn sie teilweise Ablehnung oder gar Schlimmeres dafür geerntet hat.

Durch diese Erfahrungen verschieben sich (erneut) die Prioritäten in meinem Leben. Das, was wirklich wichtig ist, ist nicht immer das, was auf den ersten Blick wichtig erscheint. Manche Minute der Gemeinschaft mit jemandem anderen kann mehr bewirken in dieser Welt als ein scheinbar wichtiger Auftrag.

Die letzten Wochen vor meiner Abreise nach Israel waren ein bewusstes Abschiednehmen für meine Mutter und mich gewesen. Es war eine schöne Zeit und wir haben sie sehr genossen, obwohl ich mir im Nachhinein manchmal gewünscht habe, ich hätte diesen Abschied noch intensiver gestaltet. Weder sie noch ich ahnten damals, dass wir uns für eine *so* lange Zeit würden verabschieden müssen, deshalb blieb unser Alltag in gewissem Sinne normal. Ich bin dankbar dafür, dass mir die letzten Leidensbilder erspart geblieben sind, denn von ihnen gab es bereits zu viele. So kann ich mit all den schönen Erinnerungen weitergehen, bis wir uns wiedersehen und ungetrübt die Herrlichkeit der Ewigkeit gemeinsam genießen dürfen.

Rückzug aus dem Libanon

Meine Arbeitskollegen haben viel dazu beigetragen, dass ich diese emotional sehr fordernde Situation bis hierher schaffen konnte. Gott hat mich wirklich an einen sehr guten Platz gestellt. Immer waren und sind Gesprächspartner auffindbar und praktische Hilfe greifbar. Es ist ein bisschen wie Familie: spürbar, nahbar, füreinander da sein in jeder Situation.

Mittlerweile bin ich allein in der Verwaltung und werde es auch für die nächsten zwei bis drei Monate bleiben. Erst dann werden Volontäre an- oder wiederkommen, die mir unter die Arme greifen werden. In „meine" Wohnung sind neue Mitbewohnerinnen eingezogen: Eine 24-jährige Brasilianerin sowie eine 72-jährige „little old lady" aus Kalifornien. Hut ab! Ich hoffe, dass ich, wenn ich im Rentenalter bin, noch ebenso energiegeladen und abenteuerlustig sein werde. Es ist ein bereicherndes Zusammenleben: drei Generationen und Kulturen unter einem Dach. Jeder von uns hat andere Vorzüge und Ideen, die man mal mehr, mal weniger nachvollziehen kann.

Israel hat sich aus dem Südlibanon zurückgezogen. Viele Mitglieder der Südlibanesischen Armee sind während des Rückzugs nach Israel geflohen. Die Mehrheit von ihnen sind Christen, die an der Seite der israelischen Sicherheitskräfte über viele Jahre gegen die im Libanon agierenden Terrorgruppen gekämpft haben. In Israel sind derzeit etwa 6 500 Menschen angekommen. Einige versuchen auch jetzt noch, die Grenze zu überqueren, was kaum möglich ist; andere sind mutig genug, in den Libanon zurückzukehren und glauben den Versprechungen der islamischen Hisbollah, die nun den Südlibanon kontrolliert, dass sie keine Repressalien zu fürchten hätten.

Bridges for Peace hat prompt reagiert. An den vergangenen beiden Wochenenden sind einige Mitarbeiter in den Norden gefahren, um Hilfsgüter, Hygieneartikel und auch Bibeln weiterzugeben. Viele Christen waren überaus dankbar, endlich wieder eine Bibel in der Hand zu halten, denn sie konnten kaum mehr mitnehmen als das, was sie am Leib trugen. Die Aussichten, dass sich all diese Menschen in Israel gut integrieren, sind recht gut, denn viele von ihnen sind bereits vorher saisonal über die Grenze gekommen, um Geld für ihren Lebensunterhalt in Israel zu verdienen. Viele sprechen fließend Hebräisch und haben sich ein soziales Netzwerk aufgebaut.

Metulla, eine Stadt an der Grenze zum Libanon, die fast ausschließlich vom Tourismus lebt, ist nun allerdings zur Militärzone geworden, über die der Ausnahmezustand verhängt worden ist. Der Tourismus wird wohl nicht so rasch wieder aufleben, und die Bewohner stehen größtenteils entweder vor dem geschäftlichen Aus oder sehen herben finanziellen Verlusten ins Auge. Zukunftsperspektiven erscheinen nicht gerade rosig; viele Familien müssen sich mit einer gravierend veränderten Realität arrangieren. Wir reagieren spontan auf die Bedürfnisse der Flüchtlinge. Regelmäßig werden kleine Teams in den Norden fahren, Hilfsgüter verteilen und vor allen Dingen Zeit mit den Menschen verbringen, sie ermutigen und ihnen helfen, wo es geht.

Eine Million Juden sind seit dem Fall des Eisernen Vorhangs aus den ehemaligen GUS-Staaten nach Israel ausgewandert. Die Bilder ihrer Ankunft in Israel berühren mich immer sehr. Ihre Minen spiegeln auf vielfältige Weise das Gefühl von „endlich zuhause!" wider. Wie gut fühlt es sich an, wenn man nach einer anstrengenden Zeit sein Zuhause erreicht und aller Stress, aller Kampf, alle Furcht, aller Lärm, alle Anfeindungen von einem abfallen. Wir alle kennen diese Momente und das tiefe Durchatmen, das damit einhergeht. Zuhause – dieser Begriff bedeutet so viel. Zuhause, das tut gut! Welche Verhöhnungen, Anfeindungen und Verluste viele dieser Ankömmlinge, ebenso wie jene aus anderen Ländern, überwinden mussten bis sie hier ankamen, kann wohl niemand so recht einschätzen. Die Erleichterung steht ihnen jedoch ins Gesicht geschrieben, obwohl sie wissen, dass ihnen eine

Zeit voll neuer Herausforderungen bevorsteht. Der amtierende Ministerpräsident Ehud Barak begrüßte den millionsten Heimkehrer am Flughafen unter dem Jubel der ganzen Nation. Das, wovon bereits im Alten Testament die Rede ist, erfüllt sich in unseren Tagen.

Wassernotstand, Visumslotterie und Gipfeltreffen

Während ich aus Deutschland fast nur Schlechtwetter-Meldungen erfahre, durchlebe ich in Israel das andere Extrem – eine ordentliche Hitzewelle. Das ist aufgrund des Wassermangels nicht übermäßig erfreulich. Der Wasserspiegel des Sees Genezareth ist auf einen noch nicht dagewesenen Tiefpunkt gesunken. Dieser See ist die wichtigste Trinkwasserquelle des Landes und muss genau beobachtet werden. Das Tiefenwasser des Sees ist Salzwasser, das lediglich von einer Süßwasserschicht bedeckt wird. Mit sinkendem Pegel fällt der Gegendruck ab, wodurch aus salzigen Tiefenquellen weiteres Salzwasser in den See gelangen kann. Durch den Grundwasserdruck des Mittelmeeres kann ebenso Salzwasser in den See gelangen. Sinkt der Wasserspiegel zu sehr ab und wird somit die Süßwasserschicht zu dünn, könnte der See Genezareth kippen und komplett versalzen, was drastische ökologische und ökonomische Folgen hätte.

Die Regierung hat eine „Wasserpolizei" organisiert. Diese SoKo patrouilliert und beglückt notorische Wasserverschwender mit Belehrung und Bußgeld. Nach allem, was ich selbst beobachten kann, finde ich diese Maßnahme gar nicht so schlecht, denn man sollte meinen, dass die Israelis, die ja im Grunde genommen ständig von diesem Wassernotstand betroffen sind, bedachter mit dem kostbaren Gut umgehen. Aber vielleicht ist dies mein „deutscher" Hintergrund, denn Recycling, Umweltschutz und sorgsamer Umgang mit Ressourcen sind Dinge, die uns Deutschen ja in besonderem Maße eingebläut werden.

Ich habe mein Visum für die nächsten sechs Monate erhalten. Es gab keine Schwierigkeiten beim Innenministerium, wenn auch die Visumsbeantragung für Volontäre einer Art Lotterie gleicht. Vielleicht sind es lediglich die sprachlichen und kulturellen Unterschiede, die es manchmal schwer machen, die Schlüssigkeit einer Entscheidung nachzuvollziehen. Doch selbst in meinen wenigen Monaten hier hat sich bereits der Eindruck verfestigt, dass oftmals die Qualität des Morgenkaffees, ein verbrannter Toast oder ein verpasster Bus Auswirkungen auf die Erteilung oder Verweigerung der begehrten Stempel in unseren Pässen haben.

Weltweit hat man Camp David II, das Treffen zwischen dem amtierenden US-Präsidenten Bill Clinton, Ministerpräsidenten Ehud Barak und PLO-Chef Jassir Arafat aufmerksam beobachtet. Die Stimmung in Israel war ziemlich angespannt. In den Wochen zuvor und während dieses Treffens haben unzählige Menschen täglich demonstriert, ihre Befürchtungen kundgetan und ihren Mangel an Vertrauen in die Regierung verlauten lassen. Friedlich, aber bestimmt. Dass das Treffen ohne Ergebnis endete, erzeugte in der Bevölkerung einen Seufzer der Erleichterung. Der Schock über Ehud Baraks Bereitschaft, Jerusalem zu teilen, mit dem entsprechenden Angebot an Jassir Arafat, ist den Menschen mächtig in die Glieder gefahren. Viele Araber, die in Gebieten unter israelischer Regierung leben, haben neu oder tiefer begriffen, dass sie zukünftig und vielleicht schneller als ihnen lieb ist, unter einer palästinensischen Regierung leben müssten. Sie haben begonnen, ihre Wasser-, Strom- und Grundsteuerzahlungen gegenüber Israel zu begleichen, und erscheinen seitdem vermehrt im Innenministerium, um ihren Pass zu erneuern oder einen solchen zu beantragen – ein Dokument, das ihren Status in Israel sichert bzw. untermauert. Immer mehr Araber erheben deutlich ihre Stimmen und sagen öffentlich, dass sie unter israelischer Regierung weiterleben wollen. „Die Hölle Israels ist immer noch besser als die Versprechungen Arafats" ist ein beliebter Slogan und sagt viel aus über den politischen Führer, unter dessen Herrschaft man lebt.

Arafat wurde in den palästinensischen Autonomiegebieten von seinen Anhängern und den islamistischen Fundamentalisten als der Held, der nicht nachgegeben hat, gefeiert und dementsprechend medienwirksam empfangen. Hisbollah-Angehörige (Hisbollah ist eine Terrororganisation) haben während der gesamten Camp David II-Zeit aufgestockt: Waffen, Munition, Lebensmittelvorräte, Trinkwasser. Nun sehen sie sich darin bestätigt, dass Jerusalem, oder wie sie es nennen *Al-Quds*, nur durch Krieg *befreit* werden kann. Auch der Tagesablauf sämtlicher Ferienlager für palästinensische Kinder und Jugendliche (Mädchen wie Jungen) besteht zum großen Teil daraus, in diversen Workshops die Handhabung von Waffen zu trainieren und Krieg „zu spielen".

Ehud Barak hingegen steht vor einer zerfallenen Regierung. Einige Minister haben ihr Amt quittiert und Barak ist dabei, die Scherben zusammenzukleben. Bisher hat noch kein Misstrauensvotum, das den Weg für Neuwahlen frei machen würde, erfolgreich das Parlament passiert. Daher schwankt Israel eher orientierungslos auf dem Ozean der Weltpolitik umher. Nach Camp David II machte Benjamin Netanjahu deutlich, dass er „gern" in das Amt des Ministerpräsidenten zurückkehren würde. Er genießt nach den aktuellen Geschehnissen eine immense Gunst beim Volk, denn er ist als Hardliner bekannt, und somit hofft man, dass Jerusalem unter seiner Hand nicht geteilt werden würde.

Zwischen den Fronten

Die Flüchtlinge der Südlibanesischen Armee (SLA) haben in Israel recht gut Fuß gefasst. Einige haben die Reise in ein anderes Land angetreten. Es hat mich sehr gefreut, dass auch Deutschland ein paar dieser Menschen aufgenommen hat. Etwa dreihundert von ihnen sind in den Libanon zurückgekehrt, meist deshalb, weil ihre Familien auseinandergerissen wurden. Manch einem mag es ähnlich ergehen wie damals in Deutschland den Berlinern, als über Nacht plötzlich eine Mauer vor ihren ungläubigen Augen hochgezogen wurde, trotz der lautstarken Aussage *Niemand hat die Absicht, eine Mauer zu errichten!*[2]

Als Organisation sind wir noch immer kräftig dabei, diesen Menschen zu helfen. Sie sind prinzipiell gut versorgt, doch es fehlt zumeist an Toilettenartikeln und Babynahrung. Den Menschen ist es jedoch oftmals wichtiger, dass sich jemand Zeit für sie nimmt und ihnen einfach zuhört. Man merkt, wie sehr der Schmerz sie zerreißt, denn jeder von ihnen hat Freunde oder Familienangehörige in dieser ungewissen Situation im Libanon zurücklassen müssen. Es ist fast unmöglich zu telefonieren, denn sobald jemand im Libanon Anrufe aus Israel erhält, kann er damit rechnen, des Hochverrats angeklagt zu werden und nicht einschätzbaren Konsequenzen ins Auge zu sehen. Die einzelnen Schicksale sind oft kaum zu erfassen, doch hier ein Beispiel, dessen Tragik wir hautnah miterlebten:

Eine schwangere Frau hatte wenige Tage vor dem Rückzug ihren Sohn zur Welt gebracht. Es war eine komplizierte Geburt und direkt danach stellten libanesische Ärzte fest, dass der Junge an einem schweren Herzfehler litt, der eine Operation erforderte. In Haifa befindet sich die bestausgestattetste Herzchirurgie der Region. Der Vater, ein Mitglied der SLA, konnte durch seine Verbindungen dafür sorgen, dass sein Sohn nach Haifa geflogen wurde, und übernachtete bei Verwandten dort. Die Operation wurde am vierten Lebenstag des Kindes durchgeführt und war den Umständen entsprechend erfolgreich. Der Vater kehrte für einige Tage in den Libanon zu seiner geschwächten Frau zurück, die sich im Krankenhaus von den Folgen der Geburt erholte. Genau zu diesem Zeitpunkt fand der Rückzug statt und die Grenzen wurden geschlossen. Das Baby befindet sich nun bei den israelischen Verwandten, die frischgebackenen Eltern im Libanon. Sie hegten die Hoffnung, im Zuge des Rückzugs nach Israel umsiedeln zu können. Nun jedoch sitzen beide Elternteile im Südlibanon fest während die libanesischen Behörden sich weigern, das Baby

hineinzulassen, denn durch den Notfall und die sich überschla-
genden Ereignisse wurden keine Geburtspapiere ausgestellt und
das Baby gilt nun formalrechtlich als staatenlos und obendrein
als „israelischer" Feind. Welch eine verzwickte Situation durchlebt die Familie!

5 000-mal Starthilfe

Eine weitere, eher „schnöde", aber dennoch bemerkenswerte Tatsache hat sich in meiner Verwaltungsarbeit ergeben. Ich
verarbeite die Daten von Neueinwanderern, damit ihnen durch
unsere Organisation angemessen geholfen werden kann, denn
wir legen den Schwerpunkt auf Starthilfe in Israel. Viele kommen
verarmt oder krank an, schauen einem völlig neuen Umfeld entgegen, müssen Sprache, Land, Kultur und Politik erst kennenlernen, Arbeit, Wohnung, Freunde und eine Schule für ihre Kinder
finden. Immense Herausforderungen! Langer Rede, kurzer Sinn:
Wir haben die Zahl 5 000 überschritten. Das heißt, in den letzten
zwei Jahren, hauptsächlich aber im Laufe diesen Jahres, gelang
es uns, in Zusammenarbeit mit sieben anderen Organisationen
5 000 Juden aus den ehemaligen GUS-Staaten nach Israel zu bringen.

Wenn diese Menschen hier ankommen, erhalten sie zunächst
einmal eine Haushalts-Erstausstattung (Geschirr, Handtücher,
Bettwäsche, Decken etc.). Dann wird eine Bestandsaufnahme
gemacht und festgestellt, welche individuelle Hilfe benötigt wird.
Manche sind so arm, dass sie kaum etwas zu essen auf den Tisch
bekommen (das israelische Sozialnetz ist nicht in der Lage, diese Nöte aufzufangen). Sie werden dann in unser Adoptionsprogramm aufgenommen, was bedeutet, dass sie zweimal monatlich ein ordentliches Nahrungsmittelpaket und eine Monatskarte
für den Bus erhalten, um Arbeit und Wohnung zu suchen. Die
Kinder erhalten eine Schulausstattung und ebenso die Fahrkar-
ten für den Schulweg. Das ist die Basishilfe. Sollte darüber hin-

aus Unterstützung erforderlich sein, so versuchen wir, Wege zu finden, auch diesen Nöten zu begegnen. Haben sie eine Wohnung gefunden, die vor dem Einzug eine Renovierung notwendig macht (was in Israel keine Seltenheit ist, denn der Standard von Mietwohnungen ist mit deutschem Standard nicht zu vergleichen), tritt unser Handwerkerteam in Aktion. In Zusammenarbeit mit anderen Organisationen vor Ort werden dann Gebrauchtmöbel beschafft, damit die Familie ein Zuhause einrichten kann. Bei all dem hilft die neu eingewanderte Familie aktiv mit. Dadurch lernen sie, in ihrem neuen Umfeld Eigenverantwortung zu übernehmen, ohne die die Integration in das neue Umfeld kaum zu schaffen ist.

Not-Lösung

Welch plötzliche und tragische Wendungen ein Lebensweg nehmen kann, das zeigt folgende Geschichte. Es ist eine von vielen Geschichten, die mir hier tagtäglich begegnen, so wie sie das Leben schreibt:

Galina ist 53 Jahre alt, gelernte Ingenieurin und hat eine dreizehnjährige Tochter, Anna. Die beiden sind vor knapp zwei Jahren nach Israel gekommen, um ihre kranke Schwester und Tante, der eine Krebsoperation bevorstand, zu besuchen. Die Schwester verstarb im Krankenhaus und hinterließ eine geistig behinderte Tochter mit einem ebenfalls geistig behinderten Baby.

Galina und Anna entschieden sich, ihren Aufenthalt zu verlängern und ihrer verwaisten Nichte und dem Baby zu helfen. Der Tod ihrer Mutter hat Galinas Nichte leider derart tief getroffen, dass sie mehrfach stationär in einer psychiatrischen Klinik behandelt werden musste und bis heute die Klinik nur zu kurzfristigen Besuchen verlassen kann. Galina sorgte für das Baby, weil ihre Nichte nur sehr begrenzt dazu fähig war und ist. Nun ist das Kind zweieinhalb Jahre alt und besucht eine Ganztagsvorschule für geistig behinderte Kinder. Galina kann diese rundum tragische Situation nur schwer verkraften.

Während dieser Zeit ließ sich Galinas Ehemann, der in Russland geblieben war, unerwartet scheiden. Da sie und Anna nun kein Zuhause mehr hatten, zu dem sie zurückkehren konnten, entschieden sie sich, nach Israel einzuwandern und neu zu beginnen. Da sie eigentlich nur ein paar Wochen hatten bleiben wollen, brachten sie nur sehr wenige Habseligkeiten mit sich und waren überhaupt nicht darauf vorbereitet, in Israel zu leben.

Die Ingenieurin reinigt nun Treppenhäuser und lernt Hebräisch. Anna besucht die Schule, spielt Klavier und Violine und möchte gern ihre Fähigkeiten im Singen und Theaterspielen erweitern. Seit einiger Zeit erhalten sie von uns Unterstützung.

Es ist eine unbeschreibliche Belohnung, die angerührten Gesichter zu sehen. Menschen, die aus ihrer Not keinen Ausweg sahen, sehen nun das Licht am Ende des Tunnels, wie auch das Licht der Liebe. Für viele von ihnen ist es immer noch unfassbar, dass Christen ihnen unter die Arme greifen. Ja, diejenigen, die sie über Jahrtausende hindurch verfolgt, getötet, gequält und ihres Glaubens beraubt haben, helfen nun, ohne eine Gegenleistung zu erwarten. Egal wo diese Menschen herkommen, der Zweifel, dass Christen es je gut mit ihnen meinen könnten, sitzt unermesslich tief, besonders weil Judenverfolgung auch heute noch existiert. Immer wieder berichten Medien von antisemitischen Übergriffen. Wir alle wissen um die Wirkung von Lob und Kritik und wie vorsichtig Kritik geäußert werden sollte, um Lob nicht unwirksam zu machen. Wie viele Liebesbotschaften müssen wohl vermittelt werden, ehe die Wunden der Judenverfolgung, die ja immer wieder aufreißen, heilen werden?

Zahnärzte im Einsatz

Zur Zeit haben wir ein Zahnärzteteam aus den USA hier. Das sind Zahnärzte, die sich quer durch die USA zusammengefunden haben, weil es ihnen ein Herzensanliegen ist, bedürftigen Menschen zu helfen. Sie haben die Reise auf eigene Kosten angetreten und in den Monaten zuvor Unterstützung mobilisiert, um die komplette Praxisausstattung sowie Medikamente zu finanzieren. Auch *Bridges for Peace* hat sich daran beteiligt. Beladen wie Packesel sind sie hier angereist und es ist reine Gnade, dass sie mit all dem medizinischen Gut den Zoll passieren konnten, ohne Einfuhrgebühren bezahlen zu müssen. Welch ein Segen!

Nachdem sie alles eingerichtet hatten, haben sie im Hauptbüro von BFP ihre Praxis eröffnet und behandeln seitdem etwa vierzig Patienten am Tag. Es ist gar nicht so einfach, den Patienten zu erklären, was getan werden muss, wissen wir doch alle, dass ein Besuch beim Zahnarzt zu den eher weniger angenehmen Dingen im Leben gehört. Also stehen den Ärzten Übersetzer zur Seite. Viele der Patienten haben schon lange keinen Zahnarzt mehr gesehen und somit muss reichlich gebohrt, gefüllt, gezogen und operiert werden. Die israelische Krankenversicherung deckt Zahnbehandlungskosten nur sehr eingeschränkt, daher ist eine angemessene Behandlung für viele unserer Klienten unerschwinglich. In ihren Gesichtern kann man lesen, dass sie trotz des Schmerzes, den sie fürchten, sehr dankbar sind, von ständig nagendem Zahnschmerz oder anderen Problemen befreit zu werden. Die Zahnärzte scheinen einen sehr guten Job zu machen, denn ihre Praxis befindet sich direkt unter meinen Bürofenster und ich habe bisher kein Schreien vernommen!

Ich selbst bin noch immer dabei, den Verlust meiner Mutter zu verarbeiten, was sicherlich noch eine Weile dauern wird. Ich habe einen dreimonatigen Hebräischkurs begonnen. Zunächst absolvierte ich einen Test, um zu sehen, auf welchem Niveau ich mit meinen Vorkenntnissen einsteigen sollte. Nun nehme ich

dreimal wöchentlich für jeweils drei Stunden an einem Abend-
kurs teil, stopfe mich zwischendurch beim Busfahren mit Vokabeln voll und genieße das gemeinsame Straucheln und Stottern
im Klassenraum. Wir sind eine Gruppe von fünfzehn Studenten,
die sich aus Neueinwanderern, Arabern (die ihr Straßenhebrä-
isch mit Grammatik untermauern möchten) und Internationalen, die hier entweder arbeiten oder einen Hilfsdienst ableisten,
zusammensetzt. Oftmals raucht und rauscht mir der Kopf, denn
darin verwirren sich drei Sprachen und irgendwie bin ich ständig
am Übersetzen (wenn auch manchmal nur für mich). Auf jeden
Fall ist es mir wichtig, die Sprache zu erlernen, sodass ich besseren Kontakt mit Land und Leuten aufnehmen kann.

Gefährliche Realitäten

Einige Monate sind vergangen und die Situation im Land hat sich
schlagartig verändert. Ich stehe inmitten einer Realität, die ich in
meinem Leben noch nicht erlebt habe. Da gibt es keinen Erfahrungsschatz, auf den ich zurückgreifen könnte. Es hat angefangen zu brodeln hier in Israel. Die Lage ist ernst. Ernst, aber ruhig
– momentan. Palästinensische Führer haben die kommenden
Freitage jeweils zu *Tagen des Zorns* deklariert und werden sich
in großen Massen auf dem Tempelberg versammeln. Deswegen,
und auch um die Situation generell unter Kontrolle zu bekommen, mobilisiert Israel ein erhöhtes Kontingent an Sicherheitskräften. Die Altstadt Jerusalems ist seit gestern für Touristen und
Zivilisten gesperrt. Die Autonomiegebiete sind abgeriegelt. All
das begann so:

Ariel Scharon, Oppositionspolitiker, der Ambitionen hat, Israels
nächster Ministerpräsident zu werden, besuchte am 28. September 2000 den Jerusalemer Tempelberg, der unter arabischer
Verwaltung steht. Begleitet wurde er von bewaffnetem Perso-
nenschutz und etwa eintausend Polizisten, die eventuelle (gewaltsame) Ausschreitungen unter Kontrolle halten sollten. Der

palästinensische Sicherheitschef hatte sein Einverständnis für Scharons Besuch gegeben – unter der Bedingung, dass dieser keine Moschee betreten würde, was Scharon auch nicht vorhatte. Scharons Bestreben war es natürlich, bewusst ein politisches Gegenzeichen zu setzen, nachdem die Camp David II-Verhandlungen, die der israelischen Bevölkerung einen ziemlichen Schock versetzt hatten, gescheitert waren.

Es gab am Besuchstag von Scharon auf dem Tempelberg kleine Demonstrationen, die friedlich verliefen. Am darauffolgenden Tag und in den Folgetagen schlugen sie jedoch mehr und mehr in Gewalt um und wurden durch die israelische Polizei unter anderem mit Waffeneinsatz unter Kontrolle gebracht. Nach offiziellen Angaben wurden vier Personen getötet und etwa zweihundert verletzt. Im Gazastreifen und im Westjordanland entwickelten sich daraufhin bewaffnete Ausschreitungen gegen israelisches Sicherheitspersonal, woraufhin religiöse und politische palästinensische Führer zur *Zweiten Intifada*, einem gewaltsamen Aufstand gegen Israel, aufriefen. Nach ersten Analysen ist es unklar, ob der Aufstand spontan oder auf Befehl der palästinensischen Führung begann.

Doch: Wenn man das alles nicht wüsste, könnte man meinen, es wäre nichts weiter passiert als ein wenig Unruhe in der Altstadt Jerusalems. Das tägliche Leben geht ganz normal weiter und dort, wo wir uns aufhalten, bemerkt man kaum einen Unterschied.

Göttlicher Schutz

Wie drastisch Gewalt und Frieden, Normalität und Ausnahmezustand aufeinander treffen, soll ein Erlebnis am letzten Schabbat verdeutlichen. Schabbat ist (wenn auch nicht ganz) vergleichbar mit „unserem" Sonntag. Öffentliche Verkehrsmittel fahren nicht, Autos bleiben weitestgehend geparkt, und die Geschäfte bleiben (bis auf sehr wenige Ausnahmen) geschlossen. Besitzt man kein Auto und möchte sich fortbewegen, ist man auf seine Füße oder wenige Taxis angewiesen. Insbesondere werden religiöse Stadtviertel für Durchgangsverkehr gesperrt. Die Nation atmet durch und pausiert vom hektischen Alltag. Menschen tauchen bewusst in die Ruhe ein, entspannen zuhause oder machen einen Ausflug. Es ist eine besondere Atmosphäre. Schabbat wird herbeigesehnt und willkommen geheißen wie eine Braut, die dem wartenden Bräutigam entgegengeht.

Gemeinsam mit fünf weiteren Volontären hatte ich die Möglichkeit, an einer Führung rund um die Jerusalemer Altstadt und den Ölberg teilzunehmen. Ich freute mich sehr, denn auf der Liste der zu besichtigenden Orte stand einiges, was ich noch nicht kannte. Wie wir aus den lokalen Medien erfuhren, gab es aufgrund von Scharons Besuch auf dem Tempelberg „ein wenig Unruhe", die aber nicht eskalierte. Unser versierter Reiseführer, der seit vielen Jahren in Jerusalem lebt und einige Konflikte miterlebt hat, beschloss, sich kurz vor Beginn unseres Ausflugs erneut zu informieren. Nachdem er sich rückversichert hatte, dass alles ruhig sei, machten wir uns auf den Weg – zu Fuß. Nach einem etwa eineinhalbstündigen Fußmarsch erreichten wir die Altstadt. Dort wanderten wir umher, durchschlenderten das Hinnom- und Kidrontal und lernten viel über die Orte, die wir besichtigten. Schließlich gelangten wir zum Garten Gethsemane, am Fuße des Ölbergs, und nahmen danach ein arabisches Sammeltaxi zum Gartengrab in Ostjerusalem, ein wenig außerhalb des Damaskustores. Unsere Füße wollten uns einfach nicht mehr tragen und uns war auch bewusst, dass wir am Ende unserer Tour nochmal eineinhalb Stunden Fußweg nach Hause zurücklegen mussten.

Als wir im Gartengrab ankamen, wurden wir von den dortigen Mitarbeitern ganz aufgelöst begrüßt. „Ist alles in Ordnung? Ist euch nichts zugestoßen?" Das waren die Fragen, die sie uns stellten. Kurz vor uns war eine Gruppe amerikanischer Touristen dort angekommen. Sie hatten den Weg vom Garten Gethsemane zum Gartengrab zu Fuß zurückgelegt und waren unterwegs in die Schusslinie arabischer Steinewerfer geraten. Es gab einige Gruppenmitglieder, die medizinisch behandelt werden mussten, was die Mitarbeiter vom Gartengrab in die Wege leiteten. Ebenso sorgten sie dafür, dass die Gruppe sicher das Hotel, in dem sie sich einquartiert hatte, erreichte.

Uns fuhr schon ein wenig der Schreck in die Glieder. Da waren wir mittendrin im eskalierenden Konflikt, sozusagen im Auge des Sturms, und hatten überhaupt nichts Ungewohntes oder Außergewöhnliches feststellen können, während andere, die lediglich Minuten vor uns am selben Ort waren, die Gewalt im wahrsten Sinne des Wortes zu spüren bekamen.

Gerade in den letzten Tagen haben sich meine Gebete um Gottes Schutz verstärkt. Sie sind irgendwie realer geworden. Und auch die Antwort auf diese Gebete hat eine tatsächlichere und realistischere Dimension angenommen. In Deutschland musste ich mir nur selten Sorgen um meine Sicherheit machen, doch jetzt und hier bietet sich mir eine andere Realität.

Lynchmord in Ramallah

Es ist der 12. Oktober 2000. Ein schrecklicher Tag. Ich glaube, ich befinde mich in einer Art Schockzustand. Es fällt mir schwer, die Geschehnisse des heutigen Tages in Worte zu fassen.

Heute wurden zwei israelische Reservisten von Polizisten der palästinensischen Autonomiebehörde festgenommen, weil sie irrtümlich auf einer Straße falsch abgebogen waren und dadurch nach Ramallah fuhren. Sie wurden zunächst auf das Polizeirevier gebracht und dort verhört. Wie ein Lauffeuer verbreitete sich innerhalb von Ramallah das Gerücht, dass die festgenommenen Israelis Undercover-Agenten der israelischen Armee seien. Ein aufgewühlter Mob von über eintausend Männern machte sich auf den Weg zum Polizeirevier. Es gibt Augenzeugenberichte, die aussagen, dass ein Teil der Sicherheitskräfte den Mob zurückzuhalten versuchte, doch konnten sie eine Gruppe von zehn bis fünfzehn mit Messern und Metallstangen bewaffneten Männern nicht aufhalten. Diese verschafften sich Zugang zum Polizeirevier, stachen auf die Soldaten ein, schlugen sie und rissen ihnen Augen und innere Organe heraus. Es wird berichtet, dass sich an diesem Lynchmord einige der Polizisten beteiligten. Einer der Mörder trat ans Fenster des Polizeireviers und präsentierte seine blutverschmierten Hände dem Rest des Mobs, der ihm fanatisch zujubelte. Ein italienisches Fernsehteam, das sich vor Ort aufhielt, filmte, wie der leblose Körper des einen Soldaten aus dem Fenster des Polizeireviers geworfen wurde und der Mob sogleich fanatisch auf den Toten einschlug, ihn trat und förmlich zerstampfte. Der Körper des anderen Soldaten wurde angezündet und durch die Straßen geschleift. Schließlich wurden die Körper der zwei toten Soldaten (oder das, was noch von ihnen übrig war) in der Nähe eines israelischen Checkpoints abgeladen.

Ehrlich gesagt, schreibe ich diese Worte und begreife sie nicht. Diese Worte und auch die Bilder, die unaufhörlich in den lokalen Medien gezeigt werden, drehen mir den Magen um und lassen mich zittern. Ich glaube, ich werde mein Leben lang nicht die um Hilfe und Gnade flehenden Augen des einen Soldaten vergessen.

Israel reagierte auf diesen Lynchmord und beschoss mit Kampfhubschraubern diverse strategisch relevante Ziele im Westjordanland, darunter auch das Polizeirevier in Ramallah, sowie ein Gebäude nahe des Regierungssitzes Arafats im Gazastreifen. Telefonleitungen und Mobilfunk wurden für eine gewisse Zeit außer Kraft gesetzt. Zeitweilig waren die Netze überlastet, zeitweilig wurden die Kommunikationswege bewusst von israelischen Sicherheitsbehörden unterbrochen. Damit nimmt der brodelnde Konflikt eine andere Dimension an. Die Zeichen stehen mehr als auf Sturm.

Wir sind bis ins Innerste geschockt, doch uns geht es gut. Erneut wurde von palästinensischer Seite der kommende Freitag zu einem *Tag des Zorns* deklariert. Daher wurde in unserer Organisation beschlossen, an dem Tag nicht zu arbeiten, und uns wurde empfohlen, uns am Wochenende von öffentlichen Plätzen fernzuhalten. Es steht außer Frage, dass sich der Konflikt ausweiten und verschärfen wird.

Trügerische Ruhe

Während sich Deutschland auf Weihnachten vorbereitet und der Winter Einzug hält, sieht es hier in Israel ganz anders aus. Von Weihnachtsstimmung ist rein gar nichts zu spüren – wofür es zweierlei Gründe gibt. Einerseits spielt das Fest der Geburt Jesu weder im Judentum noch im Islam eine Rolle. Andererseits überschatten die innenpolitischen Probleme und der zunehmende Terror das tägliche Leben in Israel.

Noch immer steckt mir der Schock über den Lynchmord vom 12. Oktober diesen Jahres in den Knochen und die Bilder verblassen nur sehr langsam. Ich bin auf die Aussage eines britischen Pressefotografen gestoßen, die das, was in mir vorgeht, nicht besser beschreiben könnte. Er befand sich zur Zeit der Tat in Ramallah und versuchte – so sagte er – die Geschehnisse zu fotografieren. Doch einige der Männer des fanatischen Mobs drohten ihm und zerstörten seine Kamera. Wenige Tage später schrieb er im *Sunday Telegraph* (übersetzt): „Dies war das Schlimmste, was ich je gesehen habe, und ich habe aus dem Kongo, dem Kosovo und von vielen anderen schlimmen Orten berichtet. [...] Ich weiß, sie [die Palästinenser] sind nicht alle wie jene und ich bin eine sehr vergebungsbereite Person, aber das werde ich nie vergessen. Es war ein Mord der barbarischsten Art. Wenn ich darüber nachsinne, sehe ich den Kopf des Mannes – zerschmettert. Ich weiß, ich werde bis an mein Lebensende Albträume haben."[3]

Mir selbst reichen die gefilterten, blutigen, flehenden Bilder aus den Medien. Es sind Eindrücke, die ich ebenfalls nie vergessen werde.

Auch wenn auf den ersten Blick inzwischen Ruhe eingekehrt zu sein scheint (soll heißen, dass die vielen „kleinen" Zwischenfälle nur selten Erwähnung in den Weltnachrichten finden), so brodelt es doch kräftig unter der friedlich wirkenden Oberfläche. In den palästinensischen Autonomiegebieten ist, seitdem die israelischen Reservisten in Ramallah gelyncht wurden, keine Ruhe eingekehrt. Ebenso wird seither täglich von Bethlehem und Beit Jala aus auf die südlichen Vororte Jerusalems geschossen. Die Checkpoints an den Grenzen zwischen den PA-Gebieten und Israel werden darüber hinaus massiv attackiert, und das nicht nur mit Steinen. Jederzeit kann die Situation erneut eskalieren und Israels Sicherheitskräfte sind in erhöhte Alarmbereitschaft versetzt worden. In den arabischen Medien ruft Jassir Arafat unaufhörlich zur bewaffneten Intifada auf und sagt, er will Blut sehen (*Intifada* kommt aus dem Arabischen und heißt übersetzt in etwa „sich erheben, loswerden, abschütteln"). Am 13. November 2000 hat er dies erstmals vor internationalem Publikum in der Gegenwart des amtierenden UN-Generalsekretärs Kofi Annan ausgesprochen. Die geistlichen Führer des Islam fungieren als sein Echo und rufen in den Moscheen dazu auf, sich zum bewaffneten Kampf zu rüsten.

Gefahr von Terroranschlägen

Die größte Gefahr sind jedoch nicht die offen ausgetragenen Auseinandersetzungen, sondern die Terroranschläge innerhalb Israels. Die palästinensische Autonomiebehörde hat alle sich in ihren Gefängnissen befindlichen Terroristen freigelassen und somit auch ein klares Zeichen dafür gesetzt, dass das ohnehin fragile friedliche Abkommen aufgekündigt ist. Verhaftet wurden seinerzeit – aufgrund des Oslo-Friedensabkommens, das diesen

Schritt vorsah und festschrieb – die als Terroristen identifizierten Personen. Weltpolitisch betrachtet hat Arafat sehr viel Boden verloren, sowohl in den Beziehungen zu den USA und den westlichen Ländern als auch zu einigen arabischen Nationen. Allerdings ist der Zusammenhalt, wenn es gegen den gemeinsamen Feind Israel geht, außerordentlich stark. Aufgrund der Gefahr terroristischer Angriffe ist die Anspannung im Alltag enorm hoch, man kann sie förmlich spüren. Es vergeht kein Tag, an dem nicht irgendwo ein Sprengsatz gefunden wird oder so mancher eben auch in die Luft fliegt. Das Erstaunliche an solchen Situationen ist, wie sehr Gott sein Volk schützt und sorgfältig geplante Aktionen vereitelt. Anders kann man es kaum erklären. In der Nähe des jüdischen Marktplatzes Mahaneh Yehuda in Jerusalem explodierte am 2. November 2000 eine kräftige Autobombe. „Nur" zwei Menschen starben und „nur" elf wurden verletzt. Eigentlich hätte die Sprengkraft viel größeren Schaden und Leid anrichten müssen.

Es war ermutigend für mich zu verfolgen, was der amtierende Bundeskanzler Gerhard Schröder bei seinem Besuch in Israel gesagt hat: „Ich bin gekommen, um zu zeigen, das Israel in Deutschland einen Freund hat." „Wir haben die Verantwortung, uns zu Israel zu stellen." Freundschaft ist besonders in schweren Zeiten das wohl größte Gut, das ein Mensch, ein Volk, eine Nation sich wünschen können.

Die letzten zwei Wochen waren für BFP sehr ereignisreich. Der Direktor der Organisation wohnt in Gilo (einem Viertel im Süden Jerusalems, das täglich unter palästinensischem Beschuss steht) und wurde mehrfach gebeten, Interviews zu geben, die auch über die Grenzen Israels hinaus in Presse, Rundfunk und TV veröffentlicht wurden. Dadurch haben sich für uns viele Türen geöffnet, sowohl auf israelischer als auch auf internationaler Ebene. Vor einigen Tagen wurde er zu einem Treffen mit Repräsentanten des Büros des Ministerpräsidenten eingeladen und konnte dort detailliert die Arbeit der Organisation vorstellen. Die Regierung war erstaunt, wie positiv Christen sich zu Israel stellen, nicht nur mit Worten, sondern auch durch jahrelange Taten, und wie deutlich sie das auch in dieser konfliktreichen Zeit tun. Es berührt mich sehr zu beobachten, wie positiv diese Aussagen aufgenommen werden – gerade und besonders weil Christen hier in Israel oftmals misstrauisch beäugt werden und das Wort „Missionar" als Schimpfwort einzustufen ist.

Die fortgesetzte Unterstützung spricht Bände

Jeden Tag kommen hilfsbedürftige Menschen in unser Verteilzentrum und meistens sind sie sehr erstaunt darüber, dass wir immer noch hier sind und unverändert unsere Hilfe leisten. So manch einer hat zum Ausdruck gebracht, dass er nicht so recht wusste, ob er sich überhaupt auf den Weg machen sollte, weil er annahm, dass wir „unseren Laden sicher dichtgemacht haben". Unsere Anwesenheit und unveränderte Unterstützung ist eine Botschaft, die lauter spricht als Worte und die Menschen tief berührt. Ihre Dankbarkeit ist stärker als je zuvor. Sie sind überaus froh, dass sie in einer so heiklen Situation nicht einfach im Stich gelassen werden, und umso wichtiger ist es für uns, gerade jetzt hier zu sein.

Durch die veränderte Situation sind einige Volontäre allerdings abgereist. Die Arbeit hingegen hat in allen Bereichen stark zugenommen, wie man sich vorstellen kann. Seien es Anfragen zur aktuellen Situation, der Bedarf nach Hintergrundinformationen oder auch die ständige Ausweitung unserer Hilfsmaßnahmen. Die Zahl der Empfänger des wöchentlichen Nachrichtenupdates, das BFP aussendet, ist im letzten Monat förmlich explodiert, was nicht unerhebliche Mehrarbeit in der Verwaltung zur Folge hat. Auch die Zahl der jüdischen Rückkehrer, denen BFP geholfen hat, ist auf mehr als 6 000 angestiegen und damit natürlich auch die Anzahl der Menschen, die bei der Integration Unterstützung benötigen. Das alles ist mit reduziertem Personal nur bedingt zu bewältigen. Es ist allerdings ermutigend zu sehen, dass Volontäre, deren Ankunft in dieser unruhigen Zeit geplant ist, auch tatsächlich kommen und ihren Einsatz nicht absagen oder verschieben.

Generell kann man sagen, dass wir alle sicher und geborgen sind. Logischerweise ist die Situation anders als in Deutschland, allerdings auch nicht so schlimm, wie es oftmals in den Nachrichten dargestellt wird. BFP hat viele Maßnahmen getroffen, um uns abzusichern, soweit es möglich ist. Ich weiß, dass Gott meine Schritte lenkt, und ich fühle mich von ihm beschützt.

Worum geht es beim Chanukkafest?

Während man sich in Deutschland auf die bevorstehende Weihnachtszeit vorbereitet, abends bei Kerzenschein, Lebkuchen und vielleicht auch Glühwein die Adventszeit genießt, gibt es hier keinerlei Anzeichen für den Winter. Es hat nur einmal kräftig geregnet, die Temperaturen sind für die Jahreszeit zu hoch und auch der Wasserspiegel des Sees Genezareth sinkt beharrlich. Genau zur selben Zeit, in der Christen gemütlich unter dem Weihnachtsbaum sitzen werden, feiern Juden Chanukka – das Lichterfest, an dem auch Jesus einst teilgenommen hat (Johannesevangelium, Kapitel 10, Vers 22). Die Geschichte von Chanukka ist sehr interessant und ausführlich in den Makkabäerbüchern beschrieben. Es ist ein wunderbares Zeugnis dafür, wie Gott sich zu seinem Volk stellt. In Kurzform:

Im zweiten Jahrhundert vor Christus musste Israel unter der schrecklichen Herrschaft der Griechen leiden. Ständig neue Gebote und Gesetze machten den Juden das Leben schwer. Man verbot ihnen sogar, ihre Religion auszuüben. Von nun an sollten die griechischen Götzen, die auch im Tempel aufgestellt wurden, angebetet werden. Einige Frauen und Männer wehrten sich jedoch gegen diese Gesetze, denn für sie gab es nur einen Herrn – den Gott Abrahams, Isaaks und Jakobs. Unter der Führung von Judas Makkabäus und seinen vier Brüdern besiegten sie die syrisch-griechische Dynastie der Seleukiden im Jahr 165 v. Chr. im sogenannten Makkabäeraufstand. Ein Jahr später wurde auch der Tempel erobert, gereinigt, von griechischen Götzenbildnissen befreit und schließlich neu geweiht. Das Wort Chanukka heißt deshalb auch soviel wie „Neueinweihung". Es wird überliefert, dass es damals nur noch eine winzige Menge geweihtes Öl gab, das gerade gereicht hätte, den siebenarmigen Leuchter im Tempelinneren, also das Ewige Licht, das niemals ausgehen soll, einen Tag lang brennen zu lassen. Der Prozess, um neues, geweihtes Öl herzustellen, dauerte acht Tage. Zur großen Verwunderung aller brannte das Licht mit dem wenigen vorhandenen Öl genau diese acht Tage lang.

Chanukka beginnt dieses Jahr am 22. Dezember und dauert acht Tage. Man stellt einen neunarmigen Leuchter auf. Jeder Arm repräsentiert einen Tag, an dem das vorhandene Öl im Tempelleuchter brannte. Der zusätzliche neunte Arm trägt die Dienerkerze. Am ersten Tag des Festes brennen die Dienerkerze und die erste Kerze. Jeden Tag wird dann eine weitere Kerze mit der Dienerkerze angezündet, bis alle neun Kerzen brennen. Es werden Geschenke verteilt und der Dreidl (Kreisel) gedreht, ein beliebtes Familienspiel. Die Seiten dieses Kreisels sind mit den hebräischen Anfangsbuchstaben des Satzes *Ein großes Wunder ist hier geschehen* verziert. Während der Feiertage isst man traditionell in Fett gebackene Lebensmittel (z.B. Berliner, Krapfen oder Kartoffelpuffer).

Das Volk Israel hat inmitten der widerwärtigsten Umstände überwunden. Die Botschaft von Chanukka lautet: Egal wie die Umstände auch aussehen – Gott vermag alles und kein Plan ist für ihn unausführbar (Hiob, Kapitel 42). Möge dieses Bewusstsein auch uns, auch heute noch Inspiration sein.

Erschütternd neue Realitäten

2001 ist wohl vielen Menschen weltweit als das Jahr, in dem Terror eine völlig neue Dimension annahm, in Erinnerung geblieben. Plötzlich war Terror überall und nicht nur regional auf einige paraislamisch-fundamentalistische Brutstätten beschränkt. Niemand wird die Bilder des Anschlags auf das World Trade Center in New York am 11. September 2001 vergessen. Auch ich nicht. In Afghanistan wurden Mitarbeiter der christlichen Hilfsorganisation *Shelter Now* von den Taliban entführt. Unter den Entführten waren vier Deutsche, die entweder aus Braunschweig stammten oder gute Verbindung dorthin hatten; wir kannten uns persönlich. 103 Tage wurden sie gefangen gehalten, ehe sie befreit werden konnten. Das sind nur zwei der Ereignisse, die mir damals tief ins Mark gefahren sind. Ich erlebte sie während meines ersten Heimataufenthaltes.

Auch in Israel wurde der Terror immer heftiger, forderte Verletzte und Tote, schlug erbarmungslos zu. Bilder, Berichte und Schicksale buchstäblich zerfetzter Menschenleben reihten sich in unvorhersehbarer Reihenfolge aneinander wie Perlen auf einer Schnur. Jede Perle eine Sammlung vergossener Tränen. Auch meiner Tränen. Hilf- und Machtlosigkeit, Angst und dann wieder innere Stärke, Gottvertrauen und Zuversicht, Freude und Leid – der ganz normale Alltag mit immer wieder heraufziehendem Terror und der Suche nach Möglichkeiten, ein sichtbares Zeichen der Freundschaft zu setzen – schärften meine Sinne und meine Intuition. Meine Augen scannten bei jedem Gang und jeder Busfahrt Gesichter und Gepäck. Meine Ohren achteten auf Länge, Entfernung und Anzahl eilig-eilender Sirenen von Rettungsfahrzeugen. Meine Intuition ließ mich Umwege gehen, Busse verpassen oder Orte verlassen, was mir möglicherweise das eine oder andere Mal das Leben gerettet hat. Plötzlich lebte ich in einer Realität, in der Terror allgegenwärtig war und geriet einige Male in Situationen, die mir vorkamen wie Inferno-Szenen aus einem Hollywood-Spielfilm. Nur – diesmal saß ich nicht im Kino und schaute mir die Actionhelden an, nein, diesmal sah, spürte und erlebte ich die Szenen leibhaftig und unmittelbar. Terror beeinflusste meine Arbeit, mein Leben, meinen Alltag, meine Freunde und Nachbarn und meine Freizeitgestaltung. Israel ist ein Land, in dem Gegensätze aufeinanderprallen. Freud und Leid, Normalität und Ausnahmezustand existieren unmittelbar nebeneinander. Ich stellte fest, dass es möglich ist, entspannt und fröhlich, aber gleichzeitig auch in Alarmbereitschaft zu sein. Inmitten des Leids ist es möglich, das Leben zu zelebrieren, zu hoffen, Hoffnung und Trost zu spenden.

Als ich Ende September von meinem Heimaturlaub nach Israel zurückgekehrt war, war dies ein anderes, ein viel schwereres Ankommen gewesen. Ich weiß noch wie heute, dass ich im Flugzeug auf der Landebahn in Tel Aviv gesessen und gedacht hatte: „Ina, du bist doch verrückt! Du riskierst hier dein Leben und deine Gesundheit! Das ist doch der blanke Wahnsinn, dreh einfach um!" Aber das war nur die eine Stimme. Die andere sagte mir, dass es auf dem gesamten Planeten keinen wirklich sicheren Ort gibt, keinen Ort, an dem Terror und Leid nicht zuschlagen könnten, sondern dass ich im Vertrauen auf Gott durchs Leben gehen sollte. Gott ist Zuflucht und Schutz in allen Lebenslagen, an jedem Ort, in allen Dingen. Da wusste ich mit Gewissheit, dass meine Zeit und mein Dienst in Israel noch nicht zu Ende waren, sondern dass ich gerade erst am Anfang stand, Spuren der Liebe, der Barmherzigkeit und der Freundschaft im Leben anderer zu hinterlassen. Und so stieg ich aus.

Eine Bombe im Hausmüll

11. Januar 2001. Gegen 10 Uhr morgens warf ein Mann eine schwarze Tasche in einen Müllcontainer in Mea Shearim, dem bekannten Viertel Jerusalems, das von ultra-orthodoxen Juden bewohnt wird. Zufällig beobachtete dies eine Frau, und da sie den Mann nicht kannte, fragte sie ihren Bruder, ob es nicht ratsam wäre, einmal nachzuschauen, was jener Mann da wohl entsorgt hatte. Das tat der Bruder auch, mutig und entschlossen, und entdeckte eine Bombe, die an ein Mobiltelefon angeschlossen war. Er zog kurzerhand die Kabel heraus, was man gleichwohl als wagemutig und als lebensmüde bezeichnen muss. Seine Schwester benachrichtigte derweil die Polizei. Als diese eintraf, klingelte das Mobiltelefon − doch die geplante Explosion blieb aus, denn die Verbindung zur Bombe war bereits getrennt.

So etwas passiert mittlerweile täglich, ist also „nichts besonderes" wenn man so will. Doch Mea Shearim grenzt direkt an unser Bürogebäude an. Besagter Müllcontainer steht nur etwa hundert Meter entfernt von uns! Die Bombe war so reichhaltig mit Sprengmaterial ausgestattet, dass die Explosion massiven Schaden angerichtet und auch unser Büro in Mitleidenschaft gezogen hätte. Vor einigen Wochen explodierte eine ebensolche Bombenkonstruktion in einem Bus in Tel Aviv. Es lief nicht ganz so wie von den Terroristen geplant. Wundersamerweise wurden deshalb „nur" vierzehn Menschen verletzt und es gab keine Toten. Trotzdem − vierzehn durch Terror für immer veränderte Menschenleben sind vierzehn zuviel!

Erhörte Gebete

Es erstaunt mich immer wieder, wie geplante Attentate entweder verhindert oder vermindert werden. Ich bin mir sicher, dass viele täglich gesprochene Gebete um Schutz dafür mitverantwortlich sind und Gott diese Gebete ganz praktisch beantwortet.

Da gibt es Pannen, Verzögerungen oder unerklärliche Verkettungen unvorhergesehener Umstände als wären sie von höherer Hand gesteuert. Nicht weniger erstaunlich ist der Heldenmut, den manche Menschen in bedrohlichen Situationen aufbringen. Manchmal muss wohl ein Mensch einfach seiner inneren Stimme folgen und ausführen, was seine Intuition ihm eingibt – auch wenn es lebensmüde erscheint. Es könnte genau das Richtige sein. Es könnte Leben retten.

Nein, Gebete verhallen nicht im Nichts! Das durften wir auch in unserem Verteilzentrum erleben. Momentan helfe ich dort zeitweise aus, denn es mangelt uns überall an Mitarbeitern. Unter anderem verteilen wir warme Decken an Bedürftige. Durch eigene Erfahrung habe ich Wolldecken mehr denn je schätzen gelernt. Grundsätzlich sind Wohnungen hier nicht mit Zentralheizung ausgestattet und man muss sich mit kleinen toasterartigen Radiatoren behelfen. Meine Wärmflasche ist in der regnerisch-kalten Winterzeit zum besten Freund geworden. Der Lieferant, über den wir die Decken zur Verteilung an die Bedürftigen beziehen, ist im Laufe der Zeit immer neugieriger geworden und hat viele Fragen bezüglich unseres Glaubens gestellt. Dazu ist zu sagen, dass man mit solcherlei Fragen behutsam und vorsichtig umgehen muss. Seit 1978 existiert in Israel ein Gesetz gegen die „Überredung zum Religionswechsel", oft auch „Anti-Missionsgesetz" genannt. Es stellt die Anstiftung zum Religionsübertritt unter Strafe, wenn finanzielle oder materielle Zuwendungen damit einhergehen. Auf uns als Hilfsorganisation träfe das ja zu, ebenso bleibt der Begriff „Überredung" eine nicht einschätzbare Ermessenssache. Das Wort „Mission" ist in Israel ein Reizwort, da damit die leidvolle Geschichte des christlichen Antisemitismus verbunden wird. Christliche Mission wird sofort mit der spanischen Inquisition, den Kreuzzügen, den Pogromen in Osteuropa und dem Holocaust assoziiert. Allzu oft wird deshalb das Pauschalurteil gefällt, dass die Nächstenliebe der Christen heuchlerisch sei und lediglich dazu diene, das Judentum auszulöschen.

Doch zurück zu unserem Lieferanten. Vor einiger Zeit vertraute er uns an, dass er und seine Frau seit elf Jahren versuchen, ein Kind zu bekommen, und dass ihnen nur noch Gebet helfen könne. Vielleicht war es ein echter Hilferuf, vielleicht war es auch scherzhaft gemeint, als der Lieferant in diesem Zusammenhang sagte, dass wir gern für ihn beten dürften. Schließlich hätten wir ja einen „direkten Draht nach oben". Gesagt, getan – und das ließen wir den guten Mann auch wissen. Vor Kurzem kam er, bis über beide Ohren strahlend, mit einer neuen Lieferung und besprach sich mit einem unserer Mitarbeiter, der ihm zum Freund geworden war. Ja, und plötzlich hörte man nur noch Jubeln und Jauchzen aus dem Büro. Was war wohl geschehen? Seine Frau ist schwanger, ohne spezielle Behandlung, und er ist felsenfest davon überzeugt, dass Gott dies durch unsere Gebete bewirkt hatte. An diesem Tag floss manche Freudenträne! Das sind die wunderbaren Momente, die nur Gott schenken kann, und Hilfeleistungen, die mit keinem Geld der Welt ermöglicht werden können.

Ein anderer Mann kam kürzlich in das Verteilzentrum, stellte sich einfach in die Mitte der Halle und schaute sich um. Jemand ging zu ihm hin und fragte ihn, ob er sich setzen und ein Glas Wasser trinken wolle. Er verneinte und sagte: „Nein, ich fühle mich wohl. Ich möchte nur hier stehen und die Atmosphäre genießen. Sie ist so anders als sonst irgendwo. Zweimal im Monat komme ich hierher und dies sind die Momente, die mich davon abhalten, meinem Leben ein Ende zu setzen."

Es macht mir große Freude, solche Situationen im Verteilzentrum mitzuerleben. Oft besteht meine Arbeit aus schnöden Verwaltungsprozessen und daher ist das praktische Anpacken eine willkommene Abwechslung – auch wenn ich am Ende eines Tages im Verteilzentrum meine Muskeln überall spüren darf. Es macht mir aber auch Freude, eines der Bücher, das die Organisation herausgegeben hat, ins Deutsche zu übersetzen. *Lektionen aus dem Land der Bibel*, so der Titel, ist fast druckreif. Nachdem ich es übersetzt und gemeinsam mit anderen lektoriert habe, übernimmt nun unsere Grafikdesign-Abteilung die Gestaltung. Anschließend werden einige Tausend Stück hier in Jerusalem gedruckt. Es ist also nur noch eine Frage der Zeit, wann ich das erste Exemplar in den Händen halten kann.

Schockierende Armut und menschliche Würde

Vor einiger Zeit wurden hier in den Medien aktuelle Statistiken über die Armut im Land veröffentlicht. Sie haben uns sehr betroffen gemacht und ein paar Zahlen daraus werden deutlich machen, welch ein Segen das BFP-Verteilzentrum ist. Wir sind natürlich nicht die Einzigen, die den Bedürftigen helfen, doch in puncto Nahrungsmittel sind es meist Suppenküchen, in denen warme Mahlzeiten verteilt werden. In unserem Verteilzentrum erhalten die Menschen wichtige Grundnahrungsmittel, sodass sie sich daraus selbst etwas zubereiten können. Auf diese Weise möchten wir ihnen Würde und Respekt vermitteln und das demütigende Gefühl des Bettelns verringern. In Zahlen sieht es derzeit so aus:
Über 1,13 Millionen Israelis leben unterhalb der Armutsgrenze, mehr als eine halbe Million davon sind Kinder. Das betrifft somit fünfundzwanzig Prozent aller israelischen Kinder (Israel hat zur Zeit ca. 6,35 Millionen Einwohner). Jerusalem steht in der Statistik an der Spitze aller Städte Israels. Dreiunddreißig Prozent der Einwohner leben unterhalb der Armutsgrenze. Innerhalb eines Jahres ist diese Zahl um fünfzehn Prozent angestiegen. Die anhaltende Intifada sowie der damit zusammenhängende Einbruch der Wirtschaft und der Verlust von Arbeitsplätzen lässt die Zahlen rapide in die Höhe schnellen. In all dem Leid, in all der Not, in all dieser Hilflosigkeit ist spürbare Barmherzigkeit Balsam und Segen, der sich nicht mit bloßen Worten beschreiben lässt.

Ein anderes heißes Thema in den Medien sind wiedererwachte politische Verhandlungen, die Frieden in Nahost schaffen sollen.

Das heißeste Eisen auf dem Verhandlungstisch ist die Forderung, Jerusalem zu teilen. Anfang Januar fand hier in der Hauptstadt eine sehr außergewöhnliche Demonstration statt. 300 000 Teilnehmer begaben sich auf die Straße, um in friedlicher Übereinkunft gegen die vieldiskutierte Teilung Jerusalems zu demonstrieren. Die Stimmung war geprägt von Begegnung, gemeinsamem Gespräch und der klaren Forderung an jene Politiker, die Jerusalem so locker auf den Verhandlungstisch gelegt haben, sie mögen zur Kenntnis nehmen, dass das Volk die Teilung Jerusalems nicht befürwortet. Alles verlief friedlich und ohne terroristische Zwischenfälle. Das breite Spektrum der Teilnehmer aus allen kulturellen, politischen und religiösen Lagern setzte ein klares Zeichen.

Der tiefere Sinn von Frühjahrsputz

Während ich diese Zeilen schreibe, befindet sich Israel inmitten der Passah-Feierlichkeiten. In den Gesichtern vieler Israelis kann man die Freude über die Befreiung aus der biblischen Sklaverei Ägyptens auch heute noch wahrnehmen. Aus so ziemlich jedem Haushalt ist alles, was Sauerteig enthält, entfernt worden – man hat es entweder symbolisch an einen nicht-jüdischen Freund verkauft oder lagert es in einem abgesperrten Raum oder Schrank. Manch einer zeigt sogar voller Stolz ein rabbinisches Siegel an der Wohnungstür – das offizielle religiöse Zertifikat, dass die Wohnung rituell rein ist. Das besondere Passahgeschirr wird herausgeholt und kommt in dieser einen Woche zum Einsatz. Andere wiederum ziehen es vor, diesen Frühjahrsputz zu umgehen und fliegen in den Urlaub. Dort können sie auch nach Belieben Sauerteigprodukte genießen. Nicht jede Familie setzt die religiösen Rituale akribisch um.

In religiösen Haushalten jedoch geht der Familienvater in einem symbolischen Akt am Abend vor dem Passahfest mit einer Feder durchs Haus, entfernt die letzten Sauerteigkrümel und verbrennt sie anschließend. In ganz Jerusalem konnte man die Feuer beobachten (und riechen). In den israelischen Supermärkten kann man von nun an keine Sauerteigprodukte mehr kaufen, die entsprechenden Regale sind zugedeckt, die Gänge abgesperrt. Selbst als Nichtjude darf ich mir aus diesen Gängen keine Produkte aus diesen Regalen nehmen, die Verkäufer passen auf. Bäckereien machen Urlaub und sieben Tage lang werden unzählige Variationen von Matzah gegessen. Es ist erstaunlich, welch reichhaltige Rezeptideen für dieses ungesäuerte Brot entstanden sind – ganz und gar nicht fade und langweilig.

Dieser „Frühjahrsputz" ist sehr inspirierend. Der tiefere Sinn liegt ja darin, das eigene Herz zu erforschen und es vom Sauerteig, also von all dem, was einen Menschen innerlich verunreinigt, zu befreien und nicht nur eine Fassade aufrechtzuerhalten. Somit habe auch ich ein bisschen inneren Frühjahrsputz vollzogen. Manch ein Krümel Sauerteig hatte sich angesammelt, mal mehr, mal weniger leicht zu finden, und sicher habe ich dieses oder jenes übersehen. Doch so, wie man sich beim Frühjahrsputz die Ecken vornimmt, die man sich seit längerem nicht vorgeknöpft hat, so geht es auch innerlich darum, das anzupacken, was man hier oder da unter den Teppich gekehrt hat. Mancher „Fleck" braucht eine Drahtbürste, manch anderer dagegen eine zarte Feder. Der Vorsatz, alles etwas sauberer zu halten, geht für ein Weilchen mit – bis wir Menschen feststellen müssen, dass es uns nicht gelingen wird, uns innerlich steril reinzuhalten. Wozu auch sollte Gottes Gnade gut sein, wenn nicht dafür, uns über unser Unvermögen und unsere Unzulänglichkeiten hinwegzulieben? Auch das ist Freiheit und genau das macht mir Mut, dann und wann meinen inneren Frühjahrsputz anzupacken.

Stiche ins Herz

Die letzten Wochen waren sehr unruhig, was man vielfach auch in den internationalen Medien mitverfolgen konnte. Die Terroranschläge werden immer tragischer und treffen tief in die Seele des Volkes. Ein herzzerreißendes Beispiel ist der Tod eines zehn Monate alten Babys in Hebron, das von palästinensischen Scharfschützen in den Armen der Mutter erschossen und dessen Vater zeitgleich schwer verletzt wurde. Eine Familie, die nichtsahnend aus dem Haus tritt, erleidet solch einen schweren Schicksalsschlag! Es dauerte eine Woche, bis das Baby unter verschärften Sicherheitsvorkehrungen beerdigt werden konnte. Das ist in dieser Kultur ebenfalls tragisch, weil man Verstorbene normalerweise innerhalb von vierundzwanzig Stunden zur Ruhe bettet.

Nur wenige Tage später wurde ein fünfzehn Monate altes Kleinkind in einem Kibbuz nahe des Gazastreifens beim Spielen im Vorgarten des Hauses von Granatenfeuer getroffen und getötet. Ein weiterer Stich in das israelische Herz. Doch hinzu kommt Folgendes: Die palästinensischen Medien verbreiteten weltweit die Anklage, dass die Mutter selbst das Kind getötet hätte, weil es geistig behindert gewesen sei und sie auf diese Weise die Ermordung ihres eigenen Kindes zu vertuschen suchte. Die Tatsache, dass auch ihr Ehemann und Vater des Kindes Verletzungen davontrug, scheint bei dieser verdrehten Theorie kein Hindernis zu sein. Dies alles geschieht nach dem Motto, wenn man eine Lüge lange genug erzählt, dann wird sie irgendwann geglaubt.

Hier zu leben bedeutet, solche Ereignisse nicht als bloße Information distanziert zur Kenntnis zu nehmen, sondern aktiv in das Geschehen hineingezogen zu werden. Beispielsweise dann, wenn jemand zu uns kommt und berichtet, dass er eigentlich geplant hatte, in genau das Einkaufszentrum zu gehen, das gerade Ziel eines Bombenanschlags war, und von „höherer Hand" einen anderen Weg geführt wurde, wodurch sein Leben bewahrt blieb. Wir sehen die Trauer und Betroffenheit in den Augen unserer israelischen Arbeitskollegen und Nachbarn; die Angst, wenn Nachbarn ihre Kinder oder Freunde zum Wehrdienst fortlassen; den Schmerz, wenn in unserer Straße, in unserer Nachbarschaft ein Leben durch derlei Tragik getroffen wird; die Ohnmacht, weil eine Lösung dieses Dilemmas unmöglich scheint; die Sehnsucht, dass der Gott Israels endlich eingreifen möge.

In vielen dieser Situationen werden wir zu Tröstern. Die Frage in den Herzen der Menschen erklingt immer lauter: Warum seid ihr hier? Warum tut ihr all das? Warum bleibt ihr in dieser unsicheren Zeit in Israel? Warum kommen sogar neue Volontäre?

Und die Antwort auf diese Fragen spüren die Menschen, auch ohne dass wir große Worte machen. Es ist Liebe. Es ist Barmherzigkeit. Es ist Freundschaft.

Realität in Israel – Tödlicher Ausflug zweier Jugendlicher

Vor einigen Tagen beschlossen zwei Jugendliche (13 und 14 Jahre alt), die Schule zu schwänzen. Sie streunten in einer etwa 300 Meter von ihrer Ortschaft Tekoa entfernten Gegend umher, um die dortigen Höhlen zu erkunden – kindliche Flausen, die wir alle einmal im Kopf hatten, vielleicht sogar in die Tat umsetzten. Doch die herzzerreißende Folge dieses jugendlichen Leichtsinns war, dass diese beiden Burschen brutal ermordet, verstümmelt, gesteinigt und zerhackt wurden. In einer sehr beliebten Ausflugsgegend. Gewiss, Ähnliches haben wir in Deutschland auch schon in den Nachrichten hören müssen. Der Unterschied jedoch ist, dass mit dem Blut der Kinder Vernichtungsparolen gegen Israel an die Wände der Höhle geschmiert wurden.

Zwei Tage später kam ich mit unserer Nachbarin ins Gespräch (mein Hebräisch wird zunehmend besser und die Unterhaltungen dementsprechend interessanter). Sie war sichtlich erschüttert über diesen Mord, der vielen in Mark und Bein fuhr. Da wir eine arabische Siedlung von unserem Haus aus sehen können und wir auch Täler und Höhlen, die zur Erkundung einladen, in unserer Nachbarschaft vorfinden, fragte ich sie, ob sie gerade deswegen um ihre Kinder besorgt sei. Das sei sie schon, antwortete sie, doch andererseits müssten ihre Kinder auch um sie besorgt sein, denn jeden Morgen um sechs Uhr macht sie sich mit kugelsicherer Weste bekleidet auf den Weg zur Arbeit am Flughafen Atarot, der nur knappe 5 Kilometer von Ramallah entfernt ist – dem Ort, in dem im vergangenen Herbst die Soldaten brutal gelyncht worden waren. „Das ist die Realität hier in Israel", sagte sie. „Jeder Tag kann unser letzter sein und wir tun, was wir können, um das, was wir haben, zu genießen." Realität in Israel ...

Ich kann mir annähernd vorstellen, wie es den Familien der beiden so brutal ermordeten Jugendlichen nach diesem schrecklichen Schicksalsschlag gehen muss. Auch ich habe schwere Verluste in meinem Leben hinnehmen müssen (wenn auch niemals auf solch entsetzlich gewaltsame Weise). Als sei das noch nicht genug, wurde nach dieser Tragödie das Haus der Familie des einen Jugendlichen von palästinensischen Scharfschützen wochenlang beschossen. Was für ein entsetzlicher Terror! Eine Familie, so erschüttert, sieht sich unentwegt der Gefahr ausgesetzt, beim nächsten Öffnen der Haustür ein weiteres Familienmitglied zu verlieren. Das ist für mich Terror in seiner schlimmsten Form.

Der 11. Mai, ein Freitag, wurde von arabischen Führern (wie so oft) zu einem Tag des Zorns erklärt. An diesem Tag explodierte eine Rohrbombe im Jaffator der Jerusalemer Altstadt – einem der wenigen noch vom Tourismus belebten Plätze. Einige holländische Touristen wurden dabei leicht verletzt. Diese beiden Anschläge veranschaulichen, dass terroristische Aktivitäten sehr oft mit dem Ziel einhergehen, Israel an den empfindlichsten, schmerzhaftesten Stellen zu treffen: Tourismus (eine der Haupteinnahmequellen des Landes) und Kinder (die ihr Leben und alle Zukunft noch vor sich haben). Realität in Israel ...

In Kfar Saba, nördlich von Tel Aviv, ist vor Kurzem eine Bombe in einem Linienbus explodiert. Ein paar Tage später erzählte mir ein israelischer Kollege von einem Telefonat mit seinem Freund, der dort wohnt. Der Freund hatte ihn aufgeregt angerufen, denn er hatte in ebendiesem Bus gesessen. Urplötzlich bekam er stechende Kopfschmerzen, so heftig, dass ihm übel wurde und er ausstieg, weil er den Schmerz nicht mehr ertragen konnte und dachte, er müsse sich jeden Moment übergeben. Als er sich am Haltestellenhäuschen zu erholen versuchte, sah er den Bus explodieren, der sich nur wenige hundert Meter entfernt hatte. Es ist ein weiteres Beispiel für eine von höherer Hand gesteuerte Bewahrung. Realität in Israel ...

Realität in Israel – Verwundbarer Zufluchtsort

Am 14. Mai 1948, also vor 53 Jahren, wurde der Staat Israel gegründet. Welch eine Hoffnung muss dies in den verzweifelten und geplagten Herzen der überlebenden Juden des Holocaust ausgelöst haben! Endlich eine Heimat und damit sichere Zuflucht vor Verfolgung und Tod. Und doch – wie schnell sah sich die junge Nation Israel einem Krieg gegenüber! Die Arabische Liga ließ lediglich Stunden verstreichen, ehe sie zum Angriff überging.

Und heute? Heute sieht sich Israel der zermürbendsten Intifada seit Bestehen des Staates Israels ausgesetzt. Die vergangenen acht Monate sowie die sieben Jahre nach der Ratifizierung des Oslo-Friedensabkommens haben zusammengenommen mehr Menschenleben gekostet als die Jahre der Ersten Intifada (1987–1993). Es ist nicht nur die Zahl der Opfer, die so schockiert. Es ist auch die Härte, die Unbarmherzigkeit und die anscheinend immer bestialischer werdende Art des Terrors, die sich nur schwer begreifen lässt.

Den 15. Mai, den Tag, der gemäß dem gregorianischen Kalender auf die Unabhängigkeitserklärung Israels folgt, nennen Palästinenser „Al-Nakba" – die Katastrophe. So unterschiedlich, so krass können Perspektiven sein: Auf der einen Seite endlich Heimat und Zuflucht, verbunden mit dem von der neugeformten israelischen Regierung sofort offen ausgesprochenen Angebot der Freundschaft an alle damals im Land lebenden Araber sowie an die umliegenden arabischen Nationen. Auf der anderen schlichtweg eine Katastrophe und der Unwille, sich zu begegnen und friedliche Wege zu suchen. Realität in Israel ...

Realität in Israel – Liebevoller Lichtstrahl

Doch es geschieht auch Positives! Unsere Arbeit geht mit unverminderter Intensität weiter. Wir finden stetig weitere Möglichkeiten zu helfen und sind dankbar für neue Mitarbeiter, die sich mutig auf den Weg nach Israel gemacht haben und uns unter die Arme greifen. Wir freuen uns über jede Hilfe, die wir leisten können. Jede Gabe ist ein sanfter und liebevoller Lichtstrahl, der die Gesichter der Bedürftigen erhellt. Realität in Israel ...

Als ich mich während des Winters 1999/2000 auf Israel vorbereitete, hätte ich nie gedacht, dass es ein Jahr voller neuer, oftmals grausamer Realitäten werden würde. Es ist gut, dass wir nicht alles im Voraus wissen. Corrie ten Boom, die Tochter des niederländischen Uhrmachers, der während des Zweiten Weltkriegs mehrere Juden vor den Nazis versteckte, wurde eines Tages von ihrem Vater gefragt: „Wann gebe ich dir die Fahrkarte, wenn wir zusammen nach Amsterdam fahren?" – „Kurz, bevor wir in den Zug steigen." – „So macht es auch unser himmlischer Vater: Wenn wir es nötig haben, aber nicht vorher, gibt er uns, was wir brauchen. Auch dir."[4] Dieses Wort hat mich sehr ermutigt, denn geht es uns nicht auch so? Wie oft würden wir, wenn wir vorher wüssten, was auf uns zukommt, zurückscheuen, aufgeben, umdrehen, zu tauschen versuchen? Und oft würden wir dadurch einige der lehrreichsten, lebensverändernsten, bereicherndsten und vielleicht schönsten Erfahrungen im Leben verpassen.

Die letzen Wochen waren für mich nicht einfach, einerseits weil die Realität des Terrors, in der ich lebe, nur schwer begreifbar ist und andererseits weil sich der Todestag meiner Mutter jährt und ich unseren plötzlichen Abschied auch jetzt noch nicht vollends begriffen habe. Trauer hat ihre eigene Dynamik. Doch erneut kann ich feststellen, dass Gott in seiner Souveränität und Liebe perfekt für mich sorgt. Gottes Trost ist auch jetzt da – spürbar. Nicht nur Trost durfte ich spüren. Ich musste auch die Entscheidung treffen, ob ich nach meinem ursprünglich geplanten Jahr nach Deutschland zurückkehren oder meinen Dienst in Israel verlängern soll. Ich habe mich für Letzteres entschieden, denn innerlich spüre ich, dass dieses Land noch viel mehr für mich bereithält und dass ich gerade erst begonnen habe, sowohl diese Schätze zu entdecken, als auch das, was ich diesem Land zu geben habe, wirksam werden zu lassen.

Ein wahrhaft „heißer" Sommer

Der Sommer ist mit voller Kraft eingezogen und es ist herrlich warm. Trotz aller Wasserknappheit werden die meisten öffentlichen Parks fleißig bewässert und vermitteln den Menschen in dieser Stadt ein idyllisches Bild. Aber trotz aller Blumenpracht wird den Israelis spätestens beim Betrachten der aktuellen Wasserrechnung, die die drastisch erhöhten Preise widerspiegelt, bewusst, dass der Wassermangel nicht mehr zu verleugnen ist und ein Umdenken erforderlich macht. Genauso wenig können auch kurzlebige Idyllen des Friedens weder über die politisch verfahrene Situation noch über den täglich zuschlagenden Terror hinwegtäuschen.

Wie furchtbar wird dieses Land erschüttert! Wie schrecklich wird das Leben vieler Menschen in Schutt und Asche gelegt! Die Zahlen von Todesopfern oder Verletzten in den Medien wirken kalt und faktenorientiert, doch dahinter stehen Schicksale, und auf viele dieser Schicksale treffen wir in unserer Arbeit und in unserem Privatleben. Für mich ist es fast unbegreiflich, dass ich trotz aller Tragik, die hinter jeder dieser Nachrichten steckt, Frieden,

Kraft und Geborgenheit finde und dazu fähig bin, Trost und Zuspruch zu spenden – mir selbst und anderen.

In Netanya, einer mittelgroßen Stadt an der Mittelmeerküste, versuchte ein Selbstmordattentäter, sich in ein großes Einkaufszentrum zu drängen und wurde an der Tür von Sicherheitskräften zurückgewiesen, da er eine auffällig weite Jacke trug und eine Leibesvisitation verweigerte. Im nächsten Moment sprengte er sich in die Luft und tötete dabei sechs Menschen, verletzte Dutzende. Eine Familie, die nur sechs Monate zuvor nach Israel eingewandert war, wurde von dieser Tragödie besonders schwer getroffen: ein Elternteil getötet, der andere schwer verletzt. Auch der sechsjährige Sohn ist schwer verletzt. Der Bruder der Frau hatte sich verspätet und blieb dadurch verschont. Doch als er schließlich am Ort des Geschehens eintraf, fand er seine Freundin, die die Familie begleitet hatte, tot vor. Diese Familie war wenige Wochen zuvor nach Netanya gezogen, weil der Vater dort einen Arbeitsplatz gefunden hatte – was man in der derzeitigen wirtschaftlichen Lage und innerhalb so kurzer Zeit nach der Einwanderung nur als Wunder bezeichnen kann. Doch nun liegt in Ruinen, was noch vor einigen Tagen wie eine rosige Zukunft aussah.

Eine ganze Hochzeitsgesellschaft wird unter Trümmern begraben

Aber nicht nur der Terror erschüttert die Nation. Etwa zweihundert Meter von unserem Verteilzentrum entfernt befindet sich der Versailles-Ballsaal, ein beliebter Ort für Festivitäten. Inmitten einer Hochzeit stürzte das Gebäude in sich zusammen und begrub alle der rund 700 Gäste unter den Trümmern. Die erschütternde Bilanz nach den Rettungsarbeiten: 23 Tote und über 300 Verletzte, die im Krankenhaus behandelt werden mussten. Die Braut erlitt Kopfverletzungen und Rippenbrüche, der Bräutigam blieb bis auf Schürfwunden unverletzt. Welch ein Drama: Der

Tag, der besonders den Brautleuten als einer der schönsten ihres Lebens in Erinnerung bleiben sollte, wird untrennbar mit den Erinnerungen an dieses Drama verknüpft bleiben. Das Schicksal eines jeden geladenen Gastes, Gefühle der Panik, des Verlusts, aber auch der Dankbarkeit, überlebt zu haben, werden an jedem Hochzeitstag allgegenwärtig sein.

Nicht nur weil der Ballsaal in der Nähe unseres Verteilzentrums liegt, geht uns diese Tragödie sehr nahe. Manche der Gäste wurden oder werden durch unser Adoptionsprogramm versorgt; daher erfahren wir mehrmals pro Woche von den Schicksalen der Betroffenen. Außerdem konnten wir etwas zur Gesundung der Verletzten beitragen: Als die Rettungsarbeiten noch in vollem Gange waren, rief der Bürgermeister Jerusalems bei uns an und fragte uns, ob wir nicht zweihundert Aufmunterungskörbchen bereitstellen könnten, die er dann gemeinsam mit uns an die Verletzten in den Krankenhäusern verteilen würde. Natürlich haben wir das getan – und haben in eineinhalb Tagen mit vereinten Kräften zweihundert Körbchen mit Süßigkeiten, getrockneten Früchten, Nüssen, Schokolade sowie einem Buch mit Psalmen und einem lieben Gruß gepackt. Dann machte sich eine Delegation unserer Mitarbeiter gemeinsam mit einer Delegation des Bürgermeisters auf den Weg in die Krankenhäuser und überbrachte kleine Geschenke der Liebe und Barmherzigkeit.

An dieser Stelle möchte ich etwas vorspulen: Einige Jahre später sollte ich in meiner Funktion als Personalchefin unserer Organisation regelmäßig mit dem Innenministerium zu tun bekommen. Dort kam ich eines Tages mit einer der Sachbearbeiterinnen ins Gespräch. Sie trug eine ungewöhnlich gestaltete Halskette und ich sprach sie darauf an. Sie erzählte mir, dass sie diese Kette immer trage und dass es eine Erinnerung an ihre verstorbene Schwester sei, die beim Einsturz des Versailles-Ballsaals umgekommen sei. Auf dem Medaillon der Kette war das Gesicht der Schwester als Hologramm zu erkennen. Ich erzählte ihr, wie mich diese Begebenheit erschüttert hatte und wie traurig mich dieses Unglück machte. Dabei sprachen wir auch darüber, dass wir damals Hunderte von Aufmunterungskörbchen an die Verletzten verteilt hatten. Einer dieser Körbe war auch bei ihrer Familie angekommen und sie gestand mir, dass diese kleine liebevolle Geste ihr viel bedeutet hatte. Noch Jahre nach dieser Begegnung hatte ich mit dieser Sachbearbeiterin zu tun. Es ergab sich eine gute Zusammenarbeit und es entwickelte sich ebenso eine besondere Freundschaft. Wir haben gemeinsam gelacht und geweint, waren ratlos oder humorvoll, professionell oder zwanglos, haben Spuren im Herzen des anderen hinterlassen.

Am Ende des Fassungsvermögens

Doch zurück ins Jahr 2001. Israel hatte sich kaum von den beschriebenen Ereignissen erholt, da wurde es schon von der nächsten Tragödie erschüttert, die uns aufzeigte, wie eng Geschehnisse hier oft miteinander verknüpft sind. Der Freund eines israelischen Mitarbeiters unserer Organisation war zu Gast auf der gerade beschriebenen Hochzeit, blieb jedoch unverletzt. Er wollte sich von diesem entsetzlichen Ereignis erholen und plante, das Wochenende am Strand von Tel Aviv zu verbringen. Als er sich abends aufmachte, um in eine Diskothek zu gehen und am Eingang auf Einlass wartete, sprengte sich ein Selbstmordattentäter in die Luft. Die traurige Bilanz: 21 Tote, alle zwischen 14 und 21 Jahren alt, und etwa 90 Verletzte. Der Freund unseres Mitarbeiters ist schwer traumatisiert, die Schicksale der einzelnen Familien schwer auszumalen.

In der Folge dieser Reihe von Terroranschlägen und diverser Meldungen in den Nachrichten über noch rechtzeitig vor der geplanten Explosion gefundene Autobomben stand den Menschen die schiere Verzweiflung ins Gesicht geschrieben. Bilder, Berichte und Reportagen in den Medien machten das nur zu deutlich. Der vom amtierenden Ministerpräsidenten Ariel Scharon ausgerufene einseitige Waffenstillstand traf in der Öffentlichkeit auf eine sehr geteilte Meinung und die Wogen schlugen immer höher – waren doch seit der Verlautbarung etliche Menschen getötet worden. Die Leute waren am Ende des für sie Ertragbaren. Und wie schon so oft in den vergangenen Monaten mischte sich der Schrei des Schmerzes und des Leids mit dem Ruf nach Vergeltung und Schutz. Politische Verhandlungen hatten bisher weder Linderung noch ein Ende des Terrors bewirkt. Wenn es also friedlich nicht geht, warum sollte man sich der Willkür des Terrors ohne Gegenwehr ergeben? Eine berechtigte Frage? Und wäre ein offener Krieg besser? Oder besser einschätzbar? Eine Antwort darauf wage ich nicht.

Einige Tage nach dem Anschlag in Tel Aviv las ich im Internet die Nachrichten und entnahm einigen Berichten, dass der derzeit amtierende deutsche Außenminister Joschka Fischer während dieser Tragödie in Israel gewesen war. Er wohnte in Tel Aviv in einem Hotel, das sich genau gegenüber dem „Dolphinarium" befindet, wo sich der Terroranschlag ereignete. Von seinem Balkon aus beobachtete er die Rettungsarbeiten und ging später sogar hinunter. Am nächsten Tag traf er sich in Ramallah mit PLO-Präsident Jassir Arafat und teilte ihm in aller Schärfe mit, dass er 24 Stunden Zeit habe, um diesen Terror zu stoppen – so berichten israelische Zeitungen. Wenn nicht, würde er alles daran setzen, dass sowohl Deutschland als auch die EU die Unterstützungszahlungen an die PLO zum Aufbau der Infrastruktur in den Autonomiegebieten stoppen würden. Auf die Frage Joschka Fischers, ob es Arafat von ganzem Herzen leid tue, dass so viele Menschen ums Leben gekommen seien, soll Arafat geantwortet haben: „Und die Deutschen? Tut es den Deutschen aufrichtig leid, was sie den Juden im Holocaust angetan haben?" Dieser Wortwechsel wurde anscheinend später von Fischer dementiert. Doch Arafat kündigte kurz nach diesem Treffen mit zaghafter Stimme in Arabisch vor laufenden Kameras seine Bereitwilligkeit an, ein Waffenstillstandsabkommen mitzuentwickeln. Es scheint momentan so, als habe Arafat sich in die Ecke manövriert. Seine Schachzüge sind nicht aufgegangen und seine Autorität in der arabischen

Welt wird infrage gestellt. Die Terrororganisationen Hamas und Hisbollah haben erklärt, dass die Worte Arafats ihnen nichts bedeuten; sie sind entschlossen, den Terror weiterzuführen.

Es ist nicht leicht, als Nichtbetroffene, die ich ja im Prinzip bin, das alltägliche Leben in Israel auszuhalten. Ich kann mittlerweile nicht mehr zählen, in wie viele Absperrungen ich geraten bin, während an dieser oder jener Ecke eine Bombe entschärft wurde. Oder weil sich ein Anschlag ereignet hatte und die Spuren der Zerstörung geräumt wurden. All das hat mich mehr denn je gelehrt, wie sehr Gott unser Leben in der Hand hält. Seine Versorgung, seinen Schutz, seine Führung, seinen Trost, seine Kraft, seinen Frieden – all diese Dinge werde ich nie wieder als selbstverständlich hinnehmen.

Unsere Anwesenheit in Israel während dieser „unruhigen" Zeit macht den Menschen in unserem Umfeld Mut und vermittelt Hoffnung. Manche Menschen wundern sich, dass wir nicht weglaufen. Aus ihrer Sicht haben wir keinen triftigen Grund hierzubleiben, aber sie sind dennoch froh, dass wir da sind, und suchen Trost bei uns.

Ich selbst freue mich darauf, den Spätsommer in Deutschland zu verbringen. Mein erster Heimaturlaub steht bevor und ich bin ehrlich gesagt froh darüber, Terror und Tragik für ein Weilchen hinter mir zu lassen.

Tränen und wohlbekannte Melodien

Am 9. August 2001, während ich in Deutschland weilte, sprengte sich an der wohl belebtesten Kreuzung im Zentrum Jerusalems ein Selbstmordattentäter in einer Pizzeria in die Luft. Um 14 Uhr, einer Zeit, zu der sowohl die Straßen als auch die Pizzeria vor Menschen nur so wimmelten, schlenderte der Attentäter in die Mitte des Restaurants und zündete seine tödliche Ladung. Sein

Sprengstoffgürtel war gespickt mit Nägeln, Schrauben und Metallsplittern. Er riss 15 Zivilisten mit sich in den Tod, über 130 Menschen wurden verletzt, die Pizzeria komplett zerstört. Als ich die Nachrichten über diese Schreckenstat in Deutschland verfolgte, war mein erster Gedanke: „Ina, tagtäglich gehst du über diese Kreuzung, gehst an dieser Pizzeria vorbei! Aber um 14 Uhr, da hättest du gearbeitet ... puh." Gedanke reihte sich an Gedanke, Szenerie an Szenerie. Einmal mehr war ich dankbar für die erlebte Bewahrung.

Und dann dachte ich an den Straßenmusikanten, der jeden Tag treu an genau dieser Kreuzung vor der Pizzeria sitzt. Er ist blind und taub und er spielt mit seiner Ukulele israelische Volkslieder und auch so manchen Oldie der Beatles. Auf diese Weise verdient er seinen wohl kärglichen Lebensunterhalt. Tränen traten mir in die Augen. Ist er auch umgekommen? Oder verletzt? Der Gedanke an ihn hat mich all die Wochen in Deutschland nicht losgelassen. Nach meiner Rückkehr nach Jerusalem habe ich mich auf die Suche nach ihm gemacht. An der Kreuzung, dort, wo die Pizzeria einst ihre Köstlichkeiten offerierte, gähnt ein klaffendes Loch. Es erscheint wie ein Mahnmal. Kerzen, Fotos der Verstorbenen und Briefe der Trauer sind dort niedergelegt und sicher werden bald Renovierungsarbeiten beginnen. Doch erstmal, ja erstmal wird getrauert und erinnert.

Dann, eines Nachmittags, fand der bekannte Klang der Ukulele den Weg zu meinem Ohr. Ich folgte der fröhlichen Melodie und tatsächlich – da war er wieder, der Straßenmusikant! Mein Herz tat einen kleinen Hüpfer und auch meine Tränen flossen wieder. Diesmal waren es Tränen der Freude und Erleichterung. Er lebt! Er ist unversehrt! Und er spielt die wohlbekannten Melodien der Lieder, die jeder mitsummen kann. Er sitzt an einem anderen Ort in der Innenstadt und gern hätte ich ihn gefragt, was ihm persönlich am Tag des Anschlags passiert ist. Wurde er verletzt und ist nun wieder genesen? Oder war er an jenem Tag vielleicht aus irgendeinem Grund gar nicht dort? Ich stand eine lange Zeit dort, lauschte den Klängen, lächelte und weinte und legte schließlich einen Betrag in sein kleines Schälchen. Ich glaube, ich habe mich noch nie in meinem Leben so sehr gefreut, einen Fremden (und doch nicht Fremden) wiederzusehen!

Der 11. September –
Der Beginn einer neuen Normalität?

Meine Rückkehr nach Israel war ein anderes Ankommen als die Male zuvor. Schon vorher war mir klar, wozu ich mich entschieden hatte, doch als ich aus dem Flugzeug stieg, wurde es Realität: Freund sein – in guten wie in schlechten Tagen. Die unfassbaren Terroranschläge in den USA haben die ganze Welt erschüttert und niemand von uns weiß, welche Folgen sie nach sich ziehen werden. Dass ich in meinem Leben einen sich stetig steigernden Terror, so wie es in den letzten zwölf Monaten der Fall war, hautnah und unmittelbar erleben würde, erschien mir bis vor Kurzem als komplett unwirklich. Es ist wohl nur eine Frage der Zeit, wann die Auswirkungen des von den USA angekündigten Kampfes gegen den Terror Israel treffen werden. Die Drohungen, Israel mit Massenvernichtungswaffen anzugreifen sollten die USA ihre militärischen Schritte ausweiten, werden wiederholt von den Drahtziehern der Terrornetzwerke ausgesprochen. So ist mir klar, dass die bevorstehende Zeit in Israel nicht einfach werden wird, ja, dass ich noch nicht einmal vorausahnen kann, was sie für mich bereithält. Aber ist das nicht mit allen Dingen so? Müssen und sollten wir nicht Gott in jeder Situation vertrauen und es ihm überlassen, uns hindurchzutragen und alles, was wir durchleben, zu einem Zeugnis seiner Treue, Liebe, Kraft und Gnade zu machen? Das kommt uns leicht vor, wenn wir uns auf sicherem Terrain bewegen oder zumindest die Konsequenzen ungefähr abschätzen können. Doch wir alle brauchen einen „Ewigkeitsblick", mit dem wir unser Leben betrachten und leben. Es geht nicht nur um uns, nicht nur um unser Wohlergehen, nicht nur um unsere Sicherheit.

Es geht vor allem darum, was Gott in dieser Welt tun möchte. Jesus hat diese Welt überwunden und uns ermutigt, dasselbe zu tun – etwas, das wir aus eigener Kraft nie schaffen werden. Dazu ist diese Welt viel zu entartet. Manchmal schleicht sich ein Wunsch in meine Gedanken: Können wir nicht alle einfach wieder zum „Normalen" zurückkehren? Doch was eigentlich ist normal? Lebten wir vor dem Anschlag in New York in der Normalität? Darauf eine Antwort zu finden, könnte einen tiefgehenden philosophischen Diskurs nach sich ziehen. Im Grunde genommen gibt es darauf nur eine Antwort: Das „Normale" kann sich nur an der Norm Gottes orientieren und nur dort können wir wirklich Halt finden. Je „unnormaler" diese Welt wird, umso mehr werden wir auf Gott angewiesen sein, um den Weg durch dieses Labyrinth zu finden. Hat sich durch die Ereignisse der letzten Wochen der Wille Gottes für unser Leben geändert? Nein! Leben aus der Kraft Gottes definiert sich nicht über die Umstände, in denen wir leben, sondern aus Glauben und aus der Kraft, die wir aus der Beziehung mit unserem Gott empfangen. Gott hat Gedanken des Friedens, der Hoffnung und der Zukunft über uns und keine Gedanken des Unheils.

Eine interessante, doch eher traurige Beobachtung habe ich in den arabisch-dominierten Gegenden wie beispielsweise in Teilen der Altstadt Jerusalems gemacht. Dort hat sich ein klar wahrnehmbarer Anti-Amerikanismus ausgebreitet. Nachdem die USA und Großbritannien erste Angriffe auf Afghanistan geflogen haben, hat sich die Haltung vieler Araber gegenüber Amerikanern merklich verändert. Selbst als Nicht-Amerikaner wird man manchmal ohne Umschweife mit Hetzreden überhäuft, mit Schimpfworten und Flüchen bedacht oder gar bespuckt. Natürlich reagieren nicht alle Araber auf diese Weise, aber für mich wirft es die Frage auf, ob diese Feindseligkeit auch gegenüber anderen Nationen aufgetreten wäre, wenn ein Terroranschlag ähnlicher Größenordnung wie der auf das World Trade Center in einem anderen Land passiert wäre und zu entsprechenden Vergeltungsmaßnahmen geführt hätte. Ich wünsche mir für mich selbst, dass ich inmitten allen Streits und aller Auseinandersetzungen in dem Frieden Gottes bewahrt bleibe und genau das auch ausstrahle – ganz gleich wohin mich meine Füße tragen.

Kriegsvorbereitungen

Ob ich auf einen eventuellen Krieg in Israel vorbereitet bin, kann ich nicht sagen – wohl eher nicht. Doch ich bin gewiss, dass Gott mir den Mut und die Zuversicht geben wird, die ich brauche. Der „Heimatschutz", eine Abteilung der israelischen Armee, die für den Zivil- und Katastrophenschutz der Bevölkerung zuständig ist, hat damit begonnen, Gasmasken an Israelis zu verteilen, und viele von ihnen stehen an den Ausgabestellen mehrere Stunden an, um diese zu erhalten. Ich sehe diese Menschenschlangen und kneife mich – ja, ich lebe in einem Land, das sich auf Krieg vorbereitet. Um die Versorgung der gesamten Zivilbevölkerung zu gewährleisten, werden die Gasmasken demnächst auch an vielen Postschaltern ausgehändigt.

Nicht-Israelis bekommen keine dieser „staatlichen" Gasmasken, sondern müssen sich selbst versorgen. BFP hat mittlerweile für jeden Volontär eine Gasmaske bestellt. Das Gleiche gilt für Versiegelungsmaterial, denn die Bevölkerung wurde angewiesen, für den Fall eines Angriffs mit chemischen oder biologischen Waffen einen Raum so zu präparieren, dass er luftdicht isoliert ist. Vor ein paar Tagen hatten wir eine Krisensitzung, in der alle Volontäre über nun notwendige Vorbereitungen informiert und instruiert wurden. Während des Golfkriegs 1991 haben die Menschen in Israel so manches Mal ihren versiegelten Raum oder Schutzbunker aufsuchen müssen und man erwartet dies auch jetzt. Zur Zeit besteht zwar noch keine Gefahr eines Angriffs, so die Regierung, doch es sei abzusehen, dass dies sich bald ändern kann, daher sei eine entsprechende Vorbereitung wichtig und notwendig – auch um Panik zu vermeiden. Zusätzlich beginnen wir damit, einen Vorrat an Dauernahrungsmitteln, Wasser, Batterien, Kerzen, Medikamenten und Verbandsmaterial anzulegen. Seine persönliche Notfalltasche hat jeder gepackt und immer in Reichweite stehen. Darin befinden sich Pässe und Papiere, Geld, etwas Wechselwäsche, Medikamente, Wasser, eine Taschenlampe und ein paar andere Dinge für den Notfall.

Wir treffen uns nun periodisch zu Krisensitzungen. Dort haben wir Raum und Möglichkeit, uns darüber auszutauschen, wie wir mit Gefühlen wie Furcht, Angst, Erschütterung und Wut umgehen, oder auch der Stigmatisierung, dass die Übermacht Israel an allem Schuld sei, zu begegnen. Etwa die Hälfte aller Volontäre sind alleinstehende Frauen und vielen von ihnen tut dieser Austausch sehr gut. Doch für uns alle gilt, dass wir weder eine solche Ausnahmesituation noch einen tatsächlichen Krieg zu unseren Lebenserfahrungen zählen können, worüber wir froh sind, und wir hoffen auch, dass es nicht soweit kommen wird.

Einige Volontäre sind in ihre Heimatländer zurückgekehrt, nachdem die Eskalation des Terrors unser aller Leben verändert hat. Auch meine direkte Kollegin hat sich entschlossen, zurückzukehren, was meine Arbeitsbelastung um einiges erhöht. Viele meiner Kollegen sind hochgradig erschöpft und überarbeitet und die Situation im Land geht uns allen auch emotional an die Substanz. Es gibt sehr viel zu tun. Manches kann verschoben werden, doch vieles muss weitergehen wie bisher und das bedeutet, dass die verbleibenden Volontäre zahlreiche Überstunden machen.

Telefondschungel

Das alltägliche Leben ist geprägt von Hindernissen, die Ruhe, Geduld und Besonnenheit erfordern. Seitdem ich hier lebe, ist kaum ein Tag verstrichen, der nicht einen Moment durchkreuzter Pläne beinhaltete. Meistens kann man schmunzeln und improvisieren, manchmal allerdings auch nicht. Es sind simple Dinge, die wie in einem Domino-Effekt eine unerwartete Kettenreaktion auslösen können. Nehmen wir beispielsweise die Postzustellung. Israelische Briefträger nehmen ihren Job nicht sehr genau. Wenn sie keine Lust haben, Briefe den Empfängern gemäß in die entsprechenden Briefkästen zu werfen, stecken sie einfach das gesamte Bündel in einen Kasten oder werfen es ins Treppenhaus, wo es der Wind, der durch die nie verschlossene Tür weht, durcheinanderwirbelt. Manchmal nehmen sie gar die Post mehrerer Wohnhäuser, suchen sich lediglich ein Treppenhaus aus und verlassen sich darauf, dass einer der Bewohner das Sortieren übernimmt und die Post letztlich bei den Adressaten ankommen wird. Strom-, Gas- und Wasserrechnungen werden nur alle zwei Monate verschickt. Wenn man nicht genau weiß, wann die nächste Rechnung zu erwarten ist, kann man sie leicht verpassen, da ja keinesfalls garantiert ist, dass sie im richtigen Briefkasten landet. Stellt man rechtzeitig fest, dass eine Rechnung nicht eingetroffen ist, hat man Glück und kann die Rechnung telefonisch erneut anfordern (in der Hoffnung, dass der Briefträger dann einen guten Tag hat). Verpasst man den Zeitpunkt hingegen, kann es leicht passieren, dass man ohne Strom oder Telefonverbindung dasteht und über Umwege herausfinden muss, was denn der Grund für die Sperrung ist. Also folgt der Weg durch einen hebräischen Telefondschungel mit dem entsprechenden Zahlenmenü à la „wählen Sie bitte die Eins für ..., die Zwei für ..." – mit nachfolgender langen Warteschleife. Manch ein Unternehmen offeriert sogar Service in mehreren Sprachen, doch wählt man etwas anderes als Hebräisch, läuft man Gefahr, entweder gar nicht bedient zu werden oder dauerhaft in der Warteschleife hängen zu bleiben. Wer am Ende tatsächlich eine lebendige, menschliche Stimme vernehmen darf, kann sehr zufrieden sein! Es erscheint wie ein Lottogewinn, wenn diese Person dann auch noch Englisch spricht, das Problem versteht und erklärt, was zu tun ist. Diesen Kampf am Telefon verliert man meistens jedoch sehr schnell und so bleibt schließlich nur die Reise mit öffentlichen Verkehrsmitteln quer durch die Stadt, um hoffentlich in einem Service-Center (natürlich mit entsprechendem Nummernaufruf und der dazugehörigen Warteschlange) das regeln zu können, was zu regeln ist.

Dies ist eines von vielen selbst erlebten Beispielen, die Kraft und Nerven kosten und bei denen man nur allzu oft übervorteilt oder überrumpelt, manchmal auch ignoriert wird.

Die Kombination all dieser beschriebenen Dinge hat auch mich vor Kurzem erwischt. Plötzlich war die Telefonleitung in unserer Wohnung tot und erst nach umständlicher Recherche stellte sich heraus, dass eine Rechnung verloren gegangen und nicht bezahlt worden war. Auch die erneut angeforderte Rechnung landete irgendwo, nur nicht in unserem Briefkasten. Nach vielen Telefonaten (von einem anderen Anschluss versteht sich), Verständigungsschwierigkeiten und einer Reise zum Service-Center am anderen Ende der Stadt, klingelte unser Telefon dann endlich wieder. Das Ganze hat „nur" knapp zwei Wochen gedauert, aber am Ende konnte ich wenigstens ein Happy End verbuchen!

Israels Adventsstimmung

November – in Deutschland kalt, grau und durchsetzt mit ersten adventlichen Vorboten. Von dem, was wir im herkömmlichen Sinne als Advent definieren, ist hier in Israel nichts zu spüren. Keine Schnee-Regen-Schauer ziehen durch das Land, keine Weihnachtsmusik dringt aus den Geschäften, weihnachtliche Dekoration ist nicht zu sehen und schon gar niemand ist im Geschenke-Kaufrausch.

Doch zieht man Wörterbücher zurate, meint Advent nicht nur die Vorbereitung auf das Weihnachtsfest, sondern auch die Erwartung des zweiten Kommens des Messias, hergeleitet vom lateinischen Wort „Adventus" (Ankunft). So gesehen könnte man sagen, dass Israel, wenn auch anders, in Adventsstimmung ist: Die Sehnsucht nach Erlösung wird immer stärker, der Ruf nach dem Messias ist oftmals nicht nur oberflächlich daher gesagt, sondern entspringt aus der Tiefe des Herzens. Viele Menschen sind von der andauernden Spannung und den wirtschaftlichen

Auswirkungen der nun mehr als dreizehn Monate anhaltenden Intifada zermürbt. Man könnte sagen, dass Jerusalem in eine Art Winterschlaf gefallen ist. Die Stadt, die normalerweise lebendig und quirlig ist, wirkt eher traurig und leer, öde und verlassen. Die israelischen Herbstfesten sind vorbei und bis zum März werden im Prinzip keine Touristen mehr erwartet. Deshalb haben viele Geschäfte und Hotels geschlossen, was zudem eine Welle der Arbeitslosigkeit nach sich zieht. Dieser Winterschlaf ist jedoch nicht friedlich und entspannt, sondern eher ein Schlaf der Erschöpfung und Perspektivlosigkeit.

Wenn ich hier in Jerusalem durch die Straßen gehe, passiert es mir oft, dass ich innehalte und der Gedanke in mir aufkeimt, dass dieses Volk, das Gott sich laut Bibel zum Eigentum erwählt hat, in die Orientierungslosigkeit abdriftet. Jugendliche rebellieren in mehr oder weniger intensivem Maße gegen althergebrachte Traditionen. Sie lehnen insbesondere die Regeln rabbinischer Lehren und, aufgrund mangelhafter Differenzierung, somit das Judentum an sich ab. Sie empfinden die auferlegten Reglementierungen wie beispielsweise Kleiderordnung oder religiös-rituelle Zwänge, die mit viel Kontrolle einhergehen, als nicht schlüssig nachvollziehbar und wenig sinngebend. Junge Erwachsene während oder nach dem Wehrdienst wollen einfach nur alles Leid, alle Furcht, allen Terror vergessen und ein „leichteres" Leben finden, was sie oft versuchen, durch einen Selbstfindungstrip zu verwirklichen, vorzugsweise nach Nepal oder Indien. Vielleicht bietet ja eine andere Religion das erhoffte Seelenheil. Ein guter Teil der älteren Generation ergibt sich mit gewissem Pessimismus resignierend seinem Schicksal: „Das war schon immer so und wird sich auch nie ändern."

Zugeständnisse trotz Terror?

Die Rede des derzeit amtierenden Außenministers Schimon Peres vor den Vereinten Nationen hat in Israel heiße Diskussionen ausgelöst. Ein Großteil der Bevölkerung ist erschüttert, dass Israels Regierung erneut Zugeständnisse signalisiert und damit deutlich zeigt, dass es einerseits die Gründung eines Palästinenserstaates innerhalb der derzeitigen Grenzen Israels in Erwägung zieht und andererseits die erbarmungslose Gewalt des Terrors belohnt. Es ist ein harter Schlag, vor allem für diejenigen, denen der Terror Leid, Verlust und Schmerz zugefügt hat. In der lokalen Presse erscheinen halbseitige Protestanzeigen. Kürzlich bin ich auf ein Zitat von David Ben Gurion, dem ersten Ministerpräsidenten Israels, gestoßen. Auf dem Zionistenkongress 1937, nahm er als Vorsitzender der Jewish Agency, teil. (Die Jewish Agency wurde 1929 gegründet. Sie war die im Völkerbundsmandat für Palästina, damals Teil des britischen Mandats, vorgesehene Vertretung der Juden und diente Mandatsvertretern als Ansprech- und Verhandlungspartner. Sie war ebenfalls für die internen Angelegenheiten der in Palästina lebenden Juden verantwortlich. Seit der Unabhängigkeitserklärung des Staates Israel 1948 ist sie in erster Linie für Einwanderungen verantwortlich.) Ben Gurion machte seine Überzeugung deutlich – ein Standpunkt, an dem er auch während seiner politischen Karriere stets festhielt:

„Kein heute lebender Jude hat die Freiheit, auch nur ein Stück des Landes Israel aufzugeben. Das Recht auf das Land bleibt dem jüdischen Volk durch alle Generationen hindurch vorbehalten und kann unter keinen Umständen aufgegeben werden. Sogar wenn es zu einer gegebenen Zeit Menschen geben wird, die erklären, dass sie dieses Recht aufgeben, haben sie weder Macht noch Handhabe, für zukünftige Generationen zu verhandeln. Die jüdische Nation darf dieses Recht nicht beugen. Unser Recht an diesem Land in seiner Ganzheit ist standfest, unübertragbar und ewig. Und ehe nicht die große Erlösung stattfindet, werden wir dieses historische Recht nicht aufgeben."[5]

Israel – mehr als nur ein von Krisen erschüttertes Land

Wenn man lediglich die äußeren Umstände oder den derzeitig zur Normalität gewordenen Ausnahmezustand betrachtet, fällt es schwer zu verstehen, worum es wirklich geht. Israel ist mehr als nur ein Land – Gott hat es allen Menschen und Nationen zum Treuezeichen gesetzt. Ein Zeichen, das er aufrechterhalten wird und an dem zu erkennen ist, dass die Treue Gottes felsenfest steht – denn wenn Gott in Tausenden von Jahren Israel nicht aufgegeben hat, wird er auch uns Menschen nicht aufgeben. Das Christentum hat seine Wurzeln im Judentum – etwas, das allzu oft vergessen wird oder auch bewusst verschwiegen wurde. Eine Annäherung nach langen Jahren der Entfremdung gestaltet sich schwierig, besonders nach jahrtausendelanger Feindseligkeit und Verfolgung der Juden im Namen des Christentums. Der Name Jesus und das Evangelium erregen oftmals Ärgernis in Israel. Hinzu kommt, dass hier ein buntes Durcheinander von Menschen, die sich Christen nennen, herumläuft und ein Haufen selbsternannter Propheten und Unheilsverkünder ebenso zum alltäglichen Stadtbild gehören. Die Palette ist reichhaltig: traditionelle Kirchenkleriker mit großen Kreuzen auf der Brust, imposant glänzenden Talaren und beweihräuchert ernsten Minen; „wiederauferstandene", alttestamentarische Propheten in Sack und Asche oder anderen interessanten Gewändern; apokalyptische Gestalten, die das Ende der Welt vom Himmel herunterschreien oder -gestikulieren. Ganz ehrlich, so manch einer mag tatsächlich durchgeknallt sein, und wenn man sich die Mühe machen würde, könnte man jeden Tag mindestens einen von ihnen treffen. Die geistliche Atmosphäre Jerusalems ist geladen und erzeugt durch das Aufeinanderprallen der monotheistischen Religionen und anderer Strömungen Hochspannung. Es ist eine Herausforderung, sich als Christ – der seinen Glauben ernst meint und diesen aktiv und aufrichtig lebt – erkennbar und überprüfbar zu machen. Viele Israelis nehmen inzwischen wahr, dass der Begriff „Christentum" in der heutigen Zeit anders als bisher definiert werden muss und dass es ein authentisches und ehrliches Christentum gibt, das spürbare Freundschaft ausdrücken möchte – in guten wie in schlechten Tagen.

Es ist Segen und Privileg für mich, Teil einer jüdisch-messianischen Gemeinde zu sein. Es hat ziemlich lange gedauert, eine Verbundenheit in dieser Gemeinschaft von Juden, die Christus als Messias anerkennen, zu etablieren. Viele dieser Gemeinden sind es gewohnt, dass in jedem Gottesdienst ein relativ großer Anteil an Besuchern und Neugierigen zu finden ist. Viele von ihnen sind zu Besuch und nehmen kaum mehr als einmal an einem Gottesdienst teil. Es braucht eine Weile, bis man feststellt, dass jemand regelmäßig kommt, und dann gibt es noch die Sprachbarriere zu überbrücken. Mittlerweile habe ich einige Freundschaften geschlossen und werde herzlich als Teil der Gemeinde begrüßt. Obendrein hilft es mir, mein Hebräisch auszuprobieren und zu erweitern.

Seit Anfang November wohne ich mit einer Kollegin, mit der ich mich sehr gut verstehe, in einer neuen Wohnung, nur wenige Minuten von der vorherigen entfernt. Sie ist heller, befindet sich auf einem Hügel und wir genießen eine schöne Aussicht in Richtung Bethlehem. Die fehlenden Möbel waren schnell und günstig zusammengesammelt – wir haben nur so gestaunt. Direkt vor dem Haus ist ein Spielplatz, auf dem sich häufig die Familien aus dem Haus treffen und schwatzen. Da ergibt sich für uns auch des Öfteren die Gelegenheit zum Plaudern – auf Hebräisch versteht sich!

Von Auffrischungen und Aufmunterungen

Unser Heimwerkerteam renovierte diesen Monat eine Begegnungsstätte für Senioren. Dieser Ort hatte seit über zehn Jahren keine Auffrischung mehr erlebt und kaputte Dinge waren nur notdürftig geflickt worden. Die Senioren waren derart dankbar, dass sie ein Chorkonzert für uns veranstalteten. Wir verbrachten nach getaner Arbeit einen Abend mit ihnen und weihten die Begegnungsstätte neu ein. Gemeinsam sangen wir russische, jiddische und hebräische Lieder und hatten viel Spaß dabei.

Ebenso haben wir unsere Kontakte zur israelischen Armee vertiefen können. Ein Soldat im Reservedienst kontaktierte uns, nachdem er von unseren „Aufmunterungskörbchen" gehört hatte, die wir an Menschen verteilen, die eine besondere Ermutigung brauchen. Er fragte, ob wir nicht einige der Körbchen an Soldaten verteilen könnten, die an Grenzen und Konfliktherden stationiert sind und getrennt von ihren Familien oftmals um ihr Leben fürchten müssen. Darüber mussten wir nicht lange nachdenken. Die Körbchen enthielten Süßigkeiten, Tee, Schokolade, getrocknete Früchte, Unterwäsche und Socken, Körperpflegeartikel und ein Buch mit tröstlichen Psalmen sowie eine Grußkarte, dass diese Aufmunterung von Christen, die unterstützend an der Seite Israels stehen, kommt.

Israelische Männer sind bis mindestens zum 40. Lebensjahr dazu verpflichtet, jedes Jahr einen Monat Reservedienst in der Armee abzuleisten. Auch einer unserer Mitarbeiter, ein junger Familienvater, war an der Reihe, dies zu tun. Stationiert in Nablus (einem der Brennpunkte), berichtete er, er fühle sich wie in einem Hollywood-Kriegsfilm, denn ihm flogen die Kugeln regelrecht um die Ohren und ständig waren Explosionen hör-, fühl- oder sichtbar.

Eine Schreckensmeldung jagt die nächste

Der Dezember hat begonnen – hier in Israel mit erschütternden, schmerzhaften Ereignissen. Am 2. Dezember 2001 wurden zwei fürchterliche, zeitlich koordinierte Selbstmordanschläge durchgeführt, die mehr Todesopfer und Verletzte forderten als irgendeines der bisherigen Attentate: 25 Tote und über 240 Verletzte. Nicht nur die Zahlen sind erschreckend, sondern auch der perfekt geplante Zeitpunkt und der tiefe Hass, der aus dem Hergang der Attentate erkennbar ist: Samstagabend, der Schabbat geht zu Ende, die Menschen genießen einen Spaziergang, gehen in der Fußgängerzone bummeln, besuchen ein Café oder Restaurant. Fliegende Händler bieten ihre Waren an und Straßenmusikanten unterhalten die vorbeiströmenden Passanten mit ihren Melodien. Es ist der einzige Tag der Woche, an dem die Menschen wirklich entspannen können – und sie tun es gern auf der Ben-Yehuda-Straße in der Jerusalemer Neustadt. Um Mitternacht ist die junge Generation in ausgelassener Stimmung, während manch anderer sich auf den Weg nach Hause begibt. Zwei Attentäter sprengen sich inmitten dieser Menschenmenge im Sekundenabstand in die Luft. Ein dritter, in der Nähe der Katastrophenszenerie platzierter Sprengsatz (eine Autobombe), explodiert, nachdem die Rettungskräfte eingetroffen sind und begonnen haben, Erste Hilfe zu leisten. Menschen, die sich in sicherer Entfernung wähnten, sich nach dem erlittenen Schock zu sammeln suchten und ihre Freunde oder Verwandten, die eben noch neben ihnen schlenderten, lokalisieren wollten, finden sich plötzlich in einer Dreiecks-Explosion wieder.

Am Sonntagmorgen, wenige Stunden nach diesem schrecklichen Anschlag, wurden meine Mitbewohnerin und ich sehr früh von einem Telefonanruf geweckt. Man wollte wissen, ob wir unversehrt seien. Wir hatten von dem Anschlag überhaupt noch nichts mitbekommen. Wie viele Leute, waren auch wir gern und häufig im Stadtzentrum unterwegs, wo sich die Tragödie ereignete, doch an jenem Samstagabend hatten wir entschieden, uns einen gemütlichen Filmabend zu machen.

An genau diesem Sonntag musste ich ins Büro. Mein Arbeitsweg führt direkt an dem Tatort vorbei und somit machte ich mich mit flauem Magen auf den Weg. Reporter schwärmten geschäftig umher, filmten und fotografierten die Szene, Menschen standen fassungslos einfach nur da, zündeten Kerzen an und weinten. Sämtliche Fenster im Umkreis waren geborsten – bis hinauf in den fünften Stock. Geschäfte waren ausgebrannt, hier und dort säuberten Reinigungskräfte den Gehweg von Blut. Noch immer suchten ZAKA-Mitarbeiter nach Körperteilen (ZAKA ist eine hebräische Abkürzung, die man auf Deutsch als „Identifizierung von Unfallopfern" übersetzen kann. Es ist eine vom Staat anerkannte Organisation, die nach Unfällen oder Anschlägen Hilfe leistet und akribisch alle Leichenteile einsammelt und zuordnet). Ich betrachtete all dies fassungslos, während auch meine Tränen auf den Gehweg tropften.

Im Büro galt es, letzte Vorbereitungen für die angesetzte Solidaritätsreise, die am Abend beginnen sollte und zu der wir etwa hundert Teilnehmer aus mehreren Ländern erwarteten, zu treffen. Wir saßen erschüttert an unseren Schreibtischen und lasen die neuesten Berichte des Geschehens im Internet, kämpften immer wieder mit Tränen, keiner konnte sich so recht konzentrieren. Noch ehe wir auch nur ansatzweise begreifen konnten, was passiert war, traf uns eine weitere Schreckensmeldung mitten ins Herz: In Haifa hatte sich ein Attentäter in einem Bus in die Luft gesprengt: 15 Tote, etwa 50 Verletzte. In diesem Moment löste sich alles in mir auf und ich konnte nur noch an meinem Schreibtisch sitzen und haltlos weinen.

Nur Gott kann wahrhaft trösten

Wie oft habe ich in den Wochen zuvor gedacht, dass ich inmitten des Terrorgeschehens allmählich abstumpfe. Man braucht schon eine gewisse Elefantenhaut, um das auszuhalten, was um einen herum geschieht, zumal man nicht weiß, wo, wie und wann der Terror wieder zuschlagen wird und ob man irgendwann selbst betroffen sein wird. Es vergeht kein Tag, an dem nicht irgendwo ein Attentat oder Schusswechsel geschieht. Wie oft lesen oder hören wir davon und haken es ab! Wie oft bleibt es eine reine Information! Wie oft müssen wir die Tragik ausblenden – eine gewisse Art von Selbstschutz. Es stehen uns hier nicht nur die Zahlen oder Bilder vor Augen, sondern die Schicksale dahinter werden lebendig. Durch unsere Hilfsprogramme können wir wenigstens so manche Wunde lindern. Wahren Trost kann jedoch nur Gott spenden. Die Worte aus Jesaja 40,1, *Tröstet, tröstet mein Volk!*, erscheinen hier in einem ganz neuen Licht. Es *ist* ein großer Trost für das Volk Israel, dass wir hier sind und ihnen in dieser schrecklichen Situation beistehen. Es wird wahrgenommen. Mein stetiges Gebet ist: „HERR, begegne diesen verzweifelten Menschen. Hör ihren Herzensschrei. Schenke ihnen den Frieden, den nur du geben kannst." Ich kann mir nicht vorstellen, wie hier ein Mensch auch nur einen Tag ohne den Frieden, die Kraft und den Trost Gottes und die Zuversicht auf ein ewiges Leben aushalten kann. Es übersteigt schlichtweg meinen Verstand!

Die Teilnehmer der von *Bridges for Peace* organisierten Solidaritätsreise kamen an ebendiesem Sonntag in Jerusalem an. Das Programm war sehr stramm: Treffen mit Politikern, Medienexperten, Militärspezialisten, Siedlern, Professoren. Besuche in Gilo (dem südlichen Teil Jerusalems, das wiederholt von palästinensischen Heckenschützen beschossen wird), Yad Vashem (der Holocaust-Gedenkstätte), der Knesset (dem israelischen Parlament), Armeestützpunkten und Siedlungen in der Westbank, die unter Beschuss stehen. Einer der bewegendsten Momente war der Vortrag von Sherri Mandell – der Mutter des im Mai in einer Höhle auf brutale Weise ermordeten dreizehnjährigen Jugendlichen Koby. Kein Auge blieb trocken, als sie mit uns ihren Schmerz und ihre Hoffnung teilte und uns auch berichtete, wie sie und ihre Familie (sie haben drei weitere Kinder, Koby war der Erstgeborene) versuchen zu überwinden. Sie erzählte dies zum ersten Mal in der Öffentlichkeit. Sherri Mandell und ihr Mann stehen im Begriff, eine Stiftung zu gründen, die sich um Familien kümmert, die Opfer des Terrors geworden sind. Sie planen, Zeltlager für Kinder zu veranstalten und den hinterbliebenen Familienmitgliedern mit Rat und praktischer Hilfe zur Seite zu stehen. An Kobys 14. Geburtstag ging die Familie durch den Ort, in dem sie wohnen, und suchte nach vierzehn Menschen in Not, um diese mit etwas zu segnen, was sie wirklich benötigten. Zum Gedenken an seinen 15. Geburtstag haben sie sich vorgenommen, fünfzehn Obdachlose in das beste Restaurant der Stadt einzuladen.

Die Wirren der Politik

An einem Morgen während der Solidaritätsreise, sprengte sich ein weiterer Selbstmordattentäter vor dem Hilton-Hotel in Jerusalem in die Luft. Es war das Hotel, in dem Anthony Zinni, der Sondergesandte der USA, der Friedensverhandlungen auf den Weg bringen soll, wohnte. Dies war der zweite Versuch, einen Anschlag auf ihn zu verüben. Wenige Tage zuvor war er einem Anschlag mit einer Autobombe, die in seiner Nähe platziert worden war, entkommen.

Schon wenige Tage später geschah das nächste Attentat, diesmal in Emmanuel: Terroristen platzierten eine Autobombe am Straßenrand und sprengten diese in die Luft, als ein israelischer Linienbus passierte. Die Terroristen selbst verschanzten sich in der Nähe und eröffneten das Feuer, nachdem die Rettungskräfte, Armee und Polizei eingetroffen waren. Sie wurden dabei von israelischen Soldaten erschossen.

Zinni äußerte nach dieser Anschlagsserie deutlich, dass Arafat kein Verhandlungspartner für Friedensverhandlungen mehr sei. Er ließ am darauffolgenden Tag folgende Stellungnahme veröffentlichen: *„Ich habe noch niemals zuvor in meinem Leben einem solchen Mangel an Vertrauenswürdigkeit gegenüber gestanden. Es ist Zeitverschwendung zu versuchen, eine ernsthafte Übereinkunft mit Arafat erreichen zu wollen."*[6]

Das israelische Sicherheitskabinett erklärte Arafat für „irrelevant". *„Für uns ist er nun nichts anderes als Luft und es werden keine weiteren Kontakte mit ihm unterhalten"*[7], so die genauen Worte. Die Aktivitäten der israelischen Armee wurden ausgeweitet, was sicher nicht in allen Punkten gutzuheißen ist. Auf

Arafat und dessen „Regierungskollegen" scheint nun keine Rücksicht mehr genommen zu werden. Die hier zitierten Worte des Sicherheitskabinetts klingen harmlos und fast kindisch, doch in der nahöstlichen Kultur, ist es überaus wichtig, dass insbesondere die Männer einander Ehre und Respekt erweisen, und so versteht man, dass dies die wahrscheinlich schlimmstmögliche Beleidigung ist, die ein Mann nur erfahren kann. Arafat verliert zunehmend sein Gesicht in der öffentlichen Wahrnehmung – unter seinen eigenen Leuten wie auch in der politischen Szene weltweit.

Hoffnungsträger

Inmitten all dieses Terrors ist es ein Segen, hier sein zu dürfen. Die Nation ist so zermürbt und oftmals hoffnungslos, da ist es lindernder Balsam, wenigstens vereinzelt helfen zu können. Nicht allen Nöten können wir begegnen. Es ist überwältigend, wie sich der Ansturm auf unser Verteilzentrum erhöht hat. Dennoch: Niemand von uns möchte, dass wir als eine „Wohltätigkeitsfabrik" erscheinen, wo Hilfe unpersönlich vom Fließband rollt. Der Mensch ist in der Lage, tiefer zu sehen als nur auf das oberflächliche Erscheinungsbild. Daher möchten wir uns Zeit nehmen, brauchen Kraft und Nerven, den Menschen zuzuhören, sensibel zu sein, zu trösten.

Die israelische Regierung weist regelmäßig darauf hin, dass die Anzahl der Menschen, die von Armut betroffen sind, unaufhörlich steigt. Israel muss nicht nur die Herausforderung bewältigen, für Neueinwanderer, die in fast unverminderter Anzahl (etwa 4 000–5 000 pro Monat) ankommen, Wohnmöglichkeiten und Arbeitsplätze sowie Schulplätze für die Kinder zu schaffen, sondern blickt auch einer sich nicht erholenden schlechten Wirtschaftslage ins Auge. Eine Antwort auf all diese Nöte fällt schwer und ist nicht einfach zu finden.

Auch wir haben keine Patentrezepte anzubieten. Doch eines ist uns allen gemein: Wir sind Hoffnungsträger inmitten all der Hoffnungslosigkeit, die uns umgibt. Und das macht den Unterschied.

Oh Gott! Bewahre!

Wenn ich heute an jenes Jahr zurückdenke und eine Überschrift dafür finden sollte, würde ich den Titel „Bewahrung" wählen. 2002 war gezeichnet von unzähligen Terroranschlägen in Restaurants, in Bussen, in Einkaufszentren; von Autobomben, Raketenbeschuss und Angriffen von Heckenschützen. Sie alle schufen schmerzhaft und jäh infernalische Szenarien, deren Bilder ich nie vergessen werde. Leid, Schmerz, Tragik und Trauer waren an der Tagesordnung. Kaum, dass man die Informationen eines Berichts aufgenommen geschweige denn verdaut hätte, folgte schon der nächste – und das tagtäglich. Im Grunde war ein Ohr oder ein Auge immer auf Nachrichtenempfang geschaltet. So wie man in Deutschland der Wettervorhersage lauscht, um zu entscheiden, ob man Regenschirm, warme Jacke oder Sonnenbrille mitnimmt, so beobachteten wir ständig die Nachrichten, um zu entscheiden, was wir tun oder besser lassen und wann. Wir beobachteten sozusagen die dunklen Wolken, die übers Land zogen und Terror mit sich brachten. Niederschlag an sich war garantiert, nur wo, das entschied sich immer wieder neu. Und es war kein sanfter Sommerregen oder leichter Schneefall, sondern es hagelte heftig. Es hagelte Raketen, Granatsplitter und allerlei Geschosse und weder Regenschirm noch Jacke noch Sonnenbrille boten Schutz vor ihnen.

Manche dieser „Zwischenfälle", die den Alltag beeinflussten, kamen auch mir sehr nah. Mehrfach stellte ich im Nachhinein fest, dass es einen Anschlag an einem Ort gegeben hatte, an dem ich normalerweise zur Tatzeit gewesen wäre, hätte mich nicht ein Telefonat, eine Begegnung, ein Verkehrsstau, ein Gespräch oder irgendein anderes Last-Minute-Ereignis zeitlich aufgehalten oder meine Pläne durchkreuzt.

Ich werde nie den Morgen vergessen, an dem meine Mitbewohnerin und ich diese Rakete zu sehen bekamen. Wir verließen unsere Wohnung gemeinsam, um zur Arbeit zu gehen. An der Bushaltestelle nahe unserer Wohnung trennten wir uns, da sie zu Fuß weiterging, ich aber den Bus nehmen musste. Da sahen wir beide gemeinsam mit einigen anderen Passanten plötzlich eine Rakete, die aus Richtung Bethlehem kam und in dem Tal, das an der gegenüberliegenden Straßenseite begann, niederging. Wir alle verfolgten die Flugbahn dieser Rakete mit einem „Oh mein Gott!", das in mehreren Sprachen aus den Mündern der vor Furcht in Schockstarre verharrenden Menschen kam. Es waren keine fünfzig Meter Luftlinie und in Sekundenschnelle flitzten allerlei Gedanken durch meinen Kopf, was im sogenannten Ernstfall zu tun sei. Meine Mitbewohnerin und ich hatten noch Blickkontakt und schauten einander stumm und starr mit aufgerissenen Augen und Mündern an und richteten dann den Blick wieder auf die herannahende Rakete. (Darüber unterhielten wir uns später noch oft, denn wir hatten uns gegenseitig weder zuvor noch danach je mit solch riesigen Augen und Mündern gesehen.) Die Rakete machte einen Bogen nach unten, wir verloren den Sichtkontakt und jeden Moment musste der Einschlag kommen. Alle warteten auf die Explosion, auf den großen Knall, wir hielten uns die Ohren zu, duckten uns, nicht wissend, welche Wucht diese Rakete in sich tragen würde. Doch es blieb still. Aus stillen Sekunden wurden stille Minuten, dann begann einer der Passanten zu sprechen und stellte die Frage, die uns wohl allen auf der Zunge lag: „Was ist los? Warum explodiert das Ding nicht?" Jemand griff geistesgegenwärtig zum Handy und benachrichtigte die Polizei. Ein anderer wollte näher an den Einschlagsort herangehen, doch er wurde lautstark und mit vereinten Kräften davon abgehalten. Eine zeitverzögerte Explosion der oftmals minderwertigen Waffen, die palästinensische Terroristen benutzten, hatte es schon oft gegeben. Mittlerweile war der Bus schon längst überfällig und wir alle wussten, dass er die Straße entlangkommen musste, die genau oberhalb des Einschlagsortes lag. Gebete wurden gesprochen, dass die Rakete nicht genau dann explodieren möge, wenn sich der Bus in ihrer Nähe befand. Als der Bus gesichtet wurde, hielten wir alle unseren Atem an. Die Explosion blieb aus und ein Seufzer der Erleichterung brachte Bewegung in die erstarrte Menge, die mittlerweile um weitere Menschen gewachsen war. Diese hatten das Geschehen gar nicht mitbekommen, wurden aber sogleich darüber informiert. Der Bus war so überfüllt, dass er keine weiteren Fahrgäste mehr aufnehmen konnte, und so warteten wir weiter und sahen dabei, wie sich ein Militärjeep den Weg ins Tal bahnte. Dann kam der nächste Bus. In Israel haben Busfahrer ein Radio in ihrem „Cockpit" und sobald dieses übermäßig laut plärrt, weiß jeder, dass irgendwo etwas passiert ist und der Busfahrer per Lautstärkeregler dafür sorgt, dass die Fahrgäste die Informationen über das Geschehen aufnehmen können. Die Menschen stiegen ein, viele von ihnen forderten den Busfahrer auf, das Radio lauter zu stellen, und dann ging das Leben seinen gewohnten Gang. Guten Morgen, Jerusalem!

Meiner Mitbewohnerin und mir wurde klar, dass diese Rakete eines der in unmittelbarer Nähe stehenden Wohnhäuser – auch unseres – hätte treffen können. An jenem Abend und an vielen Tagen danach betrachteten wir mit verändertem Blick den Horizont, der sich vor unserem Wohnzimmerfenster auftat. Dort befand sich das besagte Tal, dahinter erstreckte sich ein langgezogener Hügel und gleich hinter dem Hügel lag links die Stadt Beit Jala (von welcher aus Heckenschützen auf die südlichen Stadtteile Jerusalems schossen) und rechts Bethlehem. Die Sonnenuntergänge schienen nicht mehr ganz so friedlich und idyllisch, der blaue Himmel nicht mehr ganz so ungetrübt. Fast jeden Abend wurde das Tal von Leuchtgeschossen der israelischen Armee erhellt – abgefeuert von Patrouillen, die verhindern sollten, dass terroristisch gesinnte Eindringlinge unerkannt ihren Weg finden und schließlich Unschuldigen zum Verhängnis werden würden. Einige Wochen später weckte uns eine gewaltige Explosion, nicht nur wegen des ohrenbetäubenden Knalls, sondern auch weil unser Wohnhaus dermaßen erschüttert wurde, dass es sekundenlang wackelte. Heftig wackelte! Es war vier Uhr morgens und wir schreckten hoch, zitterten, waren in Sekundenschnelle hellwach, öffneten die Wohnungstür und warteten, was die anderen Nachbarn wohl tun würden. Man schaute aus den Fenstern und traf sich schließlich auf dem Spielplatz hinter dem Haus. Einige Nachbarn telefonierten und auf diese Weise erfuhren wir, dass die israelische Luftwaffe einen Angriff auf ein palästinensisches Waffenlager im Gebiet um Beit Jala herum geflogen und dieses in die Luft gesprengt hatte. Als es einige Zeit später richtig hell wurde und keine weiteren Einschläge zu hören waren, nahm der Alltag seinen Lauf. Guten Morgen, Jerusalem!

Bewahrung ... Ich erlebte sie leibhaftig. Nicht nur einmal, sondern mehrfach! Terror ist vor allem ein Nervenkrieg und ich spürte auch, wie sich die schrecklichen Tragödien, die um mich herum geschahen und mir nicht nur nahe gingen, sondern manchmal auch sehr nahe kamen, sich auf mein Nervenkostüm auswirkten. Nicht immer konnte ich meine Anspannung ablegen und ich stellte mir oft die Frage, in welchem Inferno ich hier eigentlich lebte. Sowohl unterwegs als auch zu Hause war ich ständig auf der Hut und auf dem Sprung, sollte es nötig werden. Schlaflose Nächte und Tage, an denen mich eine so tiefe Müdigkeit ergriff, dass ich abends um 18 Uhr im Bett lag und am nächsten Morgen um 7 Uhr kaum meine Augen öffnen konnte, wechselten sich ab. Ich weinte mit den Vielen, die der Terror traf. Und ich lachte, freute mich mit meinen Freunden, genoss die Fülle des Lebens und die Besonderheit des Landes. Ich fragte mich oft, wie eigentlich beides zugleich erlebbar sein konnte.

Eines Tages kam ich von der Arbeit und sah Kampfjets über meinem Stadtviertel kreisen. An Hubschrauber hatte ich mich bereits gewöhnt, doch Kampfjets, das war eine neue Erfahrung für mich. Sie zirkelten am Abendhimmel in der Dämmerung, glänzend und leise. Mein Blick durchs Fernglas bestätigte mir, dass ich mich nicht geirrt hatte. Ich ging auf das Flachdach unseres Hauses und beobachtete sie – sehr lange. Ich fragte mich, wie viel irrealer dieser Alltag, in dem ich hier lebte, noch werden würde. Und ich fragte mich, wie ich als kriegsunerfahrene Person denn je würde unterscheiden können, welcher dieser Kampfjets Freund oder Feind sein mag. Schließlich ist Israel ein sehr kleines Land, im Westen das Meer und an allen anderen Seiten feindlich gesinnte Nachbarn. Tagelang wurde ich auf meinem Heimweg von den glitzernden Jets begleitet und begrüßt. Und irgendwann war auch dieses Kapitel vorüber. Guten Abend, Jerusalem!

Schnee-Regen-Segen

Zwei wichtige, erfreuliche und nicht selbstverständliche Dinge haben sich gleich zu Jahresbeginn ereignet: Es hat in Jerusalem geschneit und mein Visum ist verlängert worden!

Schnee – Analysen von Statistikern und Meteorologen zufolge fällt er in Jerusalem nur alle drei Jahre. Wie oft hatte ich in Deutschland im Januar bereits genug von Schnee und Kälte und habe sehnsüchtig dem Frühling entgegengefiebert. Das Sehnen nach der wärmenden Sonne pocht auch jetzt in mir, doch viel wichtiger ist der nasse, weiße Segen von oben.

Schnee und das daraus resultierende Schmelzwasser sind wunderbare Trinkwasserspender, denn der Boden absorbiert die Feuchtigkeit langsam. Das ist besonders wichtig in Israel, wo die Dürre der letzten drei Jahre den Boden extrem ausgetrocknet hat. Die Menschen in Jerusalem haben die Schneesturmberichten aus der Türkei und Griechenland tagelang verfolgt und auf Schnee gehofft. Trotzdem ist die Stadt auf Schneefall nicht wirklich vorbereitet, schließlich geschieht so etwas selten genug. Der Verkehr bricht dann völlig zusammen und Linienbusse bleiben in den Depots, denn Räumfahrzeuge gibt es hier nicht. Somit verschwindet man, wenn die ersten Schneeflocken fallen und sich merklich verdichten, schnellstmöglich von seinem Arbeitsplatz, um überhaupt nach Hause zu kommen.

Jerusalem erwartet Schnee wie ein ungeduldiges Kind. Gesichter leuchten auf und nicht nur die junge Generation genießt Schneeballschlachten und Spaziergänge in der weißen, wertvollen Pracht. An besagtem Tag begann es gegen 14 Uhr zu schneien und zwei Stunden später waren etwa sieben Zentimeter Schnee gefallen. Die Stadt hielt inne, jeder hoffte auf einen schul- bzw. arbeitsfreien nächsten Tag. Freude und Staunen für das kühle Nass stand vielen ins Gesicht geschrieben.

Auch wir verließen unseren Arbeitsplatz gegen 14:30 Uhr und so manch einer brauchte drei Stunden, bis er endlich zu Hause angekommen war. Der Verkehr stockte, vor allem, weil die gesamte Bevölkerung gleichzeitig auf den Straßen zu sein schien. Sehr oft war man zu Fuß schneller als mit einem Fahrzeug. Meine Mitbewohnerin und ich kamen etwa zeitgleich zu Hause an, wärmten uns ein wenig auf und machten uns dann den Weg zu einem nahegelegenen Park, wo wir unsere Freude in Schneebälle und -männer umwandelten.

Die weiße Pracht hielt nur wenige Stunden an und war am nächsten Morgen verschwunden, da der Regen sich durchgesetzt hatte. Zur Enttäuschung aller gab es keinen freien Tag. Als ich mich auf den Weg zur Arbeit machte und insbesondere Müllmänner beobachtete, empfand ich echtes Mitgefühl, da gerade sie so intensiv der Witterung ausgesetzt sind. Das gesamte BFP-Team hat die Schneepause und die damit geschenkte Entspannung – so kurz sie auch war – absolut genossen, denn die Überlastung steht so manchem deutlich ins Gesicht geschrieben.

Bereits Tage zuvor wehte ein kräftiger Sturm, der sich sogar noch verstärkte, als das Regen-Schnee-Gemisch niederprasselte. Es war ein Wetter, bei dem man den berühmten Hund nicht vor die Tür schickt. Doch obwohl wir uns dick einpacken mussten, trockene Ersatzkleidung mitnahmen (weil der Schneeregen von allen Seiten zu kommen schien und unsere Regenschirme dem Sturm nicht gewachsen waren), freuten wir uns über den nassen Segen. Ein kostbares Gut in diesem Land! Diese stürmische Woche brachte Israel reichlich Niederschlag. Nach drei Jahren Dürre war das mehr als notwendig.

Visumsangelegenheiten

Das zweite wichtige Ereignis: Mein Visum. Alle beantragten Jahresvisa für die Organisation sind wie gewünscht verlängert worden. Das ist ein großer Erfolg. Mein Visum ist um sechs Monate verlängert worden. Wie sensibel diese Angelegenheit jedes Mal ist, zeigt der Fall meiner Mitbewohnerin. Ihr wurde nur ein Dreimonatsvisum erteilt mit der Maßgabe, dass sie danach das Land für ein Jahr verlassen müsse. Sie kam ein halbes Jahr nach mir nach Israel, hat daher wesentlich weniger Verlängerungen ihres Visums beantragt, doch trotzdem ließ sich die Sachbearbeiterin im Innenministerium nicht überzeugen. *Bridges for Peace* versucht nun, durch einen Einspruch diese Entscheidung revidieren zu lassen, denn meine Mitbewohnerin hält eine wichtige Koordinatorenstelle inne und das Fehlen ihres Know-hows würde die Organisation spürbar beeinträchtigen.

Der Überlebenskampf von Terroropfern

Die vergangenen Wochen waren die ruhigsten, die Israel seit vielen Monaten erlebt hat. Zwischenfälle und Terroranschläge sind weniger geworden, haben aber nicht ganz aufgehört. Es scheint allerdings, als sei dies lediglich eine kleine Atempause, für die wir dankbar sind und in der wir Gott für die Bewahrung seines Volkes danken. Es gab dennoch Zwischenfälle, in denen israelische Zivilisten überfallen und erschossen wurden. Die Armee hat daraufhin bekannte Terrornester in den palästinensischen Autonomiegebieten abgeriegelt. Während gerade über ruhige Wochen schreibe, erschüttern uns erneut Nachrichten, dass ein bewaffneter Terrorist eine Bat-Mitzvah-Feier gestürmt und dort um sich geschossen hat. Es ist schlimm, wie sich die Nachrichten selbst überholen. Sechs Tote und Dutzende Verletzte sind der momentane Stand der Dinge. Eine Bat-Mitzvah ist eine Feier, bei der ein zwölfjähriges Mädchen zum ersten Mal öffentlich aus der Thora liest. Jungen tun dies mit dreizehn, was dann Bar-Mitzvah heißt. Dieses Ereignis markiert den Übertritt in die religiöse Mündigkeit und ist eine der wichtigsten Familienfeiern, ein Meilenstein im Leben eines Juden.

Noch immer befinden sich einige der durch Anschläge Verletzten in Krankenhäusern – und leider kommen täglich neue hinzu. Wir haben eine Familie in unserem Programm, deren jugendliche Tochter durch Nägel und Schrauben verletzt wurde, die Bestandteil einer explodierenden Bombe im Stadtzentrum Jerusalems waren. Ihr ganzer Körper ist zerschnitten und sie musste mehrfach operiert werden. Aufgrund des Rattengifts, das der Bombe ebenfalls zugesetzt war, hat sie viel Blut verloren. Das Gift führte zu einer erschwerten Blutgerinnung. Mehrfach mussten angesetzte Operationen unterbrochen werden, da sie fast gestorben wäre. Ihr Vater kommt jede Woche in unser Verteilzentrum, um Lebensmittel für seine Familie abzuholen. Er ist ein gebrochener Mann. Erst in der letzten Woche, sechs Wochen nach dem Bombenanschlag, haben die Ärzte den Eltern Hoffnung gemacht, dass ihre Tochter nun über den Berg zu sein scheint und sich außer Lebensgefahr befindet. Noch ist nicht abzusehen, inwieweit sie sich wirklich erholen wird und welche Narben bleiben – nicht nur an ihrem Körper, sondern auch in ihrer Seele.

Das Leid ist in Israel nie weit von unserer Haustür entfernt. Zwar sind es nicht immer Nachbarn, Freunde oder Bekannte, die Entsetzliches durchmachen müssen, aber das Leid und die Erinnerung an geschehene Tragödien, hinter denen unzählige Einzelschicksale stehen, begegnet uns überall. Noch heute brennen Kerzen in der Ben-Yehuda-Straße, wo sich Anfang Dezember letzten Jahres ein tödlicher Anschlag ereignet hat. Immer wieder treffe ich dort auf Menschen, die still stehen, weinen und beten, und frage mich, wie es wohl den Verletzten mittlerweile gehen mag. Jenen Bomben war außer Metallteilen auch Rattengift zur Verminderung der Blutgerinnung beigemischt worden. Solch perfide Bomben-Cocktails erschweren die Behandlung und Genesung der Verletzten immens. Es schaudert mich daran zu denken, wie abgrundtief der Hass sein muss, mit dem diese grausamen Cocktails gemixt werden.

Wie ein Plauderstündchen Leben retten kann

Immer wieder wird mir klar, dass wir alle nur ein klitzekleines Puzzleteil in einem riesigen, wunderbaren Bild sind – selbst wenn es manchmal gar nicht so wunderbar aussehen mag. Niemand kann dieses Bild in seiner Gesamtheit erkennen. Wenn Gott uns die Augen öffnet, so sehen wir Teile davon – Teile, die zusammengefügt eine solche Perfektion ausstrahlen, dass man nur staunen kann. Seine Treue ist der Fels in dieser von Untreue geprägten Welt. Wie sehr sie auch wankt – dieser Fels steht!

Die Umstände, in denen ich mich hier bewege, sind im Grunde dramatischer, als ich es ertragen und aushalten kann. Das Leben erscheint so zerbrechlich, es kann sich in einem kleinen Augenblick auf krasse, unvorhergesehene Weise verändern, sowohl zum Guten als auch zum Schlechten oder Tragischen. Inmitten des Terrors nehmen die Worte aus dem 6. Kapitel des Matthäusevangeliums einen um Vieles tieferen Sinn an: *So seid nun nicht besorgt um den morgigen Tag, denn der morgige Tag wird für sich selbst sorgen. Jeder Tag hat an seinem Übel genug.*

So wenig liegt in unserer Hand, so wenig können wir kontrollieren. Wir können unser Leben nicht bestimmen. Selbst wenn wir meinen, es würde uns teilweise gelingen, ist es letztlich doch so, dass das Herz des Menschen seinen Weg plant, aber Gott die Schritte lenkt (sagt schon die Bibel). Das sind nicht nur Versprechungen, die uns Halt geben, wenn sich Dinge nicht so entwickeln, wie wir uns das wünschen, sondern auch Aussagen, die praktische Anwendung finden. Gibt es das, dass ein Kaffee oder ein Telefonanruf tatsächlich zu Lebensrettern werden können? Ja, das können sie!

Der 27. Januar 2002 war ein Sonntag. Der Sonntag, für viele Menschen in Europa Teil des Wochenendes, ist in Israel der erste Tag der Arbeitswoche. An ebendiesem Tag betrat die erste weibliche Selbstmordattentäterin in Jerusalem die Terrorszene. Sie überquerte eine der Hauptverkehrsstraßen im Zentrum und sprengte sich direkt vor einem dort an der Haltestelle stehenden, vollbesetzten Bus in die Luft. Über 150 Menschen wurden dabei verletzt, ein Mann wurde getötet. An jenem Tag hatte ich einiges im Büro zu erledigen. Auf dem Weg dorthin wollte ich gemeinsam mit meiner Mitbewohnerin in der Innenstadt noch einkaufen – genau dort, wo der Anschlag passierte. Mein selbsterdachter Zeitplan verzögerte sich jedoch durch einen überraschenden Anruf aus Deutschland. Ich plauderte länger als ursprünglich geplant und meine Mitbewohnerin gab mir währenddessen mehrmals Zeichen, schaute ungeduldig zur Uhr und drängte zum Aufbruch. Letztlich starteten wir etwa eine halbe Stunde später als geplant. Als wir den Bus bestiegen, der uns in die Innenstadt bringen sollte, bemerkten wir sofort das laut plärrende Radio des Busfahrers und versuchten, mit unserem bröckchenhaften Hebräisch zu verstehen, was wo passiert war. Es ist schon eigenartig – als ich begann, Hebräisch zu lernen, hätte ich niemals gedacht, dass die wichtigsten Vokabeln meines Wortschatzes einmal Wörter sein würden, die mit Gewalt, Terror, Anschlägen, Toten und Verletzten zu tun haben. Diese Vokabeln sind mittlerweile zu einem griffbereiten Wortschatz geworden, während mir andere, ganz banale Begriffe des täglichen Lebens weniger rasch in den Sinn kommen. Eine traurige Feststellung.

Ein Fahrgast informierte uns schließlich nach einigen Minuten auf Englisch über den Tatort und den aktuellen Stand der Dinge, als er bemerkte, wie meine Mitbewohnerin und ich uns auf Englisch über die Puzzleteile der Nachrichten austauschten, die wir verstanden hatten. Kurz darauf teilte der Busfahrer den Fahrgästen mit, dass und wie er aufgrund des gerade passierten Anschlags seine Route würde ändern müssen. Die Informationen fügten sich nur langsam in mir zu einem klaren Bild zusammen. Irgendwann begriff ich dann, dass ich zum Zeitpunkt des Anschlags entweder genau an der Haltestelle, im nahen Umfeld des Tatorts oder im dort gelegenen Geschäft gewesen wäre – hätte mich nicht der Anruf aus Deutschland aufgehalten! Gott hatte mich durch eine simple Unterhaltung „umgelenkt" und ich befand mich zum Zeitpunkt der Explosion NICHT an der Bushaltestelle in der Innenstadt ... Ich hatte mir meinen Weg und meinen Zeitplan zurechtgelegt, doch Gott lenkte meine Schritte. Ihm sei von Herzen Dank!

Meine Mitbewohnerin und ich stiegen irgendwo am Rande des Stadtzentrums aus, dort, wo der Busfahrer den Fahrgästen sagte, dass dies wohl der beste Haltepunkt wäre, um ins Zentrum zu gelangen. Er sparte sich auch nicht den Hinweis, dass es besser wäre, weiträumig Abstand zu halten, um die Rettungsarbeiten nicht zu behindern und nicht noch mehr Panik oder Verkehrschaos zu verursachen. Wir hatten mittlerweile ohnehin unsere Pläne geändert und hielten es für besser, direkt ins Büro zu gehen. Auf dem Weg dorthin kamen wir an einem Krankenhaus vorbei. Dorthin wurden offensichtlich viele der Verletzten gebracht. Ein Krankenwagen reihte sich an den nächsten. Die Türgriffe und Fenster waren von Blutspritzern und blutigen Fingerabdrücken bedeckt. Auch Privatwagen hatten Verletzte transportiert, was wir unschwer an blutgetränkten Sitzen erkennen konnten. Mein Herz wurde schwer. Mir wurde übel. Ich begann zu zittern, ja regelrecht zu schlottern, denn auf einmal wurde mir bewusst, dass ich sehr wohl auch als eine der Verletzten in jenes Krankenhaus hätte eingeliefert werden können ...

Im Büro angekommen, setzte ich mich erst einmal und trank ein Glas Wasser. Bis dahin hatte ich gar nicht bemerkt, wie trocken meine Kehle war. Andere Mitarbeiter tauchten auf, nicht um zu arbeiten, sondern weil sie durch die Straßensperren nicht ihren Wegen nachgehen konnten. Unter ihnen waren einige, die auch in direkter Nähe des Tatorts gewesen wären, hätte nicht eine unvorhergesehene Planänderung dies verhindert. Eine Kollegin hatte sich spontan entschieden, in der Altstadt noch einen Kaffee zu trinken, und machte sich dementsprechend zeitverzögert auf den Weg in die Innenstadt. Als sie sich dem Anschlagsort näherte und begriff, was passiert war, wurde ihr ganz flau und so kam sie ins Büro, um erst einmal zu begreifen, dass dieser Kaffee ihr vermutlich das Leben gerettet hatte. Ans Arbeiten war natürlich nicht mehr zu denken. So saß eine Handvoll Mitarbeiter einfach herum, mal still, mal in wortkargem Austausch, doch immer gedankenversunken, bis wir uns Stunden später auf den Heimweg machten. Keiner von uns hatte noch Nerven, Kraft oder Muße für unsere eigentlichen Pläne. Ein ganz normaler und doch überhaupt nicht normaler Tag ging langsam zu Ende.

Jerusalem verzeichnet die meisten Terroranschläge

Jedes Jahr im ersten Quartal werden Statistiken herausgegeben, die die Ereignisse des Vorjahres zusammenfassen sollen. Oft sind sie trocken, manchmal interessant oder auch lustig. Die Statistiken Israels, die die verschiedenen Aspekte des Jahres 2001 analysieren, sind eher traurig und klingen in deutschen Ohren gar nicht alltäglich: Jerusalem ist die israelische Stadt, die 2001 die meisten Terroranschläge zu verzeichnen hatte (insgesamt 90 – das macht 7 bis 8 pro Monat), in Tel Aviv ereigneten sich die wenigsten (9 Anschläge). 475 Menschen wurden allein in Jerusalem durch Anschläge verletzt, 31 starben. Die Statistik kommt zu dem Schluss, dass im Gesamtgebiet Israels (flächenmäßig vergleichbar mit dem Bundesland Hessen) pro Tag durchschnittlich 30 bis 40 versuchte Terroranschläge zu verzeichnen waren – die meisten von ihnen wurden verhindert. 80 Prozent aller Bomben wurden vor ihrem geplanten Explosionszeitpunkt gefunden und konnten sicher entschärft werden. Diese Zahlen zeugen von übernatürlicher Bewahrung! Letztlich wurden „nur" ein Fünftel der geplanten Terroranschläge „erfolgreich" ausgeführt. Der Irrsinn dieser Aussage lässt mich erschaudern! Unfassbar, dass die Grausamkeit des Terrors fünfmal intensiver sein könnte.

Mittlerweile können so ziemlich alle Mitarbeiter auf mehrere Situationen, in denen übernatürliche Bewahrung real wurde, zurückblicken. Doch es ist nicht nur der Terror um uns herum, der uns deutlich macht, dass Gott unser Leben in seiner Hand hält. Vieles, was wir in unseren Heimatländern als selbstverständlich hinnehmen, über das wir uns dort kaum Sorgen machen müssten, wird hier zur Existenzfrage: Komplikationen mit Visaanträgen; eine unvorhersehbare und nicht planbare Fluktuation der Mitarbeiterschaft, die sich auf Kraft- und Nervenkostüm auswirkt; finanzielle Unsicherheiten. Auch durch Anrufe oder E-Mails von Freunden und Verwandten in der Heimat hervorgerufene Emotionen bringen uns wiederholt dazu, uns selbst und unseren Lieben zu versichern, dass wir inmitten dieser Stadt sicher und bewahrt sind, obwohl ständig irgendwo irgendetwas explodiert und infolgedessen Menschenleben für immer verändert.

Gott versorgt sein Volk

Die ersten Neueinwanderer aus Argentinien haben den Weg zu uns gefunden. *Bridges for Peace* ist derzeit dabei, in Zusammenarbeit mit anderen Diensten, die bereits in der ehemaligen Sowjetunion gearbeitet haben, ein Netzwerk in Argentinien aufzubauen, um dort Juden bei der Auswanderung nach Israel zu helfen. Wir sind dankbar, dass wir mit zwei spanisch-sprechenden Helfern die Sprachbarriere überwinden können. Das erinnert mich an ein schönes Beispiel weltumspannender und gezielter

Hilfe „göttlicher" Art: Eine Klientin unseres Adoptionsprogramms befand sich in einer finanziellen Zwickmühle, da ihr Vermieter neuerdings die Miete für ihre Wohnung jeweils für drei Monate im Voraus verlangte. Für jemanden, der am Rande des Existenzminimums lebt, ist so eine plötzliche finanzielle Mehrbelastung nicht zu stemmen. Sie berichtete uns vor einigen Wochen davon und kommentierte, dass sie gebetet habe, dass Gott das Geld bereitstellen möge, denn er sei der Einzige, der da helfen könne. Ein Sponsor, der von der ganzen Situation keine Ahnung hatte, schickte genau die Summe, die ihr fehlte, um die erste Mietzahlung dieser neuen Zahlungsfolge zusammenzubekommen. Sie war sprachlos. Unsere Klientin hat außerdem Brustkrebs und ist vor einigen Monaten operiert worden. Aufgrund dessen muss sie einen speziellen BH tragen, der hier sehr teuer ist und ihr mageres Budget überstrapazieren würde. Auch in diesem Fall stellte ein anderer Sponsor exakt die benötigte Summe zur Verfügung. Nach diesen beiden Situationen erinnerte meine Kollegin unsere Klientin an das, was sie Wochen zuvor gesagt hatte: „Du hast gebetet und Gott hat für dich gesorgt. Gott beantwortet Gebet!"

Wann ist ein Krieg ein Krieg?

Erneut ist die Situation in Israel extrem eskaliert und ich frage mich, wie oft ich dies bereits geschrieben habe und auch noch werde schreiben müssen. Viele Menschen auf israelischer wie auch auf palästinensischer Seite haben ihr Leben verloren oder sind schwer verletzt worden. Mittlerweile trauen sich selbst Politiker, das Wort „Krieg" anstelle von „Konflikt" oder „Ausschreitungen" in den Mund zu nehmen. Ja, es ist nicht mehr zu leugnen, dass dies der Alltag im Nahen Osten ist. Eine traurige Realität.

In den zwei ersten Monaten dieses Jahres haben über fünfzig Menschen durch Schüsse aus dem Hinterhalt, durch Bombenanschläge oder durch Selbstmordattentate ihr Leben verloren. Fast fünfmal so viele wurden verletzt. Täglich werden die Berichte über diese erschütternden Geschehnisse in den Medien versprengt – plötzlich und unvermittelt den Schüssen und Sprengsätzen gleich, von denen die Rede ist. Nicht jedes Ereignis ist in europäischen Medien erwähnenswert. Eine Tatsache, die fast nie in den internationalen Berichten auftaucht, ist der Umstand, dass durch die arabischen Gewalttaten auch oftmals Araber, Christen und Muslime gleichermaßen, getötet werden. Passt diese Information über innerarabische Spannungen, nicht ins (medienwirksame) Bild des „Konflikts zwischen Israel und Palästinensern"?

Nun hören wir beinahe Tag und Nacht Hubschrauber, Kampfjets der israelischen Luftwaffe, Raketen und Granaten, laute und weniger laute Explosionen – sowohl an unserem Arbeitsplatz als auch zu Hause. Von meinem Wohnzimmer aus konnte ich beobachten, wie Gebiete in und um Bethlehem angegriffen wurden – ein Vergeltungsschlag der israelischen Verteidigungskräfte, nachdem eine heftige Welle des Terrors das Land erschüttert hatte. Vor einigen Tagen haben sich innerhalb von zwei Stunden vier verschiedene Anschläge ereignet. Es scheint, als gebe es nun mehr Sicherheitskräfte als Zivilisten auf den Straßen, als lebten wir im Krieg und doch nicht im Krieg.

Kriegsdrohungen und Terrornachrichten überschlagen sich und können oft gar nicht so schnell gelesen, geschweige denn verdaut werden, wie sie veröffentlicht werden. Die Oberrabbiner haben den 13. März 2002 für Juden zu einem weltweiten Gebets- und Fastentag erklärt. Es ist der erste Tag des Monats Nisan im jüdischen Kalender – der Monat, in dem das Passahfest gefeiert wird. Das Passahfest erinnert an Gottes mächtige und souveräne Erlösung. Für Juden steht die Erlösung aus der Sklaverei Ägyptens im Mittelpunkt des Festes. Christen feiern darüber hinaus die Erlösung, die Jesus Christus vor knapp 2000 Jahren am Kreuz erwirkt hat. Auch der vom Terror geprägte Alltag schreit förmlich nach Erlösung, denn die Situation wird immer unaushaltbarer. Darum also der Gebetstag.

Holocaustüberlebende werden zu Opfern des Terrors

Am 27. März 2002 kamen etwa 250 israelische Senioren, größtenteils Holocaustüberlebende, im Parkhotel in Netanya zusammen, um dort gemeinsam das Passahfest zu feiern. Gegen 19:30 Uhr betrat ein als Frau verkleideter Terrorist den Saal des Hotels und zündete einen Sprengsatz, den er bei sich trug. Die Explosion zerstörte den Festsaal. Dreißig Menschen starben und hundertvierzig wurden verletzt, ein großer Teil von ihnen schwer, denn in dem geschlossenen Raum verstärkte sich die explosive Wirkung der Bombe. Dieser Anschlag ist eines der schlimmsten Attentate, die Israel erleben musste, und wird als Massaker bezeichnet – nicht nur aufgrund der Anzahl der Opfer, sondern vor allem, weil es sich überwiegend um Holocaustüberlebende handelte und es zu einem symbolischen Zeitpunkt, einem hohen jüdischen Feiertag, geschah. Bereits in den Wochen zuvor hatten sich täglich tödliche Anschläge ereignet.

Wenige Tage vor diesem Anschlag war der über Jassir Arafat verhängte Hausarrest aufgehoben worden (seit 2001 wurde Arafat mehrfach von der israelischen Regierung unter Hausarrest gestellt; ein Versuch, seine Hetzkampagnen für den Terror einzugrenzen). Daraufhin ließ er sich von einer jubelnden Menge seiner Anhänger öffentlich feiern. Arafat verurteilte in seinen Statements zwar das *Timing* des Anschlags, nicht jedoch den Anschlag selbst – ein kleiner, aber feiner Unterschied. Das Massaker von Netanya hat nun eine radikale Wende in der israelischen Politik nach sich gezogen. Seitdem bezeichnet Israel seinen Kampf gegen den Terror mit dem Begriff Krieg und viele Terrornester wurden in einer massiven Militäraktion mit dem Namen *Operation Verteidigungsschild* systematisch durchkämmt. Etwa 20 000 Reservisten sind dafür eingezogen worden – zusätzlich zu den aktiven Soldaten (Wehrdienstleistende und solche, die sich für eine Militärkarriere entschieden haben). Einige meiner Nachbarn und Freunde sind davon betroffen. Dadurch ist es in Jerusalem, ja in ganz Israel, spürbar ruhiger geworden. Die Terroranschläge sind zwar weniger geworden, haben allerdings nicht völlig aufgehört. Wir Volontäre bereiten uns auf den Ernstfall vor – wie auch immer dieser aussehen mag. Für manch einen mag das bedeuten, Israel zu verlassen, für diejenigen, die sich geführt sehen hierzubleiben, heißt es Weisheit und gesunden Menschenverstand anzuwenden und auf die „innere Stimme" zu hören.

Im Ausnahmezustand ein normales Leben führen

Es ist wahrhaftig nicht leicht, die Situation auszuhalten und jeden Tag so zu gestalten, dass er möglichst normal werden möge, während man im Hinterkopf den Gedanken behält, dass man, wenn man einkaufen geht oder einen Kaffee genießt, auch sein Leben riskiert. Die Tragik und die zerrütteten Leben, die uns umgeben, brechen vielen von uns das Herz. Wenn wir nachts von Raketeneinschlägen oder Hubschraubergeräuschen geweckt werden, steht keiner von uns auf und ist erfüllt von der Leichtigkeit des Lebens. Wir sind nur Menschen, keine Übermenschen, und das ist gut so. Ich muss an eine Bibelstelle im Buch Jesaja, Kapitel 43 denken: *Wenn du durchs Wasser gehst, ich bin bei dir, und durch Ströme, sie werden dich nicht überfluten. Wenn du durchs Feuer gehst, wirst du nicht versengt werden, und die Flamme wird dich nicht verbrennen. Denn ich bin der HERR, dein Gott, ich, der Heilige Israels, dein Retter.* Hier sagt Gott NICHT, dass er das Wasser austrocknen oder das Feuer auslöschen wird, sondern dass wir heil und unversehrt hindurchgehen werden, weil er unser Retter ist. Diese Zusage gehört auch zu meinem Alltag, es ist ein Versprechen, das mir Kraft und Zuversicht gibt. Es ist mein Gebet. Gott wird die Situation, die wir hier zur Zeit erleben, wohl nicht mit einem Fingerschnips beenden, aber er wird uns alles geben, was wir brauchen, und uns in seinen Schutz und seinen Frieden inmitten dieses Ausnahmezustands hüllen.

Stilles Gedenken

Happy Birthday ISRAEL! Seit einigen Tagen ist der Staat Israel nun 54 Jahre alt – und kämpft weiter ums Überleben. Wenn man mit Israelis spricht, hört man immer häufiger, dass sich Israel nie zuvor in einer Situation wie der heutigen befunden habe. Für diejenigen, die die Entwicklung Israels aus der Ferne beobachtet haben – das schließt auch mich ein –, ist das nur bedingt nachvollziehbar. Ich denke jedoch, man kann sagen, dass sich die Welt insgesamt noch nie in einer solchen Situation wie der heutigen befunden hat, einer Situation, die den Terror sozusagen vor unserer Haustür positioniert.

Die Wochen um den Unabhängigkeitstag sind jedes Jahr geprägt von einer Mischung aus Schmerz, Hoffnung und jubelnder Freude. Israel gedenkt acht Tage vor dem eigentlichen Unabhängigkeitstag der sechs Millionen jüdischen Opfer des Holocausts und einen Tag davor der gefallenen israelischen Soldaten seit 1948, deren Zahl sich inzwischen auf 21 182 beläuft. An beiden Gedenktagen erschallen Sirenen im ganzen Land und für jeweils zwei Minuten kommt alles zum Stillstand. Menschen halten inne, senken die Köpfe, wo auch immer sie sich gerade befinden, und gedenken der getöteten Familienmitglieder, Freunde und Nachbarn. Und dann wird gefeiert, dass es nur so kracht ... normalerweise ...

Der diesjährige Unabhängigkeitstag wurde im Vergleich zu den Vorjahren eher ruhig gefeiert. Zu viele Menschen haben im vergangenen Jahr zu viel Schmerz erlitten. Zu frisch, zu klaffend ist die letzte Wunde, die der Terror gerissen hat. Die Furcht, dass der Terror auch den Unabhängigkeitstag zu einer Katastrophe machen könnte, hielt viele Israelis von den Festivitäten fern. Normalerweise ist die Innenstadt Jerusalems bis zum Bersten mit Menschen gefüllt. Sie tanzen auf den Straßen, lachen, singen, besprühen sich mit Schaum und kleiden sich in Flaggen. Von Bühnen dröhnt Live-Musik, Feuerwerk wird gezündet, es steigt die Party des Jahres. Dieses Jahr dagegen wurden die offiziellen

Feierlichkeiten in manchen Städten komplett abgesagt. Dennoch will sich Israel nicht dem Terror beugen und gerade in einer Zeit wie dieser der Welt und insbesondere terrorgesinnten Elementen zeigen, dass es aufrecht steht. Das stille Feiern der Unabhängigkeit durch flatternde Fahnen an Autos und Fenstern und durch das Zusammenkommen im kleinen Kreis hat so manchem diesmal allerdings gereicht.

Dem Tod fünf Mal von der Schippe gesprungen

Vor einigen Tagen las ich einen Zeitungsartikel über ein siebzehnjähriges Mädchen, das das Attentat im Mahane-Yehuda-Gemüsemarkt Jerusalems am 12. April 2002 überlebt hat. An jenem Tag sprengte sich dort „Märtyrerin" Nummer vier in die Luft und riss sechs Menschen mit sich in den Tod, etwa neunzig wurden verletzt. Ich frage mich manchmal, was islamische Religionsführer Mädchen versprechen, wenn sie als „Märtyrer" sterben. Es ist ja nicht nur so, dass der Koran sehr widersprüchliche Aussagen über Frauen macht, die den „Märtyrertod" sterben, nein – den männlichen Märtyrern wird versprochen, dass sie im Himmel von siebzig Jungfrauen empfangen werden. Diese Aussicht sollte den Mädchen ja wohl kaum als attraktiv erscheinen. Doch zurück zu dem Zeitungsartikel über die Siebzehnjährige. Es war der fünfte Anschlag, den sie unbeschadet überlebt hatte. Sie hat einen Bruder, der vier Monate zuvor durch ein Attentat schwer verletzt wurde: Sein Körper ist von hundertzwanzig Metallsplittern durchsiebt worden, er kann nicht sprechen, ist gelähmt und an ein Beatmungsgerät angeschlossen. Noch immer befindet er sich in einem Rehabilitationszentrum. Der Artikel endete mit den Worten: „Eins ist klar: Gott liebt mich – es kann keinen anderen Grund geben." Ich glaube, niemand von uns kann sich vorstellen, wie es ist, auf solch einen Lebenslauf zurückzublicken. Es ist eine traurige Feststellung, dass zu viele Israelis solche Geschichten zu erzählen haben.

Allzeit bereit

Mittlerweile arbeite ich seit zwei Jahren für *Bridges for Peace*. Es ist erstaunlich, wie schnell die Zeit vergangen und wie viel passiert ist – ursprünglich wollte ich ja nur ein Jahr bleiben. Nichts von all dem, was um mich herum geschieht, habe ich vorhersehen können. Das ist auch gut so, denn ich hätte mir solch ein Leben wohl kaum zugetraut. Nicht alles zu wissen, ist Gnade und ein großes Geschenk. Ich musste in der letzten Zeit viel über die Jahre, die die Jünger hier auf Erden mit Jesus verbracht haben, nachdenken. Wahrscheinlich hat keiner von ihnen schon am Abend zuvor oder beim Aufwachen gewusst, was sie zu erwarten hatten. Jesus sagte (sicher auch manchmal unvermittelt): „Wir tun jetzt dies und jenes", und sie sind ihm gefolgt – ohne einen genauen Plan oder Tagesablauf zu haben. Und sie mussten auf alles vorbereitet sein: Heilungen, Massenspeisungen, revolutionäre Lehren, Totenauferweckungen, Konfrontation mit religiösen Leitern, Zurechtweisung, Aussendung, Besuche, Wanderungen, Stürme auf See und das Wagnis, auf dem Wasser zu gehen.

Im Gegensatz zu den Jüngern haben wir eine grobe Tagesstruktur, die wir uns ausgedacht haben oder die das Leben „so mit sich bringt". Aber ist es auch immer das, was Gott mit uns vorhat? Ich bin in den vergangenen zwei Jahren mehr als gesegnet und auf vielfältige Weise überrascht worden. Menschen aus aller Welt haben mein Leben bereichert. Nichts von all dem, was ich in meinem Leben erfahren darf, habe ich verdient. In all meinem Bemühen werde ich immer unvollkommen bleiben. Doch Gottes liebende Augen sehen mehr als meine eventuelle Unzulänglichkeit. Seine Gnade hat mich reich gemacht.

Trügerische Ruhe

Israelisches Leben mit Worten zu beschreiben ist nicht leicht – besonders, weil so ziemlich jedes Erlebnis von außergewöhnlicher Intensität oder von extremen Gegensätzen durchsetzt ist. Die Auswirkungen der israelischen Militäraktion *Operation Verteidigungsschild* hatten dafür gesorgt, dass in der Bevölkerung ein zarter Spross der Hoffnung auf Frieden oder zumindest auf ein Abklingen der Gewalt heranwächst. Doch diese Hoffnung wurde jäh zersprengt, als erneut ein Selbstmordattentäter in Rishon L'Zion, nahe Tel Aviv, fünfzehn Menschen tötete und mehr als fünfzig verletzte. Hat man wirklich gedacht, dass nun Ruhe einkehren würde? Dass Israel nun sicher sei? Dass Friedensverhandlungen eingeleitet werden könnten und erfolgreich sein würden?

Nun macht sich Israel bereit, eine weitere großangelegte Militäraktion, diesmal vorrangig im Gazastreifen, durchzuführen. Es wird im Vergleich zu allem, was bisher militärisch unternommen wurde, eine sehr schwierige und komplizierte Aktion werden und ich beneide diejenigen, die dafür die Verantwortung tragen müssen ganz und gar nicht. Man weiß, dass der Gazastreifen voller explosiver Tücken ist, weil viele Gebäude und Verkehrswege von terroristischen Gruppen vermint worden sind.

Im Zuge des Kampfs gegen den Terror wurde auch die Geburtskirche in Bethlehem von der israelischen Armee geräumt. Dort hatten sich Terroristen verschanzt. Man fand die Kirche an vierzig Stellen mit Sprengstoff vermint vor, Kruzifixe und Kirchenschätze waren entweder gestohlen oder von den Wänden gerissen worden und diejenigen, die sich dort verschanzt hatten, hatten jeden beliebigen Platz innerhalb des Komplexes als Toilette benutzt. Während der fünfwöchigen Belagerung hatte Arafat der *islamischen* Welt versichert, dass er das *christliche* Heiligtum „aus den Händen der [an den Islam] Ungläubigen" befreien werde. Diese Tatsache ist in den westlichen Medien meist nur eine Randnotiz geblieben.

Die Nerven liegen blank

Vor einiger Zeit hatte ich die Gelegenheit, mit einem 26-jähri-gen israelischen Soldaten aus Netanya zu sprechen. Als ich ihn traf, war er von seinem Reservedienst zurückgekehrt, völlig über-müdet und emotional wie auch physisch total erschöpft. Er be-richtete, dass seine Kompanie dort, wo sie stationiert war, kaum Schlaf gefunden habe, ständig unter Beschuss gestanden und eine sehr schwierige und gefährliche Operation durchzuführen gehabt habe. Er musste miterleben, wie dreizehn Soldaten seiner Division an einem Tag getötet wurden. Ich fragte ihn, was er glau-be, warum er wohl bewahrt worden sei. Er erzählte, dass er als Sanitäter eingesetzt gewesen sei und deshalb habe zurückblei-ben müssen, bis er gerufen wurde, um die Verletzten zu bergen. Unter anderem barg er einige dieser dreizehn Soldaten aus der Kampfzone und versuchte, sie am Leben zu halten – am Ende leider vergeblich. Tränen füllten seine Augen und seine Stimme brach. Ich konnte mir lediglich ansatzweise vorstellen, welche traumatischen Bilder und Erfahrungen dieser junge Mann zu verarbeiten hatte. Später erzählte er, dass er vor etwa zehn Jah-ren aus Russland nach Israel eingewandert sei. Seine Mutter sei ein einziges Nervenbündel, denn nicht nur er sei zum Reserve-dienst einberufen worden, sondern sein 22-jähriger Bruder leiste ebenfalls gerade die in Israel übliche dreijährige Wehrpflicht ab und sei am Gazastreifen stationiert – einem der gefährlichsten Brennpunkte. Als sei das nicht schon genug, habe auch eine enge Freundin der Familie kürzlich dem Tod ins Auge geblickt! Die Frau hatte, nachdem sie vor wenigen Wochen ein Baby geboren hatte, ihre Stelle wieder angetreten. Sie arbeitet als Kellnerin im Park-Hotel in Netanya. An ihrem ersten Arbeitstag geschah das Mas-saker, das ich bereits beschrieben habe, bei dem ein Selbstmord-attentäter dreißig Menschen tötete und hundertvierzig verletzte. Sie überlebte leicht verletzt. Gott sei Dank! Aber ist es da noch verwunderlich, dass die Nerven der Mutter dieser beiden Brüder blank liegen?

Es ist erstaunlich, wie schnell sich Small-Talk zu einer tiefgehenden Unterhaltung, auf die man kaum vorbereitet ist, entwickeln kann. Da saß ich nun und rang nach Worten. Was kann ich, die ich ein vergleichsweise ruhiges und gesegnetes Leben führen darf, diesem Menschen sagen? Alles, was ich in mir finden konnte, schien hohl und nichtssagend. Schließlich fragte er, warum ich in einer Zeit wie dieser in Israel sei. Und so erzählte ich ein wenig von mir und dem Grund meiner Anwesenheit in Israel. Ich konnte sehen, wie sich sein Gesichtsausdruck veränderte und er sich entspannte, ja, er gewann Zuversicht. Als wir uns verabschiedeten, bedankte er sich für die Ermutigung und die Hoffnung, die ihm dieses Gespräch gegeben hatte, und sagte: „Es tut gut, Menschen wie dich an unserer Seite zu wissen." Wie wertvoll sind solche Momente!

Die Schicksale, die viele Menschen hier durchmachen, sind oftmals unbegreiflich. Diese Menschen brauchen nicht nur praktische Hilfe, sondern auch und vor allem einen Freund, der wirklich zuhört und sie ermutigt, durchzuhalten und den Blick zu heben. Sie suchen nach einem Ort, an dem sie lebendige Hoffnung finden – eine Hoffnung, an die sie sich in dieser schwierigen Zeit klammern können. Ich stelle fest, dass Menschen mehr und mehr zu Gott rufen – irgendwie wissend, dass Gott das, was für Menschen unmöglich ist, sehr wohl möglich machen kann.

Mut machende Begegnungen

Es ist Frühsommer und Israel hat bereits mehrere Hitzewellen durchschwitzt. Heiße Wüstenwinde wehen und man hat das Gefühl, als bliese einem unaufhörlich ein Fön heiße Luft ins Gesicht. Es scheint, als nehme das Leben hitzebedingt den Fuß vom Gaspedal. Laut Meteorologen ist es schon jetzt der heißeste Sommer seit sechzig Jahren und es ist jeden Abend eine willkommene Erfrischung, wenn der Wind wenigstens etwas kühler weht.

An einem dieser mächtig heißen Tage machten meine Mitbewohnerin und ich uns auf und verteilten gekühlte Getränke an das Sicherheitspersonal, das an fast jeder Straßenecke seinen Dienst tut. Es war schon eine Herausforderung, die gerade gekauften, kalten Flaschen loszuwerden, ehe sie warm wurden. Es war eine interessante Erfahrung. Manch ein „Wachtposten" hatte arge Bedenken, etwas anzunehmen und lehnte dankend ab. Oftmals hatten wir das Gefühl, der Grund dafür war die Angst, dass sich in den Flaschen etwas Giftiges befinden könnte. Andere waren überrascht und sehr dankbar für die Erfrischung und es entspann sich ein Gespräch. Wir drückten unsererseits Dankbarkeit für die Arbeit aus, die diese Sicherheitskräfte tun, denn weil sie ihren Job tun, dürfen wir uns sicherer fühlen. Noch immer werden etwa 80 Prozent aller geplanten Anschläge auf Zivilisten in Israel von aufmerksamen Wachhabenden verhindert. Natürlich kam oft die Frage auf, was wir hier in Israel tun, wo wir doch nicht hier sein müssten. Meist folgte ein interessantes und ermutigendes Gespräch. Nach mehreren Stunden straßauf, straßab waren wir von der Hitze völlig erschöpft und gönnten uns selbst erstmal einen kühlen Drink.

Vor einigen Tagen saßen wir zu dritt in einem Restaurant. Neben uns saß eine relativ große Gruppe jüdischer Senioren. Sie unterhielten sich in Englisch über den wachsenden Antisemitismus in der Welt, insbesondere in Europa. Dann fiel der Satz: „Deutschland hat eine Warnung an die jüdische Bevölkerung herausgegeben, dass Juden ihre Kippa nicht mehr in der Öffentlichkeit tragen sollen. Wenn es erst einmal soweit ist, dann dauert es nicht mehr lange, bis noch größere Einschränkungen folgen." Ich verfolgte das Gespräch. Nachdem dieser Satz ausgesprochen war, schaute der Mann, der ihn geäußert hatte, in meine Richtung und bemerkte, dass ich zuhörte. Zunächst schien er nicht gerade begeistert zu sein und fragte mich scharf, woher ich sei und was ich dazu zu sagen hätte. Als er hörte, dass ich aus Deutschland bin und ihm Recht darin gab, dass der zunehmende Antisemitismus beängstigend sei, war er angenehm überrascht und sein

Gesichtsausdruck entspannte sich. Nachfolgend entstand ein Gespräch über den Grund meines Hierseins, meine Arbeit als Volontärin, über Glauben und über die Besorgnis, die sich in jüdischen Menschen regt. Nach einiger Zeit wandten wir uns alle wieder unserem Essen zu. Als diese Gruppe dann das Restaurant verließ, kam der Mann an unserem Tisch vorbei und sagte: „Danke für diese Ermutigung! Sie haben meinen Tag gerettet. Zu wissen, dass ein junger Mensch wie Sie aus Deutschland hier ist und sich in dieser Zeit zu Israel stellt, gibt mir Hoffnung. Etwas Besseres hätte mir heute nicht passieren können." Wieder einmal zeigte sich, dass kleine Begegnungen große Wirkung haben können.

Verbrannt oder knapp dem Feuer entkommen

In den vergangenen Monaten haben sich erneut viele tragische Anschläge ereignet. Einer von ihnen hat mich besonders erschüttert. Nahe Megiddo, im Norden Israels, überholte ein PKW einen Bus, und als er auf gleicher Höhe war, zündeten der oder die Insassen einen starken Sprengsatz. Siebzehn Menschen, meist Soldaten, starben und vierzig wurden verletzt. Der Bus kam ins Schleudern, überschlug sich und ging in Flammen auf. Viele der Opfer verbrannten, weil sie den Flammen nicht entkommen konnten. Später erfuhr ich durch die Berichterstattung, dass dies bereits der vierte Anschlag war, den der Busfahrer überlebt hatte. Verletzt wie er war, versuchte er noch so viele Menschen wie möglich zu retten.

Nicht nur der Fahrer hat eine Geschichte, die anrührt. Hier sind ein paar Auszüge aus den Lebensgeschichten von Menschen, die diesen Anschlag überlebt haben oder aber auch ihr Leben lassen mussten:

Chaim, ein junger Mann, erinnert sich daran, dass er im Bus saß, als dieser sich der Megiddo-Kreuzung näherte. Er schloss seine Augen und sang „Shmah Israel" (Höre, oh Israel – zentraler Bestandteil des täglichen Gebets, in welches die Kernbotschaft der Nächstenliebe gebettet ist). Dann weiß er nur noch, dass er plötzlich außerhalb des Busses auf der Straße saß und noch atmete.

Eine Frau war am frühen Morgen aus Weißrussland am Flughafen angekommen, um erstmalig ihren Sohn in Israel zu besuchen. Sie saß im Bus auf dem Weg zu ihm und verlor alles, was sie bei sich hatte, als der Bus zu einer Feuerbombe wurde. Im Krankenhaus wurde ihr bewusst, dass sie all ihre Kleidung, den Reisepass und das Flugticket verloren hat und doch ihr Leben bewahrt blieb. Trotz allem lächelt sie ihrem Sohn zu und sagt: „Ich bin froh, hier zu sein."

Ein älterer Mann aus Äthiopien ist von seiner großen Familie in einem überfüllten Krankenhauszimmer umgeben. Er hatte vor Jahren den Weg nach Israel durch die sudanesische Wüste zu Fuß zurückgelegt und sprang durch die Rückscheibe des Busses, um dem Feuer zu entkommen.

Die 19-jährige Violetta verlor sowohl Vater als auch Mutter vor mehreren Jahren durch Krankheit. Sie zog ihre Geschwister groß so gut sie konnte, wobei ihr das Jugendamt half – bis sie bei diesem Anschlag verbrannte.

Die Mutter eines beim Anschlag Verstorbenen sitzt regungslos zuhause und starrt das Telefon an: „Ich muss die Verlobte meines Sohnes in der Ukraine anrufen und ihr sagen, dass es keine Hochzeit geben wird. Wie in aller Welt soll ich das bloß tun?"

Ein siebzehnjähriger Jugendlicher kam bei dem Anschlag ums Leben – zwei Monate nachdem seine Familie bereits den älteren Bruder beerdigen musste, der bei einem Wanderunfall starb.

Der 50-jährige Tsion freute sich sehr, dass er seinen einzigen Sohn Yuval auf dem Weg zu seinem Armeestützpunkt begleiten konnte. Sie waren unter den Letzten, die in den Bus stiegen, deshalb fanden sie nur noch getrennte Sitzplätze. Tsion starb im vorderen Bereich des Busses, während Yuval im hinteren Bereich überlebte.

Immer und immer wieder stehe ich solchen Lebensgeschichten gegenüber. Der Tod spielt in den Köpfen der Menschen hier eine stets präsente Rolle. Er ist nichts Abstraktes, das irgendwann einmal kommt, sondern man geht in dem Bewusstsein durch den Tag, dass man sich gerade eben vielleicht zum letzten Mal gesehen haben könnte.

Im selben Krankenhaus behandelt: Attentäter und Opfer

Es gibt noch eine weitere bemerkenswerte Tatsache zu jenem Anschlag: zwei bis drei Wochen zuvor hatte ein Selbstmordattentäter versucht, sich am selben Ort in die Luft zu sprengen. Da weder der Sprengsatz noch er selbst „gut vorbereitet" waren, gelang es patrouillierenden Soldaten, den Attentäter zu überwältigen und zu verhindern, dass er sein explosives Gut zünden konnte, wobei der Attentäter verletzt wurde. Bilder von Entschärfungsrobotern, die den Verletzten überprüften, machten die Runde in internationalen Medien und brachten Israel erneut die scharfe Kritik ein, man handle und behandle unangemessen. Dieser Attentäter liegt im selben Krankenhaus, in dem auch die Verletzten des Busanschlags behandelt werden – sogar auf derselben Station (wenn auch polizeilich abgeschirmt). Können wir uns diese krass aufeinanderprallenden Gegensätze vorstellen? Hier wird jemand medizinisch gut behandelt, dessen einziger Gedanke es war (und noch ist, so die Berichterstattung), Juden zu töten. Es ist ein harter Brocken für diejenigen, die einen geliebten Angehörigen besuchen, der womöglich noch um sein Leben ringt, wenn sie gleichzeitig miterleben müssen, wie nebenan ein Mensch versorgt wird, der genau so einen Anschlag durchzuführen versuchte, nur eben nicht „erfolgreich" war.

Ein Schichttausch kostete „meinem" Busfahrer das Leben

Ein weiterer schwerer Anschlag ereignete sich am 18. Juni 2002 in Jerusalem, kaum zwei Wochen später. Unter den neunzehn getöteten Israelis befindet sich einer meiner „Stammbusfahrer". Normalerweise fährt er auf der Strecke, die ich nehmen muss, um zur Arbeit zu gelangen, doch da der Fahrer, der Schicht gehabt hätte, an jenem Tag nicht zur Arbeit erschien, übernahm er eine Überbrückungsschicht – und starb. Die Söhne einer befreundeten Familie haben Schulkameraden verloren und die Familie ist sehr erschüttert. Ein anderes befreundetes Ehepaar schaffte es an jenem Morgen nicht, gemeinsam aus dem Haus zu gehen. So nahmen sie zwei verschiedene Busse – jeweils den Bus, der vor, und den, der nach dem Anschlag fuhr. Eine Kollegin, die regelmäßig mit diesem Bus fährt, verschlief an jenem Morgen und nahm daraufhin das Fahrrad. Eine andere verpasste den Bus ganz knapp. Solch kleine „Missgeschicke" sind Wunder, die Leben retten können.

Doch: Wieviel Trost können solche Bewahrungen spenden, wenn sie lawinengleich von erschütternden Nachrichten über verletzte und verlorene Leben begraben werden? Fast täglich gab es im Juni Bombenanschläge. Innerhalb von nur zwei Wochen sind siebzig Israelis getötet und über dreihundert verletzt worden. Rechnet man die „tägliche Dosis" aus, so ergibt das fünf Tote und einundzwanzig Verletzte. Jeden Tag! Unfassbar!

Der Juli war nicht viel ruhiger. Ein Anschlag hat mich besonders erschüttert: Drei Männer verkleideten sich als israelische Soldaten und zündeten zwischen Immanuel und Bnei-Brak eine Bombe, als ein voll besetzter Bus vorbeifuhr. Der Bus war zwar gepanzert, doch er kam durch die Wucht der Explosion von der Straße ab. Als die Passagiere versuchten, den Bus zu verlassen, wurden sie von Heckenschützen mit Gewehrfeuer und Handgranaten niedergemetzelt. Sieben Menschen starben noch vor Ort, zwanzig wurden verletzt. Am Tag darauf stirbt eine achte Person: ein zu früh geborenes Baby, das Ärzte aus dem Leib der verletzten Mutter zu retten versuchten. Es lebte nur neun Stunden. Nun ist die Mutter die einzige Überlebende der Familie. Von einem Moment auf den anderen ist sie sowohl verwaist als auch verwitwet und obendrein noch kinderlos. Es ist eine Tragödie, die kaum zu fassen ist und ob diese Frau je den Verlust, den sie innerhalb weniger Augenblicke erlitt, verkraften wird, bleibt lediglich zu hoffen.

Der Hass, dem sich Israel gegenüber sieht und dem auch die Palästinenser, die den Weg des Terrors nicht gehen wollen, ausgeliefert sind, ist nur schwer nachvollziehbar und mit menschlichem Verstand nicht ausreichend zu begreifen. Einer unserer Mitarbeiter erhielt vor Kurzem einen Anruf von arabischen Freunden, die auf dem Ölberg wohnen. Sie waren ganz aufgelöst und berichteten, dass sie, während sie im Fitnessstudio waren, miterleben mussten, wie maskierte Terroristen das Studio stürmten und zwei junge Männer brutal erschossen. Sie verkündeten lautstark, dass es Kollaborateure und Verräter gewesen seien. Immer häufiger berichten palästinensische Eltern, wie ihnen ihre Söhne weggerissen und in Trainingslager gesteckt werden, wo sie dann geradezu gehirngewaschen werden. Dort wird ihnen der Umgang mit Waffen und Sprengstoff beigebracht. Wenn sich die Eltern weigern, ihre Söhne herauszugeben, werden ihnen Repressalien angedroht. Auch diese Dinge geschehen mitten unter uns.

Generationsunterschiede

Durch viele Gespräche mit Israelis ist mir aufgefallen, dass es deutliche generationsbedingte Unterschiede im Umgang mit der Situation gibt. Die Generation der Israelis, die die Gründungsjahre des Staates miterlebt hat, nimmt eher eine Haltung des Ertragens ein, zeigt jedoch tragfähige Zuversicht und Durchhaltevermögen: „Es war immer so und wir müssen eben damit leben, doch der Tag wird kommen, an dem all das aufhört. Ganz sicher!" Die Generation in den Dreißigern und Vierzigern empfindet den Kampf, in dem Israel steht, als etwas Normales, das zum Leben gehört: „Unsere Väter mussten kämpfen, wir tun es und unsere Kinder werden es ebenso tun müssen." Die junge Generation hingegen hat Träume vom Frieden. Es fällt dieser Generation oft schwer, eigene Lebensziele den Pflichten unterzuordnen, die das Leben in Israel ihnen auferlegt. Häufig wird der Wunsch gehegt, all dem entfliehen zu können. Neueinwanderer sind oft eine Säule in diesem Gefüge, haben doch viele von ihnen Verfolgung, Antisemitismus oder wirtschaftliche Not erlebt und kommen gerade deshalb nach Israel. Sie haben alles hinter sich gelassen, weil sie nichts mehr zu verlieren hatten, weil Zukunftspläne, so simpel sie auch sein mochten, dort, wo sie lebten, nicht zu verwirklichen waren. In Israel sehen sie Chancen und Möglichkeiten und setzen Vieles daran, diese zu nutzen. Sie kommen mit einem erfrischenden Lebensmut und sind nicht bereit, einfach so aufzugeben. Auch die Tatsache, dass sie noch nicht so viele Jahre in Israel gelebt haben, gibt ihnen eine Kraft, die diejenigen, die hier aufgewachsen sind, in Momenten der Perspektivlosigkeit nicht aufbringen können. Gerade jetzt, in dieser Situation ist jeder ankommende Einwanderer, der aus freien Stücken nach Israel umsiedelt, genauso wie jeder Volontär, eine besondere Ermutigung für die ermatteten Seelen.

Shanah Tovah aus Jerusalem

„Shanah Tovah" hört man mittlerweile überall. Israelis wünschen einander ein gutes neues Jahr. Oft wird zu diesem herkömmlichen Gruß der Wunsch für ein sicheres und friedvolles Jahr hinzugefügt. Zu viele haben die Auswirkungen der andauernden Intifada zu spüren bekommen und sehnen sich nach einem Ende der Gewalt. Das Säbelrasseln zwischen den USA und Irak trägt nicht gerade dazu bei, dass die so sehr ersehnte Entspannung eintritt, denn jedem ist bewusst, dass Israel im Kriegsfall mit

Konsequenzen zu rechnen haben wird. Die Sicherheitsmaßnahmen sind mehr denn je verstärkt worden, denn die Erinnerung an das Passahfest-Massaker ist nur allzu gegenwärtig. Das alles überschattet den Festmonat September, der mit Rosh HaShanah, dem jüdischen Neujahr, beginnt. Es folgen zehn Tage der Umkehr, in denen die Menschen miteinander und mit Gott Ungeklärtes bereinigen; dann folgt Jom Kippur, der Versöhnungstag, und anschließend wird Sukkoth, das Laubhüttenfest, gefeiert, das an die Wüstenwanderung der Israeliten erinnert.

„Erev Sukkoth" – der Abend vor dem Laubhüttenfest – ist der eigentliche Beginn dieses Festes, da nach gutem, altem biblischem Brauch der Tag immer am Abend zuvor anfängt. Das Fest dauert insgesamt acht Tage, wobei der erste und der letzte Tag hohe Feiertage sind und jeweils am Abend zuvor groß gefeiert werden. Die meisten Familien sitzen in ihren Laubhütten (hebr. Sukka), die sie sich auf ihren Balkonen, in ihren Gärten, auf der Straße vor ihrem Haus oder auf dem Dach gezimmert haben. Die Sukka hat nur temporären Charakter und ist ein Gestell aus drei Wänden und einem Dach. Die Wände sind aus Stoff oder dünnem Holz und das Dach aus pflanzlichem Material (Palmzweige, Stroh, oder Laub), durch das die Sterne zu sehen sein müssen. Dort essen, singen, beten und lachen sie und genießen das Fest im Kreis ihrer Lieben. Es ist etwas Besonderes, die Festvorbereitungen zu sehen: Männer zimmern die Laubhütten, Kinder dekorieren, Mütter kochen. Es wird reichlich eingekauft (sofern man es sich leisten kann), die Männer haben sorgfältig ihren „Lulav" ausgewählt – ein Bündel aus drei Zweigen: einem jungen Palmzweig, einem Weiden- und einem Myrtenzweig, sowie einem „Etrog" (eine Zitrusfrucht, im Aussehen und Geruch der Zitrone sehr ähnlich). Eine Erinnerung daran, dass wir geistlich betrachtet nicht wie die Palme (Frucht, aber kein Duft), die Myrte (Duft, aber keine Frucht) oder die Weide (keines von beidem) sein sollen, sondern wie der köstlich duftende und schmackhafte Etrog. Eine gute und greifbare Erinnerung.

Ich verbrachte Erev Sukkoth in einer jüdischen Siedlung nahe Hebron. Diese Siedlung namens Adura liegt jenseits der „Grünen Linie". So wird die Demarkationslinie zwischen Israel und den im Sechstagekrieg 1967 besetzten Gebieten genannt. Der Name führt auf die grüne Tinte zurück, die genutzt wurde, um die Grenze zu zeichnen. Adura liegt also im sogenannten Westjordanland, eingebettet in die Hügel und Täler um Hebron herum, landschaftlich traumhaft schön. In dieser Region leben etwa 8 000 Juden umgeben von 360 000 Arabern. In Adura wohnten ursprünglich 85 Familien, 44 von ihnen sind zumindest zeitweilig weggezogen, um dem Terror zu entkommen. Das Dörfchen hat zwei terroristische Überfälle erleben müssen. Der berühmt-berüchtigte Sicherheitszaun, der von der israelischen Regierung derzeit gebaut wird, würde diese Siedlung – wie viele andere – jenseits des Zauns platzieren. Natürlich fürchten die Bewohner, dass sie dem Terror nach dem Zaunbau dann noch schutzloser ausgeliefert sein werden, und ziehen entsprechende Konsequenzen.

Die Familie, bei der ich eingeladen war, den ersten Feiertag zu verbringen, hält sich mit einem geringen Einkommen gerade so über Wasser. Momentan ist Erntezeit für Oliven. Um ein wenig dazuzuverdienen, ernten sie in ihrer Freizeit die vielen Olivenbäume ab, die sich in Parks und Grünanlagen befinden. Sie lassen dann daraus Öl pressen, das sie verkaufen können. Die Hypothek für das kleine Häuschen läuft noch weitere zehn Jahre. Gern würden sie es verkaufen, um ihre finanzielle Lage zu verbessern und um ihrem Sohn ein sichereres Umfeld zu bieten. Doch ein Haus in dieser Gegend wird man nicht los. Es kam schon öfter vor, dass Beduinen die Stromleitungen kappten, um das Kupfer aus den Leitungen zu lösen und es zu verkaufen, und dadurch Stromausfälle verursachten. Trotz dieser entmutigenden Umstände ist die Familie zuversichtlich und zelebriert das Leben.

Es war eine interessante Erfahrung, zu erleben, wie Tradition und Glaube auf harmonische Weise miteinander verschmelzen. Wir verlebten einen wunderbaren Abend. Und doch wurde mir klar, dass diese Menschen wahrhaftig wie auf dem Präsentierteller sitzen. Im Falle eines Angriffs bleibt ihnen nur Gebet und Selbstverteidigung. Es liegt eine Anspannung in der Luft, die auf Dauer schwer auszuhalten ist. Während wir in ihrem Garten in der Laubhütte saßen, konnte man die Nervosität förmlich greifen. Ein ungewohntes Geräusch? Psst! Ach, nur eine Katze. Was war das? Psst! Doch nichts, es scheint vorbei zu sein. Alle paar Minuten hielten wir inne, hielten den Atem an und unterbrachen unser Gespräch. Welch eine Kraft bringen diese Menschen auf, so einen Nervenkrieg täglich auszuhalten! Es ist Realität für so viele in diesem Land.

Taufe im Mittelmeer

Vor Kurzem erlebte ich zum ersten Mal eine Erwachsenentaufe im Meer mit. Die jüdisch-messianische Gemeinde, der ich mich hier angeschlossen habe, machte einen Ausflug zum Mittelmeer und nach einer entspannenden Zeit am Strand und leckerem Picknick wurden einige der Gemeindezugehörigen im unruhig brausenden Meer getauft. Pastor und Täuflinge mussten sich gegen starken Wellengang behaupten und oft schien es, als würde die Taufe eher unerwartet über sie hereinbrechen. Es war ein besonderes Erlebnis, an einem Strand in Israel zu stehen, hebräische Loblieder zu singen, sich mit den Täuflingen zu freuen und damit lebendigen Glauben auszudrücken. Zu oft sieht der durchschnittliche Israeli orthodoxes Judentum oder orthodoxes Christentum – beides meist nicht sehr attraktiv und einladend, sondern eher befremdlich und abstoßend. Die Taufzeremonie zog viele Schaulustige an und manch einer wagte das Gespräch, stellte Fragen und gesellte sich zu uns. Es war ein rechtes Sprachengewirr, in dem ich auch mein Hebräisch gut einsetzen konnte.

Qumran: Auf der Suche nach weiteren Schriftrollen

Ein Archäologe aus den USA führt derzeit Ausgrabungsarbeiten bei Qumran durch. Vor etwa fünfundfünfzig Jahren wurden dort etliche Schriftrollen gefunden, darunter eine Rolle mit dem komplett erhaltenen Text des prophetischen Jesaja-Buches. An diesem Fundort der berühmten *Schriftrollen vom Toten Meer* lebten zur Zeit Jesu die Essener. Neuere seismologische Untersuchungen haben ergeben, dass an einer bestimmten Stelle ein großer Hohlraum unter der Erde existiert. Da Qumran bei Weitem noch nicht völlig erforscht ist, wird angenommen, dass dieser Hohlraum eine Höhle ist, die zur Lagerung von Vorrat und wertvollen Gütern benutzt wurde. Natürlich erhofft sich das archäologische Team einen Fund weiterer Schriftrollen. Bisher wurden ein antiker Steinofen und Tontöpfe sowie ein großer Tontopf mit Knochen (was auf Opferrituale hinweist) neben dem Grabungspunkt für die Höhlensuche gefunden. Dies lässt darauf schließen, dass sich dort die Gemeinschaftsküche der Essener befand. Um die Höhle zu erreichen, muss etwa zwanzig Meter tief gegraben werden. Ich hatte die Möglichkeit, zwei Tage an diesem Projekt mitzugraben, was sehr spannend war, allerdings war ich auch froh, dass ich nicht auf irgendwelche Skelette oder andere gruselige Schätze gestoßen bin. Zu der Zeit, als ich mithelfen konnte, war eine Tiefe von ungefähr sechzehn Metern erreicht und der Durchbruch zur Höhle stand unmittelbar bevor. Pro Stunde hievten wir etwa zwei bis drei Kubikmeter Erde und Steine mit Eimern über vier Leitern aus der Grube. Trotz der immensen körperlichen Anstrengung inmitten der heißen Wüste hat es viel Spaß gemacht. Ob weitere archäologisch markante Schätze gefunden werden können, bleibt abzuwarten. Auf jeden Fall habe ich dabei auch „Schätze" in meinem Körper entdeckt – Muskeln, von denen ich gar nicht wusste, dass ich sie überhaupt habe, machten sich bei jeder Bewegung tagelang bemerkbar.

Israelische Müllabfuhr – die stärkste Waffe im Streik

Es ist ruhig in Israel. „Ruhig" heißt, dass nur „kleine" Terrorangriffe geschehen sind, die in der sensationsorientierten Medienwelt höchstens als Randnotiz erscheinen. Doch für diejenigen, die eine Tragödie erleiden müssen, spielt der Umfang der Katastrophe wohl kaum eine Rolle, sondern sie müssen mit den Auswirkungen zurechtkommen, die ihr Leben dramatisch verändert haben und müssen viel Mut aufbringen, für ihr Leben zu kämpfen und es neu anzupacken.

Für Abwechslung und Aufregung sorgt ein Generalstreik, dessen Länge und Ausmaß noch nicht abzusehen sind. Streiks können hier manchmal mehrere Monate dauern. Warum wird gestreikt? Die Schere zwischen Arm und Reich öffnet sich immer weiter und die Anzahl derjenigen, die die Lebenshaltungskosten nicht mehr aufbringen können, steigt stetig. Es wird prognostiziert, dass bis zum Jahresende 1,5 Millionen Menschen unterhalb der Armutsgrenze leben müssen, was einen Anstieg von über dreißig Prozent innerhalb von zwei Jahren bedeuten würde. Rund zwanzig Prozent der israelischen Bevölkerung wären somit betroffen. Bisher werden Preise und Kaufkraft vom amerikanischen Dollar bestimmt, was in einer vom Terror erschütterten Wirtschaftslage fatale Auswirkungen hat.

Die stärkste Waffe im Streik ist die Aussetzung der Müllabfuhr. Wochenlang rottete und stank das Land buchstäblich vor sich hin. Müllberge verströmten ihren fauligen Gestank an jeder Ecke und nicht selten wurden die Haufen kontrolliert abgebrannt, um eine Ratten- und Ungezieferplage zu vermeiden oder um dem schrecklichen Gestank Einhalt zu gebieten. Doch die allgegenwärtige Furcht vor Terroranschlägen hat für eine abrupte Änderung der Streikstrategie gesorgt, denn durch einen militärischen Befehl wurde die Müllabfuhr angewiesen, ihre Arbeit wieder aufzunehmen. Der Grund dafür war, dass die riesigen Müllberge geradezu dazu einladen, Sprengsätze darin zu verstecken und die

Sicherheit der Bürger nicht mehr garantiert werden konnte. Ob der Streik zu Besserungen führen wird, bleibt abzuwarten. Bessere Luft gibt es nun wenigstens wieder.

Rund um die Arbeit

Nach einem regen Ideenaustausch mit israelischen Kommunalpolitikern und Sozialarbeitern in verschiedenen Regionen des Landes werden wir in Zusammenarbeit mit diversen Sozialdiensten bedürftige Kleinstädte und Siedlungen adoptieren und eine zielgerichtete Partnerschaft mit ihnen aufbauen. Es wurden Orte ausgewählt, die die in ihnen vorhandene Armut nur schwer auffangen können. Durch unsere Hilfe soll sich das nun ändern. Regelmäßig werden durch uns Grundnahrungsmittel zur Verfügung gestellt, die durch die Sozialdienste an Bedürftige verteilt werden, um so manche Not zu lindern.

Unsere Mitarbeiterschaft ist gewachsen. Neue Volontäre sind angekommen und unterstützen uns mit allen Kräften. Zum ersten Mal seit langem spüren wir eine gewisse Erleichterung. In der zweiten Novemberwoche wird unsere Organisation ihren 25. Geburtstag feiern. Wir erwarten ca. zweihundert Besucher aus aller Welt, die dieses Jubiläum mit uns feiern und zu einer Solidaritätsreise nach Israel kommen werden – ein ermutigendes Zeichen. Momentan laufen die Vorbereitungen auf Hochtouren.

Den Augenblick wirklich leben

Ich genieße es, regelmäßig Erlebnisse und Gedanken niederzuschreiben und dadurch festzuhalten, was mich und andere bewegt und wie ich mir in Israel die Zeit vertreibe. Gleichzeitig frage ich mich, wo nur diese Zeit geblieben ist. Denn oft scheint es mir, als könne ich kaum mit der Zeit Schritt halten, was vielleicht daran liegt, dass das Leben hier in Israel, insbesondere in Jerusalem, um vieles intensiver ist, als es normal wäre. Normal – was ist das und wie definiert es sich? Eigentlich braucht es dazu doch einen Vergleich, eine Art Maßstab. Wer bestimmt, was normal ist und was nicht? War das, was ich in Deutschland ge- und erlebt habe, normal? Oder ist das Hier und Jetzt in Israel bestimmend? Hat jedes Land oder jeder Mensch eine eigene Normalität? Es gibt wohl nur wenige Leben, die durchweg im „Normbereich" ablaufen – wenn man so etwas überhaupt definieren kann. Hier in Israel gibt es keine oberflächlichen Begegnungen oder Situationen, in allem steckt eine immense Tiefe. Das reflektieren die Lebensgeschichten der Menschen, die mir von sich erzählen – und doch kann ich mir höchstens ansatzweise vorstellen, welche Dimensionen sich dahinter verbergen. Freudige Ereignisse werden mit Leib und Seele gefeiert und es ist ein Genuss, wenn man daran teilhaben oder sie beobachten darf. Auch Schmerz wird nicht zurückgehalten. Er kommt oft unvermittelt, verlangt, gespürt zu werden, und die Menschen scheuen sich nicht, ihre Trauer, ihr Leid, ihren Kummer herauszulassen, miteinander zu weinen statt sich abzuschotten. Israelis leben den Moment, genießen den Augenblick, denn was dieser Tag oder der nächste bringen mag, das weiß keiner vorherzusagen. Tiefe Hoffnung und Vorfreude auf ein erneutes fröhliches Beisammensein gemischt mit einer allgegenwärtigen Furcht, dass dem nicht so sein könnte, gehen Hand in Hand. Jeden Morgen auf meinem Weg zur Arbeit sehe ich, wie sich Eltern und Kinder vor der Schule oder dem Kindergarten voneinander verabschieden. Trotz der Alltagshektik, die wir alle gut kennen, machen sie den Moment des Abschieds zu einem intensiven, Liebe-vollen, besonderen Moment des Miteinander-Verbundenseins. Es ist nicht nur ein flüchtiges, halbherziges Winken mit einem gemurmelten „Tschüss", nein, es ist gemeinsames Aussteigen, Innehalten, eine Umarmung und ein Kuss, ein bewusster Blick in die Augen, mit dem sie sich gegenseitig vermitteln „Ich liebe dich".

Das innere Ghetto

Im Spätherbst musste ich Israel für einige Tage verlassen, um mein Visum zu erneuern. Eine kurze Reise außerhalb des Landes ist momentan der einfachste Weg zum ersehnten Stempel im Pass. Von Haifa aus unternahm ich mit einer japanischen Kollegin einen Schiffsausflug in die Türkei. Dieses verlängerte Wochenende war eine willkommene Pause mit stetigem Meeresblick und viel Zeit zum Ausspannen. Auch mein Hebräisch konnte ich vorzüglich praktizieren, auch wenn es für meinen Geschmack noch etwas zu oft an Vokabeln und grammatikalischer Struktur hapert.

Auf dieser Reise habe ich eine traurige Beobachtung machen müssen. Auf dem Schiff trugen viele jüdische Männer eine Kippa (die kleine Häkelkappe auf ihrem Kopf), doch niemand verließ das Schiff mit ihr, als wir in der Türkei einen Landausflug machten. Kaum waren die jüdischen Passagiere zurück an Bord, zogen sie ihre Kippa aus der Tasche und setzten sie wieder auf. Es war wirklich auffällig und es hat mir verdeutlicht, wie ängstlich, gebunden, verletzt und misstrauisch Juden noch immer sind und sein müssen. Es ist eine Tatsache, dass Israel ziemlich allein dasteht und international wenig Verständnis und Unterstützung erfährt. Obwohl der Staat Israel nun schon seit Jahrzehnten existiert, sind die Wunden der Verfolgung und der Ghettoisierung noch immer nicht geheilt und mangelndes Vertrauen berechtigt. Aus diesem Grund scheuen sich Juden oftmals, außerhalb ihres eigenen Landes oder ihres gewohnten Umfelds, in Freiheit zu ihrem Glauben oder ihrer Herkunft zu stehen. Man könnte auch sagen: Die durch die Ghettoisierung erlebte Ausgrenzung, die in den Vernichtungslagern des Holocausts ihren entsetzlichen Höhepunkt fand, führte zu inneren Gebundenheiten, die viele Juden noch heute gefangen halten. Diese Beobachtung hat mich darüber nachdenken lassen, welch kostbares Gut Freiheit ist und dass zwischen innerer und äußerer Freiheit ein großer Unterschied besteht.

Gewaltspirale

Seit meiner Rückkehr von diesem Kurztrip geht es innenpolitisch heiß her. Aufgrund unüberbrückbarer Streitigkeiten über den Staatshaushalt ist die israelische Regierung zerbrochen. Neuwahlen sind für Januar kommenden Jahres angesetzt und das politische Roulette ist eröffnet. Die allgemeine Situation im Land erfordert Entscheidungen, deren Tragweite oftmals nicht vollständig überblickt werden kann, vor allem, wenn es um die innere Sicherheit geht. Im November ereigneten sich auch erneut schreckliche Terrorangriffe in Kfar Saba, im Kibbuz Metzer, in Hebron und in Jerusalem, bei denen insgesamt dreißig Menschen starben und knapp hundertfünfzig verletzt wurden (darunter eine Mutter mit ihren zwei Kindern, die sich in ihrem eigenen Haus vor den Angreifern versteckte, sowie acht junge Soldaten, die aus dem Hinterhalt erschossen wurden). Diese Welle der Gewalt hat dazu geführt, dass die militärische Vergeltung von Seiten Israels deutlich intensiviert wurde. Es ist eine Spirale, die sich immer weiter hochschraubt. Auch das internationale Säbelrasseln gegenüber dem Irak wird aufmerksam beobachtet während die allgemeine Vorbereitung der Bevölkerung auf eine kriegerische Auseinandersetzung umfassend vorangetrieben wird. Die intensive Realität des israelischen Alltags – Streik, Wasserknappheit, politischer Umbruch, Terror, Kriegsvorbereitungen, Wirtschaftskrise, wachsende Armut – ist mit dem vergleichsweise geruhsamen Leben in Deutschland kaum zu vergleichen.

Von Puzzleteilen und Bruchstücken

Das Jahr 2003 ist mir in Erinnerung als ein Jahr, das mich an und über meine Grenzen hinaus gebracht hat. Ich spürte, dass sich meine inneren Ressourcen erschöpften. Die ständige Alarmbereitschaft und das Auf-der-Hut-sein, gepaart mit der Anteilnahme an den greifbaren Schicksalen von Menschen, deren Leben vom anhaltenden Terror gezeichnet wurde, forderten ihren Tribut. Diese vielschichtige Anspannung lässt sich vielleicht so umschreiben: Wenn man ein Gummiband dauerhaft gespannt hält, ist es lediglich eine Frage der Zeit, bis es entweder spröde wird und zerbröckelt oder seine Spannkraft verliert, ausleiert und damit seine ursprüngliche Funktion nicht mehr erfüllen kann. So ging es auch mir – eine Phase der Entspannung war dringend erforderlich, um meine Ressourcen wieder aufzufüllen und eine drohende Betriebsblindheit zu vermeiden.

Mittlerweile lebte ich drei Jahre in Israel und hatte in der gesamten Zeit so gut wie keinen Urlaub gehabt. Meine beiden Deutschlandbesuche waren nicht nur kurz, sondern auch gefüllt mit Vorträgen und Predigten, mit Amtsgängen, Arztbesuchen, vielen Begegnungen mit Familie, Freunden und Unterstützern meiner Arbeit. Es blieb nur wenig Zeit für Ruhe und für das, was man Urlaub nennen könnte, denn all diese Aktivitäten mussten auch vorbereitet und organisiert werden. Ich wusste, dass, wenn ich jetzt nicht eine Zeit des Abstands zum Terror einlegen würde, ich nicht mehr das würde tun können, was mir so sehr am Herzen lag: Freund sein, Ermutigung schenken und konkrete Dinge bewirken, die das Leben der gebeutelten Israelis spürbar verändern.

So stieg ich im März 2003 ins Flugzeug und verabschiedete mich für mehrere Monate von Israel. Ich wusste nicht genau, ob und wann ich zurückkehren würde, und musste dafür zunächst eine innere Bestätigung finden. Dazu brauchte ich einen anderen Blickwinkel. Ich musste Abstand gewinnen und mir das Gesamtbild aus einer anderen Perspektive anschauen, um einen besseren Überblick zu bekommen. In den ersten zwei Monaten machte ich erst einmal richtig Urlaub und besuchte Freunde in verschiedenen Regionen Deutschlands und der Schweiz. Anschließend verbrachte ich mehrere Monate mit Vortragsreisen. Mitte des Sommers wurde mir dann klar, dass mein Auftrag in Israel noch nicht beendet war. Ich begann, das zweite Kapitel meines Dienstes vorzubereiten, und koordinierte die Planung für meine Rückkehr mit *Bridges for Peace*. Auch ein Stellenwechsel innerhalb der Organisation zeichnete sich ab. Man übergab mir die leitende Assistenz der Abteilung für Personal und Personalentwicklung. Ich freute mich auf diese neue Herausforderung, denn es gab mir viel häufiger als bisher die Möglichkeit, Beziehungen zu Israelis aufzubauen und Volontäre aus aller Welt für den Dienst in Israel vorzubereiten. Die Infrastruktur der Abteilung war mangelhaft, und da sowohl die Organisation als auch das Volontärsprogramm expandierten, mussten Strukturen geschaffen werden.

Am Ende des Sommers stieg ich dann aus dem Flugzeug und stellte meine Füße wieder auf israelischen Boden – gestärkt und bereit für neue Herausforderungen. Es fühlte sich an, als stecke man seine Füße in herrlich bequeme Schuhe, in denen man gerne läuft. Es passte einfach und nirgendwo drückte oder ziepte etwas.

Das Lebenspuzzle

Das neue Jahr hat begonnen. Ein neuer Kalender mit viel Platz für Einträge wird aufgeschlagen. Pläne, Veränderungen, das Wahrwerden langgehegter Träume, Herausforderungen – all diese Dinge werden hoffentlich viel Raum finden. Besonders die Situationen, für die mehr Kraft erforderlich ist, als wir aus uns selbst heraus aufbringen können, helfen uns, am eigenen Leib Gottes Größe, Unfehlbarkeit, Macht, Liebe, Gnade und Weisheit zu erfahren. Sie offenbaren uns tiefere Einblicke in Gottes Charakter und sind Aufforderungen, ihm zu vertrauen. Oftmals ist das, was wir brauchen und was uns gut tut, nicht dasselbe wie das, was wir uns wünschen. Es sind Situationen, die uns das Loslassen lehren, die vielleicht anfangs einen unerträglichen Verlust für uns darstellen und doch später zu einer unschätzbaren Bereicherung werden.

Es gibt Momente, und jeder Jahreswechsel lädt fast dazu ein, da schauen wir auf unser Leben und erkennen so viele Facetten, so viele unterschiedliche Situationen, so viele Entwicklungen oder Hindernisse oder so viele Lücken, dass die Frage aufkommt, wie das alles zusammengefügt werden soll. Dies passt nicht zu jenem, hier steht eine Sache in Konflikt mit einer anderen, und für das da, also für das gibt es keinen Platz (mehr). Ich denke manchmal, dass unser Leben sich mit einem Puzzle vergleichen lässt. Normalerweise, wenn man sich aufmacht, ein Puzzle zusammenzusetzen, besitzt man eine dazugehörige Vorlage, sodass man sich ein grobes Bild davon machen kann, wie es am Ende aussehen soll. Für unser Leben ist das etwas anders, denn nur Gott, unser Schöpfer, kennt das komplette Bild. Dann und wann offenbart er uns Teile des Bildes – so viel wie wir für den Moment wissen müssen. So ist es gut für uns, denn wenn wir das gesamte Bild sehen könnten, hätten wir uns dieses Puzzle vielleicht nicht ausgesucht. Auch die Dimensionen kennt nur Gott allein – wir wissen nicht, wie groß unser Lebenspuzzle sein wird und welche Gestalt oder Form es hat. Oft sind Puzzles rechteckig, jedoch nicht immer, darum sollten wir nicht automatisch annehmen, dass auch aus unserem Leben ein „Rechteck" werden wird.

Dann sitzen wir da und haben einen Haufen Puzzleteile vor uns. Es sieht ein wenig chaotisch aus, doch während wir in unser Leben hineinwachsen, sortieren wir nach Farbe, Form und Muster, manchmal mit Hilfe einer höheren Hand. Wofür stehen diese Teile? Es sind unsere Begabungen, Gefühle, Interessen, Lebensumstände, Verantwortungen, Träume, Ideen, Herausforderungen, Ziele, Beziehungen, Bildung, Wünsche, Sorgen, Pläne, kulturelle Gegebenheiten, finanzielle Rahmenbedingungen genauso wie Erlebnisse, Aktivitäten, getroffene Entscheidungen, Schicksalsschläge und natürlich der Zeitfaktor.

Wie in jedem Puzzle, so gibt es auch in unserem Leben Ecken und Randteile – sozusagen das Fundament unseres Lebens. Die Ecken könnten ein Symbol für die Pfeiler unseres Lebens und unseres Seins darstellen; es sind Dinge, die absolut lebensnotwendig sind, ohne die Leben überhaupt nicht möglich wäre und ohne die wir Menschen nicht funktionieren könnten.

Die Randteile könnten für den Rahmen unseres Lebens stehen, sie bestimmen die Dimensionen des Puzzles. Sie bringen uns auf unseren Weg und richten uns aus. Sie helfen uns, nicht auf Abwege zu geraten, und sind zumeist Dinge, die wir nicht kontrollieren oder dirigieren können. Sie setzen Grenzen und Beschränkungen, die für den geschaffenen Menschen im Allgemeinen gelten, aber auch uns ganz persönlich betreffen. Darunter könnte man beispielsweise die Gebote Gottes, die Grenzen unseres Seins, unsere Fähigkeiten, unsere Lebenszeit, physikalische Gesetze sowie emotionale und physische Gesundheit verstehen, die Gott in unserem Leben gebraucht.

Und dann gibt es viele, viele Mittelteile. Aus der Entfernung sieht ein Teil wie das andere aus. Doch bei genauerem Hinsehen ist erkennbar, dass sich jedes Teil zumindest geringfügig vom anderen unterscheidet. Einige haben Einkerbungen, andere haben Zähne. Und so beginnen wir irgendwo. Wir fühlen uns vielleicht hilf- oder ratlos, fügen wahllos Teile zusammen, handeln auf der Basis von Versuch und Irrtum, nehmen Teile auf und legen sie wieder weg. Wir sehen vielleicht etwas von unseren Begabungen und Talenten, aber wohin passen sie? Und dann, irgendwann, fügen sich einige Teile zusammen, zwei, drei, fünf, ein Dutzend. Wir können erkennen, wie sich ein Teil unseres Lebensbildes entwickelt, während wir fleißig daran weiterarbeiten.

Befriedigung stellt sich ein. Wir haben ein Etappenziel erreicht. Wir ruhen aus und entspannen. Wir fühlen uns wohl mit dem, was wir sehen, und wir verbringen eine Weile dort. Früher oder später merken wir aber, dass es noch mehr geben muss; schließlich sehen wir noch viele unbenutzte, unplatzierte Teile vor uns liegen. Und so fangen wir an zu forschen. Sollte es eine Verbindung zwischen diesem Teil des Bildes und einem anderen geben? Wir werden neugierig. Wieder nehmen wir uns ein Teil nach dem anderen vor und sind frustriert, wenn nichts zu passen scheint. Irgendwie sind wir nicht mehr zufrieden mit dem, was wir sehen. Es muss doch noch mehr in unserem Leben geben, etwas Größeres.

Für jedes Teil, das wir unserem Lebenspuzzle hinzufügen möchten, müssen wir drei Aspekte überprüfen: Die Verbindungspunkte (Zähne und Einkerbungen müssen zueinander passen), die Form des Zahns oder der Einkerbung und die Farben, die für den Teilbereich, der sich vor unseren Augen entwickelt, erforderlich sind.

Auf unser Leben übertragen, könnte man daraus drei Basisfragen ableiten: Was möchte ich und inwieweit und kann ich wissen, ob es auch der Wille Gottes für mich ist? Welche Motivation treibt mich an? Wie sieht es mit den Umständen aus, in denen ich lebe?

Manchmal wollen wir ein bestimmtes Teil, das uns ins Auge fällt, unbedingt benutzen. Es sieht so gut und so interessant aus, und wir wollen mehr davon sehen. Immer wieder versuchen wir es hinzuzufügen, aber es ist nicht die richtige Zeit dafür. Die Umgebung zu diesem so heiß begehrten Teil ist noch nicht vorhanden. Wir können uns nicht einen Ort für unser Lieblingsteil aussuchen – Gott hat das bereits getan. Es lässt sich nicht hinzufügen, wenn die Umstände dies nicht erlauben. Es ist eine Lektion des Loslassens. Es kann sogar sein, dass wir unser Lieblingsteil an einen Punkt legen müssen, den wir überhaupt nicht mögen. Aber nur dort wird es das Bild vollkommen sein lassen.

Manchmal bleiben auch Teile scheinbar verborgen, so als sähen wir den Wald vor lauter Bäumen nicht. Wir sehen sie nicht, bis es an der Zeit ist, sie zu benutzen – und manchmal kann das ganz plötzlich geschehen.

Dann gibt es noch „Schlüsselteile". Sie führen uns zu den nächsten zwanzig bis fünfzig Teilen, die sich dann urplötzlich ganz einfach zusammenfügen. Alles passt zusammen. Ja, wir können sehen, wie sich vor unseren Augen die Dinge entwickeln, als wären sie von höherer Hand gesteuert. Auf einmal entsteht ein Teilbild nach dem anderen vor unseren Augen und manche der Teilbilder fügen sich harmonisch ineinander.

Wann auch immer wir im Leben einen entscheidenden Schritt tun, brauchen wir diese Schlüsselteile. An diesen Schlüsselteilen ist nichts Besonderes. Sie sehen wie jedes andere Teil in der Menge aus. Nichts macht dieses Teil speziell, außer dass die Person, die dieses Bild puzzelt, genau dieses bestimmte Teil braucht, um weitermachen zu können. In unserem Leben können diese Schlüsselteile eine Bestätigung für etwas sein, das wir bereits eine Zeit lang in uns tragen, ein ermutigendes Wort zur richtigen Zeit, Umstände, die sich langsam oder plötzlich ändern, Versorgung mit Finanzen oder eine Beförderung. Manchmal sind diese Schlüsselteile solche, die wir bereits hundertmal in den Händen gehalten haben. Wir wollten sie vielleicht schon gar nicht mehr aufnehmen, weil wir es so oft versucht haben und sie immer wieder aufgeben mussten. Doch dann kommt ihr großer Moment, bei dem wir eventuell auch über uns selbst lachen müssen.

Während wir puzzeln, realisieren wir möglicherweise, dass wir unser Lebensbild die ganze Zeit vom falschen Standpunkt aus betrachtet haben – eben weil wir keine Vorlage besitzen. Alles steht auf dem Kopf. Doch wenn wir unseren Standpunkt ändern, macht es plötzlich Sinn. Wir erkennen, dass sich alles am richtigen Platz befindet und sogar logisch ist. Wir genießen den neuen Blickwinkel, auch wenn wir uns vielleicht noch an ihn gewöhnen müssen.

Wenn wir puzzelnde Kinder beobachten, sehen wir, dass sie oft versuchen, ein Teil an einen bestimmten Platz zu hämmern, sie wollen es passend machen. Aber mit zunehmender Lebenserfahrung erkennen wir, dass das nicht funktioniert. Wir könnten Ecken abschneiden oder Einkerbungen vergrößern, aber das würde das Bild zerstören und Lücken erzeugen. So wie wir, wenn wir ein Puzzle kaufen, darauf vertrauen, dass alle Teile vorhanden sind, so müssen wir auch Gott vertrauen, dass keines unserer Teile fehlt und dass alle ihre richtige Form haben. Sobald wir versuchen, ein Teil mit Gewalt an einen gewissen Punkt zu drücken, verursachen wir nur Schmerzen für uns und für andere und das Bild gerät aus der Form. Befindet sich ein Teil am falschen Ort, wird es anderswo vermisst, verursacht Leere.

Grundsätzlich ist es möglich, ein Puzzle von der Rückseite her zu puzzeln, also mit dem Bild nach unten. Das ist ohne jeden Zweifel schwieriger und wird auch länger dauern. Aber es führt auch zu einem Ergebnis. Gleichermaßen gibt es tatsächlich Menschen, die die Härte des Lebens lieben, die Freude und Spaß nicht als Teil des Lebens sehen, die arbeiten und arbeiten, ohne wirklich eine Bedeutung hinter dem Ganzen wahrzunehmen. Doch ein Puzzle sollte so zusammengesetzt werden, dass der Mensch das

Bild vor sich sieht. Während wir das tun, können wir die Farbenpracht des Lebens, die Schönheit der Schöpfung Gottes und die Vielfalt der Menschen, die in unserem Leben Platz finden, erkennen. Wir können Freude, Segnungen, Geschenke, Gnade, Wunder, Schicksal sehen.

Das Leben ist Gottes Geschenk an uns. Und es hat viele Farben. Einige sind dunkel und grau, andere sind hell und klar. Aber zusammen ergeben sie das prächtige Bild, das Gott ganz individuell für uns geschaffen und in uns hineingelegt hat, ein Bild, das nicht nur uns Freude bringt, sondern auch anderen Menschen, mit denen wir einen Teil unseres Lebensweges gehen. Und während sich unser Bild entwickelt, sollten wir immer offen und suchend bleiben. Ja, da gibt es noch mehr! Es gibt immer noch einen neuen Teil des Bildes, der sich vor uns entfalten wird. Und so geht es weiter – bis das allerletzte Teil an den richtigen Platz gelegt wird. Erst am Ende wird unser Leben vollkommen sein und das vollständige Bild ergeben. Ein einzigartiges Bild, durch das uns die Liebe und Herrlichkeit Gottes entgegenstrahlt!

Vertraue auf den HERRN mit deinem ganzen Herzen und stütze dich nicht auf deinen Verstand! Auf all deinen Wegen erkenne nur ihn, dann ebnet er selbst deine Pfade! Sei nicht weise in deinen Augen, fürchte den HERRN und weiche vom Bösen! Das ist Heilung für deinen Leib, Labsal für deine Gebeine. Die Bibel, Sprüche 3,6–8

Der Weg und das Ziel

Auch wenn ich den Weg, der vor mir liegt, nicht in allen Einzelheiten erkennen kann, weiß ich, dass Gottes Pläne für mich eine hoffnungsvolle Zukunft beinhalten. Es ist wichtig, dass wir uns Ziele setzen und auch daran arbeiten, sie zu erreichen. Doch nicht immer sollten wir allein das jeweilige Ziel fokussieren. Manchmal ist der Weg, den wir dabei zurücklegen viel wichtiger. Auf dem Weg wachsen wir an innerer Stärke, können uns besser einschätzen, reifen und ordnen Prioritäten neu. Ziele, das sind immer Momentaufnahmen und stellen das Erreichte in den Vordergrund, manchmal sogar mit einem Zertifikat an der Wand oder einem Pokal im Regal. Der Weg dorthin jedoch erlaubt den Blick auf den eigenen Entwicklungsprozess, ist eine Art Kosten-Nutzen-Rechnung und hilft uns, Stärken und Schwächen zukünftig gezielter einzusetzen. Letztlich profitiert unser Charakter immer mehr vom Weg als vom Ziel.

Auch Israel kann den Weg, der vor ihm liegt, wohl kaum im Detail definieren. Es gibt weder für die innenpolitische noch für die außenpolitische Situation einfache Lösungen. Keine Partei kann diese anbieten, das ist sowohl Politikern wie auch der Wählerschaft klar, die kurz davor steht, den Weg zu den Wahlurnen anzutreten. Die Vorstellung, der nächste Ministerpräsident und sein Kabinett könnten zügig Verbesserungen in die Wege leiten, ist pure Illusion und die Wähler lassen sich nicht so leicht aufs Glatteis führen. Eines jedoch eint Wähler und Kandidaten. Die Sehnsucht nach Frieden. Eine zerbrechliche Hoffnung.

Große Wunden – kleine Pflaster

Wie zerbrechlich diese Hoffnung ist, hat sich nur allzu rasch bewiesen. Sie ist zerborsten, explodiert, dahin. Frieden ist in weite Ferne gerückt, nachdem ein schreckliches Attentat das Land erneut erschütterte. Im Süden Tel Avivs sprengten sich zwei bombenbeladene Mörder im Minutenabstand und in kurzer Entfernung voneinander in die Luft. Dreiundzwanzig Menschen wurden in den Tod gerissen und etwa hundertzwanzig verletzt. Diese tödlichen Explosionen erschüttern mich und viele andere bis ins Innerste; es ist schlichtweg unbegreiflich und kaum in Worte zu fassen. Die Schmerzgrenze ist bei Weitem überschritten, Hilflosigkeit und Entmutigung ermüden die Seele, der Schrei nach Gnade und Erlösung aus dieser kaum aushaltbaren

Situation wird immer lauter. Wie viel kann ein Mensch ertragen? Hinter jeder nackten Zahl steht ein unergründliches Schicksal. Als Organisation koordinieren wir mit den Krankenhäusern, die Verletzte behandeln, die Besuche unserer Mitarbeiter. Bei allen Besuchen ringen wir viel zu oft um Worte des Trostes weil menschliche Worte schier versagen. Wir können nicht viel mehr tun, als ein Zeichen der Liebe und der Verbundenheit zu setzen und an Angehörige und Verletzte unsere Aufmunterungskörbchen zu verteilen – ein winziges Zeichen, das nur wenig Linderung bringt, aber auf jeden Fall ein Zeichen.

Ausgebucht!

In den lokalen Medien wird berichtet, dass Hotels in Jerusalem und Eilat ausgebucht, ja teilweise überbucht sind. Ist das eine neue Touristenschwemme? Nein, es sind Israelis, die sich Zimmer reservieren, um im Falle eines irakischen Angriffs dort zu gastieren. Diese beiden Orte werden als die sichersten des Landes angesehen. Jerusalem, weil dort die den Moslems heilige Al-Aksa-Moschee steht, und Eilat, weil es das arabische Dreiländereck (Jordanien, Saudi-Arabien und Ägypten) berührt. Da man weiß, dass die irakischen Waffen in ihrer Zielgenauigkeit begrenzt sind, wird eben angenommen, dass der Irak das Risiko, die Al-Aksa-Moschee beziehungsweise andere muslimische Länder zu treffen, nicht eingehen wird.

Zu Beginn des Jahres konnten wir eine neue israelische Mitarbeiterin einstellen. Es ist ein besonderer Segen, in einer Zeit, in der die Arbeitslosigkeit nur so um sich greift, einen Arbeitsplatz vergeben zu können. Die neue Kollegin war zur Zeit des ersten Golfkriegs 1991 sechzehn Jahre alt und erlebte diesen in Tel Aviv. Dort, so erzählte sie, hätte sie sich geärgert – nicht so sehr über die Angriffe an sich, sondern über Freunde, die ganz oder zeitweise in Jerusalem lebten. Später nämlich hätten diese damit geprahlt, dass sie dem Sirenengeheul, das sie aufforderte, in den nächstgelegenen Schutzbunker zu gehen, meist gar keine Aufmerksamkeit schenkten. Stattdessen beobachteten sie auf den Balkons die SCUD-Raketen auf dem Weg nach Tel Aviv. In Tel Aviv hingegen saß die Bevölkerung in vielen Nächten zusammengepfercht in Bunkern. Trotz der Angst, die sie empfand, hat sie diese Zeit in guter Erinnerung. Es sei eine Zeit des Zusammenwachsens gewesen, ausgefüllt mit Singen und dem Erzählen von Geschichten und Witzen. Diesmal allerdings, so sagt sie, wird sie ihre Familie im Falle eines irakischen Angriffs in ihrer Wohnung in Jerusalem einquartieren.

Atempause

Manchmal fällt es mir schwer zu glauben, dass ich mittlerweile fast drei Jahre in Israel lebe. Einerseits kommt es mir sehr viel kürzer vor, andererseits ist das Leben hier so intensiv, dass ich mich frage, wie denn so viel Erlebtes in einen derart kurzen Zeitraum passen kann. Es ist mir gelungen, bedeutsame Freundschaften zu knüpfen. Israelis interessieren sich nur wenig für die Oberfläche, sie blicken gern in die Tiefe, auch in die Tiefen des menschlichen Charakters. Da fühlt man sich oft wie unter einem Mikroskop. Es wird geprüft, ob das, was man sagt, auch mit dem übereinstimmt, was man tut. Mir kommt es vor, als sei ich erst jetzt in die „gemütliche" Phase, die Freundschaft mit sich bringt, vorgedrungen. Außerdem wird mein Hebräisch immer fließender, was mir viel Freude bereitet. Und doch: Aufgrund israelischer Visabestimmungen steht mir demnächst ein mehrmonatiger Heimaturlaub bevor. Das Gute daran ist, dass er mir die Möglichkeit gibt, Atem zu holen und mich von der Intensität israelischen Lebens etwas zu erholen. Es lässt sich nur schwer vermitteln, wie viel mehr Kraft das alltägliche Leben in Israel kostet und wie sehr auch mir die ständige Bedrohung durch den allgegenwärtigen Terror zusetzt und an die Substanz geht. So betrachte ich es als Geschenk, diese Auszeit nehmen zu müssen, aufzutanken und Gott zu vertrauen, dass er mir die Visatüren erneut öffnen wird.

Gott kennt meine Grenzen und sein Timing ist immer perfekt. Keinen Tag dieser letzten drei Jahre möchte ich missen, auch wenn sehr schwere Tage dabei waren. Doch immer habe ich mich von „höherer Hand" geführt gewusst. Das eine oder andere Mal hätte es mich treffen können und mancher Anschlag kam mir für meinen Geschmack auch etwas zu nah. Dennoch kann ich keineswegs behaupten, dass mein Leben oder mein Alltag von Furcht bestimmt wurden.

Die nächsten Wochen werde ich also dazu nutzen, meinen Heimataufenthalt ab März vorzubereiten. Es muss gepackt und organisiert werden, aber vor allem geht es ums Abschiednehmen. Manche Menschen werde ich nicht wiedersehen, andere Freundschaften dagegen hoffentlich zu einem späteren Zeitpunkt vertiefen können. Es ist erstaunlich, wie groß und wie weit ein Herz werden kann. Gerade diese letzten Jahre haben mich gelehrt, dass Gott-gestiftete Freundschaften sowohl die Zeit überdauern als auch große Distanzen überbrücken. Welch ein besonderes Geschenk!

45 Tonnen – und jedes Kilo macht einen Unterschied

Die stetig steigende Armut wird immer offensichtlicher. Wie in Deutschland gehören auch hier ab und zu Sperrmüllhaufen neben den großen Müllcontainern zum Straßenbild. Doch dieser Sperrmüll wird zunehmend seltener. Ein neues Möbelstück können sich immer weniger Menschen leisten und so bleibt die alte Wohnungseinrichtung eben im Einsatz, solange es irgend geht. Zugleich sieht man nun umso häufiger Menschen, die die Abfallcontainer nach brauchbarer Kleidung und auch nach Nahrung und Pfandflaschen durchsuchen. Oft sind diejenigen, die etwas Brauchbares aussortieren, freundlich genug, es getrennt vom Müll in Tüten an die Container zu hängen, sodass bedürftigen

Menschen das demütigende Durchwühlen des Abfalls erspart bleibt.

In unserem Verteilzentrum haben wir freitags so etwas wie einen „Tag der offenen Tür". Lebensmittelportionen, die von unseren Klienten aus irgendwelchen Gründen nicht abgeholt werden konnten, geben wir Bedürftigen, die nicht regelmäßig Hilfe von uns empfangen. Auf diese Weise vermeiden wir nicht nur, dass verderbliche Lebensmittel nach dem Wochenende weggeworfen werden müssen, sondern wir können gleichzeitig auch so manche Not lindern. Die Gruppe von Menschen, die freitags auf eine Gabe von uns hoffen, ist stark angewachsen. Insgesamt verteilen wir knapp 45 Tonnen Lebensmittel pro Monat an Bedürftige in ganz Israel. Das ist eine Größenordnung, die ich mir gar nicht so recht vorstellen kann, doch für den Einzelnen machen ein paar Kilo in der eigenen Tragetasche einen großen Unterschied.

Ein Lächeln

Seit Beginn des Jahres haben wir als Organisation begonnen, bedürftigen Familien eine angemessene Zahnpflege-Vorsorge zu ermöglichen. Das erscheint so simpel und selbstverständlich, ist es aber in vielen Fällen nicht. Beispielsweise können viele unserer Klienten die Kosten nicht aufbringen, wenn Kinder eine Zahnspange benötigen, und erwägen eine dementsprechende Behandlung gar nicht erst. Manche scheuen sogar eine Vorsorgeuntersuchung, könnte es doch bedeuten, dass unerwartet Kosten entstehen, die sie nicht decken können. Unsere Hilfe konzentriert sich in erster Linie auf Vorsorge für Kinder und Jugendliche und die Behandlung vorhandener Schäden, die gesundheitlich gravierende Auswirkungen haben könnten. Wir arbeiten mit Zahnärzten zusammen, die ihre Fachkompetenz zu günstigen Optionen angeboten haben, und begleichen die Rechnung für die Patienten. Es ist ein Liebesdienst, durch den wir auch versuchen möchten, den Menschen, die ohnehin schon wenig Grund zum Lachen haben, ein Lächeln ins Gesicht zu zaubern.

Kleid oder Uniform?

Die letzten Wochen waren wieder einmal durchdrungen von Anspannung, Trauer, Schock, zerbrechlicher Zuversicht, Erschöpfung, Verzweiflung, schwindender Hoffnung und der Stille vor dem Sturm. All das, so bleibt leider festzustellen, ist nichts Neues. Doch die Intensität all dessen nimmt nach wie vor zu. Es ist kaum zu glauben, dass eine Steigerung noch möglich ist – dennoch ist es so. Aber da gibt es ja dieses Wort in Psalm 91: *Tausend fallen an deiner Seite, zehntausend an deiner Rechten – dich erreicht es nicht.* Ein Wort der Zuversicht und der Hoffnung, das inmitten des Alltags in Israel nicht nur eine bloß dahergeredete Floskel bleibt, sondern für mich gelebte Realität wird. Ehrlich gesagt, ich bin unermesslich froh um diesen Schutz, aber es ist wahrhaftig nicht leicht, mit anzusehen, wie der Terror andere trifft und ihr Leben für immer verändert.

Die Bevölkerung ist vorbereitet – soweit man das sein kann – und der Heimatschutz, dem die Vorbereitung der Zivilbevölkerung für den Ernstfall obliegt, ist zufrieden und voll des Lobes. Dennoch kann man spüren, dass die Menschen es leid sind, zum Spielball der politischen Bestrebungen im Kampf gegen den weltweiten Terror gemacht zu werden. Seit Monaten hört man Worte wie „Milchamah" (hebr. Krieg), „Massenvernichtungswaffen", „Gasmasken", „Schutzbunker", „Notfallversorgung" in jedem zweiten Satz. Obwohl allen klar ist, dass man sich mit diesen Dingen beschäftigen muss, hängt es einem regelrecht zum Hals heraus. Kann es in Israel eigentlich keine normalen Nachrichten geben?! Nachrichten von Jubiläen oder kulturellen Höhepunkten, von neugeborenen Zootieren oder sportlichen Bestleistungen? Sie existieren, diese Nachrichten, doch muss man fast die Ohren spitzen, um sie zu hören.

Wenn man sich etwas Zeit nimmt, die Menschen auf den Straßen und in den öffentlichen Verkehrsmitteln zu beobachten, sieht man, wie ihnen die Kriegsmüdigkeit, die Erschöpfung, die Anspannung, die Hoffnungslosigkeit, die Furcht und vor allem die Sehnsucht nach Frieden ins Gesicht geschrieben steht. Selbst in den Gesichtern von Soldaten, Polizisten und Sicherheitskräften, die von Berufs wegen mit Schutz und Bewachung zu tun haben, spiegeln sich diese Gefühle wider. Eines Morgens, auf dem Weg zur Arbeit, entschieden eine Kollegin und ich uns spontan zu einer kleinen Geste der Ermutigung. Wir sahen eine Gruppe Soldatinnen auf Patrouillengang und hatten plötzlich die Idee, ihnen eine Rose zu schenken. Ausgerechnet sie, die vielleicht viel lieber Kleid und Sandalen tragen würden, müssen in Kampfuniform und mit der Waffe in der Hand eine eher unweibliche Aufgabe übernehmen. So sprangen wir rasch in den nächstgelegenen Blumenladen, ließen ein paar Rosen einzeln hübsch einpacken und mit einem Wasserröhrchen versehen. Dann machten wir uns auf unseren eigenen Patrouillengang, um sie zu finden und zu segnen. Ihre Freude, ihr Staunen, ihre Rührung lässt sich nicht beschreiben. Lächeln mischte sich mit der einen oder anderen Träne im Augenwinkel. Es war für sie und für uns ein schöner Tagesbeginn.

Er war unser Held!

Als ob Terror und drohender Irakkrieg nicht schon genug Anspannung, Tragik und Schmerz verursachen, musste die Nation durch den Absturz der Columbia-Raumfähre einen so tiefen, ohnmächtig-machenden Stich ins Herz erfahren, dass Worte im Grunde völlig versagen. Jeder, aber auch absolut jeder Israeli hat mitgefiebert, mitgejubelt und ist am Ende förmlich in ein bodenloses, schwarzes Loch gestürzt.

Die Raumfähre Columbia war im März 1979 fertiggestellt worden und sie war das erste weltraumtaugliche wiederverwendbare Raumfahrzeug. Am 16. Januar 2003 startete sie zu ihrem 28. Weltraumeinsatz. Die Columbia befand sich auf dem Rückflug von ihrer zweiwöchigen Weltraummission, als sie beim Wiedereintritt in die Erdatmosphäre am 1. Februar 2003 nur sechzehn Minuten vor der geplanten Landung auseinanderbrach. Ursache dafür war eine Überhitzung des Tragflächeninneren bis zur Materialerweichung, hervorgerufen durch ein Loch im Hitzeschild, das bereits beim Start durch den Aufprall eines abgerissenen Schaumstoffteils entstanden war. Dabei kamen alle sieben Besatzungsmitglieder ums Leben.

Ilan Ramon war einer von ihnen. Er wurde am 20. Juni 1954 in Tel Aviv geboren und war der erste Raumfahrer Israels. Seine Mutter hatte das Konzentrationslager Auschwitz überlebt, ebenso seine Großmutter.

Er wollte demonstrieren, was der Holocaust für ihn als Kind einer Auschwitz-Überlebenden bedeutete, und nahm deshalb etwas mit in den Weltraum, das an den Holocaust erinnerte. Er wandte sich an die Jerusalemer Gedenkstätte *Yad Vashem*, die eine kleine Bleistiftzeichnung mit dem Titel „Mondlandschaft" auswählte. Petr Ginz, ein Jude, der 1944 im Alter von sechzehn Jahren in Auschwitz ermordet wurde, hatte sie gezeichnet. Ilan Ramon nahm eine Kopie der Zeichnung mit – sie verglühte mit allem Anderen an Bord der Columbia. Das Original befindet sich weiterhin in *Yad Vaschem*.

Nach seinem Tod wurde in den Medien daran erinnert, dass Ilan Ramon einer der acht Piloten war, die im Juni 1981 den Angriff auf den irakischen Atomreaktor Osirak geflogen hatten. Die Staffel war vom damals israelisch besetzten Sinai aufgebrochen, hatte über tausend Kilometer zurückgelegt und den Reaktor nahe Bagdad zerstört, ehe dieser in Betrieb gehen konnte. Ramon war damals 26 Jahre alt und damit der jüngste Pilot der Staffel.

Ilan Ramon war der Held aller Israelis. Ihr Traum. Vielleicht der einzig greifbare Lichtblick in dieser zermürbenden Alltagssituation. Ilan war „unser aller Sohn und Bruder", wurde geliebt, geehrt, umjubelt – nun trauert eine ganze Nation mit seiner Frau und seinen vier Kindern. Sie waren so stolz auf ihn! Er selbst hat in den Interviews vor der Weltraummission und sogar „unterwegs" vom Weltall aus den Menschen immer wieder Hoffnung gemacht, hat sie zum Lachen gebracht, hat den Weg in ihre Herzen gefunden. Der Absturz hat Israel in ein nicht gekanntes Schweigen gestürzt. Es hat Tage gebraucht, ehe man wirklich begriffen hat, was genau geschehen war.

Am Tag nach dem Absturz der Columbia holte ich mein Flugticket im Reisebüro ab. Die Dame, die dort arbeitet, ist mittlerweile zu einer geschätzten Freundin geworden. Oft schon hat sie Volontären bei ihren Reiseplänen geholfen und durch meine Position innerhalb der Organisation hatte ich bereits mehrfach geschäftlich mit ihr zu tun. Sie war ein komplettes Nervenbündel, als ich ins Reisebüro kam. „Ich kann mich einfach nicht konzentrieren. Was mache ich hier überhaupt? All dieser Quatsch ist so unwichtig!" Irgendwann brach sie unter Tränen zusammen. „Er war unser Held! Warum ist uns nicht einmal die kleinste Freude vergönnt? Wir brauchen doch Hoffnung und Ermutigung. Sechzehn Minuten! Man kann uns doch nicht völlig fertigmachen, oder?!" Wir waren still miteinander. Wir weinten miteinander. Wir umarmten uns. Und als ich schließlich nach einer langen Weile das Reisebüro verließ, hielt sie mich am Arm zurück und sagte: „Bitte komm wieder, Ina!"

Die anhaltend schwierige Situation in Israel erinnert mich an eine Bibelstelle aus dem Buch Jeremia: *Siehe, ich werde sie aus all den Ländern sammeln, wohin ich sie vertrieben habe in meinem Zorn und in meinem Grimm und in großer Entrüstung. Und ich werde sie an diesen Ort zurückbringen und sie in Sicherheit wohnen lassen. Und sie werden mein Volk und ich werde ihr Gott sein ... Und ich werde einen ewigen Bund mit ihnen schließen, dass ich mich nicht von ihnen abwende, ihnen Gutes zu tun ... Und ich werde meine Freude an ihnen haben, ihnen Gutes zu tun, und ich werde sie in diesem Land pflanzen in Treue, mit meinem ganzen Herzen und mit meiner ganzen Seele ... Denn ich werde ihr Geschick wenden, spricht der HERR.* (Jeremia, Kapitel 32)

„Majestät, die Juden."

Das, was ich hier täglich um mich herum sehe und erlebe, und das, was ich in den Nachrichten präsentiert bekomme, scheint genau das Gegenteil jener Zusage zu sein. Aber das ändert nichts an der Tatsache, dass Gott treu ist und treu zu seinem Wort steht. Das, was er verspricht, hält er auch. Er ändert seine Meinung nicht. Tatsache ist auch, dass die Stunden vor dem Morgengrauen die kälteste und dunkelste Phase der Nacht sind. Doch das Licht wird kommen, das steht fest. Wenn Gott von sich sagt, dass er etwas mit seinem ganzen Herzen und mit seiner ganzen Seele tut, dann dürfen wir sicher sein, dass er es ins Ziel bringen wird.

Nach dem Auszug aus Ägypten stand Israel vor dem Schilfmeer – scheinbar ohne Ausweg –, aber Gott hat teilte das Meer. Wie oft wurde das Volk Israel, wurden die Juden angegriffen, und doch hat Gott niemals zugelassen, dass sie völlig vernichtet wurden. König Friedrich der Große von Preußen fragte einmal seinen General Ziethen: „Nennen Sie mir einen Beweis dafür, dass es Gott gibt!" Ziethen antwortete: „Majestät, die Juden." Vor zwölf Jahren hat Israel schon einmal die Angriffe des Irak ertragen müssen und überstanden. Wenige Wochen später wurden in einer Blitzaktion, die knapp 36 Stunden dauerte, 15 000 Juden aus Äthiopien nach Israel geflogen, ehe Rebellen die Hauptstadt Addis Abeba abriegeln konnten. Gott öffnet Wege, wo es keine zu geben scheint! Das hat er durch die Geschichte hindurch getan und das ist auch heute noch so!

Ja, es gibt Zeiten im Leben, da müssen wir ein Tal durchwandern. Doch wir sind nie allein – Gott geht mit uns. Mal scheint die Sonne, mal regnet es. Dort, wo immer Sonne scheint, ist Wüste und dort, wo es unaufhörlich regnet, ertränkt die Flut das Land. Unser Leben soll ein fruchtbares Land sein und Gott kennt das rechte Maß an Sonne, Regen und Wind für es. Wir brauchen diese Gott-gesteuerte Balance. Glaube, Liebe, Hoffnung – diese bleiben und sind das Fundament, auf dem wir stehen, egal, wie das „Wetter" ist.

Deutschland, da bin ich wieder

Der Abschied von Israel ist mir sehr schwer gefallen, doch ich freue mich auch über die dringend benötigte Auszeit und etwas deutsche Lebensart, die nicht von derselben „Bombenstimmung" geprägt ist, die mich in Israel umgibt.

Nach meiner Ankunft in Deutschland wurde mir klar, dass ich erst einmal tief durchatmen musste, ehe ich wieder so richtig aktiv werden konnte. Alle Aktivitäten und Formalitäten, die hier auf mich warteten, erschienen mir wie ein unüberwindbarer Berg. Ich brauchte dringend Ruhe und innere Pflege und nutzte die Möglichkeit, Freunde in den verschiedensten Teilen Deutschlands zu besuchen. Inmitten guter Gemeinschaft und umrahmt von der Schönheit der Natur genoss ich die Gelegenheit, einmal wieder richtig auszuspannen. Oft spürte ich, dass meine Begegnungen von Gott inszeniert worden waren und nahm seine sanfte Stimme wahr, die sagte: „Ich habe alles im Griff. Vertrau mir!"

Nach einer Zeit der Ruhe und Erholung füllte sich mein Kalender rasch mit sehr vielen Terminen. Es öffneten sich diverse neue Türen und ich bin ermutigt zu sehen, wie sehr das Thema Israel Menschen in Deutschland beschäftigt. Oft hatte ich die Möglichkeit, Missverständnisse aufzuklären und neue Denkanstöße zu vermitteln. Auch das Buch Lektionen aus dem Land der Bibel, das ich übersetzt habe, weckt noch immer großes Interesse. Einige Buchhandlungen quer durch die Republik haben es in ihr Sortiment aufgenommen. Darüber hinaus gab es einiges an Formalitäten zu erledigen und ich konnte einige Vorsorgeuntersuchungen wahrnehmen.

Ruhen und Reifen

Mittlerweile sind einige Monate vergangen und ich bin ausgeruht und erholt. In dieser Phase meines Lebens wird mir auch bewusst, dass Gott mir die Chance gibt, in ein noch tieferes Vertrauen zu ihm hineinzuwachsen. Auf viele Dinge gibt es noch immer keine konkrete, sichtbare Antwort – doch ich bin gewiss, dass sich alles perfekt zusammenfügen wird. Oft staune ich, welche Puzzleteile ich in den Händen halte oder welche ich bisher kaum entdeckt habe, und sehe, wie sich das Puzzle nach und nach zusammenfügt. Warten gehört nicht gerade zu meinen Stärken und somit wundere ich mich manchmal über mich selbst, denn ich wippe nicht ungeduldig mit meinen Füßen oder rutsche auf meinem Platz hin und her, sondern empfinde eine friedliche Ruhe. Ich spüre, dass das, was da vorbereitet wird, reifen musst, und hüte mich, die Früchte vor ihrer Reifezeit vom Baum zu pflücken. Die veränderte Perspektive tut gut und schärft meine Sinne.

Israel hat sich sehr in mein Herz eingebrannt und mein Leben hat gravierende Veränderungen erfahren. Ich spüre, dass dieses Kapitel noch lange nicht zu Ende ist. Im Grunde ist gerade erst das Fundament gelegt worden. Aus all dem ist die Entscheidung gereift, im Spätsommer nach Israel zurückzukehren und ich freue mich darauf, die Fortsetzung des Kapitels zu erleben. Pünktlich zu Beginn des jüdischen Neujahrs werde ich also wieder meine Füße auf israelischen Boden setzen und so weiterhin die Möglichkeit haben, mich unter das Volk zu mischen und die Sprache zu vertiefen. Meine Tätigkeit innerhalb von *Bridges for Peace* wird sich verändern, sodass ich mit den einzelnen Projekten intensiver in Berührung kommen kann.

Des Weiteren verhandle ich derzeit mit dem Autor eines englischsprachigen Buchs darüber, es ins Deutsche zu übersetzen. Ich empfinde es als einen wertvollen geschichtlichen Abriss der Israel-Thematik. Es ist sehr kompakt und klar strukturiert und überfordert den Leser nicht. Es ist einerseits ein perfekter Einstieg und andererseits ein gutes Maß an Vertiefung für diejenigen, die sich mit dem Thema Israel bereits beschäftigen.

Besser? Schlimmer? Lebensgefährlich?

„Wird's besser? Wird's schlimmer?
fragt man alljährlich.
Seien wir ehrlich:
Leben ist immer lebensgefährlich."[8]

Diesen Neujahrsgruß von Erich Kästner habe ich vor vielen Jahren in einem Kalender entdeckt, dann und wann kehrt er in meine Gedanken zurück. In den letzten Jahren hat er durch meinen Aufenthalt in Israel eine etwas andere, tiefere Bedeutung für mich gewonnen.

Warum zitiere ich ihn hier? Ich bin wieder in Israel gelandet und wenige Tage nach meiner Ankunft hat Israel den Beginn des neuen Jahres im jüdischen Kalender gefeiert. Es ist Brauch, sich mit Äpfeln und Honig zu beschenken, einander ein süßes Jahr und ein „Möge dein Name im Buch des Lebens gefunden werden" zu wünschen. Am jüdischen Neujahrstag in diesem September jährt sich der Ausbruch der Zweiten Intifada zum dritten Mal ...

Die Frage, ob es in Israel besser oder schlimmer wird, brennt wahrscheinlich in den Herzen vieler Menschen – Christen wie Nichtchristen, Juden wie Nichtjuden. Manche Haltung ist politisch geprägt, manche entspringt einer unerfüllbar scheinenden Sehnsucht nach Frieden. Es gibt auch Leute, die der Nahost-Konflikt nur nervt und die sich deshalb wünschen, dass er bald endet; andere flehen im Gebet, dass das Leiden des Volkes Israels aufhören möge. Und so manch einer hat das vielleicht alles innerlich abgehakt, weil die Thematik zu schwierig erscheint.

Auch ich stelle mir die Frage, ob es wohl besser oder schlimmer werden wird. Die teilweise hautnah miterlebte Tragik der letzten drei Jahre steht mir lebendig vor Augen. Wie könnte man es schaffen, fundamentalistischen Terroristen einen Frieden schmackhaft zu machen? Sie zum Aufhören bewegen? Sie zu motivieren, andere, gewaltlose Wege zu finden? Ist die Hoffnung auf eine dementsprechende Sinneswandlung noch berechtigt? Wie lange kann man sich das Leid, das der Terror verursacht, noch anschauen und aushalten? Gibt es überhaupt ein Mittel dagegen?

Bruchstücke

Die Gefahr, der sich Israel ausgesetzt sieht, ist für uns in Deutschland nicht wirklich zu begreifen. Wir wissen nicht, was es bedeutet, wenn eine Familie ihre Kinder in öffentliche Verkehrsmittel setzen muss, um zur Schule zu gelangen, obwohl diese beliebtes Ziel von Attentätern sind. Wir wissen nicht, was es bedeutet, wenn der Familienvater mehrere Wochen im Jahr seinen Reservedienst absolvieren und sich akuter Lebensgefahr aussetzen muss. Wir wissen lediglich ansatzweise, was es bedeutet, wenn man unverschuldet durch alle Maschen eines Sozialnetzes fällt und nicht weiß, woher das Geld für die nächste Rechnung oder die nächste Mahlzeit kommen soll. Wir wissen nicht, was es bedeutet, mit den Folgen eines Terroranschlags zu leben, bei dem man einen geliebten Menschen verloren hat oder dieser verletzt wurde. Wir wissen nicht, was es bedeutet, in dieser ständigen Anspannung zu leben. Leben ist immer lebensgefährlich, das ist wahr. In Israel ist es vielleicht ein bisschen wahrer.

Wir kennen nur Bruchstücke der vielen erschütternden Einzelschicksale, die im Strudel des Terrors untergehen. Können wir nachvollziehen, wie es ist, wenn ein Vater sich mit seiner zwanzigjährigen Tochter nach seiner Rückkehr von einer Dienstreise am Vorabend ihrer Hochzeit in einem Café trifft, ein Selbstmordattentäter eindringt, Vater und Tochter – und viele andere Gäste des Cafés – tötet und die ganze Familie, die sich auf dieses Ereignis freute und fröhlich Vorbereitungen traf, am Hochzeitstag statt zur Trauung zur Beerdigung gehen muss? Wir wissen nicht, was ein Bräutigam durchmacht, wenn er den Ring, den er eigentlich seiner geliebten zukünftigen Frau anstecken wollte, in den Sarg legen muss. Ein Beispiel von so vielen – zu vielen!

Hier und Jetzt

Es schadet nicht, uns öfter einmal vor Augen zu halten, wie lebensgefährlich das Leben sein kann. Anhand der oben zitierten Beispiele fällt uns das leicht. Und doch ist die Gefahr, bei einem Verkehrsunfall umzukommen, immer noch größer, als einem Terroranschlag zum Opfer zu fallen. Das ist eine Tatsache, die sowohl für Deutschland als auch für Israel gilt. Aber wer macht sich beim Einstieg ins Auto schon übermäßig viele Gedanken um die Gefahr auf den Straßen? Es gibt vieles, das wir als selbstverständlich betrachten. Das Leben in Israel hat mich gelehrt, den Moment zu genießen und diesen mit allen Sinnen bestmöglich auszuschöpfen. Es wäre vermessen zu sagen, dass mir dies immer gelingt. Aber ich habe gelernt, in Augenblicken, in denen mich der „Lauf der Dinge" oder die „Umstände" um mich herum zu verschlingen drohen, innezuhalten und mich auf das zu konzentrieren, was wirklich wichtig ist. Erstens: der Mensch, der mir gerade gegenüber steht und den ich vielleicht das letzte Mal für eine lange Zeit sehe. Zweitens: dass Gott uns über alles liebt. Jeder Mensch birgt in sich einen großen Schatz und Gott beschenkt uns miteinander.

Bleibt noch die Frage: Was ist eigentlich *besser* oder *schlimmer*? Nicht immer ist unsere Antwort und unsere Lösung die bessere. Manchmal scheint Gottes Antwort schlimmer zu sein, weil wir denken, sie würde über unser Vermögen hinausgehen. Gott allein weiß, wo unsere Grenzen sind. Dass Gebete nicht immer so erhört werden, wie wir es gern hätten, habe auch ich schon erlebt. Im Rückblick durfte ich aber erkennen, dass Gott in seiner Weisheit mich den besseren Weg hat gehen lassen. Wir haben nur einen begrenzten Blick und dürfen gewiss sein, dass Gott in seiner Souveränität Ziele verfolgt und erreicht, deren Ausmaß wir nicht erkennen können. Es hilft uns, unseren geistlichen Blick zu schärfen, die Kraft der lebendigen Hoffnung zu erkunden und anzuwenden und unseren Horizont von Gott erweitern zu lassen. Das geschieht, indem wir über unser irdisches Dasein hinaus denken und dementsprechend investieren. Eine Art göttliche Mathematik sozusagen.

Zwei Monate bin ich bereits wieder in Israel. Wie heißt es so schön: Wer in zwei Welten lebt, hat immer Heimweh. Das kann ich nur bestätigen. Es ist, als hätte ich an vielen Orten kleine Stücke meines Herzens gelassen und hier und da Herzensstücke von anderen mitnehmen dürfen. Und weil sich nicht alles an einem Ort vereinen lässt, überkommt auch mich manchmal das Heimweh. Seit meiner Rückkehr wohne ich im Stadtzentrum Jerusalems, auf dem Gelände der Organisation. Es ist eine ruhige Insel inmitten der Großstadthektik. Sobald man die kleine Seitenstraße verlässt, bricht das Getümmel über einen herein.

Kuschelig oder wacklig?

Das Laubhüttenfest ist vor Kurzem zu Ende gegangen. Es lehrte mich einmal mehr, dass wahre Sicherheit nur in Gott zu finden ist. Alles in dieser Welt ist vergänglich und wir haben kein Recht, manchmal auch keine Möglichkeit, an irgendeinem irdischen Gut festzuhalten. Was wir empfangen, kommt aus der liebenden Hand unseres himmlischen Vaters, der seine Liebe und seinen Segen gern gibt. So vieles, das uns auf dieser Erde wichtig erscheint, verliert seine Bedeutung, wenn wir unsere Augen auf Gott ausrichten. Das hilft uns, klar zu sehen und allem den rechten Platz zu geben. Das Loslassen ist eine Lektion, die wir Menschen immer wieder lernen müssen. Manchmal scheint es sogar, als fordere Gott uns gerade dann heraus, wenn wir zum gemütlichen Teil übergehen wollen. Wenn wir es uns in unserem „Lebensbett" so schön kuschelig gemacht haben und vor uns hin träumen; wenn wir – vielleicht sogar ohne es wirklich bemerkt zu haben – in eine Art Tiefschlaf gefallen sind. Wenn wir dann zwar manchmal die Augen wieder öffnen und die Realität sehen – doch uns allzu oft gleich wieder umdrehen, in unseren Lieblingstraum abdriften und den Wecker einfach klingeln lassen. Die wacklige Laubhütte ist ein Wecker anderer Art. Sie vermittelt uns eine Perspektive, von der aus wir unsere eigene Vergänglichkeit und gleichzeitig die Größe Gottes betrachten können. Und das hilft uns, nicht alles in unserem Leben als selbstverständlich zu betrachten, sondern einen jeweils angemessenen Platz und die dazugehörige Wertschätzung zu finden; eine Art Zurechtrücken also.

Es überfordert den Normalbürger leicht, das, was hier in Israel geschieht, wahrzunehmen und zu erfassen, wie bedrohlich die Situation tatsächlich ist. Die komplexen Informationen, Ereignisse, Motive und Hintergründe müssen immer wieder, immer neu zurechtgerückt werden. Politisch gesehen wird Israel in die Enge getrieben, mal mehr, mal weniger, je nach Agenda diverser Weltpolitiker. Dieses überdimensionale politische Räderwerk ist schwer durchschaubar. Auch die ständigen Nachrichten über Terroranschläge und eskalierende Auseinandersetzungen machen müde. Selbst theologisch ist Israel in vielen Gemeinden und Kirchenstatuten umstritten. Ist es da noch ein Wunder, dass man den Durchblick verliert? Doch gerade wenn wir inmitten der Verwirrung manchmal das Handtuch werfen möchten, ist mir Sulamit ein gutes Beispiel. Jene Sulamit, die im Hohelied Salomos ausruft: *Ich schlief, aber mein Herz war wach. Horch, mein Geliebter klopft ...* Selbst wenn unser Körper und unser Verstand schwach sein mögen, können unser Herz und unser Geist wachsam sein ...

Verhandlungen, die aufwühlen

Etwas, das derzeit das ganze Land aufwühlt, ist ein eventueller Gefangenenaustausch zwischen dem Libanon und Israel. Israel würde im Austausch für einen israelischen Geschäftsmann sowie die drei Leichname der im Oktober 2000 entführten Soldaten etwa vierhundert palästinensische und libanesische Terroristen freilassen. Es ist eine unvorstellbar schwierige Entscheidung, für die ich nicht die Verantwortung tragen möchte.

Das Land geht erneut durch eine Phase des Streiks, auch das wühlt auf. Ein massiver Generalstreik hält sämtliche Verwaltungsbüros der Regierung seit Ende September für den Publikumsverkehr geschlossen. Die Auswirkungen sind immens: Unzählige Menschen bekommen dringend benötigte Papiere nicht ausgestellt und können daher die anderswo geforderten Nachweise nicht erbringen; Geburten können nicht registriert werden und infolgedessen fließt auch kein Kindergeld; Rentenansprüche und Arbeitslosigkeit können nicht geltend gemacht werden; Trauungen und Todesfälle werden nicht amtlich registriert und die entsprechenden Steuervorteile lassen sich nicht beantragen; Einwanderer sind nicht in der Lage, ihre Sprachkurse anzutreten, weil die Kostenübernahme nicht geklärt werden kann. Der wirtschaftliche Schaden ist nicht kalkulierbar. Doch es soll schon etwas heißen, dass Israel inmitten all der Schwierigkeiten, denen es gegenübersteht, noch immer Nerven und Kraft hat, tarifliche Verhandlungen mit großer Entschlossenheit zu führen. Grund für den Streik sind Kürzungen der Altersruhegelder und ein für beide Seiten tragbarer Kompromiss ist scheinbar schwer zu finden.

Inmitten dieses Streiks wurde ich mit einem zweistündigen Zeitfenster, in dem der Streik unterbrochen wurde, beschenkt. Freunde boten mir just an jenem Tag eine Fahrgelegenheit an, um ein Paket, das ich von Deutschland aus an mich selbst geschickt hatte und das nun schon mehrere Tage beim Zollamt Jerusalem lagerte, abzuholen. Es war bereits ziemlich erstaunlich, dass ich die dazugehörige Benachrichtigung überhaupt bekommen hatte. Da man in Israel im Grunde überhaupt nichts unternehmen kann, ohne unvorhersehbare Hürden überwinden zu müssen, war es keine Überraschung, dass im Zollamt gerade in dem Moment eine herrenlose Tasche identifiziert wurde, als wir die erforderlichen Formalitäten erledigten. Wir schafften es gerade noch, die Formulare abzugeben und hätten lediglich noch eine Gebühr bezahlen müssen, als Sicherheitskräfte die Räume absperrten und uns in den hinteren Teil des Gebäudes geleiteten, bis ein Entschärfungskommando der Polizei die Tasche inspiziert hatte. Es war falscher Alarm – Gott sei Dank – und nach einer Stunde Wartezeit konnten wir endlich mit dem Paket gehen. Als wir es in Empfang nahmen, sagte der Beamte zu uns: „Ihr könnt euch glücklich schätzen, denn nur die Leute, die heute Morgen gekommen sind, haben innerhalb des letzten Monats überhaupt ihre Pakete erhalten. In fünf Minuten setzen wir den Streik fort!"

Auf Arbeit

Mein neuer Job in der Personalabteilung von *Bridges for Peace* macht mir ausgesprochen viel Spaß und mein Chef und ich sind bereits ein eingespieltes Team. Er ist sehr dankbar dafür, nicht nur, weil er während der letzten Jahre nur selten eine helfende Hand in seiner mehr als ausgelasteten Abteilung hatte, sondern auch, weil ihm ein neuer Lebensabschnitt bevorsteht: Nachdem er und seine Frau über acht Jahre lang auf Nachwuchs gewartet haben, hat Gott ihnen das Wunder geschenkt – Ende Februar werden sie Eltern! Es würde zu weit führen diese lange Reise des

Glaubens und der Hoffnung, die hinter ihnen liegt, zu beschreiben. Ich freue mich immens mit ihnen.

Meine Arbeit beinhaltet die Betreuung aller hier vor Ort anwesenden Volontäre von der Ankunft (manchmal mitten in der Nacht) bis zum Abschied. Es gilt sicherzustellen, dass sie einen guten Start haben und mit allem versorgt sind, was sie brauchen, beziehungsweise lernen, wie und wo sie es finden können. Allerlei Korrespondenz vor, während und nach ihrem Dienst steht an, sowie die Beantragung von Visa, die Organisation von Ausflügen, Aktivitäten und Geburtstagsfeiern und vieles mehr. Dies ermöglicht mir viel Kontakt mit Menschen aller Nationen und mit Israelis, denn wir bringen beide Seiten so oft wie möglich zusammen, um sich kennenzulernen. Innerhalb der Abteilung muss dringend eine tragfähige Infrastruktur aufgebaut werden, damit wir die vielen Daten und Details nicht aus den Augen verlieren. Diese existiert momentan nicht und jeder Bericht, jede Zeitplanerstellung kostet mehr Mühe und Zeit als notwendig wäre.

Vor einiger Zeit besuchte uns ein Nachbar, der seit einigen Jahren neben unserem Büro sein Geschäft betreibt. Er rang sich endlich durch zu fragen, was genau wir tun. Nach etwas Smalltalk nahm er all seinen Mut zusammen und fragte geradeheraus: „Und: Predigt ihr den Leuten das Evangelium, bevor sie Hilfe von euch bekommen können?" und eröffnete uns somit eine Möglichkeit, alte Wunden und Missverständnisse zu klären. Die Erinnerungen an, wenn auch nicht selbst erlebte, Zwangstaufen, Judenverfolgung im Namen des Christentums, an Inquisition und an den Verlust von Hab und Gut, Leib und Leben, sind auch heute noch allgegenwärtig. Nein, wir tun es nicht – an die Hilfe, die wir weitergeben, sind keine Bedingungen geknüpft. „Gut", sagte er, „denn wenn ich so beobachte, was hier geschieht, muss ich eingestehen, dass ihr den ganzen Tag predigt, ohne auch nur ein Wort zu sagen!" Das erinnerte mich an ein Wort, das Franz von Assisi zugeschrieben wird: „Predigt das Evangelium ohne Unterlass und wenn notwendig, benutzt Worte dazu!"[9]

Entmutigt und doch wieder da

Neben meiner Arbeit bei *Bridges for Peace* habe ich mit der Übersetzung des bereits erwähnten Buchs begonnen. Es geht sehr gut voran. In einigen Wochen wird der Autor in Jerusalem sein und wir werden uns Zeit nehmen, diverse Einzelheiten zu klären.

Seit Ende Oktober besuche ich einen Hebräisch-Aufbaukurs. Meine Motivation einen Sprachkurs zu besuchen, ist nach einem Tief in vollem Umfang zurückgekehrt. Außerdem habe ich vermehrt Kontakt zu Menschen, mit denen ich nur in Hebräisch kommunizieren kann. Zu Beginn des Kurses musste ich mich vorstellen und natürlich auch berichten, was ich hier in Jerusalem tue. Das hat die eine oder andere Frage aufgeworfen, über die wir uns in der Klassengemeinschaft unterhielten. In der Pause kam eine Mitschülerin zu mir und flüsterte mir ins Ohr: „Ich kenne euch von *Bridges for Peace*. Ihr seid ein Segen für unser Land."

Vor einigen Tagen nahm ich an einem stadtweiten Gebetstreffen teil. Als wir gerade für „Aliyah" – die Einwanderung von Juden nach Israel – beteten, brach eine Frau neben mir in Tränen aus. Sie war erst seit einigen Wochen in Israel, und doch hatte sie schon in den frühen 1980er Jahren „Aliyah gemacht". Sie verbrachte rund vier Jahre hier und kehrte dann völlig frustriert und entmutigt in die USA zurück. Die Situation in Israel war schlicht und ergreifend mehr, als sie aushalten konnte (was ich gut nachvollziehen kann). Doch das Thema Einwanderung nach Israel ließ sie nicht los, obwohl sie die „Niederlage", die sie bei ihrer ersten Einwanderung erlebt hatte, kaum verkraftete. Sie fühlte sich schuldig, weil sie das Gefühl hatte, ihrem eigenen Volk den Rücken gekehrt zu haben. Nun ist sie wieder hier und versucht noch einmal, die gleichen Hürden zu nehmen. Allerdings spürt sie diesmal in sich eine starke Gewissheit, dass Gott mit ihr ist – etwas, das ihr vor über zwanzig Jahren fehlte. Viele Formalitäten, die sie zu erledigen hätte, kann sie nicht regeln – aufgrund des Streiks. Sie hält sich mit ihrem Ersparten über Wasser und ist auf der Suche nach Arbeit. Ich konnte ihr Mut zusprechen und lud sie auch ein, bei uns im Verteilzentrum vorbeizuschauen, denn sicher könnten wir ihr in dieser Übergangszeit helfen.

Irene

Vor einiger Zeit hatte ich außerdem die Gelegenheit, eine 89-jährige jugoslawische Jüdin, die den Zweiten Weltkrieg in einem Konzentrationslager in Österreich überlebte, zu besuchen. Sie heißt Irene. Sie hat entsetzliche Versteifungen an ihren Beinen und kann ohne Schmerzen nicht einen einzigen Schritt gehen. Daher bringt sie die meisten Tage im Bett zu. Unser Handwerkerteam renovierte ihre Wohnung (deren desolater Zustand kaum zu beschreiben ist). Unter anderem bauten wir ihr eine ebenerdige Dusche anstelle einer Badewanne ein. Es war uns ein Rätsel, wie Irene überhaupt je hat in die Badewanne steigen können. Der Leiter unseres Handwerkerteams wollte nach der wochenlangen Arbeit in ihrer Wohnung gern einen Kaffee mit Irene trinken und ihr außerdem seine Familie vorstellen. Doch Irene spricht nur Deutsch und Hebräisch und unser Handwerker nur Englisch – weswegen ich eingeladen wurde zu übersetzen. Sie konnte es nicht fassen, dass sie für all die Reparaturen nicht einen einzigen Schekel bezahlen sollte. „Was seid ihr für Menschen, dass ihr euch die Mühe macht, einer alten Frau, die ohnehin bald stirbt, zu helfen? Das ist nicht normal! Ihr seid nicht von dieser Welt!" Es waren sehr anrührende Stunden, wir alle waren oft den Tränen nahe. Ehe wir gingen, gestattete Irene uns, für sie zu beten. „Das ist das erste Mal in meinem Leben, dass jemand für mich betet!" – so sagte sie immer wieder. Aus Hilfe ist Freundschaft geworden und hat nicht nur Spuren in Irenes Wohnung hinterlassen, sondern auch in ihrem Herzen.

Geschenke zum Fest

Zum Chanukkafest, das dieses Jahr mit Weihnachten zusammenfällt, durfte ich gemeinsam mit anderen Engagierten einigen Kindern in Waisenhäusern eine Überraschung bereiten. Es wurden etwa 150 Geschenkpakete sowie Fußbälle für eine Gruppe von Jungs gesammelt. Kurz vor dem Chanukkafest organisierten wir dann eine Party für die Kinder und Jugendlichen. Wir mieteten einen Raum, führten ein kleines und witziges Theaterstück auf, sangen Chanukkalieder und verteilten die Geschenke, lachten und aßen gemeinsam Kuchen. Es war ein wunderbarer Nachmittag und alle Augen strahlten vor Freude. Die Kinder und Jugendlichen sind zwischen sechs und siebzehn Jahre alt und leben in familienähnlichen Wohngemeinschaften zusammen. Durch das, was wir taten, kamen nicht nur Geschenke an, sondern auch eine Botschaft der Hoffnung und Liebe. Für mich persönlich war es obendrein noch ein guter Praxistest für mein Hebräisch.

Weihnachten selbst verbrachte ich mit südafrikanischen Freunden und einer jüdischen Familie (ein Ehepaar mit zwei Kindern im Vorschulalter), die seit fünf Jahren in Israel leben. Man mag es kaum glauben, aber das jüdische Ehepaar bat darum, mit Christen Weihnachten feiern zu dürfen. Das junge Ehepaar führt einen „koscheren" Haushalt, soll heißen: Es kommt nichts ins Haus, das keinen rabbinischen Stempel aufweisen kann, und außerdem werden alle jüdischen Nahrungsvorschriften eingehalten. Vor allem werden Milch und Fleisch streng getrennt und das dafür vorgesehene Geschirr ebenso. Doch nun kamen wir in einem christlichen Haushalt zusammen und tauschten Geschenke aus, ein Weihnachtsbaum war geschmückt, im Hintergrund spielte dezente Weihnachtsmusik – und wir aßen Fleisch, Käse, Schokolade, Cremekuchen – alles durcheinander, ohne dass jemand ein Problem damit hatte. Die Rückmeldung des Ehepaares lautete später: „Irgendetwas ist anders mit euch. Danke, dass ihr uns die Ehre erwiesen habt und wir mit euch feiern durften".

Kurz nach Weihnachten machten ein befreundetes Ehepaar und ich einer Familie mit (fast) fünf Kindern ein besonderes Geschenk: Sie brauchten für ihr ankommendes Baby eine Matratze. Das Ehepaar besorgte diese und wir schmuggelten sie unbemerkt vor die Wohnungstür der Familie. Dann rief ich dort an und bat sie auf Hebräisch, die Tür zu öffnen, um so sicherzustellen, dass die Matratze auch wirklich in ihre Hände gelangen würde. Das Jubelgeschrei drang lautstark durchs Telefon in unsere Ohren. Als der Mann schließlich wieder den Hörer in die Hand nahm, wollte er natürlich wissen, woher dieser Segen kommt. Ich wünschte ihm noch Gottes Segen, behielt das Geheimnis für mich und legte wieder auf. Wieder einmal durfte ich erleben, dass wir, wenn wir andere beschenken, immer auch selbst beschenkt werden.

Maria und Josef – Gedanken zur Weihnachtsgeschichte

Während Chanukka groß gefeiert wird, spielt Weihnachten in Israel lediglich eine verschwindend geringe Rolle. Die Weihnachtsgeschichte, also Marias und Josefs Reise nach Bethlehem und die Geburt Jesu, ist eine wohlbekannte Begebenheit, und auch wenn ich sie schon oft gehört und gelesen habe, haben mich einige Elemente aus dem Leben von Maria und Josef neu inspiriert.

Wie werden wir schwanger?

Eine biologische Antwort fällt nicht schwer. Doch Gott handelt nicht nur auf dieser einen Ebene. Maria ist vom Heiligen Geist schwanger geworden. Intimität mit Gott im Sinne von „Nahe sein" – dazu sind wir geschaffen, danach sehnen wir uns (auch wenn wir das manchmal nicht zugeben möchten). Als der Engel kam und Maria um Einwilligung bat, war das zunächst furchterregend. Reagieren wir so anders, wenn wir erfahren, wozu Gott uns berufen hat oder was uns das Leben abfordert? Klingt unsere Antwort nicht häufig folgendermaßen: „Oh Gott, dein Plan ist derart groß und ich bin doch so klein – wie soll das zu schaffen sein?" Gott hat uns begnadigt und begnadet, erwählt und ausgestattet, hat versprochen, immer bei uns zu sein. Wir haben Gunst bei Gott gefunden. Nichts ist ihm unmöglich. Und doch schauen wir schüchtern auf die Enge unseres Herzens. Gott hat in jedes Herz einen Samen gelegt. Dieser Same ist unser Schicksal, mit viel Liebe von Gott perfekt platziert. Dieser Same verändert uns, nicht wir ihn. Selbst wenn wir uns abwenden oder versuchen, den Samen zu ignorieren, den Boden auszutrocknen oder gar zu vergiften, wird Gott in seiner Liebe und Souveränität über diesem Samen wachen. Gott hat uns Leben im Überfluss geschenkt und je mehr wir die Saat in unserem Herzen kennenlernen und pflegen, desto mehr werden wir aus dieser Fülle schöpfen können.

Und dann sind wir schwanger

So wie ein Baby eine verordnete Zeit im Mutterleib verbringt, so braucht auch die Saat in unserem Herzen eine gewisse Zeit, um sich zu entfalten. Mit dem Samen, den Gott in uns hineingelegt hat, schickt er uns auf eine Reise als diejenigen, die „des Weges" sind, so beschreibt es die Apostelgeschichte. Josef und Maria, hochschwanger, wanderten mit ihrem Esel etwa 120 Kilometer von Nazareth nach Bethlehem. Warum? Nicht nur wegen der Volkszählung, sondern vor allem, weil Gott schon sehr viel früher Bethlehem als Geburtsort des Messias bestimmt hatte. Gott hat einen Plan, der unser Fassungsvermögen übersteigt, und schickt uns auf die Reise, für die er alles perfekt geplant hat. Er übersieht kein Detail. Doch diese Reise ist nicht immer angenehm. Sie kann holprig, lang, unbequem und stressig sein. Jesus hat uns gesagt, wir sollen unser Kreuz täglich auf uns nehmen. Das ist kein passiver Akt. Mit diesem Kreuz können wir nicht in unserem bequemen Lebenssessel sitzen bleiben, sondern können sicher sein, dass unser Leben ungemütlich wird. Es bringt uns an die Grenzen. Und das ist gut so, denn so lernen wir Gott besser kennen. Das Kreuz war weder zur Zeit Jesu gepolstert, noch ist es seither weicher und kuscheliger geworden. Wer immer nur versucht,

Entscheidungen zu treffen, die sich gut anfühlen und angenehm sind, trifft leicht Entscheidungen, die ihn in die falsche Richtung führen. Gott in unserer Schwachheit zu vertrauen, stärkt uns, offenbart uns die Tiefen unseres Herzens und lässt uns reifen.

Geburtswehen

Wir wissen, oftmals aus eigener Erfahrung, dass die letzte Phase der Schwangerschaft am anstrengendsten ist. Der Same hat sich Raum gemacht, und wenn die Zeit gekommen ist, dass er das „Licht der Welt" erblickt, gibt es kein Zurück mehr. Das Baby muss raus. Maria und Josef fanden keine Herberge in Bethlehem außer einem Stall. Wir dürfen nicht glauben, dass diese Welt nur auf uns gewartet hat, uns widerstandslos Raum gibt, damit wir uns frei entfalten können. Auch jetzt hört der Widerstand nicht auf. Doch Gott hat den Ort, an dem der Same zur Geburt kommt, sorgfältig ausgewählt. Dieser Ort ist gewöhnlich ein Ort der Demut, der Mühsal und des Kampfes, ein Ort, an dem wir uns entscheiden müssen, Gott allen Widrigkeiten zum Trotz zu glauben und in seinen Verheißungen für uns fest verankert zu sein. Nur so können wir Zweifel überwinden.

Der Wirt, der Maria und Josef seinen Stall zur Verfügung stellte, wird oft dafür kritisiert, dass er ihnen keinen komfortableren Raum gab. Wenn man allerdings recherchiert, wie Herbergen zur damaligen Zeit funktionierten, stellt man fest, dass er Maria und Josef nicht das Schlechteste, sondern das Beste anbot. Eine Herberge war im Normalfall ein sehr großer Raum, in dem die Tiere, mit denen die Reisenden unterwegs waren, gefüttert und untergebracht wurden. Auf einer Art Galerie schliefen dann die Gäste. Es gab keine Zimmer und somit auch keine Privatsphäre und die ganze Nacht hindurch herrschte ein stetes Kommen und Gehen. Es wäre für Maria nicht nur unangenehm gewesen, ihr Kind unter Beobachtung etlicher Fremder zur Welt zu bringen, sondern es wäre kulturell unmöglich gewesen, da bestehende Reinheitsgebote komplett übergangen worden wären. Durch die Unterbringung im Stall verhalf der Wirt Maria und Josef zu einer gewissen Privatsphäre, sozusagen einem Einzelzimmer, wodurch auch die Einhaltung der Reinheitsgebote gewährleistet wurde.

Widerstand ist auch Teil der Geburt selbst. Die Wehen, die den Geburtsprozess maßgeblich voranbringen, sind schmerzhaft und kommen in Schüben. Je intensiver die Wehen werden, umso kürzer sind die Verschnaufpausen. Das Baby wird nun mit aller Kraft herausgedrängt. Wir können den Widerstand weder kontrollieren noch regulieren. Aber: Wir können uns selbst inmitten des Widerstands kontrollieren. Gott hat uns an den Ort unseres Schicksals gestellt – und niemand steht dort mit uns oder für uns. Wir haben Weggenossen hier und da, ja, aber niemand in dieser Welt hat genau das gleiche Schicksal wie du oder ich. Wir stehen allein inmitten unseres Schicksals – allein, aber dennoch mit Gott, niemals ohne ihn! Er ist uns *Zuflucht und Stärke, als Beistand in Nöten reichlich gefunden.*

Auf dem Weg bleiben

Die Frucht, die Gott in uns hat heranreifen lassen, ist seine Gabe an unser Umfeld. Dadurch wird in dieser Welt etwas bewirkt und verändert. Unser Geist, unsere Präsenz, unsere Taten haben einen Einfluss auf das Leben anderer. Wir wissen nie, wann wir für jemanden ein Vorbild sind, deshalb ist es umso wichtiger, dass wir aus der Liebe Gottes heraus leben und sie im Alltäglichen aus uns herausstrahlen lassen. Zuerst ist die Frucht im Verborgenen gewachsen; ab der Geburt ist das Wachstum – wenn es denn stattfindet – für jeden erkennbar. Wir können diesen Wachstumsprozess fördern. Wachstum an Körper, Seele und Geist ist das Natürliche; Wachstum stärkt uns, lässt uns reifen, bringt neue Frucht.

Die Weihnachtsgeschichte fordert mich auf, mich täglich neu zu überprüfen und Stellung zu beziehen, mich trotz aller Unzulänglichkeiten voller Vertrauen auf den Weg zu machen und das, was

Gott in mich hineingelegt hat, zur Geburt zu bringen. Und das nicht nur in der Adventszeit.

Grenzüberschreitungen

Wenn ich heute auf das Jahr 2004 zurückschaue, kommen mir Begriffe wie „Konsolidierung", „Stabilisierung" und „Kräftigung" in den Sinn. Ich trug den bequemen Schuh, in den ich im letzten Jahr geschlüpft war, und mein Schritt festigte sich. Würde man meine Jahre in Israel in ihrer Gesamtheit als eine ausgiebige Wanderung bezeichnen, dann wäre 2004 ein Streckenabschnitt durch ebenes Gebiet gewesen. Eine Phase, in der man die atemberaubende Schönheit der Landschaft, durch die man wandert, in sich aufsaugt und hier und da Pausen einlegt, um sich näher einzuprägen, wovon man umgeben ist. Sehe ich 2004 im Zusammenhang mit den Jahren, die dann folgten, ließe sich wohl sagen, es war die Ruhe vor dem Sturm. Vor mir lagen viel steilere und kräftezehrendere Streckenabschnitte. Doch wir leben immer im Hier und Jetzt – es steht uns nicht zu, alle Herausforderungen, die uns begegnen mögen, im Vorhinein zu wissen, und das ist gut so.

Im Jahr 2004 fasste ich den mutigen Entschluss, bei jeder sich bietenden Gelegenheit Hebräisch zu sprechen. Ich hatte meine Arbeitszeit bei *Bridges for Peace* auf fünfundsiebzig Prozent reduziert und nutzte die frei gewordenen Kapazitäten für einen langfristig angelegten Hebräisch-Konversationskurs. Ich paukte Vokabeln und las regelmäßig und in Gänze die Wochenzeitung für Hebräisch-Anfänger. In meinem Sprachkurs erlebte ich derweil so manche eindrückliche und bewegende Situation.

Doch auch außerhalb des Kurses ergaben sich im Laufe des Jahres wunderschöne Begegnungen und Erlebnisse, manche von ihnen sind mir noch heute lebendig in Erinnerung, denn sie haben bleibende Spuren in meinem Herzen hinterlassen – warum, wird man beim Lesen dieses Kapitels verstehen. Da ist die Tochter eines Ehepaares, das mit Hilfe von Oskar Schindler den Holocaust überlebte; da sind die Nachfahren von Abu Musa, die dort leben, wo einst das biblische Bethanien war, und „hinter dem Zaun" unter islamisch-fundamentalistischer Willkürherrschaft ein karges Dasein fristen; da ist die Geburt eines langersehnten Sohnes; da ist eine tagelange Wanderung durch die israelische Wüste ohne jeglichen Komfort der Zivilisation.

Mein Hebräisch bestand im Alltag mehrfach einen Härtetest, wozu auch polizeiliche Vernehmungen gehörten – meine erste wirkliche Berührung mit örtlichen Ordnungshütern. Es sollten in späteren Jahren noch mehr werden. Nein, kriminell bin ich nicht geworden. Ich wurde Opfer eines Einbruchs – etwas, das ich noch nie in meinem Leben hatte erleben müssen. Alles in allem war es eine aufwühlende und unschöne Erfahrung, die mich emotional ziemlich erschüttert hat. Gleichzeitig empfand ich es als etwas „Normales", als etwas, das auch in anderen Ländern geschieht. Der Großteil meiner Jahre in Israel bis zu diesem Zeitpunkt war von der Zweiten Intifada geprägt, von Menschenleben, die der Terror grausam zerfetzte, und auch von der Besorgnis um das eigene Leben inmitten jener bereits erwähnten „Bombenstimmung" (manche Ausdrücke werden für mich nie wieder dieselben sein). Ein Einbruch, bei dem es lediglich um materiellen Verlust geht, ist im Vergleich dazu im wahrsten Sinne des Wortes ein Bagatelldelikt.

2004 war ein schönes Jahr; eines, auf das ich mit dankbarer Gelassenheit zurückblicke. Ein Jahr, in dem ich sanft heranreifen durfte für das, was noch kommen würde.

Vom Jemand zum Niemand

Ein Schaltjahr hat begonnen und demnach dürfen wir einen Tag mehr als gewohnt genießen. Was wird das neue Jahr bringen? Manches werden wir mit Gottes Hilfe meistern, anderes wird uns misslingen und einiges wird uns überraschen. Wir werden sowohl Siege als auch Niederlagen verbuchen können, manches mag plötzlich und unerwartet geschehen und vieles wird uns herausfordern. Anderes wird uns wahrscheinlich an den Punkt bringen, dass wir unseren Stolz herunterschlucken müssen. All diese Dinge werden uns viel über Gnade lehren – ein unverdientes Geschenk. Ich wünsche uns allen, dass wir zu jeder Zeit mit großer Dankbarkeit auf das Gewesene zurückblicken, weil uns die Lektionen des Lebens gestärkt und gestählt haben.

In der ersten Woche des neuen Jahres ist ENDLICH der Streik in Israel beigelegt worden. Genau 100 Tage haben Behörden, Ämter, öffentliche Einrichtungen und teilweise sogar Lehrer gestreikt. Man muss sich einmal vor Augen halten, dass dieser Ausstand und die damit einhergehenden Schwierigkeiten für den Einzelnen, die ich bereits beschrieb, über drei Monate hinweg andauerten. Welche eine Lawine wird nun über die Ämter hereinbrechen! Es lässt sich im Moment kaum ermessen, wie lange es dauern wird, den Rückstau aufzuarbeiten. Teil meiner Arbeit ist es nun, mich durch die Schlangen in den Ämtern zu kämpfen und einen Termin für die dringend notwendige Erneuerung der Volontärsvisa zu bekommen. Auch mein eigenes gehört dazu, denn auch das konnte ich bisher nicht beantragen.

Vor Kurzem besuchte ich mit einer Schweizer Freundin eine Familie, die vor wenigen Monaten nach Israel eingewandert ist und die Auswirkungen des Streiks direkt zu spüren bekommen hat. Der Mann ist Schweizer, seine Frau hat jemenitische Vorfahren. Gemeinsam haben sie drei Kinder und leben nun in einem Moschav im Süden Israels. Ein Moschav ist eine kibbuz-ähnliche Wohngemeinschaft, mit dem Unterschied, dass der Besitz der

Ländereien und Immobilien in privater Hand bleibt. Die jordanische Grenze ist im wahrsten Sinne des Wortes nur einen Steinwurf vom Moschav entfernt. Alle Ostwände der Häuser sind mit Blei verstärkt, um so besser gegen Angriffe geschützt zu sein, denn ehe der Friedensvertrag mit Jordanien geschlossen wurde, befand sich der Moschav direkt in der Angriffszone. Im Haus lässt sich ein Bett hochklappen und legt einen unterirdischen Schutzraum frei. Der Moschav liegt mitten in der Wüste, doch unter der Oberfläche schlummert ein riesiges Brackwasser-Reservoir. Als Trinkwasser kann es nicht aufbereitet werden, doch landwirtschaftlich ist es bedenkenlos nutzbar. Es ist erstaunlich, wie dadurch die Wüste zum Blühen und Grünen gebracht werden kann.

Wir hatten während des Besuchs die Gelegenheit, einen realistisch-authentischen Einblick in die immensen Schwierigkeiten zu bekommen, mit denen Neueinwanderer zu kämpfen haben, und konnten ihnen ein wenig Ermutigung zusprechen. Oft machen wir uns überhaupt kein Bild davon, was Juden, die nach Israel einwandern, durchmachen. Viele verlassen „Haus und Hof", einen sicheren Arbeitsplatz, die gewohnte Lebensform und vieles andere, was Sicherheit bietet. Nur selten kommen alle Familienmitglieder mit, oft bleiben Eltern, Schwiegereltern oder Kinder zurück und die Familie ist zumindest geografisch zerrissen. Sie kommen nach Israel und müssen wieder bei null anfangen. Sie sind ein Niemand, haben keine Identität, keinen Freundeskreis, keine Arbeit, beherrschen die Sprache oftmals nur bruchstückhaft oder gar nicht und müssen in jedem Lebensbereich etliche Hürden überwinden. Ich bewundere all diejenigen, die diesen Schritt wagen und durchhalten! Sie sind Helden des Alltags. Ich glaube, nur wenige von uns können sich wirklich vorstellen, was es bedeutet, von einem „Jemand" zu einem „Niemand" zu werden. Man muss sowohl innerlich als auch äußerlich diesen Neuanfang anpacken, der alle Lebensbereiche durchzieht. Noch dazu in einem Land, das häufig und jäh von Wellen des Terrors gebeutelt wird und in dem der nächste Krieg nie weit entfernt ist.

Nasse Füße

Regen ist Segen – jeder Tropfen ist ein Grund zum Jubeln, zum Aufatmen. Auch Jerusalem hat einen heftigen Guss abbekommen. So heftig, dass wir diesmal eine eher unliebsame Überraschung erlebten. Die Kanalisation konnte die Wassermengen nicht bewältigen, sodass fünf Souterrain-Wohnungen, die *Bridges for Peace* für die Volontäre nutzt, überschwemmt wurden. Die dort lebenden Volontäre mussten rasch umquartiert werden und umfassende Renovierungen stehen uns bevor. Es wird also in nächster Zeit etwas eng in unseren Wohngemeinschaften werden. Gerade drei Tage zuvor war ich in eine andere Wohnung umgezogen und bin somit persönlich vor Schaden bewahrt geblieben. Mein neues Domizil ist ein urgemütliches Apartment mit „Charakter" und einem Blick über halb Jerusalem. Die eigentliche Mieterin hat es mir während ihrer dreimonatigen Abwesenheit günstig überlassen. Es liegt nahe am Stadtzentrum; so kann ich jeden Morgen einen dreißigminütigen Fußweg zur Arbeit genießen und etwas für meine Fitness tun. Außerdem ist es gut geheizt – und das ist ein echtes Geschenk, denn die bisherigen Winter, die ich hier in nicht isolierten Wohnungen erlebt habe, waren bitterkalt.

Die Welt ist groß und doch so klein

Kaum in meinem neuen Domizil angekommen, hatte ich eine sehr nette Begegnung mit meinem Nachbarn, einem orthodoxen Juden. Er bat mich, einige Telefonate nach Deutschland für ihn zu tätigen. Im Rahmen seiner Tätigkeit als Professor hat er sich zur Aufgabe gemacht, mittelalterliche Thorarollen aufzuspüren. Das sei gar nicht so leicht, versicherte er mir, denn „im Mittelalter hatten die Christen die Gewohnheit, die Juden mitsamt ihren Schriftrollen zu verbrennen." Eine Feststellung, die – wie wir ja in Geschichtsbüchern nachlesen können – der Wahrheit entspricht. Obendrein ist es Brauch, dass Juden eine Gesetzesrolle, die nicht mehr benutzt wird, wie einen Menschen, der gestorben ist, ehren und dementsprechend beerdigen. Auf diese Weise drücken sie bis zum letzten Moment ihre Ehrfurcht vor dem Wort Gottes aus.

Nun aber hat er erneut zwei Thorarollen in Deutschland aufgespürt (nachdem er bereits eine in Berlin und zwei in München ausfindig gemacht hat). Während wir auf einen Rückruf warteten, sprachen wir über die Beziehung zwischen Christen und Juden, zwischen Deutschland und Israel, was keine leicht verdauliche Thematik ist, wie man sich vorstellen kann. Er sagte, dass er sich von gleichaltrigen oder älteren Kollegen (er ist zwischen 45 und 55) oft Kritik anhören muss, weil er eine eventuelle Reise nach Deutschland nicht kategorisch ablehnt. Jene Generation von Juden ist entweder noch immer zu ängstlich oder empfindet es als zu schmerzhaft, das Land, das den Holocaust dirigiert hat, zu bereisen. Wir hatten ein gutes Gespräch, in dem er auch anmerkte, er erkenne, dass eine neue Generation von Christen heranwächst, was er spannend findet. Das Witzigste war herauszufinden, in welcher Stadt er diese Thorarollen aufgespürt hat. Ich konnte es kaum glauben: Von allen Metropolen, die es in Deutschland gibt, von denen man annehmen könnte, dass sie solch einen Schatz beherbergen, ist es … Wolfenbüttel! Ein Gruß an meine Heimatregion. Die besagten Thorarollen befinden sich in der Herzog-August-Bibliothek und wenn man gezielt nach ihnen fragt, darf man auch einen Blick auf sie werfen.

Gelähmt

Ein junges Ehepaar aus meinem Bekanntenkreis hatte vor Kurzem den festgelegten Termin für die Entbindung ihres zweiten Kindes per Kaiserschnitt. Die Mutter erhielt eine Rückenmarksbetäubung (Epiduralanästhesie), die furchtbare Konsequenzen nach sich zog: Entweder durch eine Entzündung oder durch einen Behandlungsfehler ist diese junge Frau seither von der Taille abwärts gelähmt und konnte zunächst gar nichts mehr spüren.

Sofort nach der Geburt wurde die Mutter in ein anderes Krankenhaus verlegt. Das Baby durfte nicht mit und blieb zunächst dort, wo es auf die Welt gekommen war, bis der Vater es etwa zwei Wochen später bei Pflegeeltern unterbringen konnte. Mutter und Kind haben bisher nur sehr wenig Zeit miteinander verbracht und der natürliche Bindungsprozess konnte kaum stattfinden. Die ältere Tochter (zweieinhalb Jahre alt) ist bei den Großeltern und von der Situation emotional sehr erschüttert. Mittlerweile ist die Mutter in der Lage, etwa vier bis fünf Zentimeter unter dem Bauchnabel Berührungen wahrzunehmen, und hat auf die Berührung der Zehen reagiert. Die Ärzte warnten sie jedoch, dass dies wohl nur ein simpler Reflex sei. Sie ist erneut in ein anderes Krankenhaus verlegt worden und erhält widersprüchliche Informationen von den Ärzten bezüglich der Wahrscheinlichkeit, dass die Querschnittslähmung wieder verschwinden könnte. Das Schicksal dieser jungen Familie geht mir sehr nahe und führt mir vor Augen, wie rasch ein Leben sich radikal verändern kann und wie dankbar wir für jeden gesunden Tag sein können.

Schüler oder Lehrer?

Eine neue Herausforderung ergibt sich für mich und mein Hebräisch. Ich wurde aufgrund starken Kindermitarbeitermangels in meiner Gemeinde gefragt, ob ich einen Teil des Bibelunterrichts für eine Grundschulkindergruppe übernehmen würde. Seit Jahresbeginn gehöre ich also zum Team und unterrichte einmal im Monat die Dritt- und Viertklässler auf Hebräisch. Anfang Januar hatte ich meine „Feuertaufe" und war selbst überrascht, wie gut es gelang. Zunächst steht mir noch eine Übersetzungshilfe zur Seite. Pnina, eine junge israelische Frau, die vor Kurzem ihren Schulabschluss gemacht hat und demnächst ihren Wehrdienst antritt, hilft mir weiter, wenn mein limitierter Wortschatz nicht ausreicht. Es ist eine gute Gelegenheit, mit Spiel und Spaß mein Hebräisch anzuwenden und zu vertiefen. Die Kinder haben keine Scheu, mich zu korrigieren, und in einer Atmosphäre des gemeinsamen Lernens macht es beiden Seiten Spaß.

An dieser Stelle möchte ich wieder einmal etwas vorspulen: Zwischen Pnina und mir entwickelte sich eine langjährige Freundschaft, die noch heute besteht. Ich durfte miterleben, wie sie sich verliebte, verlobte, heiratete und ihr erstes Kind zur Welt brachte.

Klein, zart, farbenfroh: Es ist Frühling!

Der Frühling ist eingekehrt – und das bereits Ende Januar! Für mich Sonnenliebhaberin ist das ein großes Geschenk. Also, nichts wie raus aus Jerusalem und ab in den Norden Israels, um dort für ein Wochenende die herrliche Landschaft, abenteuerliche Wanderungen und Ruhe fernab vom hektischen Alltag zu genießen. Die Berge Galiläas sind bedeckt von einem Wildblumenteppich, der See Genezareth ist „randvoll" (so voll habe ich ihn bisher noch nicht gesehen), die (Mandel-)Bäume blühen herrlich. Ich besuchte mit Freunden das Hula-Tal: ein ehemaliger Sumpf, den jüdische Siedler vor Jahrzehnten mit Hilfe von durstigen Eukalyptusbäumen trockenlegten. Dort befinden sich mittlerweile mehrere Naturparks, in denen man eine unfassbar große Anzahl von Zugvögeln beobachten kann, während sie auf ihren regelmäßigen Nord-Süd-Reisen im Heiligen Land eine Rast einlegen.

Wir machten einen Abstecher auf die Golanhöhen und begannen eine Wanderung nahe einiger ehemaliger syrischer Militärstellungen. Einst bahnte sich ein jüdischer Spion namens Eli Cohen den Weg in syrische Regierungskreise. Er sendete im syrischen Radio ein eigenes Programm, welches im ganzen Land berühmt war, und nutzte dies auch, um Informationen an den israelischen Geheimdienst weiterzuleiten. Er wurde von syrischen Militärführern mehrfach zu Besichtigungstouren an die syrisch-israelische Grenze auf den Golanhöhen eingeladen. Dabei empfahl er den Offizieren, auf den karg bewaldeten Hügeln rasch wachsende Euka-lyptusbäume um die Stellungen herum anzupflanzen, sodass sich die Soldaten vor der brennenden Sonne schützen könnten. Damit allerdings nicht genug – er bezahlte diese Bäume auch (genauer gesagt: Israel bezahlte sie). Seine Informationen gab er weiterhin per Funkradio an den israelischen Geheimdienst weiter, wodurch Israel später diese Stellungen gezielt zerstören konnte und im Sechs-Tage-Krieg 1967 einen schnellen Sieg auf den Golanhöhen errang. Jahrelang hatte Syrien von dort aus israelische Zivilisten und Ortschaften attackiert und unter Beschuss genommen. Eli Cohen wurde 1965 enttarnt, in eine Falle gelockt, vier Monate lang immer wieder gefoltert und in einem Schauprozess zum Tod durch den Strang verurteilt. Das Urteil wurde öffentlich auf sehr demütigende Weise vollstreckt. Die zerschossenen syrischen Stel-lungen inmitten der Eukalyptusbäume stehen noch heute und er-innern an einen der großen Helden Israels.

Kleine Tiere – große Kraft

In Galiläa, unweit des nördlichen Ufers des Sees Genezareth, ragt der Berg Arbel empor. Von dort aus hat man einen wunder-schönen Blick über den See. Im Frühling erblickt das Auge dort viele frisch gepflügte und besäte Felder. Wenn man sich die Zeit nimmt, diese Felder zu umwandern und den Blick genauer auf den landwirtschaftlichen Mikrokosmos zu richten, fällt einem rege Aktivität auf. Beispielsweise Ameisenstraßen, auf denen Hochbetrieb herrscht. Bärenstarke Ameisen, die allesamt kleine helle Dinger davontragen, klein und dennoch oftmals größer als sie selbst. Zunächst mag man denken, dass beim Pflügen ihr Bau zerstört wurde und sie nun versuchen, ihre Eier zu retten. Doch wenn man sich diesen Kraftakt aus der Nähe anschaut, stellt man fest, dass die Ameisen keine Eier davontragen, sondern jene Sa-men, die bereits in das Feld eingesät worden sind. Es gibt wenig, das ein Bauer gegen Ameisen tun kann. Kein Zaun und keine Vo-gelscheuche können sie vertreiben oder aufhalten. Selbst Gift ist keine Lösung. Das einzige, was den Samen retten kann, ist, Wurzeln zu schlagen, denn dadurch wird er zu schwer für die Ameisen. Sie haben dann nicht die Kraft, ihn aus der Erde zu reißen.

Ich musste daran denken, dass im übertragenen Sinn unser Herz ein ebenso gepflügtes Feld ist, das den Samen in sich trägt. Samen, den unser Schöpfer dort hineingesät hat. Oft setzen wir alles daran, Vögel, Steine, Unkraut und Dornen aus unserem Feld herauszuhalten, doch die kleinen Ameisen schleichen sich unbemerkt ein und trachten danach, die Samen fortzutragen. Gott hat uns Visionen, Träume, Sehnsüchte und Verheißungen gegeben, zeigt uns den Weg, ist uns Stärke und Nahrung. Doch wir müssen auch unseren Teil dazu beitragen, dieses Empfangene zu nähren, damit es Wurzeln entwickeln und weniger leicht ausgerissen werden kann. Die Bibel spricht davon, dass wir unser Herz mit allem Fleiß hüten sollen und dass die Wurzel der Gerechten bestehen bleiben und Frucht hervorbringen wird. Das wünsche ich mir für mich selbst – dass alle Saat sich einwurzelt und aufblüht.

Idylle hier – Schrecken dort

Nach so einem idyllischen und erfrischenden Wochenende fällt es schwer, sich vor Augen zu halten, dass an anderer Stelle Terroristen unbarmherzig zuschlagen. Knapp drei Gehminuten von meiner Wohnung entfernt, an einer Stelle, an der ich regelmäßig vorbeikomme, hat sich ein Selbstmordattentäter in einem Bus in die Luft gesprengt und entsetzliche Zerstörung angerichtet. Es ist ein extrem befremdliches Gefühl, einerseits Gott für meine Bewahrung zu danken – denn ich hätte nur zu leicht im „falschen" Moment am Unglücksort sein können – und andererseits um direkt und indirekt betroffene Menschen zu trauern.

Nicht nur räumlich ist mir dieses Attentat sehr nah gekommen. Einige Freunde und Bekannte saßen in dem Bus. Eine von ihnen stieg gerade an der Haltestelle zuvor aus, während eine andere, zwei Reihen hinter dem Attentäter im Bus sitzend, weiterfuhr. Auch sie erlebte Gottes Bewahrung. Obwohl sie sozusagen unmittelbar im Zentrum des Geschehens war, erlitt sie nur leichte Verletzungen. Einer unserer Mitarbeiter hatte ein weiteres Wunder zu berichten. Normalerweise nimmt sein Sohn diesen Bus zur Schule. An diesem Morgen hatte der Vater plötzlich den dringenden Impuls, seinen Sohn anzurufen. Erst wischte er den Gedanken fort, doch dann folgte er dem immer dringender werdenden Impuls. Als er die Stimme seines Sohnes durchs Handy hörte, wusste er nicht recht, warum er eigentlich angerufen hatte, und so sagte er nur: „Mein Sohn, ich liebe dich." Der Sohn kam aufgrund des Telefonats zu spät zur Haltestelle und verpasste somit genau den Bus, der in die Luft flog.

Eine ungewöhnliche Reise

Jener zerfetzte Linienbus wurde nach Den Haag transportiert. Dort, am Internationalen Gerichtshof (IGH), sitzt Israel auf der Anklagebank. Es geht um den Sicherheitszaun, den Israel errichtet, um seine Bürger zu schützen. Die UN-Generalversammlung hat den IGH angewiesen, ein Rechtsgutachten zu den „hervortretenden rechtlichen Konsequenzen" zu verfassen. Als wir kürzlich nach Galiläa fuhren, nahmen wir die Route entlang dieses Zauns, der an den besonders „explosiven" Orten zu einer Mauer wird. In mir kamen Erinnerungen hoch an die innerdeutsche Grenze und an die Berliner Mauer – bin ich doch im sogenannten „Zonenrandgebiet" aufgewachsen. Die Ähnlichkeit ist frappierend. Doch was für eine seltsam-befremdliche Absurdität, dass hier nicht nur die Rollen und Motive gerade entgegengesetzt sind, sondern dass das Opfer auf der Anklagebank sitzt und sich für seine Schutzmaßnahmen auch noch verteidigen muss. Es bleibt zu hoffen, dass sich diejenigen, die in einem sicheren und behaglichen Land leben und sich anmaßen, ein Urteil über Israel fällen zu können, das Wrack des Busses anschauen, aufwachen und die entsetzliche Grausamkeit sowie die Schicksale hinter den nackten, aber stetig steigenden Zahlen israelischer Terroropfer erkennen.

Der 29. Januar 2004, der Tag des Attentats, war auch der Tag, an dem Israel Hunderte von Gefangenen freiließ, um die Leichname dreier im Libanon getöteter Soldaten sowie den (leider muss man sagen dubiosen) Geschäftsmann Elhanan Tannenbaum „nach Hause zu holen". Ich erinnere mich, dass die Stimmung an jenem Tag schlicht und ergreifend furchtbar war. Eine bleierne Schwere drückte die Herzen nieder. Die technischen Möglichkeiten des Fernsehens führten den Israelis die grausame Realität sehr bildlich vor Augen: Auf der einen Seite des Bildschirms konnte man die offizielle Trauerfeier für die drei Soldaten mit Ministerpräsident Ariel Scharon, Staatspräsident Moshe Katzav und anderen amtierenden Führungspersönlichkeiten des Landes mitverfolgen. Auf der anderen Seite sah man, wie an verschiedenen Orten der arabischen Welt das „erfolgreiche" Attentat vom selben Morgen und die Freilassung der Gefangenen jubelnd gefeiert wurden. Es dauerte lediglich drei Wochen, ehe die Jerusalemer mit einem weiteren Anschlag auf einen Bus der Linie 14 fertig werden mussten. Acht Menschen wurden dabei aus dem Leben gerissen, sechzig wurden verletzt. Unter ihnen sind elf Schulkinder. Worte versagen hier. Es ist schlichtweg unbeschreiblich traurig und erschütternd.

Einige Tage nach dem ersten Anschlag besuchte ich eine israelische Bekannte, die in einem Büro arbeitet, das sich direkt am Anschlagsort befindet. Ich war sehr besorgt um sie, da ich wusste, wie gering die Entfernung ist, und weil es bereits vor einigen Monaten in einem Café nahe ihres Büros einen Anschlag gegeben hatte. Auch sie hatte keine genaue Erklärung dafür, warum sie später als sonst zur Arbeit gekommen war, doch erkannte sie Gottes Bewahrung sehr deutlich. Ich nahm mir Zeit, ausgiebig mit ihr zu sprechen und nutzte die Gelegenheit, sie zu ermutigen und zu trösten. Es war ein kostbarer Moment für beide von uns.

Wackeliger Boden

Es hat ein Erdbeben gegeben. Ja, so ein richtiges, spürbares, bei dem das Haus ordentlich wackelt und Dinge umfallen. Ich saß mit einem Kollegen im Büro, als plötzlich alles zu wackeln begann – ein sehr eigenartiges Gefühl. Die Mitarbeiterschaft versammelte sich zwar in Windeseile auf dem Parkplatz vor unserem Büro, doch als es keine weiteren Erdstöße mehr gab, machten wir uns wieder an die Arbeit. Trotz der recht beachtlichen Stärke von 5 auf der Richterskala hat es keine schwerwiegenden Folgen gegeben. Die Knesset, das israelische Parlamentsgebäude, hat einen Riss, der sicherlich flott ausgebessert werden wird. In der Wohnung, die mir für die Wintermonate überlassen wurde, hat es ein Regal von der Wand gerissen, was eine ziemliche Aufräum- und Reinigungsaktion der Küche zur Folge hatte. Auf besagtem Regal standen nämlich eine ganze Reihe Öl- und Essigflaschen und Gewürzbehälter. Das führte dazu, dass ich eine würzige Saucenmischung auf dem Fußboden fand, deren Schmackhaftigkeit ich allerdings in Frage stellen würde.

Ein musikalisches Bündnis

Vor etwa drei Jahren hat die Christliche Botschaft in Jerusalem ein Musical inszeniert: „HaBrit" (Das Bündnis). Es erzählt die Geschichte des Volkes Israel von Abraham bis in die heutige Zeit hinein. Im letzten Frühjahr ist dieses Musical zum ersten Mal in Israel auf Tournee gegangen und hat viele Menschenherzen berührt. Es ist eine Botschaft der Hoffnung und Ermutigung; ein liebevoller Trost, der vermitteln soll, dass Gott sein Volk nie vergessen hat und dies auch in der heutigen Zeit nicht tun wird. Das Ensemble besteht aus internationalen Volontären. Es sind Christen, die sich freundschaftlich an die Seite Israels stellen und die neben dem, was sie im Land tun, Zeit und Energie aufgebracht haben, den hebräischen Text und die ihnen zugeordnete Rolle zu lernen. In diesem Frühjahr wurde das Musical erneut an verschiedenen Orten in Israel aufgeführt und gleichzeitig gefilmt. Auch ich genoss eine Vorstellung in Jerusalem gemeinsam mit Freunden aus Haifa und über 3 500 Zuschauern (was eine Gelegenheit war, mein Hebräisch auf eine kulturelle Probe zu stellen). In meiner Nähe saß eine Gruppe von Soldaten – vielen liefen Tränen über die Wangen. Ich hatte meine Lehrerin und Mitschüler aus dem Hebräischkurs zu der Vorstellung eingeladen. Es lässt sich nicht in Worte fassen, welchen Eindruck „HaBrit" besonders im Herzen der Lehrerin hinterlassen hat. Immer und immer wieder ist es seither Thema in unserem Sprachkurs.

Viel Grund zum Feiern

Die freudigste Nachricht dieses Frühjahrs in meinem Umfeld ist wohl diese: Mein Chef und seine Frau sind Eltern eines gesunden Sohnes geworden! Nun dürfen sie das Wunder Gottes, für das sie viele Jahre gebetet haben, leibhaftig in den Händen halten. Joshua Samuel hat kastanienbraunes Haar, wog bei seiner Ankunft 3 780g und ist 53 cm groß. Ich freue mich sehr mit ihnen.

Kurz nach der Geburt dieses neuen Erdenbürgers bin ich aus meinem vorübergehenden Domizil in eine kleine Zweizimmerwohnung umgezogen. Sie liegt auf einem Schulgelände, zehn Minuten Fußweg vom Büro entfernt mitten im Zentrum der Neustadt Jerusalems. Meinen Einzug könnte man als explosiv bezeichnen: Zunächst erlag mein Wasserkocher geräuschvoll einem Kurzschluss, die Mikrowelle tat es ihm nach und verabschiedete sich mit einem Knall und schließlich hat auch noch mein Fön seinen letzten Atemzug mit einem Schrei ausgehaucht. Das Stromnetz wird nun überprüft, doch ich hoffe, dass ich vor weiteren Explosionen dieser Art verschont bleibe.

Anfang April wurde das alljährliche Passahfest gefeiert. Die Nation erinnert sich an die göttliche Befreiung aus der Sklaverei Ägyptens. Diesmal feierte ich den Seder-Abend, der das Passahfest einläutet, gemeinsam mit etwas über hundert Personen, die meisten sind messianisch-gläubige Juden, also Juden, die an Jesus glauben. Es war der erste Seder-Abend, den die Gemeinde, der ich mich hier angeschlossen habe, veranstaltete. Es ist etwas Besonderes, diese Befreiung aus der physischen Sklaverei in Israel mitfeiern zu dürfen. Allen, die an Jesus, den Messias und Erlöser, glauben, steht zugleich bildlich vor Augen, welch eine starke Macht sich hinter der Sünde – dieser ganz anderen Art von Sklaverei – verbirgt und um wie vieles stärker die Liebe Gottes ist. Gott überlässt uns nicht der Finsternis, sondern führt uns ins Licht. Sein Herz sehnt sich so sehr nach seinen Kindern, dass er alles aufbietet, um zu erlösen und den Weg zu ihm zu bereiten. Wie gnädig ist er, dass er uns mit dem Kreuz auch wahrhaftige Freiheit schenkt.

Nach dem Passahfest folgt ein Gedenktag auf den anderen. Jom haShoah – der Holocaust-Gedenktag. Jedes Jahr werden sechs große Fackeln, die „ewigen Lichter", angezündet, die an die sechs Millionen jüdischen Opfer erinnern. Um zehn Uhr morgens steht für zwei Minuten alles still. Fahrzeuge und Menschen halten inne, wo sie gerade stehen. Es gibt kaum eine Familie ohne mindestens einen Vorfahren, der im Holocaust umgekommen ist oder die unvorstellbaren Schrecknisse überlebt hat. Während dieser zwei Minuten stand ich im Stadtzentrum Jerusalems, als Deutsche mitten unter Juden. Es ist nicht der erste Jom haShoah, den ich in Israel erlebe, doch diesmal ging es mir derart unter die Haut, dass viele Tränen über meine Wangen rannen.

An Jom haZikaron, eine Woche später, gedenkt Israel der gefallenen Soldaten. Auch hier steht das Leben für zwei Minuten still. Auch hier sind Familien, die keinen geliebten Menschen verloren haben – sei es in den Kriegen, die Israel kämpfen musste, oder durch die furchtbaren Terroranschläge, die Israel seit der Staatsgründung erschüttern – die Ausnahme. Es stimmt: Geteiltes Leid ist halbes Leid. Diese Gedenktage sind wichtig und helfen allen Betroffenen, den Schmerz zu verarbeiten.

Und dann, an Jom haAzma'ut, dem Unabhängigkeitstag, wird gejubelt. In diesem Jahr ist Israel 56 Jahre alt geworden. Welch ein Ausbruch an Freude, Jubel und Dankbarkeit – es schien, als tanzte sich ganz Israel den Schmerz von der Seele. Wie wunderbar war es, einen Teil der Nacht, in der niemand schläft, inmitten der enthusiastischen Menschenmenge zu verbringen! Mein Herz jubelte mit ihnen. „Ja", rief es, „feiert und jubelt. Gott hat einen wunderbaren Plan für euch und er wird ihn erfüllen. Das, was ihr heute erlebt, haben Propheten vorausgesagt – jetzt ist es wahr!

An Autos, Häusern und auch sonst überall werden Fahnen befestigt und man liebt es, sich in die Nationalflagge einzuwickeln. Außerdem versammelt sich – gefühlt – alles, was zwei Beine hat, zu israelischen Volkstänzen im Stadtzentrum. Es ist wirklich ein Anblick, der das kälteste Herz erwärmt, alle Generationen gemeinsam jubelnd tanzen zu sehen. Eine lustige Sitte ist es, sich gegenseitig mit Schaum einzusprühen. Nach einer durchtanzten Nacht trifft man sich am nächsten Tag mit Familie und Freunden zum Grillen im Park. Während die Freiheit gefeiert wird, ist Jerusalem in eine riesige Grillrauch-Wolke eingehüllt.

Als Deutsche unter Juden

Natürlich sind alle Feier- und Gedenktage auch wichtiger Inhalt in meinem Hebräischkurs. Am Abend vor Jom haShoah verbrachten wir die gesamte Lehreinheit mit diesem Thema und es war, als hinge eine bleierne Schwere über uns. Doch nicht nur das – hier saß ich als einzige Deutsche unter Juden und oft genug war das „Unwohlsein", das meine Anwesenheit auslöste, fast greifbar. Ja, wir Mitschüler pflegen gute Beziehungen untereinander, allerdings geschieht es leicht, dass das Grauen, das Deutschland verursacht hat, dann doch auf den Einzelnen übertragen wird. Argwohn gewinnt die Oberhand. Während des ganzen Abends rief mein Herz: „Vergebt mir und vergebt meinem Volk! Unfassbar Grauenhaftes ist geschehen und man kann es nicht einfach vergessen. Doch ich bin hier, weil ich Versöhnung suche. Ich kann nur kleine Schritte tun. Seht mein Herz, das diesem Unrecht Freundschaft entgegensetzen möchte!"

Meine Lehrerin sprach mich offen an und forderte mich heraus, mitzuteilen, wie es mir geht, wenn ich an den Holocaust denke. Unter anderem konnte ich davon berichten, dass ich vor einigen Jahren in Auschwitz gewesen war und was ich dort gefühlt und wahrgenommen hatte. Ich wurde gefragt, ob und was deutsche Kinder in den Schulen über den Holocaust lernen. Gott schenkte mir durch diese offene Herausforderung nicht nur eine Gelegenheit, mein Herz zu zeigen, sondern er half mir auch, die richtigen hebräischen Worte zu finden. Worte der Liebe und Versöhnung, Worte, die ein Stück Mauer niedergerissen haben. Die Atmosphäre änderte sich merklich und es war, als lege sich heilender Balsam auf die noch immer schmerzenden Herzen.

Blick in Büro und Werkstatt

Das Leben in Israel fordert mich jedoch nicht nur emotional. Mein Chef ist mit seiner Frau und seinem kleinen Sohn zu einem wohlverdienten zweimonatigen Heimaturlaub aufgebrochen. Natürlich möchten alle Baby Josh kennenlernen. Das bedeutet, dass ich die Verantwortung für unsere Abteilung übernehmen „darf". Ehe er flog, musste noch tausendundeine Sache erledigt werden, und dass meine Arbeitstage mehr als ausgefüllt sein würden, wurde sehr schnell klar. Aber es ist eine lohnende Arbeit, die ich von Herzen gern tue.

Das Handwerkerteam von *Bridges for Peace* hat in diesen Tagen einer ganz besonderen Familie geholfen. Beide Elternteile sind sowohl blind als auch taub. Alle vier Kinder (zwischen acht und vierzehn Jahren) sind taub und werden (genetisch bedingt) im Laufe ihres Lebens ebenfalls erblinden. Es lässt sich nicht beschreiben, auf welch erstaunliche Weise die Kommunikation zwischen Eltern und Kindern funktioniert. Es hat mich fasziniert. In der Vergangenheit ist diese Familie von Handwerkern furchtbar ausgenutzt worden und hat jegliches Vertrauen verloren. Infolgedessen entwickelte sich ihre Wohnung immer mehr zu einer Bruchbude – im wahrsten Sinne des Wortes. Endlich hat es die betreuende Sozialarbeiterin geschafft, die Familie zu überzeugen, dass es so nicht weitergehen kann, und hat ihnen versprochen, gute und ehrliche Handwerker zu finden. Und so rief sie bei uns an und bat um Hilfe. Es brauchte immenses Feingefühl, nicht nur, um das Vertrauen dieser jüdisch-orthodoxen Familie zu gewinnen, nein – auch Material und Werkzeuge mussten so in der Wohnung platziert werden, dass sie keine Unfälle verursachen. Es war eine kommunikative Meisterleistung, ihnen mitzuteilen, was gerade frisch gestrichen oder repariert worden war. Trotz allem hat die Familie – so gut es geht – mit „angepackt". Familien wie diese sind die wahren Helden in unserer Gesellschaft. Welche Herausforderungen meistern sie tagtäglich! Wie wenig Grund habe ich doch zu klagen, denn ich kann von Herzen dankbar dafür sein, dass ich gesund und quietschfidel bin!

Nicht erwähnenswert?

Es ist erstaunlich, wie ruhig es in den letzten Wochen in Israel gewesen ist. Ich möchte mich immer wieder daran erinnern, für diese Ruhe dankbar zu sein. Fast jede Woche gibt es Berichte über rechtzeitig gefundene Bomben oder frühzeitig entlarvte Attentäter. Es bleibt zu sagen, dass nicht NICHTS passiert ist, und dass das, was geschah, „nur" zu unbedeutend erschien, um in den internationalen Medien Schlagzeilen zu machen – als ginge es in der Berichterstattung nur noch darum, neue Bestmarken zu erzielen! Doch selbst hinter den „unbedeutendsten" Zahlen und trockensten Informationen verbergen sich immer noch menschliche Einzelschicksale. Niemals möchte ich vergessen, dass auch hinter diesen kaum erwähnenswert erscheinenden Meldungen große Schicksale stehen und dass die Protagonisten urplötzlich vor den Scherben ihres Lebens stehen, unvorstellbar Schmerzhaftes überwinden müssen und sämtliche Resilienz, die sich in ihnen finden lässt, aufbringen müssen, um nach vorn zu schauen. Eine dieser „am Rande erwähnten" Geschichten veranschaulicht das nur zu deutlich:

Anfang Mai 2004 schossen palästinensische Terroristen in einer jüdischen Ortschaft des Gazastreifens aus dem Hinterhalt auf das Auto einer im achten Monat schwangeren Mutter, die mit ihren vier Töchtern, elf, neun, sieben und zwei Jahre alt, unterwegs war. Nachdem die Frau die Kontrolle über ihren Wagen verloren hatte und im Sand am Straßenrand steckengeblieben war, schossen die Terroristen noch jedem zwei Kugeln in den Kopf. Der Vater und Ehemann David, der einzige Überlebende der Familie, musste somit an einem Tag nicht nur seine Frau und seine vier Töchter, sondern auch noch seinen ungeborenen und sehnsüchtig erwarteten Sohn beerdigen. Als ich diese Nachricht in der Lokalpresse las, zerriss es mir förmlich das Herz. Wie kann dieser Mann überhaupt noch einen Lebenswillen aufbringen? Wird er jemals wieder Lebensfreude empfinden? Empfinden können? Mein Herz schreit für ihn im Gebet zu Gott. Auch das sind echte Helden. Helden, die ihren Heldenmut wohl gern anders unter Beweis gestellt hätten.

Schindlers Liste in neuer Dimension

„Did you see the movie ‚Schindler's List?'" – „Hast du den Film ‚Schindlers Liste' gesehen?" So begann eines Nachmittags ein Telefongespräch im Büro. Es war einer jener Tage, an denen noch unendlich viele Dinge erledigt werden mussten und an dem meine Zeit und Geduld einem Härtetest unterzogen wurden! Da unsere geschulte Rezeptionistin auf Heimaturlaub war, wurde die Weiterleitung der Telefonate von einer neuen Volontärin übernommen. Sie musste sich erst in ihren Aufgabenbereich einfuchsen. Viele Gespräche, die sie nicht eindeutig zuordnen konnte, landeten deshalb bei mir. Nicht immer waren diese Unterbrechungen willkommen. Nun bekam ich erneut einen dieser „verirrten Anrufe", noch dazu zu einem Zeitpunkt, an dem ich für die Aufgabe, an der ich arbeitete, Ruhe und Konzentration benötigte und hoffte, nicht unterbrochen zu werden. Völlig unvermittelt wurde ich plötzlich mit der oben genannten Frage konfrontiert, noch dazu ohne ein einleitendes „Hallo, mein Name ist ..." Aber auch das gehört zu Israel – man verzichtet oftmals auf leeres Geplänkel und geht in Gesprächen gleich ans Eingemachte.

„Ja", antwortete ich, „ich habe den Film gesehen." „Kannst du dich an die Hochzeit in dem Film erinnern?" Ich konnte es auf Anhieb nicht, doch war mir klar, dass der Film zu sensibel ist, als dass ich das geradeheraus zugeben konnte. „Ich bin mir nicht sicher; es ist schon einige Jahre her." „Nun, die Menschen, die im Film heirateten – das ist die Geschichte meiner Eltern."

Nun musste ich erst einmal durchatmen. Hadassah Bau, die Frau am Telefon, erzählte mir dann die Kurzversion der Geschichte ihrer Eltern, Joseph und Rebecca Bau. Beide trafen sich im Konzentrationslager Płaszów, von dem der Film „Schindlers Liste" ein sehr realistisches Bild liefert. Joseph hatte vor Ausbruch des Krieges an der Kunstakademie in Krakau studiert – bis zu jenem Zeitpunkt, an dem Juden vom Studium ausgeschlossen wurden. Er lebte dann zwangsweise mit seinen Eltern im Ghetto, entwickelte sich dort vom Künstler zum Überlebenskünstler und wurde später gemeinsam mit seiner Familie nach Płaszów deportiert. Wegen seiner Fähigkeit, gotische Schrift zu schreiben, wurde er von den Nazis dazu verpflichtet, Schilder, Beschriftungen und Kartenmaterial zu Papier zu bringen – und das, ohne ein Wort Deutsch sprechen zu können. Er schrieb, was ihm befohlen wurde, und wusste nur selten, was es bedeutet. Machte er einen Fehler, bekam er fünfzig Peitschenhiebe, die er mitzählen musste. Verzählte er sich, so begann die Bestrafung von vorn.

Eines Tages wurde ihm befohlen, eine Kopie der Karte des Lagers (die er gezeichnet hatte) anzufertigen, wozu man in jenen Tagen Glas, lichtempfindliches Papier und Ammoniak benutzte. Durch Sonneneinstrahlung entstand dann die Kopie. Es war ein trüber Tag, es regnete und schneite, von Sonne war nicht viel zu sehen. Er ging verzweifelt ins Freie, wohl wissend, dass er, wenn er erfolglos sein würde, mit heftiger und irrationaler Bestrafung zu rechnen hätte. Eine hübsche junge Mitgefangene ging an ihm vorbei und fragte, was er denn dort Eigenartiges tue. Er antwortete ihr, dass er auf Sonnenschein warte, und bat sie, ob nicht sie stattdessen seine Sonne sein könne. Sie errötete und ging langsam davon (Rebecca Bau erzählte ihrem Mann später, dass sie dachte, er würde dort stehen, um den Alliierten auf rätselhafte Art einen Hilferuf zu senden). Erstaunt stellte er fest, dass die Kopie gelungen war, und auf einmal wusste er, dass dieses junge Mädchen nicht nur in diesem Moment der Sonnenschein seines Lebens sein würde.

Sie heirateten heimlich im Konzentrationslager. Rebecca Bau war Kosmetikerin und musste Goeth (dem Lagerkommandanten) regelmäßig die Nägel feilen, während dieser ihr eine Pistole an den Kopf hielt und drohte abzudrücken, sollte sie ihm weh tun. Eines Tages rettete sie das Leben einer Mitgefangenen. Es war die Mutter des Sekretärs Goeths – derjenige, der später die Listen für Oskar Schindler schrieb. In einem geeigneten Moment erinnerte sie den Sekretär daran und er setzte ihren Namen als Zeichen der Dankbarkeit auf die Liste. Sie bat jedoch flehentlich, dass er ihren Namen streiche und durch den Namen ihres Mannes ersetze, denn er sei kränklicher als sie. So geschah es. Rebecca selbst wurde später nach Auschwitz deportiert.

Dort entging sie dreimal auf geschickte Weise dem Todesurteil – der Gaskammer – und überlebte obendrein die Sterilisationsexperimente Mengeles. Sie überlebte Auschwitz und endete im heutigen Tschechien, wo sie einen Unfall hatte, in ein Krankenhaus eingeliefert und dort langsam gesund gepflegt wurde.

Das Rote Kreuz benachrichtigte zu dieser Zeit ihren Mann, der sich auf den Weg machte und in Tschechien unter Verdacht, ein Nazi zu sein, verhaftet wurde (er trug eine gefundene Nazi-Uniform, da seine gestreifte Gefangenenkleidung verschlissen und die Uniform das einzig Verfügbare war, um sich vor der Kälte zu schützen). Der Polizei erzählte er seine Geschichte und glücklicherweise gab es dort einen Polizisten, der kurz zuvor in jenem Krankenhaus gewesen war und „zufällig" vom Unfall Rebecca Baus erfahren hatte. Dennoch hegte die Polizei weiterhin Zweifel. Joseph erzählte ihnen schließlich, dass er und Rebecca sich während ihrer Gefangenschaft in Płaszów durch spezifische Pfeifsignale verständigt hatten. Man führte Joseph ins Krankenhaus. Auf dem Flur vor dem Krankenzimmer seiner Frau pfiff er – und dann ertönte zaghaft die vorhergesagte Antwortmelodie. An diesem Punkt waren alle Zweifel ausgeräumt; Worte können die Dramatik der Situation und die Tragweite dieses erlösenden Wiedersehens wohl kaum beschreiben.

Joseph beendete nach dem Krieg sein Studium an der Kunstakademie in Krakau und verarbeitete das Trauma des Holocausts während und auch nach dem Krieg in seinen Bildern und Gedichten. Hadassah Bau wurde 1947 geboren, ihre Schwester einige Jahre später (trotz der Sterilisierungsversuche, die Hadassahs Mutter in Auschwitz über sich ergehen lassen musste) und die Familie wanderte 1950 nach Israel aus. Joseph richtete sich in Tel Aviv ein kleines Studio ein, in dem er zeichnete, schrieb, fotografierte und Filme drehte. Er starb 2002, Rebecca einige Jahre zuvor.

„Ich bin aus Deutschland ..."

Das gesamte Gespräch mit Hadassah Bau fand – wie gesagt – am Telefon statt. Die Nummer hatte sie von dem Direktor eines unserer Nationalbüros erhalten. Eigentlich wollte sie nur nachfragen, ob wir als Organisation Interesse daran hätten, das Studio und kleine Museum, das sie im Andenken an ihren Vater unterhielt, zu besuchen. Als ich ihre Kontaktinformationen aufschrieb, hatte ich den Eindruck, dass ich ihr sagen sollte, dass ich Deutsche bin. „Hadassah, ich glaube, du solltest wissen, dass ich aus Deutschland stamme und dass ich in Israel lebe, um einen Unterschied zu machen. Ich möchte dich stellvertretend für mein Volk um Vergebung bitten, für all den Schmerz, den deine Eltern aushalten und den auch du durchmachen musstest. Ich kann die Vergangenheit nicht ungeschehen machen, aber ich kann versuchen, etwas zu tun, um die Wunden zu heilen."

Stille … Stille in mir … Stille am anderen Ende der Leitung. Dann ein Schluchzen und Weinen. „Ich kann nicht glauben, was du mir da sagst. Ich kann nicht glauben, dass ich diese Worte höre." Und später: „Ich kann jetzt nicht mehr sprechen … Bitte komm und besuche mich …"

Ich bin sicher, es ist uns schon allen passiert, dass wir mit all den Dingen, die unseren Alltag bestimmen, (zu) beschäftigt sind. Wir haben so viel zu tun und vergessen dabei manchmal, den Blick zu heben. Und dann gibt es diese Momente, in denen uns klar wird, dass wir beinahe einen großen Schatz verpasst hätten. So fühlte ich mich nach diesem Telefonat. Dies war gefühlsmäßig der fünfzigste verirrte Telefonanruf – doch es war der, der vielleicht das Leben eines anderen Menschen entscheidend verändert hat.

Etwa einen Monat später hatte ich etwas in Tel Aviv zu erledigen; ich brauchte einen neuen Pass und musste zur deutschen Botschaft. Ich rief Hadassah an und wir verabredeten uns. Sie freute sich sehr, dass ich mein Versprechen hielt, sie zu besuchen. Eine Freundin aus der Schweiz begleitete mich und wir verbrachten zwei Stunden in Joseph Baus Studio. Es war der 18. Juni und es stellte sich heraus, dass Hadassah Geburtstag hatte. Auch ihr Vater, der vor etwa zwei Jahren verstorben war, hätte einige Tage zuvor seinen Geburtstag gefeiert. Hadassah vermisste ihn sehr. Wir konnten sie durch aufrichtige, heilende Worte und einen Blumenstrauß ermutigen und trösten. Es war offensichtlich, dass sie noch immer Schwierigkeiten hatte, Deutschen zu begegnen, und vielleicht war es daher gar nicht falsch, eine Schweizer Freundin mitzubringen, denn es entspannte die Situation. Ich war die erste Deutsche, die Hadassah so nahe kommen durfte. Die furchtbaren körperlichen und seelischen Wunden ihrer Eltern waren auch in Hadassah sehr zu spüren – was nicht verwunderlich ist. Es war etwas sehr, sehr Besonderes, ein großes Privileg und Wunder, die Überlebensgeschichte der Familie Bau so leibhaftig zu hören, und ich weiß, dass diese Begegnung harten Boden aufgebrochen hat.

Vom Damals zum Heute

Es geschieht hier sehr häufig, dass ich entweder einer besonderen Lebensgeschichte begegne oder mit der schmerzlichen Geschichte des Volkes und Landes Israel konfrontiert werde. Wenn wir uns das große Bild anschauen, dann verblasst dahinter das Einzelschicksal. Der heute existierende Staat Israel ist ein Wunder, das sich anfassen lässt. Doch wir können uns meist nicht mal im Ansatz vorstellen, welch immense Opfer es gekostet hat, im Heute anzukommen. Der Schmerz, die Entbehrungen, die Hürden, Widerstände, Katastrophen und Leiden, die der Einzelne durchgemacht hat, sind oft kaum vorstellbar. Es sind die Helden, die Gott auserkoren hat, seinen Plan für uns alle umzusetzen. Und die Geschichte Israels ist noch nicht zu Ende!

Und dann blicke ich auf mich und erkenne, dass ich, wie es der Römerbrief bildlich beschreibt, liebevoll von Gott in den Ölbaum Israel eingepfropft wurde und Teilhaber der Verheißungen sein darf. Was für ein Privileg! Es erfüllt mich mit Demut und Dankbarkeit, mit Ehrfurcht und Hochachtung vor unserem Gott und gibt meinem Leben eine andere Perspektive. Wissen wir alle Segnungen Gottes, die wir Menschenkinder oft als ach-so-selbstverständlich hinnehmen, wirklich zu schätzen? Ist uns eigentlich klar, wie gut es uns geht? Laufen wir bei der ersten Schwierigkeit davon? Bin ICH wirklich so wichtig? Wohl kaum! Und doch liebt Gott mich, liebt Gott jeden Einzelnen über alle Maßen!

Muschelsuche

Letztens machte ich einen Spaziergang am Mittelmeer und fand dort Haufen, ja ganze Berge von Muscheln. Natürlich hob ich die eine oder andere auf, betrachtete sie näher, suchte nach *der* besonderen Muschel, warf manche wieder weg, weil sie mir nicht „schön genug" erschienen oder angeschlagen waren. Während meines Strandspaziergangs kam mir der Gedanke, dass Gott unentwegt in üppigen Dimensionen denkt, ja, dass die Freude an Fülle und Überfluss eine seiner Charaktereigenschaften ist. Wir Menschen hingegen denken oft begrenzt oder gar geizig. Sicherlich hätten für unser Menschenauge hundert oder vielleicht tausend verschiedene Muschelsorten genügt und es hätte auch nicht unbedingt sein müssen, dass jede Muschel in sich selbst einzigartig ist. Aber Gott denkt nicht so – seiner Kreativität sind keine Grenzen gesetzt und wir werden sie niemals völlig erkunden können. Das erinnert mich an ein Wort aus dem 1. Kapitel des Johannesevangeliums: *Denn aus seiner Fülle haben wir alle empfangen, und zwar Gnade um Gnade.*

Und dann – was macht den Unterschied? Warum hob ich eine Muschel auf und schaute eine andere nicht einmal richtig an? „Schönheit liegt im Auge des Betrachters" lautet ein altes Sprichwort. Und so sieht auch Gott uns meist ganz anders, als wir uns selbst sehen – das steht ebenfalls in der Bibel: *Denn der HERR sieht nicht auf das, worauf der Mensch sieht. Denn der Mensch sieht auf das, was vor Augen ist, aber der HERR sieht auf das Herz.*

Gott hat mich ermutigt, mich von ihm aufheben, berühren und heilen zu lassen und mich mit seiner Fülle beschenken zu lassen. Damit meine ich nicht nur materielle Dinge – die sind im

Großen und Ganzen zweitrangig. Ich glaube, dass ich erst durch diese ganz persönliche Gottesberührung beginne zu ermessen, wie kostbar Loslassen und Empfangen ist; wie kostbar Gnade, Liebe, Barmherzigkeit, Vergebung und Freiheit sind – vor allem die Freiheit, NICHT alles aus eigener Kraft schaffen zu müssen, sondern unverdient und trotz aller Macken und Fehler auf eine Weise geliebt und beschenkt zu werden, die eine tiefe Lebensfreude freisetzt und dem Leben einen heiligen Glanz verleiht. Soweit mein zaghafter Versuch, das, was aus dieser Üppigkeit sprudelt, in Worte zu fassen.

Eine überraschende Begegnung

Auch im Hebräischkurs hatte ich eine interessante Begegnung. Eine Frau kam zu einer Probestunde und wir unterhielten uns vom ersten Moment an sehr angeregt. Es war eine schöne Begegnung, doch die Frau entschied sich, mit dem Besuch des Sprachkurses noch einige Wochen zu warten. Eines Tages begegneten wir uns in der Gemeinde wieder und keiner von uns beiden konnte sich so recht erinnern, wo wir uns bereits getroffen hatten. Es dauerte ein Weilchen, bis wir das Rätsel gelöst hatten. Dann waren wir beide erstaunt, welch eine Herzenswärme Gott hat fließen lassen, noch ehe wir uns richtig kannten, und wir freuten uns, dass wir uns nun auch öfter in den Gottesdiensten treffen würden. Im Hebräischkurs haben sich über das vergangene Jahr hinweg sehr intensive Beziehungen entwickelt und die Gespräche, die Spuren in den Herzen hinterlassen haben, sind im Grunde nicht zu zählen. Während wir uns in der Sprache üben, teilt jeder einige Kapitel aus seinem/ihrem Leben mit und wir können einander besser verstehen. Aus einer Zweckgemeinschaft ist ein liebevolles und anerkennendes Miteinander geworden.

Freud und Leid

Jerusalem hat seine Wiedervereinigung gefeiert. Nach der Staatsgründung Israels 1948 und dem darauf folgenden Unabhängigkeitskrieg war Jerusalem teilweise unter jordanischer Herrschaft geblieben und dementsprechend geteilt. Die Altstadt war für jüdische Bewohner unzugänglich gewesen und die wenigen noch dort wohnhaften Juden hatten fliehen oder extreme Entbehrungen und Angriffe aushalten müssen. Während dieser Zeit blieb Juden auch der Besuch der Klagemauer verwehrt. Im religiösen Judentum ist die Klagemauer von großer Bedeutung, denn sie ist die Westmauer der einstigen Tempelanlage, ursprünglich von König Salomo erbaut und später von Herodes dem Großen erweitert und umgestaltet. Erst im Sechs-Tage-Krieg 1967, also neunzehn Jahre nach der Staatsgründung, hatten israelische Truppen die Altstadt wieder einnehmen und so die Kontrolle über ganz Jerusalem wiedergewinnen können. Die Bilder der Soldaten, die beim Anblick der Klagemauer von ihren Gefühlen überwältigt wurden, sind weltbekannt.

Nun feierte die Stadt den 37. Jahrestag dieser Wiedervereinigung. Welch ein Jubel auf den Straßen! Prachtwagen reihte sich an Prachtwagen und Menschen aus dem ganzen Land kamen nach Jerusalem, um ihre Freude über die ungeteilte Hauptstadt so richtig übersprudeln zu lassen. Sie waren in die Jerusalemfahne gehüllt, hatten sich blau-weiß geschminkt, schwangen Banner und Flaggen, tanzten die traditionellen Reigen auf den Straßen und sangen bis zur Heiserkeit.

An guten Tagen ist Jerusalem ein Schmelztiegel, der in Staunen versetzt. An schlechten Tagen ist die Stadt wie eine offene, blutende Wunde, die Schmerz und Tränen verursacht. Während in meinem Ohr noch die Jubelmelodien nachhallen, erblicken meine Augen Schlagzeilen wie „Eindringen eines Attentäters verhindert"; „Gestohlene Autos, Papiere und Sprengstoff entdeckt"; „51 Terrorwarnungen am heutigen Tag eingegangen"; „Soldat nur leicht verwundet"; „Sicherheitskräfte in höchster Alarmbereitschaft". Fast im Minutentakt tickern diese Nachrichten über die Internetseiten. Diese Nachrichten beschränken sich nicht nur auf Jerusalem. Da ist beispielsweise Sderot – ein kleiner Ort, etwa vier Kilometer außerhalb des Gazastreifens auf israelischem Gebiet. Er steht praktisch wöchentlich, manchmal sogar täglich, unter Raketenbeschuss. Anfang Juli diesen Jahres hat es dort zum ersten Mal Tote gegeben, darunter ein Junge im Vorschulalter. Mutter und Sohn waren auf dem Weg zum Kindergarten. Der Sohn starb, seine Mutter wurde verletzt und lag für einige Zeit im Koma. Beim Aufwachen fragte sie sofort nach ihrem Kind. Sie und ihr Mann hatten fünfzehn Jahre auf diesen Sohn gewartet ...

Stachelige Schönheit

Rosh haShana, das jüdische Neujahr, hat die Herbstfeste eingeleitet und die Nation mit zwei freien Tagen und einem anschließenden Schabbat beschenkt – das heißt drei Tage ohne öffentliche Verkehrsmittel und damit zumindest für diejenigen, die kein Auto besitzen, Tage der Zwangsruhe. Auch an Jom Kippur, dem Versöhnungstag und höchsten Feiertag der Juden, an dem gefastet wird, gibt es keine Transportmöglichkeiten (sehr viel strenger als an regulären Schabbat-Tagen). Selbst der israelische Rundfunk und das Fernsehen setzen die Ausstrahlung ihrer Programme aus. Es ist eine wertvolle Zeit, um zu reflektieren und das eine oder andere im Leben etwas genauer anzuschauen und, wo nötig, Wege der Versöhnung zu gehen. Und was wäre dieser Tag ohne ausgiebige Spaziergänge auf den Straßen? Fußwege sind absolut tabu, denn die Straße gehört an diesem einen Tag im Jahr den Zweifüßlern. Eine Hauptstadt mit derzeit knapp 700 000 Einwohnern so still zu erleben erscheint surreal. Die Hauptverkehrsader zur Klagemauer entlang zu schlendern, fühlt sich seltsam an. So seltsam, dass ich, ein wenig heimlich natürlich, fotografieren musste, dass es an diesem Tag tatsächlich möglich ist, auf der belebtesten Kreuzung der Jerusalemer

Innenstadt zu liegen und zu lesen oder Backgammon zu spielen. Menschen sind zumeist ganz in Weiß gekleidet (weiße Kleidung symbolisiert Reinheit, insbesondere die Reinheit der Engel) und vertiefen sich an der Klagemauer ins Gebet, still und jeder für sich. Dieser Anblick ist immer wieder ergreifend.

Es scheint, als habe Gott auch in diesem Jahr ein paar richtig heiße Tage für die Sukkoth-Woche, die sich an Jom Kippur anschließt, aufgespart. Etwa 35 Grad am Tag sind wohl ein besonderer Segensgruß an die vielen Israelis, die in ihren Laubhütten schlafen. Frieren werden sie sicher nicht.

In dieser Jahreszeit zeigt sich Israel landschaftlich nicht gerade von seiner schönsten Seite. Wiesen und Berge sind grau-braun, die Felder abgeerntet und kaum ein grüner Strauch ist zu sehen. Die Bäume scheinen nach Wasser zu lechzen und sehen so dermaßen verstaubt aus, dass man sich das Grün dazu denken muss. Abgase, staubige, mit Sandpartikeln gefüllte Luft, dazu viele hitzig-ungeduldige Menschen und überall verstreuter Müll ... Kurz gesagt, es ist, als ströme jede Faser Israels die Sehnsucht nach einer kühlend-reinigenden Dusche aus. Das Land hat seine Stacheln ausgefahren, so wie ein Igel in Abwehrhaltung. Dann und wann formuliert sich in meinen Gedanken die leise Frage an Gott: „Bist du sicher, dass ich hierher gehöre?" Und immer wieder stelle ich fest, dass die Antwort „JA!" lautet und tief in meinem Herzen ertönt, auch wenn Stacheln mir entgegenstehen. Dies ist der Ort, an dem ich jetzt in dieser Zeit sein soll und darf. Und sobald ich die Dinge mit Gottes Augen betrachte, erkenne ich die Schönheit hinter den Stacheln. Es ist, als fragte mich das Land: „Bist du bereit zu lieben, auch wenn du eine harte Schale durchbrechen und hier und da einen Pikser einstecken musst?" Ja, wenn es schwierig wird, dann entfaltet Liebe ihre volle Kraft, und einen Igel in Abwehrhaltung kann man nur mit viel Geduld, Liebe, tröstenden Worten und greifbaren Vertrauensbezeugungen aus der Reserve locken. *Tröstet, tröstet mein Volk, spricht der HERR* – so sagt es die Bibel und so sagt es mein Herz.

Beten für den Frieden Jerusalems

Das ist ein Wort aus dem 122. Psalm. In einigen Bibelübersetzungen heißt es auch *Wünscht Jerusalem Glück!* Sei es Frieden, sei es Glück – beide Worte werfen bei genauerem Nachdenken große Fragen auf. Was ist Glück? Wie kann man es definieren? Ist Frieden lediglich die Abwesenheit von Krieg und Konflikt? Was mag König David dazu bewogen haben, diese klare, noch heute gültige Aufforderung vor Jahrtausenden in seinen Psalmen niederzuschreiben? In Jerusalem gibt es Stadtteile, in denen man Häuser entdecken kann, an denen genau dieses Bibelwort – und noch dazu in Deutsch – an den Fassaden prangt. Eines dieser Gebäude steht direkt neben meinem Büro. Heute ist es eine Berufsschule, doch einst gastierte dort Kaiser Wilhelm II. mit seiner illustren Reisegesellschaft von zweihundert offiziellen Gästen und etwa zweihundertachtzig nichtoffiziellen Teilnehmern, als er 1898 Jerusalem besuchte, um der Einweihung der Erlöserkirche beizuwohnen. Als damals das Gebäude für den Kaiser hergerichtet wurde, integrierte man in die Vorderfront des Hauses ein großes Ornament mit ebendiesem Wort aus Psalm 122, um Wilhelm II. willkommen zu heißen.

Ganz im Sinne dieses biblischen Aufrufs wird ab diesem Jahr jeder erste Sonntag im Oktober ein weltweiter Gebetstag für den Frieden Jerusalems sein. Für mich ist es bedeutungsvoll, dass der Beginn dieser Freundschaftsbezeugung von Christen zu Israel in diesem Jahr auf den 3. Oktober fällt – dem Tag der Deutschen Einheit (ein Tag, an dem unsere Nation dessen gedenkt, dass wir innerdeutsche Wiederherstellung, Gnade und Versöhnung erleben durften, wofür wir Gott von Herzen danken können). Über 40 000 christliche Gemeinden weltweit werden in ihren Städten zu Gebetstreffen zusammenkommen. Auch in Jerusalem wird es eine Versammlung von etwa 5 000 Christen in einem öffentlichen Park nahe der Knesset geben. *Bridges for Peace* hat sich an der Organisation vor Ort beteiligt und unser Direktor wird die Eröffnungsrede halten. Einige Parlamentarier haben ihr Kommen zugesagt. Wir sind sehr gespannt und freuen uns auf die Gelegenheit, unsere ehrliche, grenzüberschreitende Freundschaft zu Israel auch auf diese Weise auszudrücken.

Im Oktober gab es noch einen anderen entscheidenden Tag – jedenfalls für mich. Mein Pass wurde mit einem Jahresvisum gestempelt! Ein ganzes Jahr ist sehr ungewöhnlich für meine Visakategorie und ich empfinde es als ein großes Geschenk. Es freut mich allerdings nicht nur persönlich, sondern gibt uns auch Hoffnung für die anstehenden Verhandlungen. Umstrukturierungen der Visakategorien zeichnen sich ab und es könnte möglich werden, dass Volontäre, die gern einige Jahre in Israel Dienst tun möchten, davon profitieren. Eine konkrete Entscheidung ist allerdings wohl noch in weiter Ferne.

Unliebsame Gäste

Leider musste ich auch eine sehr unangenehme Überraschung erleben: In meine Wohnung wurde eingebrochen. Es geschah an einem Abend, an dem ich eine Kollegin zum Abendessen besuchte. Als ich um 22 Uhr nach Hause kam, öffnete ich die Tür, und noch ehe ich etwas sehen konnte, spürte ich einen totalen Unfrieden und erahnte schemenhaft eine Unordnung in der Dunkelheit. Sämtliches Bargeld, das sich in meiner Wohnung befunden hatte, war weg – allerdings waren Kreditkarten, Ausweisdokumente und vor allen Dingen mein Laptop noch da. Ganze Backsteine purzelten mir vom Herzen.

In zwei andere Wohnungen auf dem Schulgrundstück, auf dem ich wohne, war ebenfalls eingebrochen worden und so riefen wir schnellstens die Polizei. Inmitten des Chaos war es für mich ein Trost, dass ich nicht allein betroffen war. Die nachbarliche Hilfe kam mir noch nie so wertvoll vor wie an diesem Abend, ebenfalls die Tatsache, dass in jenen Tagen gerade gute Freunde aus Haifa bei mir übernachteten.

Gegen Mitternacht kam die Polizei dann endlich. Sie schauten sich alles an, nahmen Fingerabdrücke, stellten das Einbruchswerkzeug sicher und beorderten uns am nächsten Morgen zur Dienststelle, um unsere Aussagen aufzunehmen. Das Ermutigende hierbei war, dass ich selbst in einer so ungewöhnlichen Situation das ausdrücken konnte, was vermittelt werden musste, obwohl nur Hebräisch gesprochen wurde. Die Polizeibeamtin stellte mich später sogar zum Übersetzen ab. Nach einigen Tagen wurde der Schwachpunkt meiner Wohnung – meine Tür, in der sich kleine Fenster befinden, die aufgehebelt wurden – besser gesichert und verstärkt und ich fühle mich mittlerweile wieder sicher. Große Schätze kann man bei mir ja ohnehin nicht finden.

Dennoch ist es ein belastendes Gefühl zu wissen, dass Fremde meine Sachen durchwühlt haben und in meine Privatsphäre eingedrungen sind, dort, wo niemand uneingeladen herumtrampeln sollte. Andererseits habe ich mich von Anfang an geweigert, etwas anderes anzunehmen, als dass diese Situation in meinem Leben Segen hervorbringen wird. Durch den Einbruch ist trotzdem innerlich einiges in mir aufgebrochen (ein Gefühl der Schutzlosigkeit, des mangelnden Vertrauens, des Im-Stich-Gelassen-Werdens) und all das verarbeite ich noch.

Gleichzeitig sind mein erfolgreich bestandener „Hebräischtest" und ein neues Stück innere Heilung Juwelen inmitten dieses auf den ersten Blick unschönen Ereignisses. Obendrein wurde aus „technischen Gründen" meine Telefonrechnung für zwei Monate ausgesetzt. Es ist eine sehr demütig-machende Erfahrung (und das absolut positiv gemeint) zu erleben, wie rasch Gott wiederherstellt. Ich kann ich aus vollem Herzen sagen, dass die finanzielle Lücke, die der Einbruch gerissen hat, nicht mehr existiert. Gott sei Dank!

Ab in die Wüste

Zwei Tage nach dieser Aufregung ging es in die Wüste – drei Tage und Nächte mit guten Freunden aus sechs Ländern und einer Horde Kamele. Schon lange hatte ich mich auf dieses Abenteuer gefreut, und nun konnte ich es umso mehr gebrauchen, dem hektischen Leben der Großstadt zu entfliehen. Es tut unsagbar gut, absolute Stille, ein Sternenmeer, eine faszinierende Landschaft und gute Gemeinschaft genießen zu dürfen. Das alles geschah, während wir über 35 Kilometer durch die Wüste wanderten oder auf Kamelen ritten, im Freien schliefen, auf den Komfort von Dusche und WC verzichteten, Geheimnisse des Wüstenlebens entdeckten, unser Geschirr mit Sand reinigten und Brot in der Asche des Lagerfeuers buken. Für mich war es etwas Besonderes zu erfahren, welch ganz eigene Dynamik die Wüste ausstrahlt. Die Bibel ist voll von Menschen, die einschneidende, ja lebensverändernde Begegnungen und Momente in der Wüste durchlebten. An eines denkt man unweigerlich recht schnell: an den Auszug Israels aus Ägypten und die nachfolgenden Wüstenwanderungen unter Mose. Dabei ist mir etwas sehr deutlich geworden. Es ist relativ leicht, ein „Leben in Ägypten" hinter sich zu lassen, die elende Schufterei und Unterdrückung (oder welche Bezeichnungen wir auch immer in unserer heutigen, modernen Welt dafür finden würden) – denn es ist das, was wir offensichtlich hassen. Doch in der Wüste müssen wir die Dinge loslassen, die wir im Geheimen lieben: die sogenannten Fleischtöpfe Ägyptens, nach denen wir uns oftmals immer noch sehnen, obwohl wir manchmal gar nicht mehr so recht wissen, ob sie je wirklich existiert haben. Der Weg durch die Wüste ist unser Zerbruch. Danach kommt das Verheißene Land: Die Träume und Pläne, die Gott in seinem Herzen für uns trägt und in unsere Herzen hineingelegt hat, beginnen, sich zu entfalten. Sie sind voller Liebe, Segen, Freude und aus meiner Erfahrung kann ich sagen, dass sie die eigene Vorstellungskraft bei Weitem übersteigen.

Veränderungen

Gesegnet worden bin ich auch durch eine neue Kollegin aus der Schweiz. Bereits zu Beginn des Jahres mussten mein Chef und ich feststellen, dass die anfallende Arbeit in unserer Abteilung zu zweit nicht mehr zu bewältigen ist. Aus diesem Grund wurde unser Team ab April zunächst durch eine Kurzzeitvolontärin verstärkt. Nachdem sie ihr sechsmonatiges Volontariat beendet hatte, stellte sich erneut die Frage, wie die Arbeit wohl nun zu schaffen sei. Doch diese Lücke wurde schneller geschlossen, als wir zu hoffen wagten. Unsere neue Kollegin bleibt zunächst für ein Jahr und ist bereits nach kurzer Zeit ein großer Segen für uns.

Weniger segensreich ist zur Zeit das Treiben der Regierung; sie steht schon seit mehreren Monaten vor dem Kollaps. Es ist traurig zu beobachten, wie sehr die Regierung gegenwärtig am Volk vorbei handelt. Vor Kurzem ist nun auch der wichtigste Koalitionspartner ausgestiegen. Dadurch bleibt das Innenministerium ohne den dazugehörigen Minister, was gravierende Auswirkungen auf unsere Visaverhandlungen hat. Da braucht es auf unserer Seite die richtige Kombination von „Chutzpe" und „Savlanut" – Worte, die man hier einfach kennen muss. Chutzpe ist eine Mischung aus zielgerichteter, intelligenter Unverschämtheit, charmanter Penetranz und unwiderstehlicher Dreistigkeit. Savlanut ist Geduld.

Wenn eine Lüge lange genug erzählt wird ...

Jassir Arafat ist tot. Selbst seinen Tod haben er und die Menschen um ihn herum manipuliert. Die Geräte, die ihn am Leben hielten, wurden genau an dem Tag abgeschaltet, an dem Mohammed angeblich auf seinem Pferd Barak in den Himmel geritten sein soll, natürlich von Jerusalem aus (was im Koran so nicht zu finden ist). Wenn eine Lüge lange genug erzählt wird, glaubt sie irgendwann auch die Allgemeinheit. Wie viele Lügen Arafat in seinem Leben gestreut hat, lässt sich wohl kaum nachvollziehen, und so überrascht es auch nicht, dass in den Aufnahmepapieren des Krankenhauses als Arafats Geburtsort „Kairo" aufgeführt wird, auf dem Totenschein jedoch „Jerusalem" (oder „Al-Quds", wie es von Arabern genannt wird) als Geburtsort angegeben ist. Noch drastischer ist die Verbreitung der Lüge, dass israelische Geheimdienstler Arafat vergiftet hätten. Das klingt zunächst nur wie eine weitere, schmutzige Medienlüge, doch welch ein Resultat es dort hervorbringt, wo Menschen belogen und zum Hass erzogen werden, sollte nicht unterschätzt werden. Die Sicherheitsvorkehrungen in Jerusalem waren tagelang geradezu unwirklich; es schien, als sei jeder verfügbare Polizist ununterbrochen im Einsatz. Die Palästinensische Autonomiebehörde hat eine vierzigtägige Trauerzeit angekündigt, doch das mindert weder die Ausübung noch die Zurschaustellung von Gewalt; die Beerdigungsbilder sprachen Bände. „Zu Ehren" Arafats wurden Raketen auf israelisches Gebiet gefeuert. Es schien, als hielte Israel tagelang den Atem an, ungewiss, was nun zu erwarten sei – soll man Hoffnung auf Frieden hegen oder kommt gar viel Schlimmeres als bisher?

Ein Blick hinter den Zaun

Vor Kurzem bin ich hinter den vieldiskutierten Sicherheitszaun gereist. Wie es dazu kam, hat eine etwas längere Vorgeschichte: Abu Musa, ein Araber, aufgewachsen in den Palästinensischen Autonomiegebieten, nahm mit neunzehn Jahren den christlichen Glauben an. Die Hochzeit mit einer von seinem Vater ausgewählten Araberin war bereits arrangiert worden, als Abu Musa ein Kleinkind war. Er wollte diese Ehe umgehen und flüchtete nach Europa. Einige Jahre später kehrte er zurück, denn der Druck, den seine Familie auf ihn ausübte wurde zu groß. Schließlich ging er diese arrangierte Ehe ein. Abu Musa machte aus seinem Glauben an Christus keinen Hehl, seine Frau blieb beharrliche Muslimin und erzog die Kinder entsprechend. Abu Musa war Bauunternehmer, sein Geschäft florierte und er arbeitete vor allem auf israelischem Gebiet und hatte dort viele Freunde, denn seine Arbeit wurde geschätzt und gut bezahlt. Dann kam die erste Intifada (1987–1993) und Abu Musa verlor einen Auftrag nach dem anderen, da er aufgrund der Gebietsabriegelungen seine Arbeit nicht fortsetzen konnte. Israel forderte viele Araber auf, sich zu entscheiden: Wenn sie die von Gewalt beherrschten Gebiete verließen und Frieden mit Israel wünschten, würden sie einen israelischen Personalausweis erhalten. Auch hier unterlag Abu Musa dem Druck seiner muslimischen Angehörigen und dem Regime, das Widerstand und Hass schürte. In einer Situation, in der er nicht mehr wusste, wie er seine Familie ernähren sollte, wandte er sich nach der Intifada an christliche Hilfswerke in Israel, die ihm halfen, so gut sie konnten. Doch dann erlitt Abu Musa einen Schlaganfall und konnte das Haus nicht mehr verlassen. Glaubensgeschwister besuchten ihn und halfen ihm und seiner Familie weiterhin, bis er schließlich starb. Vier seiner mittlerweile längst erwachsenen Kinder leben in den Palästinensischen Autonomiegebieten, eines in den USA, eines in Deutschland.

Wir besuchten einen von Abu Musas Söhnen und dessen Familie, nennen wir ihn Ahmed (Name geändert). Welch ein trauriges Bild bot sich uns im ehemaligen Bethanien (so hieß der Ort zu biblischen Zeiten)! Endlose Müllberge, unfertige oder zerfallene Häuser, Arbeitslosigkeit, Armut und halbleere Geschäfte. Diese Leere bezieht sich aber auch auf das intellektuelle und das geistliche Leben. Hoffnungslosigkeit, Gewalt, Frustration, Wut – all das hing buchstäblich in der Luft. Im Gespräch mit uns – und innerhalb seiner sicheren vier Wände – brachte Ahmed seine Enttäuschung und Hoffnungslosigkeit zum Ausdruck. Er erzählte offen, dass er bereits oft genug beobachten musste, dass diejenigen, die Kritik äußern, entweder auf eigenartige Weise verschwinden oder umkommen. Etwa dreißig Prozent der arbeitsfähigen Bewohner des ehemaligen Bethanien haben Arbeit, alle anderen stehen im wahrsten Sinne des Wortes auf der Straße. Er zeigte uns die Häuser einiger Führer der Palästinensischen Autonomiebehörde und erzählte uns auch, wie er früher mit ihnen zur Schule ging und sie nun in glänzenden Autos durch die Armut fahren. Sie haben in seinen Augen nichts zu bieten, keine besondere Ausbildung oder ein Studium. Politik wollen sie nicht machen, aber Geld scheffeln, und das verschwindet ja reichlich im Nirgendwo – so Ahmeds Worte. Wenn er von den hohen Summen hört, die die EU und die USA den Palästinensischen Autonomiegebieten zur Verfügung stellen, kann er nur wütend den Kopf schütteln. Weder er noch seine Familie haben jemals etwas davon gesehen, sei es in Form von Schulen, Krankenhäusern oder einer Art Sozialhilfe. Auch einen Arzt gibt es in Bethanien nicht. Ahmed fragt sich, warum die Finanziers nie nachfragen, wie das Geld tatsächlich verwendet wird. „Die Japaner sind schlauer", sagte er, „die kommen selbst, überprüfen den Fortschritt und bezahlen Rechnungen erst, wenn sie das Material oder den Service erledigt sehen." Ahmed ermutigt seine vier Kinder immer wieder, die erste Gelegenheit wahrzunehmen, die sich ihnen bietet, die Palästinensischen Autonomiegebiete zu verlassen, und sich nicht um ihn zu kümmern. Er ist alt, sagt er, und kann nicht mehr weg, aber das Letzte, was er will, ist, sie vor seinen Augen zu Grunde gehen zu sehen. Der Frust, den Ahmed uns gegenüber deutlich äußerte, ist mehr als verständlich, wenn man Bethanien mit eigenen Augen sieht.

Olivenernte

Abu Musa selbst hat vor einigen Jahren einer Bekannten von mir, die ihm ihre Hilfe und Barmherzigkeit nicht entzogen hat, einen Olivenbaum in seinem Garten geschenkt. Dort wohnt jetzt Ahmed und obwohl er und seine Familie kaum ihren Lebensunterhalt bestreiten können und daher den Ernteertrag sicher gut gebrauchen könnten, steht es für sie außer Frage, auch nur eine Olive für sich selbst zu verwenden. Das, was meine Bekannte für Abu Musa einst tat, wird noch heute geschätzt. Wir kamen zu fünft, um die herrlich reifen Oliven abzuernten. Das war auch der Grund, warum ich die Gelegenheit hatte, einen echten Einblick in das Leben auf der anderen Seite des Sicherheitszauns zu bekommen.

Olivenbäume sind etwas sehr Besonderes und wir können durch sie viel lernen. Inspiriert durch diese Olivenernte habe ich kürzlich Jotams Fabel im Buch der Richter, Kapitel 9, gelesen und darin viel Neues entdeckt. Es dauert sieben Jahre, bis der Olivenbaum einen ersten Ertrag hervorbringt, doch dann trägt er über viele Jahre zuverlässig Früchte; er streckt seine Wurzeln tief in die Erde hinein und übersteht sämtliche Launen der Natur; sein Wachstum ist unaufhörlich, er entwickelt stetig neue Triebe; eine Zeder beispielsweise lebt nur circa vierzig Jahre, doch der Olivenbaum ist im Grunde unzerstörbar; er hat von außen keine beeindruckende Gestalt, sondern wirkt eher knorrig und verschroben, doch gerade dadurch entwickelt sein Holz eine ganz besondere, einzigartig schöne Maserung; seine Früchte spenden nicht nur Nahrung, sondern auch Licht und Pflege für den Körper (in der Antike verwendete man Olivenöl für die Lampen und bis heute finden die Substanzen der Olive in der Produktion von Kosmetika und Körperpflegeartikeln Anwendung).

Gott hat schon und möchte seine Kinder weiterhin mit allem Guten ausstatten, weit über unsere begrenzte Vorstellung hinaus, denn er denkt in üppigen Dimensionen. Manchmal präsentieren sich seine Segnungen auf den ersten Blick allerdings etwas „knorrig", so wie die Rinde des Olivenbaums. Wenn man sich aber die Mühe macht, unter die knorrige Rinde zu schauen, entfaltet sich die verborgene Schönheit und ungeahnte Fülle.

Setzlinge und Entwurzelungen

Das Jahr begann ruhig und entspannt, doch erwies sich diese anfängliche Ruhe sehr bald als eine Art „Warmlaufphase". Ich saß im Beifahrersitz des gemütlichen Gefährts mit Namen „Ina in Israel" und genoss entspannt, was das Leben mir bot. Doch kaum war der Zündschlüssel herumgedreht, kaum war die Vorglühphase vorbei, hieß es „Positionswechsel!" Ich wurde, um bei diesem Bild zu bleiben, in den Fahrersitz geschubst. Nun war es an mir, das Steuer in die Hand zu nehmen, aufs Gaspedal zu treten (obwohl ich, ehrlich gesagt, nicht immer das Gefühl hatte, ich könnte das Tempo bestimmen) und mehr auf die Straße als auf die Landschaft zu achten. Rückblickend würde ich das Jahr 2005 als eines bezeichnen, in dem mir ganz neue Dimensionen „fahrerischen Könnens" abverlangt worden sind.

Gravierende Veränderungen erwarteten mich bei meiner Arbeit. Mein Chef reichte nach acht Jahren als Leiter der Personalabteilung seine Kündigung ein. Ich verlor nicht nur einen hervorragenden Vorgesetzten, sondern auch einen geschätzten Freund – er und seine Frau haben mich in manch schwieriger Situation in Israel ermutigt und getröstet; auch an fröhlichen Erinnerungen hat es nicht gefehlt. Im Zuge dessen wurde ich befördert und übernahm somit die Verantwortung für das weltweite Volontärprogramm der Organisation, für DIE Abteilung, die in jeglicher Hinsicht Dreh- und Angelpunkt inner- und außerbetrieblicher Handlungsfähigkeit ist. Es zeichnete sich schnell ab, dass das Wachstum der Organisation an sich und die Fluktuation der Volontäre höher als prognostiziert ausfallen würden. Innerbetriebliche Umstrukturierungen mussten vorgenommen werden und auch an der Führungsspitze gab es einschneidende Veränderungen. Als sei das noch nicht genug, zeichnete sich gegen Ende des Jahres eine mittelfristige Unterbesetzung in der Personalabteilung ab – etwas, das in einer Volontärsorganisation, wo Arbeitspotential und -volumen nicht immer in Balance zu bringen sind, nur begrenzt kontrolliert und behoben werden kann. Mein Arbeitspensum erhöhte sich also im Laufe des Jahres von 75 Prozent auf mindestens 125 Prozent, zu Spitzenzeiten auch mehr. Auf diesem (oder streckenweise sogar noch höherem) Niveau spielte es sich für die nächsten Jahre ein. Unsanft vertrieben aus dem Beifahrersitz, die Hände ans Steuer gelegt, ordnete ich mich also in die linke Spur meiner persönlichen Israelautobahn ein. Dort, mit entsprechendem Tempo, sollte ich lange bleiben.

2005 war auch ein Jahr innerer Beschneidung. Ich hatte so manches Mal das Gefühl, als würde ich einer offenen Herzoperation unterzogen. Mir wurde (öfter als mir lieb war) klar, dass Strukturen, die sich in mir entwickelt hatten – und das vielleicht seit Jahrzehnten –, überdacht, neu definiert und bereinigt werden mussten. Insofern war 2005 auch ein Jahr des Abschieds von alten Gewohnheiten. Mutig fing ich an danach zu streben, so zu werden, wie ich eigentlich gemeint und geschaffen worden war, und mich gleichzeitig von Manchem zu verabschieden, das ich an mir einfach hingenommen hatte. Ein hehres Ziel, an dem ich noch heute arbeite. Mittlerweile bin ich bereits ein gutes Stück vorangekommen – und einige entscheidende Meilensteine wurden sicherlich im Jahr 2005 erreicht.

Auch Israel durchlebte harte, schmerzhafte Einschnitte und zog sich aus dem Gazastreifen zurück. Noch heute erinnert mich die Farbe Orange an das Jahr 2005 und den Schmerz, das Leid und die Enttäuschung, die die jüdische Bevölkerung durch diese Farbe zum Ausdruck brachte. Die Tragweite des erbrachten Opfers – im politischen Sinne ein Bauernopfer – lässt sich selbst jetzt kaum erfassen. Der ersehnte Erfolg, nämlich eine friedliche Koexistenz von Palästinensern und Israelis, stellte sich jedenfalls nicht ein. Im Gegenteil, terroristische Aktivitäten im Süden Israels nahmen an Häufigkeit und Intensität zu und weitere kriegerische Auseinandersetzungen folgten. Der Abzug aus dem Gazastreifen hat die Atmosphäre in Israel spürbar und nachhaltig verändert.

Nur wer sich ändert, bleibt sich treu

Wir alle kennen Zeiten, in denen innerlich Neues aufbricht, wir Dinge in unserem Leben hinterfragen und manchmal auch neu ordnen. Es sind Zeiten, in denen sich Gewichtungen und Prioritäten verschieben und wir auf Kommendes vorbereitet werden. Es ist auch ein bisschen „Stochern im Nebel", da wir den Weg oder die Entwicklung nicht immer klar und deutlich vor uns sehen, sondern eher ertasten müssen. Aber das muss so sein, denn alles, was sich äußerlich zeigt, beginnt zunächst im Innern. Jede Tat ist zuvor ein Gedanke, ganz gleich wie unbewusst er auch sein mag. So sind wir „gestrickt" und unser persönliches Strickmuster ist manchmal kompliziert, manchmal simpel – doch als Ganzes betrachtet hat Gott mit jedem von uns etwas Wunderbares geschaffen.

Die Dinge, die ich hier in Israel erlebe, erzeugen innere Veränderungen, die ich wahrnehmen und umsetzen möchte. Wenn Menschen, die sich jahrelang nicht gesehen haben, einander wiedertreffen, sagen sie sich oft: „Du hast dich überhaupt nicht verändert!" Das ist sicher als Kompliment gemeint. Aber eine derartige Feststellung kann wohl lediglich dem Äußeren schmeicheln. Leider nehmen wir uns nicht immer die Zeit, das Innere am anderen wahrzunehmen und neu kennenzulernen beziehungsweise uns dementsprechend unserem Gegenüber mitzuteilen. Ich persönlich würde es als Niederlage einstufen, mich innerlich nicht verändert zu haben – spüre ich doch, dass bestimmte Lebensperspektiven und -einstellungen, auf die ich vor Jahren beharrte, jetzt nicht mehr dieselbe Gewichtung besitzen, andere Formen angenommen haben, sich verfestigen konnten oder komplett aus meinem Leben verschwunden sind. Das ist der na-

türliche Reifungsprozess, eine Art „Säulenbildung". Ohne tragfähige Säulen bricht unser Leben nur allzu leicht zusammen. Es ist
wichtig, diese nicht verhandelbare Grundlage für sich selbst zu
definieren. Wie heißt es so passend? „Nur wer sich ändert, bleibt
sich treu."[10]Auch so kann man ausdrücken, dass das Leben, das
uns geschenkt wurde, etwas Pulsierendes ist, das sich weiterent-
wickeln möchte und muss, um aufleben, aufblühen zu können.

Entschleunigung

Die letzten Wochen waren für mich eine Zeit des Rückzugs. Natürlich war der generelle Tagesablauf derselbe, doch ich habe
einige Aktivitäten heruntergeschraubt und dadurch verstärkt
Ruhe und Ungestörtsein genossen. Ich habe viel Zeit vor Gott
verbracht, gebetet, hingehört und in der Bibel gelesen. Ich wünsche mir, dass mein Alltag von göttlichen Abenteuern bestimmt
wird und dass mein Leben nicht wie ein trockener Kuchen mit
etwas christlichem Zuckerguss ist. Was bleibt, wenn der Zuckerguss abgeknabbert ist? Ein vielleicht fade schmeckendes Leben,
ohne Würze, ohne Pep? Ein Leben, dem das „gewisse Etwas"
fehlt? Egal wie lecker ein Kuchen äußerlich aussehen mag, wie
geschmackvoll er ist beweist sich erst beim Hineinbeißen.
Oftmals sind wir so auf unsere eigenen Ideen und Pläne fixiert,
dass es wenig Spielraum für Unvorhergesehenes oder für Dinge, deren Risiko wir nicht vollständig einschätzen können, gibt.
Manchmal investieren wir sehr viel Energie in Dinge, die man im
Grunde als völlig unwichtig einstufen könnte, und zwängen uns
dadurch in ein Korsett, das uns einengt und unsere Flügel lähmt.
Ein Korsett, an das wir uns gewöhnen, das uns aber so einschnürt,
dass wir nicht mehr wagen, die selbst errichteten Begrenzungen
zu überschreiten. Das hindert uns daran zu entdecken, was tatsächlich alles in uns steckt. Manchmal ist es nötig, von unserem
„Ich" wegzuschauen und den Blick zu heben. Sind unsere Pläne
wirklich so wichtig und gut? Klammern wir uns mehr als nötig
an selbst gemachte oder aufgezwungene Sicherheiten? Hegen

wir möglicherweise tief in uns „Bedenken" beim Gedanken an Gott? – Er täuscht niemanden; er enttäuscht uns nicht, so wie Menschen es vielleicht getan haben. Oder erwartet uns eventuell doch Strafe für jeden Fehltritt? – Nein! Er ist langmütig und gütig und sucht jedes „Schäfchen", das sich verirrt hat, mit Augen der Liebe! Oder könnte Gott, ganz willkürlich, etwas tun, das uns bloß wehtut? – Nie und nimmer. Der, der jedes Haar auf meinem, unserem Haupt gezählt hat, für ihn bin ich, sind wir kostbar!

Unerschütterliche Vaterliebe

Gott sagt von sich selbst, dass er uns Vater sein möchte – ein Vater, der seine Kinder liebt und ihnen gute Gaben schenkt. Machen wir Menschen uns die Mühe, diesen himmlischen Vater wirklich kennenzulernen und seine Liebe aufzusaugen wie trockene Erde den ersehnten Regen? Erlauben wir ihm, unser „Herzensland" zu bearbeiten und gleichzeitig das Unkraut unseres Herzens herauszureißen? Vertrauen wir ihm, dass er es liebevoll und sanft tut? Haben wir den Mut, dem Guten Hirten zu folgen, im Vertrauen darauf, dass er uns nicht in die Irre führt – auch wenn es manchmal bedeuten mag, über Steine zu stolpern, über Klippen zu springen, reißende Flüsse zu durchqueren und dürre Wüsten zu durchwandern? Ja, unser Lebensweg enthält gewiss Streckenabschnitte, in denen wir schwierige Zeiten durchmachen und so manche Schürfwunde davontragen. Doch es sind oftmals genau diese Phasen, in denen wir wachsen – sogar über uns selbst hinaus. In unseren Schwierigkeiten erweist Gott seine Treue und Liebe; durch sie lehrt er uns, zu überwinden und lässt uns immer wieder wissen, dass seine Liebe unerschütterlich und tragfähig ist.

Buße – das ist ein Begriff, mit dem wir, denke ich, im Allgemeinen eine sehr verzerrte Definition verbinden. Oftmals wird uns vermittelt, dass wir reumütig wie ein geprügelter Hund, möglichst noch unter heftiger Selbstgeißelung, auf allen Vieren dahergekrochen kommen müssen. Aber so ist Buße nicht gemeint. Die Definition von „schuw", wie Buße im biblischen Hebräisch heißt, ist „zurückkehren, umkehren, abwenden; sich, nachdem man sich in die eine Richtung bewegt hat, in die entgegengesetzte Richtung zu bewegen, bis man zur ursprünglichen Stelle zurückgekehrt ist". „Schuw" enthält auch ein Element von Wiederherstellung und Wiederbelebung. Wenn die Propheten des Alten Testaments zur Buße aufriefen, haben sie im Namen Gottes oftmals die Worte „schuwu adai" benutzt. Dieser hebräische Ausdruck kann zweifach ausgelegt werden. Erstens: „Kehrt um, meine Zeugen" – damit ist das Volk Gottes, das er so sehr liebt, also die, die ihn kennen, gemeint. Zweitens meint es auch „Kehrt um zu mir, bis ihr bei mir seid". Es meint also, nicht auf halbem Wege stehenzubleiben, sondern den ganzen Weg zurückzugehen, bis hin zu Gott, um dort die wiederherstellende Gnade und Liebe aufzunehmen. Gott schenkt uns gern und freizügig seine Vergebung für das, was wir getan, und auch das, was wir unterlassen haben. Er ist unser liebender Vater, der allezeit die Arme ausbreitet, um seinen verlorenen Sohn, seine verlorene Tochter in die Arme zu schließen und wieder aufzurichten. Liebe entfaltet ihre wunderbare und kostbare, ja stärkste Kraft dann, wenn wir uns am wenigsten liebenswert fühlen. Gerade dann gibt es nichts, was wir dringender brauchen!

Blick in den Spiegel

Durch die ganze Bibel hindurch ist das Volk Israel ein wunderbares Anschauungsobjekt für jedes Gotteskind. Nicht nur deshalb, weil wir an Israel Gottes Treue und Liebe, die Kraft und Zuverlässigkeit seiner Zusagen erkennen können, sondern auch, weil Israel wie ein Spiegel für unser eigenes Leben ist. Vieles, was Israel durchgemacht hat, findet sich auch in unserem Leben wieder. Kämpft nicht auch unser alltägliches Wesen gegen unseren Geist? Hat Gott uns nicht ebenfalls erwählt und erlöst? Wünscht sich Gott nicht auch von uns, dass wir etwas bewirken? Gott hat Israel aus Ägypten befreit – und uns aus unserer eigenen Sünde und Verlorenheit errettet. Gott hat Israel in der Wüste auf das verheißene

Land vorbereitet – lassen wir die Wüste, die wir brauchen, zu? Wollen wir wirklich verheißenes Land, also unsere Berufung, einnehmen, die Herausforderung annehmen – auch wenn es unbequem ist und Kampf gegen so manchen Riesen bedeutet? Wenn wir immer weiterziehen müssen und möglicherweise Hitze, Kälte, Wind und Regen im dürftigen Schutz eines Zeltes aushalten müssen und keine Schutzmauern aufbauen können? Wenn sich nicht vermeiden lässt, dass sich Sand unter unseren Brotteig mengt und in unserem Tee landet? Ist unser Schutz Gott selbst und finden wir Zuflucht bei ihm? Wie oft empfinden wir, dass wir eine „Wüstenzeit" durchmachen und uns Gott so fern erscheint? Doch wenn wir den Blick heben, dann lässt sich Gott selbst am Horizont erkennen – weil er uns liebt und treu zu uns steht.

Ja – Gott ist treu und hält seine Zusagen. So wie die Geschichte Israels noch lange nicht zu Ende ist, so geht auch unsere Geschichte weiter. Für Israel hat Gott durch viele Propheten vorhergesagt, was wir heute miterleben können – die Wiederherstellung Israels und Jerusalems, bis es zum Lobpreis auf Erden geworden ist. Jerusalem (auch Zion genannt) ist der Ort, an dem Gott seinen Namen niedergelegt hat; die „Stadt des Großen Königs" (Psalm 48); die Stadt, die er sich zum Eigentum erwählt hat; die Stadt, die er mit seiner Herrlichkeit erfüllt hat. Doch Jerusalem war (und ist vielleicht auch heute noch) ebenfalls die Stadt, in der intensiver, vielfältiger Götzendienst betrieben wurde. Hier wurden Götzen angebetet, Kinder im Feuer geopfert. Trotz alledem hat Gott dieses Zion wiederhergestellt – und so möchte er das Zion im Herzen seiner Kinder ebenfalls wiederherstellen. Er sehnt sich danach, Herzen aus Stein in fleischerne Herzen zu verwandeln. Wenn wir also beharrlich an unseren selbst gemachten Ideen, Vorstellungen, Systemen, Sicherheitsnetzen und doppelten Böden festhalten und zulassen, dass Angst, Scham, Schuld, Menschenfurcht, Vorurteile, mangelndes Vertrauen zu uns selbst und anderen uns einengen – welche Chance haben wir, diese unerschütterliche Treue Gottes wahrzunehmen, geschweige denn wirksam werden zu lassen? Tief in unserem Herzen, unter all dem Ballast, den wir angehäuft haben, hat Gott seine Liebe zu uns unumstößlich verankert. Wenn wir uns erlauben, dieser Liebe zu vertrauen, werden wir wahre Freiheit finden und erleben. Freiheit, die glücklich macht!

Berührungsängste

Man nimmt es regelmäßig in den Nachrichten wahr, dass die Welt mit einem reifen und gestärkten Israel nur schwer umgehen kann und es als „Hindernis für den Weltfrieden" betrachtet. Es liegt an uns, uns selbst ein Bild zu machen, statt die Meinung der Medien oder der Allgemeinheit ungeprüft zu übernehmen. Israel ist im politischen wie auch religiösen Sinne ein Stein des Anstoßes und erhitzt viele Gemüter.

Diese Berührungsängste sind auch heutzutage nicht vollkommen beseitigt. Trauen wir uns zu, dieser Tatsache dann und wann ehrlich ins Auge zu sehen? Sehen wir lediglich ein romantisiertes biblisches Israel oder schieben wir das ganze Thema zur Seite, weil es uns zu kompliziert erscheint? Wenn wir Dinge über Israel hören, denken wir dann an das Land oder an das Volk? Erwägen wir die Verheißungen an Israel in der Bibel und was erkennen wir in ihnen? Wem gelten diese Zusagen? Haben wir den Mut, Lust und Interesse, uns hier auseinanderzusetzen? Israel ist der ältere Bruder des Christentums. Dazu kommt mir ein Wort aus dem 1. Johannesbrief, Kapitel 2 in den Sinn: *Wer seinen Bruder liebt, bleibt im Licht, und nichts Anstößiges ist in ihm. Wer aber seinen Bruder hasst, ist in der Finsternis und wandelt in der Finsternis und weiß nicht, wohin er geht, weil die Finsternis seine Augen verblendet hat.*

Juden, die an Jesus glauben, erleben oft eine starke gesellschaftliche Ausgrenzung. Vor allem religiöse Juden betrachten sie als Verräter und gehen sogar soweit, dass sie ihnen ihre jüdische Herkunft aberkennen. Christen nichtjüdischer Herkunft erwar-

ten von messianischen Juden oft, dass sie christliche Gepflogenheiten annehmen und reagieren mit Unverständnis wenn dies
nicht geschieht. Statt Integration wird Assimilierung angestrebt.
Vor einigen Tagen saß ich mit mehreren Christen und messianischen Juden aus Israel und anderen Ländern in einem Café und
es ergab sich ein intensives Gespräch. Hier eine Zusammenfassung dessen, was uns beschäftigte: „Es ist sehr erstaunlich, dass
Hunderttausende von Christen jedes Jahr Israel bereisen, die heiligen Orte aufsuchen und sogar in Synagogen gehen, doch kaum
einer von ihnen ist daran interessiert, uns messianische Juden,
die wir doch Glaubensgeschwister sind, kennenzulernen. Es ist
noch erstaunlicher, dass Christen Millionen und Abermillionen
Dollar und Euros für die Bedürftigen in Israel spenden – doch
messianische Juden sehen davon kaum einen Cent. Wir werden
von unserer eigenen Regierung verfolgt, werden bespuckt und
ausgegrenzt und von orthodoxen Juden angegriffen. Wiederholt
wird uns die israelische Staatsbürgerschaft streitig gemacht oder
gar aberkannt, die Aliyah (Einwanderung) verweigert, weil wir
unseren Glauben an den Messias Jesus nicht verleugnen. Wir
sind nach Israel eingewandert, um eine Heimat zu haben, und
lassen sichere Arbeitsstellen, Familienangehörige, Status, unser
komfortables Leben hinter uns. Wir fangen hier bei null wieder
an – ohne Arbeit, ohne Sprachkenntnisse, ohne Freunde und sozialen Rückhalt, kämpfen gegen die Bürokratie und versuchen,
uns so gut es geht durchzuschlagen. Es gibt so viele, die diese
Situation nicht aushalten und in ihr Ursprungsland zurückkehren. Dabei ist doch in der Bibel klar ersichtlich, dass die Gläubi-
gen aus den Nationen, den *Heiligen Jerusalems* unter die Arme
greifen sollen. Wir brauchen euer Gebet, eure Freundschaft und
Ermutigung sowie eure praktische Hilfe." Ich musste wirklich
schlucken, denn sie haben recht! Selbst ich, die ich hier lebe,
eine messianische Gemeinde besuche und viele Schwierigkeiten
hautnah miterlebe, kann nicht vollkommen nachvollziehen, welchen Zerbruch sie durchmachen.

Das erwähnte Wort findet sich im Römerbrief, Kapitel 15, und ist ein praktischer Weg, unseren älteren Bruder herzlich in die Arme zu schließen – ein Weg der Wiederherstellung und Wiederbelebung für beide Seiten.

Pioniere

Mittlerweile stehen die Blumen in voller Blüte, die Bäume sind wieder grün, Millionen von Zugvögeln legen auf dem Weg in den Norden eine Pause in Israel ein und die israelische Bevölkerung macht sich wieder an den alljährlichen Passahputz. Die Angewohnheit, einen „Frühjahrsputz" zu machen, entspringt dieser Tradition des Passahputzes, den ich bereits in Kapitel 2 beschrieben habe.

Vor Kurzem habe ich an einem sehr bewegenden Ausflug in die Wüste teilgenommen. Gemeinsam mit einer bunt gemischten Gruppe machte ich mich auf den Weg in den Negev. Der Negev ist die Wüstenregion südlich von Jerusalem und macht etwa 55 Prozent der israelischen Fläche aus. Dort leben rund 600 000 Israelis. Wir besuchten eine jüdische Siedlung namens Revivim – die erste Ansiedlung von Juden im Negev. Um die Besonderheit dieses Ortes zu verstehen, sollte man Folgendes wissen:

- Im Jahre 1943 waren drei junge Männer aus der Nähe von Tel Aviv gen Süden aufgebrochen.
- Diese drei folgten keiner großartigen prophetischen Vision; sie gehorchten lediglich einem Auftrag des Jüdischen Nationalfonds.
- Die Wüste war damals eine endlose Steppe, ohne Straßen oder Bäume.
- Es gab im Umkreis keine einzige Süßwasserquelle.
- Israel war damals noch „Palästina" und unter britischem Mandat.

- Die Briten untersagten und verhinderten dort jegliche jüdische Ansiedlung. Das Projekt wurde deshalb als „wissenschaftliches Experiment zur Fruchtbarmachung der Wüste" deklariert.

Zunächst lebten die drei in einer Höhle und versuchten das Land, das der Jüdische Nationalfonds von umherziehenden Beduinen legal gekauft hatte, zu bearbeiten. Süßwasser musste mit Eseln oder Kamelen von weither geholt werden. Allerdings befindet sich in Revivim ein riesiges unterirdisches Brackwasserreservoir, mit dem die Setzlinge bewässert und die Tiere getränkt wurden. Mit der Zeit gewöhnten sich die Pioniere gar daran, das abgekochte Brackwasser zu trinken und ernteten von ihren Kindern Kommentare wie: „Wir wollen Oma in Haifa nicht besuchen ... ihr ‚Süßwasser'-Tee schmeckt so komisch."

Man versuchte Verschiedenes anzupflanzen, doch erst nach vielen Rückschlägen stellte sich heraus, dass der Olivenbaum wunderbar an diesem Ort gedieh. Außerdem wurden Gladiolen gesetzt – auch sie wuchsen und blühten prächtig. Im Jahr 1946 erhielten die Pioniere (deren Zahl stetig anstieg) endlich ein Feldtelefon – die einzige Kontaktmöglichkeit zur Außenwelt. Dringend benötigte Lebensmittel und medizinische Präparate wurden monatlich mit dem Flugzeug angeliefert. 1956, nach dreizehn Jahren, wurde endlich eine Frischwasserzufuhr installiert.

Im Jahre 1947 sandte David Ben-Gurion, der später Israels erster Ministerpräsident wurde, eine UN-Kommission (bestehend aus Delegierten aus elf Ländern, darunter ein Großteil arabischer Länder) nach Revivim. Der Auftrag der Kommission war festzustellen, welche Gebiete den Juden und welche den Arabern bei dem vorgesehenen Teilungsplan zugesprochen werden sollten. Nach zehnstündiger Reise durch Hitze, Staub und Sand kamen die Delegierten in Revivim an, sahen ein Wasserreservoir, das durch den Winterregen entstanden war, die Olivenbäume und die prachtvollen Gladiolen und staunten nicht schlecht. Selbst die arabischen Delegierten waren einhellig der Meinung, dass es nur den Juden gelingen kann, die Wüste zum Blühen zu bringen – niemand sonst habe das Wissen, die Kraft und das Durchhaltevermögen. Das Resultat: Der Negev wurde Israel zugesprochen. Die drei Pioniere, die sich 1943 aufgemacht hatten, kamen später ums Leben. Sie wurden auf dem Weg zum Trinkwasserholen überfallen und umgebracht.

Heute ist Revivim ein Kibbuz mit etwa 800 Mitgliedern, einem Olivenhain von 1 800 Hektar (ein Hektar entspricht 100x100 Metern), Viehzucht, einer Plastikfabrik – und seit neuestem einem Weingarten. Nicht zu vergessen: Wir reden hier immer noch über die Wüste! Doch das sagt die Bibel dazu: *Denn ich bin der HERR, dein Gott, der deine Rechte ergreift, der zu dir spricht: Fürchte dich nicht! Ich, ich helfe dir! Fürchte dich nicht, du Wurm Jakob, du Häuflein Israel! ... Ich werde Ströme öffnen auf den kahlen Höhen und Quellen mitten in den Talebenen. Ich werde die Wüste zum Wasserteich machen und das dürre Land zu Wasserquellen. Ich werde Zedern in die Wüste setzen, Akazien, Myrten und Olivenbäume, werde Wacholderbäume in die Steppe pflanzen, Platanen und Zypressen miteinander, damit sie sehen und erkennen, es merken und verstehen allesamt, dass die Hand des HERRN dies getan und der Heilige Israels es geschaffen hat.* (Jesaja 41,13–14.18–20)

Man sollte nie vergessen, wie viel Mut, Risikobereitschaft, Entbehrungen und Selbstaufgabe es das Volk Israel gekostet hat, die Verheißungen, die Gott über seinem Volk ausgesprochen hat, auch erleben zu können. Gott hat ebenso für unser Leben einen guten Plan und damit auch für diese Welt, aber es kostet uns etwas, diesen Plan umzusetzen. Nicht nur etwas, sondern viel und es übersteigt unsere menschlichen Kräfte bei Weitem.

Es war etwas Besonderes, die Erfüllung dieser biblischen Verheißung mit eigenen Augen sehen zu können, es zu spüren und sogar daran teilzuhaben. Wir pflanzten Olivenbäume und ich setzte zwei Bäume in den Wüstenboden. Viel zu selten machen wir uns bewusst, dass sich tagtäglich biblische Verheißungen erfüllen und wir sie miterleben – egal wo wir uns befinden.

Eine besondere Hausaufgabe

Hausaufgaben gehören zu meinem Hebräischkurs dazu. Eines Tages trug die Lehrerin uns auf, einen Aufsatz über unsere Aktivitäten in Beruf und Freizeit zu verfassen. In dem Moment, als ich mich an die Arbeit machte, hatte ich einen sehr inspirierten Moment. Innerhalb von fünfundvierzig Minuten schrieb ich einen zweiseitigen Abriss über das, was ich hier tue, sowie über den Grund meiner Anwesenheit. Die Lehrerin nahm unsere Aufsätze mit nach Hause und korrigierte sie dort. An der darauffolgenden Unterrichtsstunde konnte ich nicht teilnehmen, weil ich außerhalb Jerusalems war. Als ich jedoch beim nächsten Mal wiederkam, sprach mich eine Klassenkameradin an und fragte: „Was hast du bloß als Hausaufgabe geschrieben? Esti (die Lehrerin) ist total begeistert und war so enttäuscht, dass du nicht da warst! Sie wartet auf dich, um es der ganzen Klasse vorzulesen." Ehrlich gesagt, ich wusste nicht so recht, was an meinem Aufsatz so besonders sein sollte, aber naja.

Esti las dann tatsächlich meine Hausaufgabe der Klasse vor. Es waren bewegende Minuten und ich kann sie tatsächlich nur als heilig (abgesondert, anders als die anderen) bezeichnen. Sie musste mehrere Male innehalten, um Tränen zu unterdrücken – so berührt war sie! Nachdem sie alles gelesen hatte, kam sie an meinen Tisch und ich dachte, sie würde mir jetzt den Zettel wiedergeben. Doch sie kam, um mich auf die Wange zu küssen und mich fest zu umarmen. Dabei sagte sie: „Ich bin dir so dankbar!" Nun kamen mir die Tränen! Für diesen einen Moment – in dem ein Mensch so tief berührt wurde, sich geliebt und ermutigt fühlte – war es die Jahre wert gewesen, die ich bereits in Israel lebe. Auch jetzt noch, Jahre später, ist mir dieser heilige Moment in lebendiger Erinnerung.

Nach dem Vorlesen eröffnete Esti eine Diskussion über meinen Aufsatz und Mitschüler fragten, kommentierten, hinterfragten meine Motivation genauso wie meinen Glauben. Sie nahmen kein Blatt vor den Mund und scheuten sich auch nicht, persönliche und unangenehme Fragen zu stellen, was typisch für Israelis ist. Eine Frau stellte fest: „Ich kann überhaupt nichts sagen. Ich habe keine Worte mehr." In der darauffolgenden Stunde nahm mich eine Gruppe von Klassenkameraden zur Seite, um mich genauer zu befragen. Es war eine Mischung aus Argwohn, Neugier, Hinterfragen und Staunen, ausgedrückt mit viel Respekt und Achtung füreinander.

Nicht nur diese Situationen waren eine große Ermutigung in Bezug auf mein Hebräisch, sondern auch die mehrfache Rückmeldung meiner Lehrerin, dass ich ein „sehr hohes Sprachniveau" im Hebräischen habe (dabei ist mein Wortschatz doch noch so begrenzt) und mich sehr gut auszudrücken weiß. Leider musste ich mit Beginn der Passahferien den Kurs beenden. In der letzten Stunde dankte ich Esti mit einem kleinen Geschenk und verabschiedete mich von meinen „Leidensgenossen", die genauso wie ich versuchen, die Sprache zu bewältigen. Ich wurde herzlich in den Arm genommen und einige von ihnen waren echt traurig, dass ich nicht mehr kommen werde. Ein jüdisches Ehepaar kam auf mich zu: „Wir möchten dir etwas sagen: Danke, dass du uns so sehr ermutigt hast. Wir sind unser ganzes Leben lang mit Hebräisch aufgewachsen, haben in Hebräisch gesungen und gebetet und unsere Rituale vollzogen. Doch du bist ohne den leisesten Ansatz dieses Hintergrundes hierhergekommen und hast uns gezeigt, dass es möglich ist, die Sprache zu erobern. Schau uns an, wir sind längst nicht so weit wie du. Du hast uns so viel Mut gemacht und dafür möchten wir dir danken. Wenn wir dich anschauen, dann sehen wir, dass es Hoffnung gibt." Ich konnte dem nichts erwidern.

All diese Komplimente gelten nicht nur mir, sondern meinem Schöpfer und Erlöser. Er ist es, der mich befähigt hat; er ist es, der diese Herzenstüren geöffnet hat. Soli Deo Gloria.

Beförderung

Der Grund dafür, dass ich nicht weiterhin am Sprachkurs teilnehmen kann, ist, dass mein Chef nach acht Jahren bei *Bridges for Peace* neue Wege gehen wird. Einerseits kommt dieser Schritt für mich nicht wirklich überraschend, andererseits jedoch hat es mich kalt erwischt. Er und seine Frau sind mir zu sehr guten Freunden geworden. Wir haben manchen Freudentanz, aber auch so manches Tränental gemeinsam durchlebt. In ihnen habe ich wunderbare Vorbilder gefunden. Unsere gemeinsamen Zeiten waren geprägt von tiefem Austausch und Inspiration in Bezug auf Leiterschaft, Integrität, Gnade, Weisheit und Geduld.

Derzeit bereiten wir den Abschied meines Chefs aus der Organisation vor. Es bleiben noch knapp zwei Monate. Anschließend wird die Familie eine Sabbatzeit einlegen, ehe Neues ansteht. Einhergehend mit der Kündigung meines Chefs wurde mir angeboten, seine Stellung und damit die Leitung und das Management der Personalabteilung zu übernehmen. Das ist keine leichte Entscheidung, denn es gibt unzählige Faktoren zu bedenken. Bereits jetzt haben wir zu dritt alle Hände voll zu tun und mit dieser Veränderung werden wir auf absehbare Zeit nur zu zweit und damit mehr als voll ausgelastet sein.

Fünf Jahre Israel

Inzwischen vollende ich mein fünftes Jahr in Israel. Hätte mir das jemand bei meinem Abflug im Jahr 2000 gesagt – ich hätte es nicht geglaubt. Ich bin dankbar für Gottes Güte und Versorgung, Schutz und Bewahrung, Wachstum und Geborgenheit – Dinge, die Gott mir in diesen Jahren reichlich geschenkt hat. Ich kann aus vollem Herzen sagen, dass Gott seinem Wort treu geblieben ist: *Wahrlich, ich sage euch: Da ist niemand, der Haus oder Brüder oder Schwestern oder Mutter oder Vater oder Kinder oder Äcker verlassen hat um meinetwillen und um des Evangeliums willen, der nicht hundertfach empfängt, jetzt in dieser Zeit ... und in dem kommenden Zeitalter ewiges Leben* (Markusevangelium, Kapitel 10). Etwas, das ich tatsächlich erlebe.

Sommer in Orange

Die Sonne hat Israel fest im Griff und ich genieße das sehr. Das Leben in Jerusalem „tickt" ein wenig langsamer als sonst – es sind Sommerferien, der Alltag ist etwas entspannter, die Hitze lässt die Menschen das Tempo drosseln und so schlendern viele, sich Zeit nehmend, durch die Innenstadt Jerusalems. Dabei halten sie sich nah an die Schaufenster und geöffneten Ladentüren – nicht so sehr, um sich, wie anzunehmen wäre, die dargebotenen Waren genauer anzuschauen, nein, sondern um immer mal wieder eine kühle Brise der auf Hochtouren laufenden Klimaanlagen zu erwischen. Eiskrem und Wassermelonen stehen hoch im Kurs, genauso wie frisch gepresste Säfte und Limonaden. Auf den ersten Blick präsentiert sich das ganz normale Sommerbild ...

Doch so ganz normal ist dieser Sommer nicht. Neben der gerade beschriebenen Beschaulichkeit ist Jerusalem noch von etwas anderem erfüllt – der Farbe Orange. Orange wohin man auch blickt: Orangefarbene Armbänder, T-Shirts, Fahnen, Stirnbänder und vor allem Stoffstreifen befestigt an Autoantennen und -spiegeln, Motorrollern, Kinderwagen, Balkonen, Lichtmasten, Taschen und Rucksäcken. Es ist die Farbe, mit der Protest gegen den vorgesehenen israelischen Rückzug aus dem Gazastreifen ausgedrückt wird. Die Regierung unter dem amtierenden Ministerpräsidenten Ariel Scharon hat sich zu einseitigen Gebietskonzessionen entschieden. In diesem Sommer sollen also israelische Siedlungen im Gazastreifen geräumt und die Umsiedlung von 9 000 Israelis durchgesetzt werden, in der Hoffnung, dem Frieden ein Stück näher zu kommen. Als Ausdruck seines Protests hat sich der Assistent eines Knessetabgeordneten die Haare orange gefärbt und machte sich mit seiner neuen „Bekenner-Frisur" auf den Weg zur Arbeit. Ihm wurde der Zutritt zur Knesset verweigert.

Die Kluft innerhalb der Gesellschaft weitet sich und so machen sich hier und dort auch blaue Bänder bemerkbar – die Farbe der Befürworter des Rückzugsplans. Die ersten Soldaten haben bereits Einsatzbefehle zur Räumungsaktion verweigert und damit ihre Karriere aufs Spiel gesetzt. Die Menschen wirken extrem angespannt und aufbrausend – ein Spiegel dieser emotional aufreibenden Zwangslage. Mitten hinein hat erneut ein Selbstmordattentäter seine tödliche Ladung gezündet. Er bahnte sich einen Weg aus der gerade kürzlich von Israel an die Palästinensische Autonomiebehörde übergebene Stadt Tulkarem nach Netanya, einer Stadt an der Mittelmeerküste. Fünf Menschen sind gestorben, über neunzig blieben verletzt zurück. Man fragt sich: Sieht so Verhandlungsbereitschaft seitens palästinensischer Terrororganisationen, die ja die Führungsspitze bilden, aus? Oh, und fast vergaß ich zu erwähnen, dass jüdische Ortschaften innerhalb und in der Nähe des Gazastreifens weiterhin fortwährend mit Kassamraketen beschossen werden. Man verzeihe mir meinen Sarkasmus.

Ich weiß nicht, was mich mehr schockiert: dass erneut unschuldige Menschen durch ein furchtbares Attentat sterben mussten oder die anschließende Reaktion Ariel Scharons. Ein Regierungssprecher war beauftragt zu erklären, dass es „offensichtlich ist, dass Terroristen des ‚Islamischen Dschihad' den Rückzugsplan untergraben wollen – aber wir (die Regierung) werden sie damit nicht durchkommen lassen." Um dieses politische Kauderwelsch einmal mit einfachen Worten wiederzugeben, könnte man auch sagen: Wir lassen uns nicht von der Tatsache, dass Palästinenser an einem Ort unschuldige Juden abschlachten, aus der Ruhe bringen und fahren mit unserem Plan fort, unschuldige Juden andernorts zu vertreiben. Wie paradox! Noch widersprüchlicher ist es, dass Ariel Scharon einst die Errichtung der Siedlungen im Gazastreifen finanziell und ideologisch unterstützt hat. Heute lautet die Antwort auf den fast schon ohnmächtig zu nennenden Protest der Siedler Gefängnisstrafe und Androhung des Entzugs der ohnehin schmalen Kompensationszahlung, die den 9 000 Siedlern für den Verlust ihrer Immobilien, Grundstücke und ihrer Existenzgrundlage zugesagt wurde.

Politische Schachzüge

Vor Kurzem traf ich mich geschäftlich mit einem Anwalt, der unsere Organisation in einigen Rechtsangelegenheiten vertritt, um mit ihm Vorgehensweisen, zukünftige Strategien und Perspektiven zu besprechen. Da dieser Anwalt politisch sehr engagiert ist, unterhielten wir uns bei einem Kaffee auch über den Rückzugsplan. Er bezeichnete Scharons Rückzugsplan als pfiffigen und geschickten Schachzug. Damit mache Scharon deutlich, dass er zu Kompromissen und schmerzhaften Zugeständnissen bereit sei, aber gleichzeitig signalisiere er, dass es über den Status Jerusalems als ungeteilte Hauptstadt Israels keine Diskussion geben werde. Durch das jetzige „Opfer" vermeide er, dass er in der Jerusalemfrage von den USA und der EU unter Druck gesetzt wird. Gerade in der letzten Woche seien die Grenzen für eine eventuell bevorstehende Teilung Jerusalems von Seiten der Regierung gezogen worden. Hm, ich habe meine Zweifel. Denkt Scharon denn tatsächlich, dass er und andere derzeit amtierende Schlüsselfiguren so lange an der Regierung bleiben? Mal ehrlich: Regierungen kommen und gehen – besonders hier in Israel geschieht es häufig, dass Minister und Abgeordnete vor Ablauf der regulären Amtszeit ihre Stühle räumen müssen. Jede nachfolgende Regierung muss die Scherben der Vorgänger aufsammeln und dann auf der Grundlage des jeweiligen Istzustands neu verhandeln. Ich glaube, ich werde Politik nie verstehen …

Sicherlich spricht vieles, was sich derzeit politisch ereignet, gegen den Plan, den Gott in Bezug auf Israel in der Bibel darlegt – doch andererseits: *Wer hat des Herrn Sinn erkannt oder wer ist sein Mitberater gewesen?* Gott weiß genau, wie und wann sich seine Absichten erfüllen werden. Wir sind seine Kinder und Israel ist sein Augapfel, auf den er Acht hat. Gegen unser und Israels „besseres Wissen" (welch ein Ausdruck – regt er nicht zum Nachdenken an?) wird er das tun, was sein Volk an sein Herz bringt. Ich muss an Josua denken, als er an den Ufern des Jordans stand: *Und es geschah, als Josua bei Jericho war, da erhob er seine Augen und sah: Und siehe, ein Mann stand ihm gegenüber, und sein Schwert war gezückt in seiner Hand. Da ging Josua auf ihn zu und sagte zu ihm: Gehörst du zu uns oder zu unseren Feinden? Und er sprach: Nein, sondern ich bin der Oberste des Heeres des HERRN ...* (Josua, Kapitel 5). Gott stellt sich nicht auf die Seite der einen oder anderen Gruppe und man kann ihn auch nicht auf eine bestimmte Seite ziehen – nein, er tut Dinge ganz souverän um seines heiligen Namens willen! Seine Pläne sind voller Hoffnung und Zukunft und er bringt sie auch ans Ziel.

Abschied

In letzter Zeit zeigt sich auf meiner Lebensbühne öfter ein Wesen, das in Gestalt verschiedener Personen und jeweils in ganz individuellem Bühnenbild seine Rolle einnimmt: der Abschied.

Kurz bevor mein Chef aus der Organisation ausschied, legte ich noch schnell einen Kurzurlaub in Deutschland ein. Meine Zeit in der Heimat war sehr von Abschied geprägt, da ich viele Freunde nur kurz treffen konnte und dann wieder aufbrechen musste. Außerdem lag ein besonderer Abschied vor mir: Meine Großmutter starb im Alter von 89 Jahren. Ich hatte schon längst geplant, zu ihrem 90. Geburtstag in Deutschland zu sein und ihn mit ihr zu feiern. Doch die kleine, leise Stimme in mir wurde immer lauter: „Warte nicht bis dahin, besuch sie früher." Damit war klar, dass ein Besuch bei meiner Familie fester Bestandteil meiner drei Wochen in Deutschland sein würde. Fünf Tage vor meiner Ankunft in Deutschland wurde meine Großmutter ins Krankenhaus eingeliefert, da sie gestürzt war und sich das Schultergelenk gebrochen hatte. Eine Operation war aufgrund ihres instabilen Gesamtzustands nicht möglich. Als ich sie besuchte, war sie zunächst recht verwirrt und schwach, doch während meiner vier Tage dort besserte sich ihr Zustand merklich und wir konnten gute Gespräche führen. Sie wurde entlassen, als ich bereits wieder in Israel war. Prognostiziert wurde, dass sie für den Rest ihres Lebens ihre Zeit fast ausschließlich im Bett verbringen würde; es war ihr unmöglich zu laufen, sie konnte sich lediglich aufsetzen. Neun Tage war sie im Haus meiner Tante und meines Onkels, dann starb sie – ihr Herz hörte einfach auf zu schlagen. Ich bin dankbar, dass Gott mir ermöglicht hat, sie noch knapp einen Monat vor ihrem Tod zu sehen – weiß er doch genau, wann jedes seiner Geschöpfe den letzten Atemzug tun wird.

Am Tag nach meiner Rückkehr nach Israel fand die offizielle Abschiedsfeier für meinen Chef statt. Sie wurde zu einem Ereignis, das ihn und seine Frau liebevoll segnete. Anschließend blieben ihnen zwei Wochen, ihr Leben in Israel für gewisse Zeit in Kisten, Kartons und Koffer zu verstauen, ehe wir uns „Lehitraot" (Auf Wiedersehen) sagen mussten und sie zu ihrer Auszeit in Deutschland und den USA aufbrachen.

Das Abschiednehmen fand auch in einem anderen Sinne statt: Es wurde ernst – ich musste meine sehr geschätzte Stelle als „zweite Person im Team" loslassen und auf die Stelle der Nummer 1 rücken. Ich hatte durch viele Umwege und Fehler gelernt, mich in der Position der Nummer 2 wohlzufühlen. Nicht immer war das der Fall gewesen, denn öfter als mir lieb ist, hatte ich Kompetenz mit Autorität verwechselt. Umfangreiches Fachwissen, Kompetenz und Berufserfahrung zu besitzen heißt nicht automatisch, dass man Autorität hat, die Führung zu übernehmen und anderen Anweisungen geben sollte. Übereifrig habe ich manchmal aufgrund meiner erworbenen Kompetenz eigensinnig-autoritär gehandelt und dadurch eher etwas verhindert als vorangebracht. Nun hieß es: „Gut, Ina, du hast gelernt und wir gehen einen Schritt weiter. Jetzt wirst du die Nummer 1!" Ich bin dankbar für die Jahre, in denen ich mit Hilfe guter Vorbilder meine Unterscheidungsfähigkeit verbessern durfte. Mit dem besten Vorbild vor Augen nehme ich die Herausforderung an und weiß, dass Gott mich in seiner Gnade, Liebe, Weisheit und Wahrheit auf gutem Weg leiten wird. Die Abteilung, die er mir anvertraut hat, wird unter seiner Hand florieren, da bin ich mir sicher.

Abschied und Neuanfang ereignete sich ebenfalls auf höherer Leitungsebene innerhalb der Organisation. Der bisherige Generaldirektor hat die Zügel, die er über vierundzwanzig Jahre in der Hand gehalten hatte, übergeben. Nun haben wir eine Frau an der Spitze und ihr steht ein neu strukturiertes, dreiköpfiges Direktorenteam zur Seite. Eine dieser drei Personen ist neu hinzugekommen. Es ist ein messianischer Jude, der vor gut vier Jahren nach Israel eingewandert ist und den ich durch meine Gemeinde bereits etwas kennengelernt habe. Die Personalabteilung, deren Management ich übernommen habe, gliedert sich in seinen Verantwortungsbereich ein.

Wahlsonntag

Auch in Deutschland wird es demnächst Veränderungen auf Führungsebene geben, denn es werden ein neuer Bundestag und eine neue Regierung gewählt. Zum Thema Bundestagswahl ergeben sich hier recht interessante Gespräche mit Kollegen und Freunden. Es ist bemerkenswert, dass sich ein roter Faden durch all diese Gespräche zieht: die Ermutigung und der Zuspruch, dass sich der Beginn eines neuen Kapitels in Deutschland abzuzeichnen scheint. Meine nicht-deutschen Freunde sind um einiges begeisterter als ich, was mich etwas nachdenklich stimmt. Natürlich muss ich gestehen, dass ich weder den Wahlkampf noch die innenpolitischen Entwicklungen in Deutschland in den vergangenen Jahren so verfolgt habe, wie ich es vielleicht hätte tun sollen. Der Abstand zur eigenen Heimat macht sich bemerkbar, und wenn ich ehrlich bin, haben meine Fähigkeit und Motivation, Nachrichten zu absorbieren, etwas nachgelassen. In Israel schlägt man keine Zeitung auf (weder im Internet noch als Papierausgabe), ohne eine gewaltige Portion Tragik präsentiert zu bekommen. Das ist vielleicht auch der Grund, warum ich mich nicht mehr so gerne mit Tagesnachrichten auseinandersetze.

Wächter auf Jerusalems Mauern

Auch in punkto jüdisch-christliche Beziehungen wird ein neues Kapitel aufgeschlagen. *Auf deine Mauern, Jerusalem, habe ich Wächter bestellt. Den ganzen Tag und die ganze Nacht werden sie keinen Augenblick schweigen. Ihr, die ihr den HERRN erinnert, gönnt euch keine Ruhe und lasst ihm keine Ruhe, bis er Jerusalem wieder aufrichtet und bis er es zum Lobpreis macht auf Erden!* (Jesaja, Kapitel 62). Mit diesen Versen hat die Direktorin von *Bridges for Peace* auf einer Konferenz, die von einem Ausschuss für jüdisch-christliche Zusammenarbeit innerhalb des israelischen Parlaments anberaumt wurde, die Parlamentsmitglieder dazu aufgerufen, ihre Rolle als Wächter auf den Mauern anzunehmen und verantwortungsbewusst auszufüllen. Diese Konferenz ist ein wichtiger Schritt in Richtung Versöhnung und gegenseitiger Anerkennung auf offizieller Ebene und sollte in ihrer Bedeutung nicht unterschätzt werden. Christen und Juden blicken auf eine leidvolle Geschichte zurück. Viel zu oft wurden Juden im Namen des Christentums verfolgt, unterdrückt und getötet und auch heute ist Antisemitismus nicht von der Bildfläche verschwunden – auch nicht in christlichen Ländern. Misstrauen und Argwohn sind also nicht unberechtigt.

Doch zurück zu den Wächtern. Heute denken wir da eher an Nachtwächter oder Sicherheitspersonal, die (mehr oder weniger gelangweilt) ihren Job tun. In biblischen Zeiten hatten Wächter nicht nur die Aufgabe, eine Stadt und ihre Bewohner rechtzeitig vor einem herannahenden Feind zu warnen, sondern sie mussten auch Saat, Getreide und Vieh im Auge behalten, sodass sichergestellt werden konnte, dass die Bevölkerung ausreichend Nahrungsmittel zur Verfügung hatte. Ein guter, verantwortungsbewusster Wächter war auf der Hut, ließ seine Augen pausenlos schweifen und gönnte sich selbst in unbeobachteten oder scheinbar ruhigen Momenten kein Nickerchen. Er wusste, dass ihm die Verantwortung für das Wohl der Stadt, mitsamt aller Oberhäupter und Einwohner, übertragen worden war. Heute gibt es in der Regel weder Stadtmauern noch Wächter. Die moderne Zivilisation hat Abwehrsatelliten ins All geschossen und wir laufen schnell in den nahe gelegenen Supermarkt, um unsere Vorräte aufzustocken. Eine schlechte Ernte nehmen wir kaum wahr, am ehesten noch an leicht erhöhten Preisen. Wenn wir das Bild der Antike auf die Gegenwart übertragen, ist der Wächterjob sehr viel subtiler geworden, man könnte fast meinen, er wäre nun überflüssig, da moderne Technik uns Ruhe verschafft. Aber tut sie das wirklich? Oder trügt der Schein? Die Bibel ruft uns weiterhin dazu auf, wachsam zu sein und die Zeichen der Zeit zu erkennen. Das gelingt uns nur, wenn wir uns der Rolle des Wächters nicht entziehen. Die israelischen Parlamentsmitglieder wurden von unserer Direktorin dazu aufgerufen, unter anderem auch das Wort Gottes zu Rate zu ziehen, denn Gott hat auch heute noch einen Plan für Israel, der bereits dort dargelegt ist. Und Gott hat einen Plan für alle Nationen, auch ganz speziell für Deutschland. Diesen können wir ebenfalls in seinem Wort finden. Wenn man die Bibel zu Rate zieht, erkennt man, was Gott sagen möchte; und aus dieser Erkenntnis kann man viel Weisheit für das eigene Handeln ziehen.

Nicht vergessen und nicht vergeben

Der Rückzug aus dem Gazastreifen ist nun beendet. Der Schmerz bleibt und mit ihm die große Frage für den Einzelnen: „Wie geht es weiter?" Am 11. September 2005 wurden die letzten israelischen Armeekasernen in die Luft gesprengt und die israelische Fahne wurde offiziell eingeholt. Nachdem die ehemaligen jüdischen Bewohner des Gazastreifens bereits die Zerstörung ihrer eigenen Häuser in den Medien mitverfolgen konnten, schauen sie nun der Plünderung ihrer Siedlungen und der Verbrennung und Verunreinigung ihrer Synagogen durch den palästinensischen Mob zu, während dieser jubelnd herausschreit, dass der Terror wieder einmal gesiegt hat. Worte können das Ausmaß dieser politischen Aktion nicht annähernd beschreiben. Israelische Soldaten und andere „Räumungskräfte" sind unter Tränen zusammengebrochen. Nachdem sie ihre jüdischen Mitbürger zwangsweise „evakuiert" hatten, gingen sie in die Synagogen, um Gott um Vergebung zu bitten.

Den befürchteten Bürgerkrieg gab es nicht – der offene Protest hat sich in einen stilleren verwandelt: „Wir werden nicht vergessen und wir werden nicht vergeben!" So steht es auf den T-Shirts und Aufklebern der Siedler, die nun größtenteils entweder in überfüllten Hotels oder Zeltstädten ihr Dasein fristen. Ihre Möbel und Habseligkeiten sind in verplombten Containern irgendwo in der Wüste abgestellt worden; ihre Kinder wissen nicht, wo sie zur Schule gehen werden oder können; die Eltern sind nun zumeist arbeitslos. Angekündigte Kompensationszahlungen reichen bei weitem nicht aus, Gehälter werden zurückgehalten. Die Regierung wird scharf kritisiert, da sie die Umgesiedelten mit „Frühstück und notdürftigem Dach über dem Kopf" abspeist, aber nicht für ein Wiedereingliederungsprogramm gesorgt hat. Noch immer ist orange die Farbe des Protests, doch nun findet man sie oftmals in Kombination mit schwarz. Ein Trauerflor mit der Botschaft: „Wir werden nicht vergessen und wir werden nicht vergeben!"

Mittendrin

Zwei Mal bin ich in letzter Zeit in einen Menschenzug in der Innenstadt Jerusalems geraten: Am 22. August 2005 marschierten die Bewohner der jüdischen Siedlung Netzarim, die im Zentrum des Gazastreifens lag, geschlossen durch die Innenstadt zur Klagemauer. Einige hatten ihr Hab und Gut in Autos geladen, welche den Zug begleiteten. Ein Bild der Menorah (siebenarmiger Leuchter) aus der Synagoge Netzarims wurde vorangetragen. Der Schmerz, die Enttäuschung, die Erschöpfung stand den Menschen ins Gesicht geschrieben.

Einige Tage später machte sich ein anderer Menschenzug von mehreren Tausend Personen aus Gush Katif, einer weiteren jüdischen Siedlung (ehemals im Südwesten des Gazastreifens), auf den Weg durch die Innenstadt Jerusalems zum Ölberg. Verstorbene Familienmitglieder waren aus den Gräbern Gush Katifs exhumiert worden und wurden nun auf dem Friedhof am Ölberg beigesetzt. Einige Särge waren in die israelische Fahne gehüllt und wurden getragen, andere waren in Krankenwagen geladen worden. Den Särgen folgten Busse, in denen die jeweiligen Familienangehörigen saßen. Eine trübe, traurige Schwere breitete sich unter den Betroffenen sowie mitfühlenden und neugierigen Zuschauern aus. Es war ein surreales Geschehen.

Das Paradoxe an diesen beiden Ereignissen ist erstens, dass die gleichen Sicherheitskräfte (Armee, Polizei und Grenzpatrouillen), die jetzt ihre eigentliche Aufgabe – nämlich für den Schutz der Bürger zu sorgen – ausführten, noch einige Tage zuvor dazu abgestellt worden waren, die jüdischen Bewohner des Gazastreifens zwangsweise umzusiedeln. Und zweitens wurden die Verstorbenen Gush Katifs erneut auf arabisch-dominiertem Gebiet beigesetzt: Der Ölberg ist Teil des umstrittenen Ostjerusalem und damit Teil dessen, was fundamentalistische Palästinenser, die sich ja weiterhin die „Befreiung Jerusalems" zum Ziel gesetzt haben, für sich beanspruchen. Welch ein Zynismus im israelischen Alltag, während die Welt, insbesondere die politische, Beifall klatscht und diesen „mutigen Schritt, dem hoffentlich noch viele weitere folgen werden," bejubelt ...

Mein persönlicher Spätsommer

Ich versuche weiterhin, eine gute Balance zwischen Arbeit und Freizeit zu finden. Die letzten zwei Monate waren etwas ruhiger und ich konnte Atem schöpfen. Dabei reife ich an den diversen Herausforderungen, die mir begegnen. Nun stehen die Herbstfeiertage vor der Tür – was einerseits gut ist, denn die langen Wochenenden und freien Tage schenken Möglichkeiten zur Erholung. Andererseits sind die verbleibenden Arbeitstage umso arbeitsreicher.

Auch auf eine neue Kollegin darf ich mich freuen. Meine derzeitige Assistentin beendet ihr einjähriges Volontariat im November zu. Demnächst wird mir eine sechzigjährige Amerikanerin zur Seite stehen. Es ist ihr erster Auslandsaufenthalt, was für sie eine große Herausforderung darstellt, doch so manche Bedenken konnte ich durch unsere E-Mail-Korrespondenz verringern. Dieser Personalwechsel ermöglicht mir, einige notwendig werdende Neuerungen reibungslos umzusetzen. Allerdings bleibt die Abteilung weiterhin personell unterbesetzt während sich das Arbeitsvolumen steigert.

Ich habe mich entschieden, „meine" Kinder in der Gemeinde weiterhin zu unterrichten. Vor Kurzem wurde ich zwar gefragt, ob ich stattdessen die Jugendlichen unterrichten könne, doch das lehnte ich ab, denn die Herausforderung an mein Hebräisch war mir inmitten all der anderen zu bedenkenden Aspekte zu viel. Ich hatte bereits meine erste Unterrichtsstunde mit den neuen Kindern: Es sind sieben an der Zahl, von denen alle bis auf einen Jungen in den letzten Jahren nach Israel eingewandert sind. Sie kommen aus Finnland, England, Argentinien, Brasilien, Amerika,

Frankreich und Israel. Welch ein internationaler Mix! Die einzige Sprache, die uns verbindet, ist Hebräisch und der Unterricht gestaltet sich umso interessanter, da ein Kind bisher nur wenige hebräische Worte gelernt hat und ein anderes Kind autistisch ist. Es ist eine große Herausforderung, doch ich hatte einen wunderbaren Start: Die Eltern mussten ihre Kinder nach Ende des Gottesdienstes förmlich nach Hause „zwingen" und wunderten sich, dass ihre Kleinen so zufrieden waren!

Masken und Feigenblätter

Die ersten Regengüsse sind niedergeprasselt und meine Heizlüfter kommen so langsam wieder zum Einsatz. Und doch gibt es hier und da noch den einen oder anderen Tag, an dem man nicht viel mehr braucht als Jeans und T-Shirt. Ein typischer November im Heiligen Land ...

Die Herbstfeste habe ich in diesem Jahr nicht mit großem Aufwand gefeiert, sondern eher still und be-SINN-lich. Gott selbst hat diese Festtage in seinem Wort angeordnet (3. Mose, Kapitel 23) und wie wir wissen, hat alles, was er geschaffen und festgelegt hat, einen guten Grund. Das Christentum hat sich von diesen Festen weit entfernt, sodass sie im Grunde für uns keine Rolle mehr spielen. Manchmal wundere ich mich, wie es dazu gekommen ist. In Israel hingegen kann man den Traditionen kaum entfliehen, man wird konfrontiert und dadurch sehr ins Nachdenken gebracht.

Inmitten all der in Israel praktizierten festlichen Traditionen ist mir klar geworden, dass Israel – damals wie heute – im Kleinformat das darstellt und mit dem konfrontiert wird, was die Menschheit en masse durchlebt: Unfreiheit durch innere und äußere Zwänge; Gebundenheit an die (Un-)Fähigkeiten der eigenen menschlichen Natur; Sehnsucht nach Erlösung ohne den Lichtstreif einer Erfüllung am Horizont. Und ich frage mich, ob sich in meinem Leben tatsächlich das widerspiegelt, was Gott für mich an (innerer) Freiheit erwirkt hat? Lebe ich wirklich in der Freiheit, die mir geschenkt wurde, oder halten mich meine eigenen Schutz- und Verteidigungsmechanismen zurück? Und auf die Christenheit insgesamt bezogen: Findet das, was wir in unseren Lobliedern singen, tatsächlich einen Echo in unseren Herzen und zieht entsprechende Taten nach sich? Leben wir die Freiheit, die Christus uns gegeben hat, wirklich aus? Geben wir anderen um uns herum die Möglichkeit, diese Freiheit ebenfalls auszuleben? Haben wir uns nicht auch hier und da in Werkgerechtigkeit verstrickt und fühlen uns gut und fromm, wenn wir regelmäßig Gemeinde, Hauskreise, Bibelstunden und Gebetstreffen besuchen oder täglich soundso viel Zeit mit Gebet und Bibelstudium verbringen?

Ich muss mir eingestehen, dass ich mich dann und wann darin verstricke, mich vor Gott wohlgefällig machen zu wollen. Es scheint, als wäre es mir fast unmöglich, mich so, wie ich bin, in einem guten Licht zu sehen. Noch immer kämpfe ich mit dieser grotesk-unnatürlichen Vorstellung, dass meine Gebete, Bibelkenntnis, geistlichen Einsichten, mein Geben oder Dienen mich wohlgefällig in den Augen Gottes machen. All diese Dinge erfreuen Gott und er offenbart sich durch sie, wenn ich sie aus seiner Kraft heraus in einer Gott-zugewandten Herzenshaltung tue. Die rettende Wahrheit, dass ich liebens-WERT bin, schlicht und ergreifend weil Gott mich liebevoll geschaffen hat, ist etwas, das mein Fassungsvermögen sprengt. In meinen nachdenklichen Momenten frage ich mich, ob ich tatsächlich den Mut habe, alles zu riskieren und mich völlig dem Evangelium der Gnade auszuliefern. Meine oftmals vergeblichen Versuche mich zu bessern, die Traurigkeit darüber, dass ich noch immer nicht perfekt bin, meine Zufriedenheit über mein Tun und meine Empfindlichkeit Kritik gegenüber schmälern mein Bekenntnis zu Gott zu einem Lippenbekenntnis. Ich weiß, dass ich mit dieser einerseits niederschmetternden, andererseits wahrhaft befreienden Erkenntnis nicht allein dastehe. Warum wehren wir uns nur so massiv gegen die befreiende Liebe Gottes, obwohl wir tief im Innern wissen, dass sie das Fundament ist, das wir brauchen? Doch was leben wir aus? Warum gehen wir mit dieser Liebe so ambivalent und unsicher um? Ist es die Angst, dass wir uns verletzlich machen, unsere Schwachheiten und Bedürfnisse eingestehen müssen oder die Kontrolle verlieren könnten? Doch durch die überreiche Zuneigung Gottes zu uns wird das Unmögliche möglich. Sie befreit von Ängsten, die blockieren. Und irgendwann stellen wir fest, dass wir etwas riskieren können und dass wir nicht verlieren werden, weil wir nichts zu verlieren haben. Und so bete ich, dass ich inmitten der Momente meines Scheiterns heranreife und gnadenvoll mit meinem Versagen umgehen kann, ohne mir immer wieder neue Masken aufzusetzen und mich hinter Feigenblättern zu verstecken, denn nichts kann uns trennen von der Liebe Gottes und der Freiheit, die damit einhergeht.

Arbeit, Arbeit, Arbeit

Die letzten Wochen waren geprägt von Überstunden. An den meisten Tagen bin ich um 7:00 Uhr morgens zur Arbeit gegangen und meistens nicht vor 19:30 oder 20:00 Uhr nach Hause gekommen. Es gab unendlich viele Dinge zu erledigen, da wir nicht nur eine Phase hatten, in der wir vielen Kurzzeitvolontären ermöglichten, bei uns mitzuarbeiten, sondern auch einiges an Projektarbeit leisten mussten. Anfang November veranstaltete *Bridges for Peace* die alljährliche einwöchige Solidaritätsreise mit abschließender Konferenz. Für diese Woche gestalteten wir eine Ausstellung über das Volontärprogramm mit mehreren Multimedia-Präsentationen und waren als Ansprechpartner stets vor Ort. Außerdem ermöglichten wir allen künstlerisch begabten Volontären, ihre Werke auszustellen und zu verkaufen (eine liebevolle Methode, ihr manchmal knappes Budget aufzubessern). Diese Woche liegt nun hinter uns und erfreulicherweise wurden beide Projekte von Teilnehmern und geladenen lokalen Gästen sehr interessiert aufgenommen. Nun freuen wir uns auf Bewerbungen zukünftiger Mitarbeiter.

All das hat mich sehr geschlaucht. Ich bin müder als sonst und in diesen Tagen – es kehrt wieder etwas mehr Ruhe ein – beginne ich, auf die Bremse zu treten. Es ist einfach nicht möglich, dauerhaft auf einem solch hohen Niveau inmitten einer extrem fordernden Umgebung ohne Unterbrechung zu funktionieren. Ich darf demnächst ein langes Wochenende außerhalb Jerusalems genießen und hoffe, dann Atem zu schöpfen, was dringend notwendig ist. Es geht ja, wie gesagt, nicht darum, perfekt zu sein und möglichst fehlerlos zu funktionieren, sondern inmitten unserer Schwachheit und Betriebsamkeit Gnade in Aktion zu erleben. Durch den Personalwechsel innerhalb meiner Abteilung entsteht natürlich mehr Unruhe im gewohnten Arbeitsablauf. Allerdings kommen derzeit insgesamt weniger Volontäre an, was es uns ermöglicht, das Schiff geruhsamer durch die Einarbeitungsphase zu manövrieren.

Dem Tod an den Kragen gehen

Anfang Dezember 2005 hat es erneut einen Selbstmordanschlag gegeben – zum wiederholten Male in Netanya. Leider gehören diese Ereignisse noch immer zum alltäglichen Geschehen in Israel. Auch bei dieser Situation hat ein Mensch heldenhaft Schlimmeres verhindert. Chaim Amram war einer der Sicherheitskräfte, die an einem der Eingänge des Einkaufszentrums, an dem sich der Attentäter in die Luft sprengte, ihrer Aufgabe nachkamen. Täglich sah er Hunderte, wenn nicht gar Tausende von Menschen, die zum Einkaufen strömten. Inmitten dieses Gesichtermeers nahm er den jungen Mann mit dem etwas zu großen Mantel wahr, spürte er, dass irgendetwas an ihm verdächtig war. Er ignorierte seine Order, am Eingang stehen zu bleiben, und zögerte nicht, zügig auf den Mann, der eine Tasche unter dem Arm geklemmt festhielt, zuzugehen. Er ergriff seine Schulter und begann, den

Mann vom Eingang des Einkaufszentrums wegzuschieben – obwohl wahrscheinlich sämtliche Zellen in seinem Hirn schrien, er solle besser weglaufen und sein eigenes Leben retten. Es war das zweite Mal, dass sich ein Terrorist in die Luft sprengte, während Chaim Amram Dienst tat.

Er tat, was „normale Menschen" nicht tun würden: Er ergriff den Tod beim Kragen und steuerte ihn von seinen Opfern fort. Genau in diesem Moment drückte der Mörder auf den Auslöser und tötete Chaim – und mit ihm vier weitere Personen sowie sich selbst. Durch sein couragiertes Handeln hat Chaim jedoch Dutzende von anderen Menschen gerettet. Er hätte leicht wie der „typische" Durchschnittsbürger reagieren können, doch er nahm seine Verantwortung ernst. Seine Geschichte, sein Handeln hat vielen Menschen neuen Mut und Glauben gegeben, sich nicht nur um sich selbst zu drehen, sondern selbstlos zu handeln und der inneren Stimme zu folgen. Er war fünfundzwanzig Jahre alt und wollte seiner Freundin demnächst einen Heiratsantrag machen. Dazu kam es nicht mehr. Übrigens – sein Name spricht für sich. Er bedeutet: *Leben* (Chaim) und *ein erhabenes oder hochgestelltes Volk* (Amram). Er hat sein Leben für sein Volk gegeben und ist zu einem Nationalhelden geworden.

Einige Sozialdienste in Netanya erhalten regelmäßig Unterstützung von *Bridges for Peace*. So sind wir auch diesmal kurz nach dem Anschlag nach Netanya gefahren, haben Terroropfer und ihre Angehörigen besucht, versuchten, sie zu trösten und zu erkunden, ob und womit wir ihnen helfen könnten. Es ist traurig, den Schmerz so vieler zu sehen und irgendwie doch hilflos danebenzustehen.

Recycling auf etwas andere Art

Es regnet und hagelt weiterhin. Leider nicht nur Wassertropfen oder Hagelkörner, die das durstige Land bewässern würden, sondern auch Geschosse. Die Umgebung Ashkelons, durch die Übergabe des Gazastreifens an die Palästinensische Autonomiebehörde in Reichweite der Terroristen gerückt, wird nun immer öfter mit Kassamraketen beschossen, was uns um das Wohl der Menschen dort bangen lässt. Doch selbst solch einer lebensbedrohlichen Situation kann man mit Humor begegnen und mit den Raketenhülsen noch etwas Nützliches anfangen. Das haben Kinder und Erwachsene im Kibbuz Sikim gezeigt: Passend zur Jahreszeit bastelten sie eine Chanukkiyah (neunarmiger Leuchter) für das Lichterfest aus den Hülsen der Kassamraketen, die in ihrer Umgebung niedergegangen sind. An jedem Abend nun werden diese Hülsen zum Leuchten gebracht. Solch unscheinbar anmutende Situationen führen mir vor Augen, dass das Volk Israel immer das Leben vor Augen hat, nicht den Tod – selbst dann, wenn man nicht sicher sein kann, ob man vom nächsten Niederschlag nicht selbst getroffen wird.

Wie wäre es wohl, in Neuseeland zu leben?

Als ich diese Chanukkiyah sah, musste ich an einen Text denken, den wir vor einigen Monaten im Hebräischkurs durchgearbeitet haben. Er hat mich sehr zum Nachdenken angeregt und ich finde, er passt gut in diese Jahreszeit, in der man vielerorts die Weihnachtsdekoration inklusive Krippe mit Hirten und Schafen abstaubt. Neuseeland hat, wie man nachlesen kann, mehr Schafe als Einwohner. Auf jeden Neuseeländer kommen ca. zehn Schafe. Der Text hat eine interessante Verbindung zwischen Israel und Neuseeland geknüpft.

Manchmal denke ich darüber nach, wie es wäre, in Neuseeland zu leben …

Wie wäre es wohl, an einem so weit entfernten Ort geboren worden zu sein, in einem Staat, der auf der riesigen Weltkarte nur schwer zu finden ist? Wie wäre es wohl, in dem Haus zu wohnen, das der eigene Großvater gebaut hat? Wie wäre es, der Enkel eines Großvaters zu sein, der eines natürlichen Todes gestorben ist, und die Geschichte des eigenen Landes, die gerade mal zweihundert Jahre alt ist, zu lernen?

Wie fühlt es sich an, über saftig grüne Felder zu gehen; Bauern und deren weiße Lämmer zu betrachten? Wie wäre es, in Neuseeland zu sein und Pläne zu schmieden, die sogar fünf Jahre in die Zukunft reichen? Wie geht es einem, wenn man sich lediglich über die örtlichen Rugbyvereine ereifert und sich frei entscheiden kann, in eine Berufsarmee einzutreten oder es zu lassen, da so etwas wie Wehrpflicht nicht existiert?

Wie wäre es, in Neuseeland die Zeitung zu lesen und es einfach nicht verstehen zu können, was eigentlich in Israel vor sich geht: Warum sterben dort auf jedem Fußbreit des Landes Menschen – wo doch die Welt so groß und das Leben so wertvoll ist?!

Wie wäre es, in Neuseeland zu sein, mit dem Wissen, dass ein Schlafsack nur für Campingausflüge produziert wird und dass die Artillerie lediglich am Geburtstag der britischen Königin Salven abfeuert, dass der Granatapfel tatsächlich nur eine schmackhafte Frucht ist (und nicht im Volksmund auch als Ausdruck für Handgranaten benutzt wird)?

Wie lebt es sich, wenn man weiß, dass eine Witwe tatsächlich eine alte Frau ist? Und wie simpel muss es sein, einen Vater, dessen Sohn „gefallen" ist, nach dem Grund dafür zu fragen, denn so etwas wie Krieg gibt es ja nicht? Wie wäre es, im winzigen Neuseeland ein Kleinkrämer zu sein, der sich nicht um Soldaten kümmern muss und auch nicht darauf wartet, dass sich jemand um ihn sorgt?

Gott hat uns aus allen Völkern auserwählt – und ich klage nicht darüber. Ich habe die Gebote Gottes in Liebe empfangen und auf keinen Fall möchte ich Jerusalem gegen Wellington eintauschen und schon gar nicht das schwierige Leben in Israel gegen das so viel einfachere Leben an irgendeinem anderen Ort der Erde. Dies ist mein Land, die Geburtsstätte meiner Kinder und es ist mein Schicksal. Also, liebe Erdbewohner, werdet nicht ärgerlich – wenn ich auch manchmal in meinem Herzen über diese Dinge nachdenke, stimmt ihr mir nicht zu, dass man in Neuseeland vor Langeweile umkommt?[11]

Während dies ein wenig nachklingt, dürfen wir uns der Gewissheit erfreuen, dass Gott der gute Hirte ist, der sein Leben für die Schafe hingegeben hat, mäh-äh-äh-äh – für dich … für mich … für diejenigen, denen es egal ist … für Israel. *Denn meine Augen haben dein Heil gesehen, das du bereitet hast im Angesicht aller Völker: ein Licht zur Offenbarung für die Nationen und zur Herrlichkeit deines Volkes Israel* (aus dem Lukasevangelium, Kapitel 2).

Wettervorhersage: Raketenhagel

„Stretching" – das war 2006. Ein Jahr angefüllt mit Dehnübungen auf allen Ebenen. Es war ein Härtetest für meine Spannkraft, die gemäß dem vielzitierten Sprichwort „Glücklich sind die Flexiblen, denn sie zerreißen nicht!" auf Herz und Nieren geprüft wurde. Die innerliche Herzoperation, die 2005 begonnen hatte, setzte sich über weite Strecken des Jahres fort. Das in der Bibel beschriebene Ereignis am Teich Bethesda – die Begegnung zwischen Jesus und dem seit achtunddreißig Jahren gelähmten Mann – rief sich mir mehrfach in Erinnerung. Die Bereitschaft, diese Operation auszuhalten, wurde angetrieben von einer Sehnsucht, mein gott-gemeintes Selbst auszuleben und es ohne jegliche Lähmung aufstehen zu sehen.

Überarbeitung, Stress und daraus resultierende Improvisationen kennzeichneten meinen Arbeitsalltag. Fast die Hälfte des Jahres blieb meine Abteilung unterbesetzt und die andere Hälfte war davon geprägt, den Rückstand so gut wie möglich wieder aufzuholen – alles im Licht einer Vervielfachung, die die Organisation so noch nicht erlebt hatte. Rekordzahlen wurden in fast allen Bereichen geschrieben und aufgrund der Geschehnisse in Israel riefen wir sogar ein neues Einsatzprogramm ins Leben, das als zivile Kriegsfürsorge begann.

Ja, es gab erneut Krieg in Israel. Eines Tages im Sommer 2006 traf ich mich morgens mit neuen Volontären zum obligatorischen Willkommensfrühstück mit Einführungsgespräch, das sie auf ihren Einsatz vorbereitete. Als wir ins Büro zurückkehrten, eröffnete mir die Rezeptionistin ohne Umschweife: „Wir haben Krieg!" Es ist natürlich nicht so, und in Israel schon gar nicht, dass Krieg

229

sofortigen Angriff und Bombenhagel allerorts im Land bedeutet. Im Gegenteil, wenn man in Jerusalem nicht die Nachrichten verfolgt hätte, hätte man nicht ahnen können, dass sich das Land im Kriegszustand befand. Es war in der Tat kein „Konflikt" mehr, keine „gewaltsame Auseinandersetzung", sondern ein Krieg, der Truppenmobilisierung, Verteidigung und Angriff, Tote und Verwundete nach sich zog. Mit neuen Mitarbeitern im Team, die kaum Zeit hatten, sich überhaupt in ihr Arbeitsfeld einzuarbeiten, bereitete ich die Belegschaft der Organisation auf den Ernstfall vor. Gasmasken mussten überprüft und dazugekauft werden; Mitarbeiter wollten beruhigt und instruiert werden; Daten, Fakten, medizinische Besonderheiten und eine 24-Stunden-Hotline mussten verfügbar gemacht werden; jeder Volontär benötigte klar ersichtliche Informationen, wo naheliegende Luftschutzbunker zu finden waren.

Der Krieg begann, als ich selbst kaum einen Monat in einer neuen Mietwohnung wohnte und den nächstliegenden Luftschutzbunker noch gar nicht ausgemacht hatte. Nach einer zermürbenden Wohnungssuche hatte ich mich bislang weder vom kräftezehrenden Arbeitsstress noch von meinem Umzug erholt. Doch während der Kriegswochen diente mein neues Domizil für einige Tage als Zufluchtsort für Freunde aus Haifa, die dem markerschütternden Sirenengeheul und den Explosionen der fallenden Raketen zumindest zeitweilig zu entkommen suchten.

Ein weiteres Ereignis erschütterte mich zutiefst und sollte mich bis zum Ende des Jahres 2011 begleiten: die Entführung Gilad Schalits. Am 25. Juni 2006 gruben militante Freischärler der Hamas einen Tunnel, griffen ein israelisches Kasernengelände an, erschossen mehrere Soldaten und entführten einen verletzten Unteroffizier. Gilad Schalit wurde „unser aller Sohn, Freund und Bruder". Seine Entführung erinnerte an ähnliche Begebenheiten der Vergangenheit und rief Schmerz, Wut sowie Verzweiflung hervor. 1 941 Tage sollte Gilad Schalit in einem unterirdischen, verminten Verlies der Hamas im Gazastreifen verbringen müssen, ehe er im Austausch gegen 1 027 von Israel inhaftierten Terroristen seine Freiheit wiedererlangte. Fünf Jahre und vier Monate bangte und hoffte seine Familie, erfuhr keine Neuigkeiten oder wurde von kargen, seltenen Botschaften niedergeschmettert, musste mitansehen, wie Menschenrechtskonventionen missachtet blieben und noch nicht einmal das Internationale Rote Kreuz Zugang zu ihm erhielt und feierte jeden einzelnen seiner Geburtstage, jedes einzelne Familienfest, jeden Feiertag in einer Weise, die Gilad immer wieder ins Bewusstsein der Öffentlichkeit rückte. Und im Grunde tat dies ganz Israel. Unzählige Male blieb ich an der Mahnwache vor dem Haus des Ministerpräsidenten stehen, betrachtete Fotos, Medienartikel und Briefe, zündete eine Kerze für ihn an. Jedes Mal fuhr es mir tief ins Herz. Der Tag seiner Entführung, aber noch viel mehr der Tag seiner Freilassung, die Bilder der Begrüßung auf israelischem Boden und der Wiedervereinigung mit seinem Vater, die Stimmung, die Erlösung, dass „unser aller Sohn, Freund und Bruder" wieder frei ist und nach Hause zurückkehren konnte, haben sich mir unauslöschlich eingeprägt.

Zahn um Zahn

Ein neues Jahr hat begonnen und schon rattern die Rädchen wieder. Auch meine – beziehungsweise ich selbst. Wir Menschen sind wie kleine Zahnräder in Gottes riesigem, universellem Gebilde. Wir werden geölt, an den passenden Ort gesetzt und funktionieren dort. Oftmals fühlen wir uns vielleicht überfordert und manchmal packt uns auch der Stolz, weil wir uns hier und da zu wichtig nehmen. Zu anderen Zeiten denken wir hingegen, dass das, was wir tun, keine Auswirkungen zu haben scheint. Ständig kerben sich die anderen Zahnräder zwischen unsere Zacken, wodurch wir manchmal die Abgründe unseres Herzens entdecken – Dinge, die wir gern vergessen oder ignorieren würden. Autsch! Auf einmal kommen unsere Verteidigungsmechanismen zum

Vorschein und wir beginnen, das Sandkorn zwischen den Zähnen des anderen zu entfernen, während unsere Sicht durch den Draht blockiert ist, der sich um unsere eigene Achse gewickelt hat (naja, Jesus würde wohl eher „Splitter" statt Sandkorn und „Balken im Auge" statt Drahtwickel sagen …). Noch mal Autsch!

Eine Sache, die mich das Leben oder die Erfahrung gelehrt hat, ist, dass ich oft vollständig oder zumindest anteilig falsch liege und sehr selten hundertprozentigen Durchblick habe. Ich sehe von meinem Standpunkt aus und kann mich nur zum Teil in eine andere Sichtweise hineinversetzen. Das hat aber auch etwas Gutes, denn es motiviert mich, die Sichtweise Gottes zu erkunden. Die Frage, wie er die Dinge sieht, hilft mir, meinen Horizont zu erweitern. Nicht, dass ich seinen Blickwinkel dann vollständig verstehe, keinesfalls, aber je öfter ich meinen inneren Kompass inmitten des dichten Nebels auf diese Perspektive ausrichte, desto mehr kann ich lernen zu vertrauen – besonders mit eingeschränktem Blick! Ein Kompass findet immer den Norden und unser innerer „Kompass" sollte sich letztlich immer auf unseren Schöpfer ausrichten. Das ist unser Sehnen, das ist unser Ziel. Wir müssen uns aber auch die Zeit nehmen, den Kompass zu benutzen, darauf zu schauen, zu lernen, mit ihm umzugehen. Nicht so einfach … Gerade hier brauchen wir Gnade. Ich wünsche mir, dass ich jederzeit vollends aus ebendieser Gnade und Weisheit heraus handle.

Immer wieder Innenministerium

Der Jahreswechsel war für mich, wie so oft, geprägt von Behördengängen. Viele Visa für unsere Langzeitvolontäre mussten erneuert werden und so stattete ich dem Innenministerium fast täglich einen Besuch ab. Es ist immer wieder ein Abenteuer, weil man nie vorhersehen kann, was einen dort erwartet. Das Geschehen dort hat eine ganz eigene Dynamik, die manchmal gar ins Kuriose abdriftet – dafür sorgen Besucher und Mitarbeiter gleichermaßen. Eine multikulturelle Mixtur von Menschen trifft aufeinander. Besucher sind oft rat- und hilflos und müssen sich aus den (nicht immer präzisen) vielfältig-vielsprachigen Informationen der Mitwartenden erarbeiten, welche Formulare auszufüllen, welche Dokumente vorzuweisen und welche Abteilungen für sie zuständig sind. Hinweisschilder gibt es nicht und nur mit viel Glück und Geduld erhält man vielleicht von der scheinbar stets genervten und wenig fachkompetenten Person am völlig überlasteten Empfangsschalter die wirklich maßgeblichen Informationen (wenn der Schalter überhaupt besetzt ist). Mitarbeiter, hinter Stapeln von Akten ohne genaues Hinschauen kaum auszumachen, bekommen selten ihre Zähne auseinander oder ein freundliches Wort über die Lippen und klagen ohne Unterlass über die nicht zu bewältigende Arbeit und den desolaten Zustand des Arbeitsumfelds. Sie verschwinden manchmal so rasch, als hätte sich der Erdboden aufgetan und sie auf Nimmerwiedersehen verschluckt, reagieren tendenziell extrem gereizt und brechen dennoch spontan in ungeahnte Fröhlichkeit aus. Nein, langweilig wird es dort nie!

Fast alle Visumsanträge wurden positiv beschieden und durch mein häufiges Kommen konnte ich herzliche Verbindungen zu den Mitarbeitern knüpfen. Eine Mitarbeiterin erkundigte sich, ob „Berlin eine Reise wert sei", und berichtete von einem Buch über jüdisches Leben in Deutschland, das sie gerade liest. Sie fragte nach meiner ehrlichen Meinung und sagte, dass dies das erste Mal sei, dass sie das Thema Deutschland so nah an sich heranlasse und sogar besagte Berlinreise erwägt. Eine andere Sachbearbeiterin nennt mich mittlerweile beim Vornamen, statt einfach nur den Namen unserer Organisation aufzurufen. Eine weitere Person ist bekannt für ihre Härte, Ungeduld und Unnachgiebigkeit. Auch mit ihr musste ich einige Anträge bearbeiten, darunter auch komplizierte Fälle, doch erstaunlicherweise verlief alles sehr entspannt und sogar lustig.

Ich habe mittlerweile eine neue Kollegin. Sie arbeitet sich zwar immer besser ein, hat aber gleichzeitig erhebliche Schwierigkeiten, sich an das Leben in Israel zu gewöhnen. Das wirkt sich auch auf ihre Arbeit aus. Es wird immer deutlicher, dass das alltägliche Leben im Nahen Osten sie reichlich überfordert. Sie ist im Frühruhestand und hat zum ersten Mal in ihrem Leben ihr Heimatland verlassen. Ich war in der Lage, zumindest größtenteils ihre Stärken zu erkennen, und versuche nun, in diese Stärken zu investieren und ihr Mut zu machen. Die Natur unserer Abteilung bringt es allerdings mit sich, dass wir oft unerwarteten Angelegenheiten gegenüberstehen und unseren geplanten Tagesablauf über Bord werfen müssen. Auf jeden Fall brauchen wir dringend Verstärkung in unserem Zweierteam.

Meines Bruders Hüter?

Vor Kurzem besuchten wir einige der „evakuierten" Siedler aus dem Gazastreifen, die noch immer zusammengepfercht in einem Hotel in Jerusalem ihr Dasein fristen. Dort verteilten wir an viele Familien Einkaufsgutscheine, mit denen sie sich in einer großen Auswahl von Geschäften das kaufen können, was sie wirklich brauchen. Es hat viele Hilfsaktionen gegeben, doch bei allem Guten ist auch das nur ein Tropfen auf den heißen Stein; manchmal sind Kleidung und Sachgüter ja gar nicht das, woran am meisten Mangel herrscht, wenn Menschen ihre gesamte Lebensgrundlage, ihre Existenz, ihre Hoffnung verloren haben.

Wir hatten noch ein anderes schönes Privileg, nämlich eine der israelischen Kasernen mit diversen Freizeitgeräten auszustatten. Darunter befanden sich eine Tischtennisplatte mit Zubehör, eine Stereoanlage, ein DVD-Player und ähnliches. Es gibt in Israel eine beachtlich hohe Anzahl von „Lonely Soldiers". Das sind Soldaten, die in Israel keine Familie und keine Verwandten haben. Die meisten von ihnen sind erst vor kurzer Zeit eingewandert und haben kein Zuhause, das sie an ihren freien Tagen willkommen heißt.

Unsere Freizeitausstattung ging an eine der Kasernen, in denen es besonders viele dieser Soldaten gibt. Es war unser Wunsch, ihre Einsamkeit an den freien Tagen ein wenig erträglicher zu machen. Die Soldaten – alle aus dem Medizinischen Corps – waren so dankbar, dass sie jedem von uns eine namentliche Urkunde, die ihren „Amtseid" enthält, überreichten. Darin heißt es:

„Ich, ein Soldat des Medizinischen Corps der Israelischen Verteidigungsarmee, schwöre an diesem Tag den Eid, den Verletzten und Kranken eine helfende Hand zu reichen, egal ob angesehen oder arm, Freund oder Feind – jedem, der in Not ist. Ich schwöre, Körper und Seele Heilung und Behandlung zu ermöglichen, diskret und treu zu sein und die Würde des Menschen zu achten. Ich werde meine Taten mit Überlegung, Diskretion und Barmherzigkeit abwägen und ich werde meines Bruders Hüter sein – sei es in der Schlacht, auf der Trage oder am Krankenbett. Ich schwöre, dass ich das höchste Gebot ewiglich in meinem Herzen eingraviert tragen werde: niemals einen Verletzten im Schlachtfeld zu verlassen. Das schwöre ich."

Irgendwie hat mich dieser Eid nachdenklich gemacht, denn vieles darin Enthaltene lässt sich auch auf mein Leben übertragen. Das Leben hat etwas von einem Schlachtfeld an sich, dem wir uns nicht entziehen können. Häufig können sich Menschen die Art des Kampfes nicht aussuchen (Krankheit, Arbeitslosigkeit, Unfall und andere schwere Schicksalsschläge). Wie reagiere ich, wenn jemand neben mir betroffen ist? Schaue ich hin oder weg? Verbinde ich die Wunden oder starte ich Beschuss aus den eigenen Reihen? Ducke ich mich vor Pfeilen und Kugelhagel und überlasse es dem anderen, seinen „eigenen Kampf" zu kämpfen oder helfe ich ihm? Selektiere ich, wem ich eine helfende Hand reiche? Ich musste an Chaim Amram denken, der vor einigen Wochen in Netanya einen Selbstmordattentäter am Kragen packte, viele Menschenleben rettete – und seines verlor. Würde ich solch einen selbstlosen Mut aufbringen? Ich muss mir eingestehen, dass meine Antworten hypothetisch sind, vor allem je heroischer die

Situation ist, die ich mir ausmale. Doch im Alltag, mit den kleinen „durchschnittlichen" Antworten, da kann ich ganz im Sinne dieses Eids eine gute Kameradin sein.

Messerwetzen

Das politische Spektrum Israels fährt Achterbahn. Der derzeitige Ministerpräsident Ariel Scharon kämpft um sein Leben, nachdem er zunächst einen leichten und später einen schweren Schlaganfall erlitten hat und seitdem im Koma liegt. Ob er je auf die politische Bühne zurückkehren kann, ist ungewiss, ja eher unwahrscheinlich. Seine Stellvertreter, Rivalen, potentiellen Nachfolger und Amtskollegen wetzen ihre Messer und tun alles, um die Aufmerksamkeit auf sich zu ziehen. Mir persönlich kommen sie vor wie ein Rudel Hyänen, denen man nach einer langen Hungerperiode endlich mal wieder einen Brocken Fleisch zugeworfen hat. Manch einer zeigt da sein wahres Gesicht. Und es sieht eher scheußlich aus, als dass es von aufrechtem Charakter gezeichnet wäre. Skandale über Bestechungen und Versprechungen, bestimmten Personen gewisse gehobene Posten oder Entscheidungsbefugnisse zu übertragen, überschlagen sich in den lokalen Medien, was die Glaubwürdigkeit und Loyalität diverser Politiker mehr als zweifelhaft erscheinen lässt. Ein weiteres Thema, das in den Medien heiß diskutiert wird, ist die Aufteilung des Landes und die Teilung Jerusalems, die Gerüchten zufolge oder laut „Informationen aus verlässlicher Quelle" bereits auf Landkarten gezeichnet wurde und nur darauf wartet, aus der Schublade gezogen zu werden – obwohl der Rückzug aus dem Gazastreifen weder atmosphärisch noch wirtschaftlich auch nur ansatzweise verkraftet ist.

Nicht weniger schockierend ist so mancher Kommentar zum gesundheitlichen Zustand Ariel Scharons aus christlichen Kreisen – ob nah oder fern, prominent oder auch nicht. Da ist von „göttlicher Strafe für den Rückzug aus dem Gazastreifen" die Rede.

Steht es uns Menschen wirklich zu, solch plattes Richten auszuüben oder auszusprechen? In der Bibel wird Gott als *barmherzig
und gnädig, langsam zum Zorn und reich an Gnade und Treue*
beschrieben! Ich denke, hier sollte man sehr vorsichtig sein. Gott
ist souverän und die lautstarke, unüberlegte Verbreitung der eigenen, eingeschränkten Sicht und Interpretation der Dinge ist im
Grunde nichts weiter als das Verspritzen giftiger Gnaden- und
Lieblosigkeit.

Orientierungslos

Der Gazastreifen hat sich wie befürchtet in ein gesetzloses Chaos
verwandelt. Viele ehemals fruchtbare Felder gleichen nun einer
Einöde. Selbst die halb herangereiften Früchte, die die israelischen Siedler zurücklassen mussten, sind eingegangen. Etliche
der umgesiedelten Familien sind noch immer ohne dauerhafte
Bleibe. Aus diesem Grund werden die Kinder oft nur unzureichend beschult und im Lehrstoff zurückgeworfen. Die Container
mit ihren Habseligkeiten müssen versiegelt bleiben und dürfen
nicht entplombt werden, da sonst der Versicherungsschutz er-
lischt. Winterkleidung war beim Auszug aus Gaza nicht notwendig, doch nun – was also tun? Siebzig Prozent der umgesiedelten Erwachsenen sind bis heute ohne Arbeit. Leider weigert sich
etwa ein Viertel von ihnen, angebotene Arbeit anzunehmen. Sie
wollen damit herausstellen, wie schlecht die Regierung die Umsiedlung gehandhabt hat. Sicherlich war vieles nicht gut durchdacht, aber mit dieser Haltung werden letztlich die „Refusniks"
selbst die Gekniffenen sein.

Plötzlich prominent

Nachdem alle Dringlichkeiten innerhalb der Personalabteilung
erledigt waren, zog ich mich für eine Woche zurück. Es war mehr
als notwendig. Ehrlich gesagt, habe ich mich gefühlt wie ein ge-

strandeter Fisch, der jeder Welle erfrischenden Wassers sehnsüchtig entgegenblickte und sich Millimeter für Millimeter in Richtung Meer robbt. Ich schaltete alles aus und vergrub mich in der Ferienwohnung für Volontäre in Netanya. Ruhe, Entspannung und Mittelmeerstrand taten mir gut und ich nutzte die Zeit, die Geschehnisse der letzten Monate zu verarbeiten und mich auf das vor mir Liegende auszurichten.

Mein verändertes Herz erscheint mir manchmal als das größte persönliche Wunder meines Lebens. Es ist und bleibt zwar eine Baustelle – doch alle, die an Gott glauben, dürfen wissen, dass er die Ketten ihres Gefängnisses bereits gesprengt hat. Ich muss an den lahmen Mann denken, der achtunddreißig Jahre am Teich Bethesda gelegen hatte. Jesus heilte ihn, und das in aller Öffentlichkeit. Nachdem Jesus weitergezogen war, konnte er nicht einfach wieder in seine alten Gewohnheiten zurückfallen und vielleicht so tun, als sei er immer noch gelähmt. Sein Leben veränderte sich radikal – früher hatte er von Almosen gelebt und vielleicht sogar das Mitleid der Menschen genossen, während er es zu seinem Kapital machte. Er hatte es sich in dem Zustand, in dem er sich befand, gemütlich gemacht. Und nun? Er musste sich völlig neu ausrichten und neue Lebensmuster entwickeln. Er musste lernen zu laufen, musste sich Arbeit suchen, vielleicht wollte er heiraten; plötzlich und vielleicht ungewollt war er in Jerusalem ein Prominenter (zumindest für eine Weile), musste sich mit seiner Familie versöhnen – Dinge, in denen er völlig unerfahren war. Genauso möchte ich das auf mein Herz deuten: Gewisse Bereiche meines Herzens sind durch so manche Lebenserfahrung gelähmt worden, haben Schmerz, Enttäuschung, Leid erfahren. Doch Jesus hat mich wieder aufgerichtet. Ich kann und möchte nicht mehr aus der Gelähmtheit meines Herzens heraus agieren, sondern will laufen und das Potential der verkrüppelten Elemente meines Herzens entfalten. Dabei werde ich fallen, Fehler machen, mir hier und da ein paar Schürfwunden zuziehen – doch ich stehe wieder auf, weil ich sicher sein darf, dass die helfende Hand Gottes mir nahe ist. Gott genauso zu kennen, wie er mich kennt, in- und auswendig, das ist mein Wunsch. Dazu braucht es wohl meine Zeit hier auf Erden plus die ganze Ewigkeit. Aber eines ist sicher: Langweilig ist und wird es keinesfalls! Eher HERRlich!

Hoher Besuch

Ende Januar 2006 besuchte Bundeskanzlerin Angela Merkel Israel. Dieser Besuch wurde sowohl von israelischen Politikern als auch von der Öffentlichkeit sehr positiv aufgenommen. Man bereitete ihr einen herzlichen Empfang und zeigte sich besonders beeindruckt von den scharfen Worten, die sie für die Haltung von Iran und Hamas (deren Führer kurz vor ihrem Besuch mit überwältigender Mehrheit an die Spitze der palästinensischen Autonomiebehörde gewählt worden waren) fand. Vor allem ein Satz, den sie in einem Abschlussinterview sagte, wird seither in israelischen Medien häufig zitiert: *„Ich pflege meine Meinung nicht von einem auf den anderen Tag zu ändern.“*[12]

Die Bundeskanzlerin nannte drei Bedingungen für Gespräche mit der Hamas: Die Hamas müsse das Existenzrecht Israels ohne Wenn und Aber anerkennen. Das erwarte die Bundesregierung von der künftigen Regierung und von allen politisch Verantwortlichen in Palästina. Die Waffen müssten niedergelegt werden. Ebenso seien die im Rahmen des Friedensprozesses geschlossenen Vereinbarungen einzuhalten.[13]

Auf der 42. Sicherheitskonferenz in München im Februar bezeichnete Merkel den Iran als eine Bedrohung für Israel und alle demokratischen Länder der Erde. Die iranische Regierung habe mit ihrer Nuklearpolitik eine „rote Linie überschritten". Die Infragestellung des Holocaust und des Existenzrechts Israels durch den iranischen Präsidenten sei für die Bundesregierung völlig inakzeptabel. Bundeskanzlerin Merkel verglich das Mullah-Regime in Teheran gar mit Hitler-Deutschland. Sie sagte: *„Anfang der drei-*

ßiger Jahre haben auch viele gesagt, das sei nur Rhetorik. Man hätte rechtzeitig vieles verhindern können, wenn man gehandelt hätte. Wir haben uns in Deutschland verpflichtet, den Anfängen zu wehren und alles daran zu setzen, um deutlich zu machen, was geht und was nicht geht. Iran hat es selbst in der Hand."[14]

Angela Merkels Worte waren stark und beeindruckend – allerdings macht mich die Benutzung des Wortes „Palästina" nachdenklich. Der römische Kaiser Hadrian prägte 135 n. Chr. diesen Begriff, als er die Region Judäa, Samaria und Galiäa als „Syria Palaestina" bezeichnen ließ, um die Bindung der Juden an diese Region auszulöschen. Als der Staat Israel 1948 gegründet wurde, ja bereits unter britischer Mandatsverwaltung von 1917–1947, wies die dort lebende arabische Bevölkerung die Bezeichnung „Palästinenser" von sich. Sie betrachteten es sogar als Schimpfwort, da ja ursprünglich Hadrian die Juden als solche bezeichnete. Die Terminologie Palästina vermittelt nun nicht nur die Umkehrung dessen, sondern auch, dass auf der weltpolitischen Ebene die Zwei-Staaten-Lösung praktisch schon als abgemacht gilt. An Kleinigkeiten wie diesen kann man erkennen, dass zumindest Spuren der Ideologien fundamentalistischer Terrorregimes trotz aller Verurteilungen einen Platz in den Köpfen finden.
Dazu ein paar Auszüge aus der Hamas-Charta:

- *Israel wird aufsteigen und solange bestehen, bis der Islam es eliminiert hat, so wie er seine Vorgänger eliminiert hat.*
- *Friedensinitiativen und sogenannte Friedenslösungen oder internationale Konferenzen zur Lösung des Palästina-Problems widersprechen den Überzeugungen der Islamischen Widerstandsbewegung. ... Für das Palästina-Problem gibt es keine andere Lösung als den Jihad [Heiliger Krieg].*
- *Palästina ist ein islamisches Land. ... Deshalb ist die Befreiung Palästinas für jeden Moslem die höchste persönliche Pflicht, wo immer er sich befindet.*[15]

Trotz dieser klaren Worte wird Hamas in der Weltpolitik salonfähig (gemacht). Das stimmt nachdenklich und fordert zum Hinterfragen auf.

Mein Freund, der Baum

Jedes Jahr im Januar/Februar feiert Israel das „Neujahr der Bäume", sozusagen ein Geburtstag für die Bäume des Landes. Das beruht auf der Bibelstelle im 3. Mosebuch 19,23: *Und wenn ihr in das Land kommt und allerlei Bäume zur Speise pflanzt, dann sollt ihr ihre Früchte als ihre Vorhaut unbeschnitten lassen. Drei Jahre sollen sie euch als unbeschnitten gelten, sie dürfen nicht gegessen werden. Im vierten Jahr sollen all ihre Früchte dem HERRN eine heilige Festgabe sein. Und im fünften Jahr sollt ihr ihre Früchte essen, damit ihr Ertrag euch den Gewinn vermehrt. Ich bin der HERR, euer Gott.* Um die Zählung der Jahre zu erleichtern und nicht gegen dieses Gebot zu verstoßen, hat das jüdische Volk diesen „Geburtstag" bereits im 2. Jahrhundert v. Chr. in den Kalender aufgenommen.

Es ist Brauch, an diesem Tag neue Setzlinge zu pflanzen und Baumfrüchte zu essen. Ich organisierte einen Ausflug mit unseren Volontären und wir beteiligten uns daran, einen neuen Wald am südlichen Randgebiet Jerusalems zu pflanzen. Da wir wussten, dass wir in der Nähe eines Armeekontrollpunkts sein würden, beluden wir unser Auto mit Geschenken (Süßigkeiten, Tee, Socken, T-Shirts, Snacks) für die dort stationierten Soldaten. Es war eine besondere Freude, nicht nur unseren „grünen Daumen" einzusetzen, sondern auch noch ein Lächeln auf die Gesichter der Sicherheitskräfte zu zaubern.

Balanceakt

Der Frühling entfaltet seine farbenfrohe Schönheit, Sonnenstrah-len beschenken uns mit angenehmer Wärme, die Vögel zwit-schern ihre fröhlichen Melodien und die Tage werden wieder länger.

Auch in anderer Hinsicht werden meine Tage länger – im Büro nämlich. Meine Assistentin ist, unerwartet und doch nicht ganz unerwartet, in ihr Heimatland zurückgekehrt. Die letzten Tage vor ihrer Abreise waren eine Achterbahnfahrt durch emotionale und alltägliche Herausforderungen. Fazit ist, dass es ihr einfach nicht gelungen ist, den Kulturschock zu überwinden. Es ist sicherlich besser, der Realität ins Auge zu sehen und nicht der Überforde-rung zu erliegen. Im Leben begegnen wir vielen herausfordern-den Situationen. Sich und anderen einzugestehen, dass wir uns oder unsere Fähigkeiten überschätzt haben, kann manchmal ge-nau die richtige Entscheidung sein und muss nicht automatisch als Niederlage verbucht werden. Wie dem auch sei, die Situation sorgt bei mir für erhöhten Stress, da ich die Abteilung (mit genug Arbeit für drei Personen) alleine aufrechterhalten muss.

Bereits im Januar hatten wir die Bewerbung eines Südafrikaners erhalten und den Eindruck gewonnen, dass er gut in die Abtei-lung passen würde. Er wird mir hoffentlich bald zur Seite stehen. Derzeit wartet er jedoch noch auf die Ausstellung seines Reise-passes, was in Südafrika scheinbar nicht ganz ohne Verzögerun-gen vonstattengeht. Einerseits muss ich bis zu seiner Ankunft durchhalten, andererseits aber auch mit meinen Kräften haus-halten. Mein regulärer Arbeitstag dauert nun mindestens zehn, meist aber gute zwölf Stunden. Ein derart intensiver Lebensstil lässt sich nicht dauerhaft aufrechterhalten und es fällt mir nicht immer leicht, eine gute Balance zu finden. Ich hoffe, dass Gott bald auf die Bremse tritt, doch momentan jedenfalls scheint es, als müsste ich noch ein Weilchen auf der Überholspur der Le-bensautobahn bleiben.

Jeden Tag erlebe ich, wie Gott mir neue Kraft schenkt und meine „Batterie" über Nacht wieder auflädt. Darüber hinaus beschenkt er mich oft mit Kleinigkeiten, die in meinem Alltag aber einen großen Unterschied machen. Manchmal sind das Dinge, die einfacher verlaufen als gedacht, oder eine wertschätzende Rückmeldung. Das gibt mir Kraft und Durchhaltevermögen. Nicht immer bin ich mir bewusst, wie schicksalhaft die Begegnung mit einem anderen Menschen sein kann, doch wünsche ich mir trotz aller Belastung, dass ich erinnerungswürdige Spuren in den Herzen anderer hinterlasse – etwas, das mich mit großer Freude und Ehrfurcht erfüllt.

Inmitten aller Belastung habe ich die Nachricht erhalten, dass ich aus meiner Wohnung ausziehen muss. Die Schule, auf deren Gelände ich wohne, benötigt diese Wohnung nun wieder für Lehrkräfte. Nachdem im Jahr 2003 aufgrund des sich anbahnenden Irak-Kriegs viele Botschaften sowie die Vereinten Nationen als Schutzmaßnahme Mitarbeiter aus Israel abgezogen hatten und dadurch die Schülerzahlen sanken, wurden dementsprechend auch weniger Lehrer beschäftigt. Doch das ändert sich nun mit dem bevorstehenden Schuljahr. Ich muss mir also ein neues Dach über dem Kopf suchen, was ich inmitten von Stress und Überbelastung wahrhaftig nicht begrüße. Ich habe bis Ende Juni Zeit, jedoch gestaltet sich eine Wohnungssuche hier ein wenig anders als in Deutschland. Wohnungen, die zur Vermietung angeboten werden, sind oftmals verwahrlost und massiv renovierungsbedürftig. Es braucht deshalb in der Regel viel Geduld und viele Wohnungsbesichtigungen, ehe man die Stecknadel im Heuhaufen findet.

Alte neue Feindseligkeiten

Die jüdisch-messianischen Gemeinden in verschiedenen Städten Israels sind Ziel unerfreulicher Angriffe geworden. In Arad, einer Stadt in der Nähe des Toten Meeres, werden Versammlungen mittlerweile regelmäßig von Chassidim (ultraorthodoxen Juden) gestört und es kommt zu gewalttätigen Übergriffen. Auch in Jerusalem wurden mehrfach während der Gottesdienste Autos der Besucher aufgebrochen und beschädigt, selbst auf gesicherten Parkplätzen. In Beer Sheva, einer Stadt im Negev, wurde eine messianische Gemeinde von einer Gruppe von über fünfhundert ultraorthodoxen Juden während eines Taufgottesdienstes „besucht". Der Pastor wurde in das Taufbecken geworfen, die gewalttätigen Auseinandersetzungen eskalierten so sehr, dass die Polizei die Situation nur schwerlich unter Kontrolle bekam. Diese Feindseligkeiten sind schwer nachvollziehbar, wenn man sich nicht etwas eingehender mit den Ursachen dafür beschäftigt. Messianische Juden glauben ebenso wie Christen, dass Jesus der Messias und Sohn Gottes ist. Die jahrtausendelange leidvolle Geschichte der Judenverfolgung, die oft im Namen des Christentums geschah, hat tiefe Wunden hinterlassen, die auch heute noch nicht vollständig geheilt sind. Juden wurden entrechtet, entwürdigt, aus dem gesellschaftlichen Leben ausgegrenzt, als „Christusmörder" beschimpft, zwangskonvertiert, zwangsgetauft und auf grausamste Weise getötet. Die maßgeblichen christlichen Werte, wie beispielsweise Gnade, Barmherzigkeit und Liebe, galten für sie nicht. Das, was in den Kirchen gepredigt wurde, muss ihnen, verglichen mit dem Alltag, den sie erlebten, wie abgrundtiefe Heuchelei vorgekommen sein. Verwundert es da, dass selbst heute noch bei der Begegnung zwischen Juden und Christen Argwohn und Misstrauen allgegenwärtig sind?

Juden, die sich entschieden haben, an Christus zu glauben, haben in den Augen religiöser Juden Hochverrat begangen und ihre Seele verkauft. Ihre freie Entscheidung wird als Beitrag zum Aussterben des jüdischen Volkes aufgefasst. Dementsprechend werden sie öffentlich angegriffen.

Feiern mit bitterem Beigeschmack

Rechtzeitig zum 58. Unabhängigkeitstag sind die Würfel gefallen: Ehud Olmert tritt in die Fußstapfen Ariel Scharons und wird Ministerpräsident. Die Stimmung vor der Wahl war einerseits angespannt, andererseits von Gleichgültigkeit und Hoffnungslosigkeit geprägt, da keiner der Kandidaten wirklich einleuchtende Lösungsansätze für die innen- und außenpolitischen Probleme Israels anzubieten schien. In den Augen vieler Wahlberechtigter präsentierte kein Kandidat sich mit der nötigen Transparenz und Charakterstärke. So hat es auch die geringste Wahlbeteiligung, die je verzeichnet wurde, gegeben. Olmert macht kein Geheimnis daraus, dass er bis zum Jahr 2008 die Grenzen neu ziehen und weiteres Land abgeben will – während sich Forderungen, Drohungen und Waffenschmuggelei der Hamas-Regierung verstärken.

Während Feuerwerke am Unabhängigkeitstag den Nachthimmel erstrahlen ließen und Familien, Freunde, Nachbarn allesamt auf der Straße ausgelassen feierten, während auch ich tanzte und fröhlich war, kam mir der Gedanke, dass manch israelische Familie dieses Freudenfest vielleicht zum letzten Mal in ihrem eigenen Haus feiern könnte. Die neue Regierung macht aus den Rückzugsplänen keinen Hehl, was bedeuten würde, dass erneut Tausende von Israelis ihr Hab und Gut, Haus und Hof würden verlassen müssen. Hier geht es um nicht unerhebliche Gebiete im biblischen Kernland. Ein Großteil der dort lebenden Bevölkerung ist, wie es auch im Gazastreifen der Fall war, religiös und hält an den biblischen Verheißungen, die Israel betreffen, fest. Wie fühlt sich ein Israeli, dessen Vater oder Großvater im Unabhängigkeitskrieg oder im Sechs-Tage-Krieg sein Leben für die Existenz des Staates Israel riskiert hat und jetzt doch wieder sein Land aufgeben muss? Und wie fühlt sich derjenige, der damals gekämpft hat, heute? Angesichts dessen, dass Israel nach dem Rückzug aus dem Gazastreifen nicht nur der ersehnte Frieden versagt bleibt, sondern es obendrein noch häufigerem Raketenhagel aus den palästinensischen Gebieten und nicht nachlassender scharfer Kritik auf internationaler Ebene ausgesetzt ist, kann man hier wohl kaum Freudenjubel über die neuen Rückzugspläne erwarten. Von der Staatsgründung bis 1967 war Jerusalem eine geteilte Stadt, teilweise unter jordanischer Kontrolle. Während dieser Jahre war den Juden der Zugang zur Klagemauer verwehrt. Im kommenden Jahr wird Jerusalem den 40. Jahrestag der Wiedervereinigung feiern; im darauffolgenden Jahr soll es laut Plan erneut geteilt werden. Was für eine Ironie! Es fällt schwer, sich angemessen in die Situation der einzelnen Menschen hineinzuversetzen. Zu oft vergisst man, dass politische „Raffinesse" (oder nennt man das Diplomatie?) immer auch Auswirkungen hat, die ein Menschenleben stark beeinflussen können. Wir Deutschen haben unsere eigene schmerzhafte Teilungsgeschichte und sind deshalb auch in dieser Beziehung vielleicht mehr mit Israel verbunden als wir denken.

Die Stecknadel im Heuhaufen – gefunden!

Die Frühlingsmonate waren so dermaßen fordernd, dass ich vieles zur Seite schieben musste – einerseits wegen der immensen An- und Herausforderung bei der Arbeit und andererseits aufgrund meiner Wohnungssuche und des damit verbundenen Umzugs. Es blieb keine Zeit für Freizeitaktivitäten. Ich muss gestehen, dass ich nicht nur ans Ende meiner Kraft gekommen bin, sondern um einiges darüber hinaus. Es war ein Marathon und oftmals musste ich sorgfältig entscheiden, was ich tun oder lassen soll, was ich verschieben konnte oder anpacken musste. Die Balance ist mir nicht immer gelungen und diese Zeit liegt auch noch nicht vollständig hinter mir. Ich bin lediglich an einem Etappenziel angekommen – erschöpft zwar, aber auf jeden Fall angekommen.

Ich kann bestätigen: Wenn einer eine Wohnung sucht, dann kann er was erleben. Zumindest in Jerusalem! Die ersten Besichtigungen erschreckten mich – der Begriff „Bruchbude" hat für mich eine völlig neue Bedeutung gewonnen. Wie Menschen es wagen, solch heruntergekommene „Wohnungen", wie ich sie gesehen habe, anzubieten, dazu noch für einen horrenden Mietpreis, bleibt mir ein Rätsel.

Jeden Morgen durchforstete ich die aktuellen Wohnungsangebote, telefonierte, bis ich jemanden erreichte, und flitzte entweder in der Mittagspause, nach der Arbeit oder am Wochenende zur angegebenen Adresse. Das Angebot ist vielfältig: Hier ein wunderschöner Dachgarten, doch kein Platz für Kühlschrank oder Waschmaschine. Scheinbar hält der Vermieter nichts von neumodischen Gerätschaften oder ist der Meinung, dass seine Mieter es cool finden, ein Leben basierend auf Pizza-Bringdienst und Wäscheservice zu gestalten. Dort eine Wohnung, bei der man von der Haustür direkt ins Schlafzimmer tritt und erst danach in die Küche gelangt. Woanders erhält man das Angebot, dem ewigen Junggesellen, sprich Vermieter, am Abend regelmäßig Gesellschaft zu leisten. Oh, und es gibt in Jerusalem tatsächlich Wohnungen, in denen man sich duschen kann, während man auf der Toilette sitzt (kein Scherz!) – das „Badezimmer" wird dabei also täglich gleich mit grundgereinigt. Zeitersparnis, was will man mehr? Dennoch ein eigenartiges Sonderangebot, auf das ich gern verzichte!

Mein Hebräisch konnte ich vielfältig anwenden. Immer wieder ergaben sich bemerkenswerte Gespräche, denn es weckt Interesse, dass eine deutsche Christin in Israel Wege der Freundschaft sucht. Die Wohnungssuche war, gelinde gesagt, frustrierend und hat mich sehr geschlaucht, doch dann fand ich nicht nur die Stecknadel im Heuhaufen, sondern eine echte Perle. An einem Schabbat auf dem Weg zum Gottesdienst entdeckte ich einen Zettel an einem Laternenpfahl: 1,5-ZimmerWohnung, Balkon, Innenstadtnähe, Holzvertäfelungen. „Was soll's – ein Telefonat mehr. Mal sehen, was für eine Bruchbude das sein wird", dachte ich und riss die Telefonnummer ab, ohne viel nachzudenken. Die folgenden drei Tage verbrachte ich damit, den abgerissenen

Schnipsel, den ich gedankenlos in irgendeine Tasche gestopft hatte, wiederzufinden, doch dann ging alles Schlag auf Schlag: Ich schaute mir die Wohnung an, die so ganz und gar keine Bruchbude war, traf mich mit den Vermietern, bekam den Vertrag zur Durchsicht (in hebräischem Anwaltskauderwelsch, das ich mir von einem Israeli übersetzen ließ), rechnete mein Budget durch – und unterschrieb! Anfang Juni bekam ich die Schlüssel und zog ein (Gott sei Dank mithilfe der starken Männer unseres Handwerkerteams, die meine Sachen schleppten).

Die spärliche Freizeit nach langen Arbeitstagen verbrachte ich zunächst mit Ein-, dann mit Auspacken und mit dem Streichen meines neuen Zuhauses. Außerdem musste ich einige Möbelstücke beschaffen und wurde in dieser Hinsicht sehr beschenkt: Ein befreundetes Ehepaar überließ mir ein Sofa, das nicht in ihre neue Wohnung passte. Einem Kollegen konnte ich günstig Schreibtisch, Kleiderschrank und Kommode abkaufen. Rasch fand ich Möbel und Blumen für meinen Balkon. Zu guter Letzt musste ich noch einen Kühlschrank, Stühle, Esstisch, Regale und so manche Kleinigkeit besorgen, doch mittlerweile sieht es bereits sehr wohnlich aus. Es vergeht kein Tag, an dem ich nicht mit einem Herzen voller Dank durch mein neues Domizil schlendere. Die Wohnung ist ein echtes Geschenk und passt so richtig zu mir.

Nachlaot kurz vorgestellt

Meine neue Wohnung liegt im Stadtteil Nachlaot und einige Nachbarn habe ich bereits gut kennengelernt. Daisy und Lilly (Gänseblümchen und Lilie), Mutter und Tochter, wohnen direkt gegenüber – und das seit über vierzig Jahren. Daisy hat sechs Kinder großgezogen und kann nicht mehr zählen, wie viele Enkel und Urenkel sie hat „Jeden Monat kommt ein Neues", sagt sie. Täglich sitzt sie vor ihrem kleinen Haus und beobachtet das Geschehen. Dabei vergisst sie schon mal ihr Gebiss im Bad, was dann die Verständigung mit ihr etwas komplizierter macht. Nachlaot ist eines der älteren Viertel Jerusalems; die meisten Häuser wurden Ende des 19. und Anfang des 20. Jahrhunderts gebaut und werden heute vielfach modernisiert. Es gibt viele Gassen, durch die kein Auto passt. In Nachlaot leben alteingesessene „Jeruschalmis" neben Studenten aus aller Welt. Es gibt religiöse und säkulare Juden und tatsächlich auch viele Christen – ein bunter Mix also. Hier befindet sich der berühmte „Mahane Yehuda"-Markt – der günstigste und beste Ort, um frische Lebensmittel zu kaufen und in typisches Jerusalemer Leben einzutauchen.

Sie ist da: die lang ersehnte Verstärkung

In derselben Woche, in der ich meine neue Wohnung fand, kündigte sich auch endlich die Verstärkung für meine Abteilung an. Mein sehnsüchtig erwarteter Kollege schrieb, dass sein Pass nun endlich gedruckt und abholbereit sei. Ursprünglich sollte er bereits Anfang April in Israel sein, doch – so merkwürdig es auch klingen mag – den südafrikanischen Behörden war das Papier zum Drucken der Pässe ausgegangen. Das verursachte weitreichende Verzögerungen, die auch an mir nicht spurlos vorübergingen. Drei Tage nach dem Einzug in meine neue Wohnung setzte er tatsächlich seine Füße auf israelischen Boden. Es gelingt ihm bereits, sich nahtlos in die Belegschaft und in die Strukturen der Abteilung einzufügen. Er bringt viel Hintergrundwissen mit und ich kann ihm viel Freiraum gewähren, seine Erfahrungen einzubringen. Er ist ein ruhiger Charakter, eher zurückhaltend, hat gute Menschenkenntnis und eine einfühlsame Art, mit Situationen umzugehen. Glücklicherweise waren die ersten zwei Wochen nach seiner Ankunft nicht übermäßig hektisch, was ihm Zeit gab, sich mit den neuen Aufgaben vertraut zu machen. Doch dann erhielten wir prompt elf neue Bewerbungen aus fünf verschiedenen Ländern innerhalb einer Woche (normalerweise sind es nur zwei bis drei).

Anfang Juli ist weitere Verstärkung für meine Abteilung angekommen – nach der langen Durststrecke ein ungewohntes Gefühl. Eine junge Frau aus Australien wird uns in den nächsten drei Monaten helfen, die aufgestaute Arbeit wieder auf einen normalen und aktuellen Stand zu bringen. Gemeinsam mit einem Rentner aus Texas, der uns einmal pro Woche für simple Büroarbeiten zur Verfügung steht, repräsentieren wir die vier Enden der Erde (USA, Australien, Südafrika und Deutschland), die sich in Israel, also in der Mitte, getroffen haben. Unser Team ist ein gutes Abbild der internationalen Mitarbeiterschaft von *Bridges for Peace*.

Tempo drosseln, bitte!

Nun ist ein Tempowechsel angesagt. In den Rückspiegel schauen, den Fuß vom Gas nehmen, auf die Bremse treten, herunterschalten und Halt machen, um den Tank aufzufüllen, mich ein wenig aufzulockern und mal wieder richtig Atem zu schöpfen. Keine Wohnungssuche mehr, keine Überstunden mehr; ich kann endlich wieder etwas mehr Gemütlichkeit in mein Leben bringen. Es ist so leicht, zu einem Workaholic zu mutieren und nicht rechtzeitig auf die Bremse zu treten. Ich hoffe, dass es mir gelingen wird, wieder in den Rhythmus einer guten Ausgewogenheit hineinzufinden. Ich merke, dass ich mit meinen Kräften haushalten und Dinge langsam angehen muss, weil mein innerer Akku durch den Dauerstress fast den Nullpunkt erreicht hat. Daher bin ich für eine gewisse Generalüberholung dankbar. Ich habe in den letzten Monaten fünf Kilo abgenommen – grundsätzlich keine schlechte Sache, allerdings liegt das diesmal daran, dass ich über aller Arbeit zu selten und zu wenig gegessen habe (eine ungute Angewohnheit von mir). Manchmal denke ich an ein Wort aus den Psalmen: *So lehre uns denn zählen unsere Tage, damit wir ein weises Herz erlangen* (Psalm 90). Trotz aller Hektik wird es immer mein Wunsch und mein Bestreben bleiben, nicht einfach so vor mich hin zu leben, sondern die Schätze, die das Leben bereithält, zu bergen und ein weises, belehrbares, sanftes Herz zu bewahren und wieder eine bessere Balance zu finden. Doch das ist aufgrund der aktuellen Situation in Israel gar nicht so leicht – denn ...

Es herrscht Krieg in Israel!

Der sich schon seit langem abzeichnende Krieg ausgebrochen! Ich schaue auf diese Worte, die ich da gerade geschrieben habe, und sie erscheinen so unwirklich, strotzen fast vor Banalität und haben doch eine unermessliche Tragweite. Es schockiert, ja erschüttert mich immer wieder, wie sehr in diesem Land routinemäßiger Alltag und furchtbare Tragödien förmlich nahtlos ineinander greifen. Krieg, das ist ein großes Wort, das wir Deutschen meist mit der Geschichte und den Bildern des Zweiten Weltkriegs verbinden. In Jerusalem spürt man jedoch kaum, dass Krieg im Norden des Landes herrscht. Man könnte meinen, die lokalen Medien würden aus einem fernen Land berichten. Doch knapp hundertfünfzig Kilometer nördlich von mir bietet sich ein komplett anderes Bild. Da sitze ich auf meinem Balkon, genieße Ruhe, Sonnenschein und Frieden, während anderswo ein Zwei-Fronten-Krieg tobt. Um den zermürbenden Raketenbeschuss aus dem Gazastreifen zu unterbinden, kämpft Israel im Süden. Im Norden Israels stehen etwa zwei Millionen Menschen in ständiger Gefahr, zur Zielscheibe libanesischer Katyusha-Raketen zu werden, und verbringen bei Tag und Nacht viele Stunden in Schutzbunkern. Im Durchschnitt werden 100-150 Raketen pro Tag auf Israel abgefeuert. Tausende von Familien erlebten, wie ihre Söhne, Väter, Freunde den Einberufungsbefehl erhielten, und sahen sie in den Krieg ziehen, hoffend, sie lebendig wiederzusehen. Tote und Verletzte hat es bereits auf beiden Seiten gegeben. Die israelische Armee versucht, ihrer Aufgabe, die Bürger des Landes zu schützen, gerecht zu werden. Die Hisbollah-Terroristen dagegen verschanzen sich hinter Zivilisten und in sakralen Gebäuden. Der südliche Libanon liegt in Trümmern – ein trauriger Lohn dafür, dass sich das Land, trotz Reformen, nicht aus dem Krallengriff der Hisbollah, die vom Iran und von Syrien unterstützt wird, befreien konnte.

Wie hat alles angefangen? Nach dem Rückzug aus dem Gazastreifen hörten die Angriffe auf israelische Orte keineswegs auf. Ich liste hier einmal einige Monate und die Anzahl der jeweils abgefeuerten Kassam-Raketen auf, die im westlichen Negev (dem südlichen Israel) auf die Bewohner niederhagelten:

Im September 2005: 12
Im Oktober 2005: 8
Im November 2005: 4
Im Dezember 2005: 16
Im März 2006: 49
Im April 2006: 64
Im Mai 2006: 46
Im Juni 2006: 89

Israel schritt nur zurückhaltend dagegen ein, obwohl die Bewohner des Südens psychisch am Ende waren und verzweifelt um Hilfe riefen. Am 25. Juni 2006 wurden bei einem Angriff der Hamas auf eine israelische Kaserne mehrere Soldaten getötet und Gilad Schalit verletzt und entführt, das erwähnte ich bereits zu Beginn des Kapitels. Am 12. Juli wurde dann im Norden ein Armeestützpunkt von Hisbollah-Kämpfern angegriffen, wobei erneut mehrere Soldaten ihr Leben lassen mussten und zwei weitere entführt wurden: Ehud Goldwasser und Eldad Regev. Daraufhin zog Israel einen Schlussstrich und leitete militärische Schritte ein, um die Sicherheit der Bürger wieder herzustellen.

Viele Bewohner des Nordens haben sich zumindest zeitweilig bei Freunden oder Verwandten weiter südlich einquartiert. Auch meine Wohnung wurde mehreren Freunden aus Haifa für einige Tage zum Zufluchtsort. Wir legten mehrere Matratzen im Wohnzimmer aus und ja, es waren kurze Nächte mit wenig Schlaf – nicht weil wir unruhig und angespannt waren, sondern weil die Zeit mit viel Plaudern, Lachen und Spielen nur so davon flog. Ich konnte beobachten, wie meine Freunde förmlich aufatmeten, schlicht und ergreifend, weil sie nicht in ständiger Alarmbereitschaft sein und immer nach dem nächstgelegenen Luftschutzbunker Ausschau halten mussten. Sie konnten spazieren gehen, Museen besuchen oder einfach nur in Ruhe auf dem Balkon sitzen.

Die derzeitige Situation kann leicht eskalieren, denn die Bedrohung aus dem Iran und aus Syrien ist real und es scheint lediglich eine Frage der Zeit zu sein, wann den Worten der dortigen Machthaber Taten folgen werden. Hier handelt es sich aber nicht nur um eine Bedrohung für Israel, sondern um eine, die die ganze Welt in Unruhe versetzt. Ich neige nicht dazu, Weltgeschehnisse überzubewerten. Dennoch ist es schwer von der Hand zu weisen, dass Terror überall auf der Welt immer größer werdendes Chaos auslöst. Die israelische Bevölkerung lebt nicht mit der Frage, OB es in der Region einen kriegerischen Konflikt internationalen Ausmaßes geben wird, sondern WANN solch ein Konflikt ausbrechen wird. In Deutschland stellt sich diese Frage nicht, denn stetiger, als Provokation gemeinter Raketenbeschuss ist kein Alltagsgeschehen, mit dem Bürger und Regierung umgehen müssen. Daher fällt es uns schwer, den so oft zitierten Nahostkonflikt angemessen einzuordnen.

Keine Panik!

Unsere Volontäre sind, soweit es geht, auf den Ernstfall vorbereitet. Seit Ausbruch des Zwei-Fronten-Kriegs sind meine neuen Kollegen und ich damit beschäftigt, den Volontären fundierte Informationen für den Fall der Fälle zur Verfügung zu stellen und unsere „Kriegsausstattung" (Gasmasken, Notfallmedizin, Material, um einen Raum gegen biochemische Waffen zu versiegeln) zu überprüfen und aufzustocken. Die wichtigste Komponente in solch einem Szenario ist, Panik zu vermeiden. Darum stehen wir auch stets als Ansprechpartner zur Verfügung, haben Rufbereitschaft und setzen uns mit möglichen Handlungsabläufen auseinander. Furcht wird offen angesprochen und nicht als Schwäche wahrgenommen. Keiner von uns weiß, was die Zukunft bringen wird, doch wir fühlen uns trotz des emotionalen Drucks, der Anspannung und der berechtigten Sorge von Freunden und Familie in unseren Heimatländern im Frieden Gottes geborgen, auch wenn kaum einer von uns auf Kriegserfahrung zurückblicken kann.

In der dritten Juliwoche haben wir etwa 6 000 Soldaten mit „Care-Paketen" erfreut. So ein Paket enthält Rasierzeug, Seife, Zahnbürste, Zahnpasta, Unterwäsche, Cola, Wasser, ein Buch mit Psalmen, Socken, T-Shirt, Snacks, Duschgel. Wir haben die Soldaten und ihre Kommandeure wiederholt gefragt und erfahren, dass diese Dinge am dringendsten gebraucht und am meisten wertgeschätzt werden. Des Weiteren gingen einhundert Care-Pakete an Verletzte und ihre Familien im Norden Israels. Sämtliche Mitarbeiter packten mit an und legten eine Wochenendschicht ein, um diese Aufgabe zu bewältigen.

Inmitten der Unruhen sind über 400 nordamerikanischen Juden (von geplanten 3 000 in diesem Sommer) und 650 französische Juden nach Israel eingewandert; manche von ihnen ziehen sogar gezielt in den Norden. Sie haben ihre bisherige Sicherheit und Wohlfühlzone verlassen und sich bewusst entschieden, in ihr wahres Heimatland Israel umzusiedeln. Einige von ihnen werden nach etwa einem Monat Eingewöhnungszeit ihren Wehrdienst beginnen.

Frieden oder nur eine Kampfpause?

Im August ist der Libanon-Krieg mit einer sogenannten Waffenruhe zu Ende gegangen. Eigentlich müsste man besser sagen „unterbrochen worden", denn es ist wohl nicht übertrieben zu sagen, dass dieser letzte Krieg nur eine Schlacht im andauernden, unlösbar scheinenden Konflikt ist. Das internationale Säbel-rasseln kann man in den Medien verfolgen, es wird einschlägige Propaganda gemacht und der Libanon wird wieder aufgerüstet. Die Menschen in Israel erliegen nicht der Illusion, dass sich die Bedrohung durch die feindlich gesinnten Staaten im Nahen Osten plötzlich gewandelt hätte. Israelis sind grundsätzlich (entgegen vieler Darstellungen in den Medien) nicht besonders kampflustig, sondern eher kriegsmüde. Andererseits kann sich die Nation, sprich der einzelne Soldat, dem Konflikt nicht entziehen, er kämpft sowohl um die Sicherheit des Landes wie auch um sein eigenes Leben. Die meisten Soldaten sind jünger als fünfundzwanzig Jahre und oft denke ich darüber nach, dass junge Menschen hier sehr schnell erwachsen werden müssen. Die Entscheidungen, die sie zu treffen haben – manchmal im wahrsten Sinne des Wortes auf Leben und Tod –, können junge Menschen in Deutschland und den meisten anderen westlichen Ländern noch nicht einmal gedanklich nachvollziehen.

Kurzurlaub im Kriegsgebiet

Nach Beginn der Waffenruhe nahm ich mir etwas Urlaub. Zugegeben, ich war tatsächlich „reif für die Insel". Eine Freundin aus Amerika besuchte mich und wir unternahmen ein paar Tagesausflüge durch das Land, auch im Norden Israels. Es war eine Mischung aus Neugier und Anteilnahme, die uns dorthin zog. Nachdem während der Kriegswochen etwa eine halbe Million Israelis gen Süden geflohen waren, zeigte sich der Süden nun solidarisch und half beim Wiederaufbau. Durch viele Gespräche mit Betroffenen wurde uns klar, dass es den Menschen nicht unbedingt immer um praktische Hilfe ging.

Viele Bürger des Nordens wollten sich einfach das Erlebte von der Seele reden und ihren Frust äußern. „Leute vergessen schnell, wer ihnen in diesem Chaos geholfen hat. Aber sie vergessen nicht so schnell, wenn jemand kommt und sich die Zeit nimmt, ihre ganz persönliche Geschichte anzuhören", so der Rat einer meiner israelischen Freundinnen. Also hatten wir uns zum Ziel gesetzt, durch Haifa, Kiryat Shmonah und Galiläa zu reisen und Ermutigung zu vermitteln und einfach ein offenes Ohr zu haben.

Es wurde eine sehr eindrückliche Erfahrung! Die unmittelbar Betroffenen waren dankbar, dass sie endlich wieder Kundschaft in ihren Geschäften hatten, dass jemand wissen wollte, was genau ihrer Familie passiert war, und dass jemand etwas Freundlichkeit und Anteilnahme in ihren Alltag brachte. Eine Frau in Haifa sprudelte förmlich über und ließ alles vom Stapel: Frust über die ihrer Meinung nach untaugliche Regierung, über die Feindseligkeit der arabischen Fundamentalisten; Mitgefühl für die entführten, verletzten und getöteten Soldaten und Zivilisten; Entschlossenheit und Zuversicht für die eigene Zukunft. Eine andere Israelin traf mit ihrer Zusammenfassung des Nahostkonflikts den Nagel auf den Kopf: „Wenn man sich mit der Geschichte auseinandersetzt, wird klar, dass die ganze Welt aus Besatzungsgebieten besteht. Europäer sind nach Nordamerika geflohen und haben die Indianer vertrieben. Die Grenzen Europas haben sich ständig verschoben. Weitere Beispiele sind das Britische Commonwealth, die Auswanderer nach Australien und so weiter; die Aufzählung ließe sich beliebig fortsetzen. Niemand nennt irgendetwas davon Besatzungsgebiet. Nur in Bezug auf Israel nehmen sich Medien und Politiker das Recht heraus, uns eine Besatzungsmacht zu nennen." Das regt zum Nachdenken an, oder?

Tabula Rasa

Sämtliche Israelis, mit denen wir sprachen, waren davon überzeugt, dass dieser Krieg nicht wirklich zu Ende ist und dass zu früh Zugeständnisse gemacht wurden, um die Waffenruhe herbeizuführen. Andererseits meinten sie auch, es sei heilsam gewesen, dass die israelische Armee und die für die Kriegsführung verantwortlichen Politiker „ein bisschen was auf die Mütze" bekommen haben. Das Image der weltbesten Armee ist angekratzt und man kann nicht davon ausgehen, den Sieg aufgrund der Reputation automatisch in der Tasche zu haben. Es ist Zeit für eine Bestandsaufnahme. Armeeführung und Politiker haben scharfe Kritik aushalten müssen, sind in ihrer Popularität völlig abgestürzt; ein Ausschuss nimmt einzelne militärische Operationen unter die Lupe, was sicherlich Konsequenzen nach sich ziehen wird. Es ist beispielsweise klar geworden, dass ganze Einheiten zum Teil ohne Verpflegung tagelang auf ihren Einsatz warten mussten. Im Golan ist es vorgekommen, dass Zivilisten einen ganzen Trupp Soldaten eine Woche lang täglich mit einer warmen Mahlzeit bekocht haben. Es war ihre einzige. Die meisten Soldaten kämpften zum ersten Mal in einem richtigen Krieg. Obwohl Terror und Zwischenfälle an den Grenzen zu den Palästinensischen Autonomiegebieten an der Tagesordnung sind, fand der letzte Krieg dieses Ausmaßes 1982 statt. Es ist also eine neue Generation „angetreten" – viele von ihnen haben den Ernst erbitterter Kampfhandlungen bisher nicht hautnah erleben müssen. Und letztlich ist der Libanon durch diesen Krieg nicht aus dem Griff der Hisbollah-Terroristen, dieser von Syrien erzwungenen „Gastfreundschaft", befreit worden, worauf auch viele Libanesen gehofft hatten.

Werbespots als Lebensretter

Wir hörten auch von vielen Wundern. Einhundertachtzig Katyusha-Raketen schlugen zum Beispiel in und um Tiberias ein; lediglich sechs davon trafen bewohntes Gebiet – und von ihnen hätten „nur" drei echten Schaden anrichten und Menschenleben kosten können. Doch jedes Mal waren die Personen, deren Haus getroffen wurde, aus irgendeinem Grund nicht anwesend. Wir trafen eine Frau, die noch immer etwas unter Schock stand: Sie hatte für kurze Zeit ihr Wohnzimmer verlassen, und als sie zurückkehrte, entdeckte sie mit Schrecken, dass währenddessen eine Rakete dort eingeschlagen und den Raum in ein Trümmerfeld verwandelt hatte. Sie hatte lediglich die Werbepause zwischen zwei Sendungen genutzt, um ihren Abfall zur Mülltonne zu bringen! Wir waren sprachlos.

Doch nicht jeder Angriff verlief so glimpflich. Da ist der Vater, der zurücklief, um für seinen kleinen Sohn eine Decke zu holen. Wenige Meter vom Bunker entfernt wurde er von einer Rakete getroffen und getötet. Oder da ist der Major, der seine Kompanie in den Kampf führte und der, als eine Granate inmitten der Soldaten niederging, sich nicht zurückhielt und sich mit seinem Körper auf sie warf. Er starb knapp 31-jährig mit dem „Schmah Israel" („Höre, oh Israel ..." aus dem 5. Mosebuch – eines der zentralen Gebete der Juden) auf den Lippen und hinterlässt seine Frau und zwei kleine Söhne. Sie brauchen mehr als nur mitmenschlichen Trost.

Eine Bilanz in Zahlen: 1 191 Tote und 4 409 Verletzte hat es im Libanon gegeben. In Israel sind etwa 4 000 Raketen verschiedenster Art eingeschlagen. 44 Zivilisten, darunter 19 arabische Israelis, sowie 119 Soldaten wurden getötet. 690 Zivilisten und 400 Soldaten wurden verletzt. Alles in allem hat der Krieg umgerechnet ca. vier Milliarden Euro gekostet. Der Tourismus (Israels Haupteinnahmequelle) ist wieder einmal zusammengebrochen und erholt sich nur sehr schleppend. Nach Angaben des jüdischen Nationalfonds sind über 700 Hektar Wald und ca. 1 500 Hektar Naturlandschaft vernichtet worden, deren Wiederaufforstung bzw. Wiederherstellung zwanzig Jahre dauern wird. Ein weiteres Problem sind, angesichts der Wasserknappheit in Israel, die großen Mengen an Löschwasser, die zur Bekämpfung der Brände benötigt wurden.

Liebe in Aktion

Bridges for Peace hat während und nach dem Krieg vielfältig geholfen. Unter anderem statteten wir freiwillige Helfer, die die im Kriegsgebiet getöteten Soldaten aus dem Schlachtfeld transportierten, mit Helmen und kugelsicheren Westen aus – von denen gab es nämlich nicht genug. Zweimal wöchentlich fuhren wir in verschiedene Orte und versorgten diejenigen, die in Bunkern verweilen mussten, mit Lebensmitteln, Decken und anderen lebensnotwendigen Dingen. Besonders bewegend war es, die Kinder mit Spielzeugen überraschen zu dürfen. Wir besuchten Verletzte und auch Soldaten, die an der Grenze stationiert waren, um ihnen Mut zu machen durchzuhalten. Nach Kriegsende sind wir mehrfach mit unterschiedlichen Teams in den Norden gefahren und haben „angepackt". Beispielsweise haben wir zentnerweise reife Nektarinen von den Bäumen gepflückt und somit den Landwirten wenigstens einen Teil ihrer Ernte gerettet. Außerdem haben wir in Hühnerställen oder besser -käfigen Eier eingesammelt – bis zu 30 000 Stück pro Einsatz. Die Landwirte wiesen uns darauf hin, dass die Schalen der Eier dünner als sonst seien, was sie auf eine Stressreaktion der Hühner zurückführten. Ja, auch an Hühnern geht Krieg nicht spurlos vorbei ...

Mehrfach wurde ich von Israelis gefragt, ob ich die Letzte sei, die in Israel geblieben ist, oder wie viele unserer Volontäre bereits abgereist seien. Es ist unmöglich, den staunenden, tief berührten Gesichtsausdruck der Menschen zu beschreiben, nachdem ich ihnen geantwortet hatte, dass niemand abgereist ist. Das allein war ein großes, greifbares Zeichen der Liebe, Treue und Freundschaft.

Auch ein anderes Ereignis hat mich sehr berührt: Ein achtjähriger Junge aus meiner Bibelschulklasse ist autistisch, was bedeutet, dass er mit der Außenwelt nur sehr begrenzt Kontakt aufnimmt und sich in großen, unübersichtlichen Menschenmengen unwohl fühlt. Eines Tages, nach dem Gottesdienst, kam er aus der Kinderstunde in den Versammlungsraum, in dem wohl etwa hundertfünfzig Menschen umherschwirrten und miteinander plauderten. Inmitten der Menschenmenge fand er mich, kam und streichelte mir über den Arm. Dann drehte er sich um und ging weiter. Nach ein paar Schritten kehrte er jedoch wieder zurück und nahm mich bei der Hand. Er führte mich durch den großen Raum, zog mich zu seiner Mutter und zeigte mir etwas. Wer je mit autistischen Kindern zu tun gehabt hat, weiß, welch ein Wunder das ist! Tagelang habe ich mich über diese kleine und doch so große Geste, die einen echten Durchbruch für diesen Jungen darstellt, gefreut!

Farbenpracht Fehlanzeige

Der Herbst naht. Das klingt in deutschen Ohren nach Laubbäumen, die ihre wunderschöne Farbenpracht darbieten und Landschaften in goldene Gemälde verwandeln. So etwas hat Israel nicht zu bieten, denn bei dem Großteil der hier angepflanzten Bäume handelt es sich um immergrüne Oliven- oder Nadelbäume. Sie warten in dieser Jahreszeit sehnsüchtig auf den Frühregen, also die ersten Regenfälle des jüdischen Kalenderjahres, der ihnen Staub und Sand von den Blättern wäscht und ihren Durst stillt. Bereits zweimal hat es in Jerusalem ordentlich geregnet; ein Grund zum Jubeln, sogar so sehr, dass wir eines Morgens, als wir aus dem Bürofenster schauten und richtig große Regentropfen sahen, nach draußen stürmten und mit ausgestreckten Armen den Regen aufzufangen versuchten. Ich bevorzuge es allerdings, die letzten Sonnenstrahlen einzufangen. Die große Hitze ist zwar vorüber, man muss schon einen Pullover oder eine dünne Jacke dabeihaben; tagsüber kann man jedoch noch viel Sonne tanken.

Schmelztiegel Jerusalem

Ende September hat ein neues Jahr in Israel begonnen – nun schreiben wir das jüdische Jahr 5767. Es war sehr interessant, die Herbstfeste in meiner neuen Nachbarschaft mitzuerleben. Überall und ständig wurden Shofars (Widderhörner) geblasen und die Sukkoth (Laubhütten) schossen wie Pilze aus dem Boden. Es war, als rückten alle noch ein wenig näher zusammen. Ich habe die Gelegenheit genutzt und meine Nachbarn mit Äpfeln und Honig beschenkt – ein traditioneller Neujahrsgruß in Israel und eine gute Möglichkeit für mich, Menschen kennenzulernen, Hebräisch zu üben und einfach Freund zu sein, ja, vielleicht mit einer kleinen Geste Freude in das Leben anderer zu bringen.

Auch ich habe mir auf meinem Balkon eine kleine Sukka gebaut und wurde gegen Ende der Festwoche auf anschauliche Weise an die Vergänglichkeit, die durch sie symbolisiert wird, erinnert: Es hatte einen ordentlichen Platzregen gegeben und meine wacklige Hütte hat diesen nur sehr ramponiert überlebt. Ein Platzregen in Israel kommt mit Wucht, Sturm und dicken Regentropfen von allen Seiten daher! Dieser „Zwischenfall" hat mir bewusst gemacht, wie wenig ich unter Kontrolle habe und wie wichtig es ist, inmitten von Turbulenzen das richtige Fundament zu haben.

In diesem Jahr hat gleichzeitig mit dem jüdischen neuen Jahr der islamische Fastenmonat Ramadan begonnen. In dieser Zeit essen und trinken muslimische Gläubige während der Tagesstunden nichts. Es ist ihnen noch nicht einmal erlaubt, ihren eigenen Speichel zu schlucken. Zu Sonnenuntergang wird täglich eine Kanone abgefeuert. Es ist das akustische Signal, dass nun bis zum nächsten Morgen geschlemmt werden darf, was das Zeug hält (Iftar). In jedem Jahr lädt der israelische Präsident muslimische Vertreter an einem Abend zu einem Iftar ein. Die Jerusalemer Stadtverwaltung hat Kanonenkugeln zur Verfügung gestellt, lässt arabische Angestellte früher als sonst nach Hause gehen und hat das arabische Viertel der Altstadt mit Lichterketten dekoriert. Zu Hunderttausenden versammeln sich Muslime auf dem Jerusalemer Tempelberg und in anderen Moscheen zu regelmäßigen Gebeten, die leider im Ramadan besonders mit Hetztiraden und Parolen gegen Israel gewürzt werden – auch aber nicht nur aufgrund der neuesten Auseinandersetzungen zwischen Israel und seinen muslimischen Nachbarn. Im Schmelztiegel Jerusalem lassen sich Politik und Religion kaum trennen.

Leben ohne Krückstock

Zu Beginn dieses Kapitels habe ich erwähnt, dass mich die Geschichte des Mannes, der achtunddreißig Jahre lang gelähmt war und am Teich Bethesda Heilung durch Jesus erfuhr (siehe Johannesevangelium, Kapitel 5), in diesem Jahr sehr beschäftigt hat. Mein Wunsch, nicht mehr aus der Gelähmtheit meines Herzens zu agieren, sondern aus einer geheilten Identität, und mit neuer Kraft zu leben, hat mich nun viele Monate begleitet und wird es wohl weiterhin tun. Meine Zwischenbilanz ist: Ich fühle mich, als hätte ich eine stundenlange, komplizierte Herzoperation hinter mir! Die Frage, die Jesus dem Gelähmten stellt: *„Möchtest du heil werden?"*, ist eine Frage, die auch an mich gerichtet ist. Was meinen Prozess des Heilwerdens betrifft, geht es vor allem darum, hinderliche Strukturen in meinem Herzen aufzudecken, sie zu verlernen und sie durch neue Strukturen und Gewohnheiten zu ersetzen und diese dann auch in Gnade für mich und andere anzuwenden. Es ist so wichtig, dass wir erkennen, wie wertvoll und geliebt wir sind, und diese Wahrheit über uns selbst auch annehmen, sie verinnerlichen und aus ihr schöpfen. Der oftmals nicht leichte Umgestaltungsprozess hilft mir, nicht im Gestern stecken zu bleiben, sondern im Jetzt zu leben und im Vertrauen auf Gott in die Zukunft zu blicken – egal wie viel oder wie wenig ich noch (ver)lernen muss.

Ganze Sache machen

Mein Nachsinnen erinnert mich auch an die Geschichte von König Saul und David (im 1. Buch Samuel, Kapitel 15ff). Saul war Israels erster König. Gott hatte beschlossen, seine Vergeltung an den Amalekitern zu üben, denn sie hatten Israel während seiner Wüstenwanderung hinterlistig überfallen. König Saul war das von Gott dazu auserkorene Instrument. Manchmal hat Gott etwas im Sinn, das wir Menschen in unserer Kleinmütigkeit nicht in vollem Umfang verstehen können; dennoch sind sein Wille und seine Pläne souverän. So war es auch im Falle Sauls: Gott hatte klare Anweisungen gegeben, dass von Amalek weder Vieh noch Mensch am Leben bleiben sollte. Das klingt hart und unbarmherzig, aber wir sollten Gott nicht unterstellen, er hätte diese Anweisung nicht umfassend durchdacht. Doch macht Saul genau hier halbe Sache: Er behält einiges Vieh zurück und lässt den amalekitischen König am Leben. Als der Prophet Samuel ihn konfrontiert, ist er sogar stolz darauf („*Ich habe das Wort des HERRN erfüllt.*") – schließlich hat er das Beste für Gott aufbewahrt. Doch wenn Gott Anweisungen gibt, ist es besser, sich in vollem Umfang an sie zu halten. In dem Wortwechsel zwischen Samuel und Saul wird klar, dass Saul einerseits von Menschenfurcht getrieben wird und andererseits die Verantwortung auf andere abwälzt, anstelle selbst vor Gott zu treten und um Vergebung zu bitten. Er geht sogar so weit, Samuel anzuflehen, ihn vor den Menschen zu ehren, was dann auch geschieht, weil Gott keine Freude daran hat, Menschen zum Gespött anderer zu machen. Gleichzeitig vollstreckt Samuel dabei auch das Urteil an Agag, dem König von Amalek. König Saul kommt mit seinem Ungehorsam jedoch auch nicht einfach so davon: Gott enthebt ihn seines Amtes als König, überlässt ihn seiner eigenen Willkür und schickt Samuel nach Bethlehem, um dort David zum König zu salben. Zum Zeitpunkt seiner Erwählung ist David ein Hirtenjunge, später wird er an den Hof Sauls gerufen, erschlägt Goliat, tötet Philister zu Tausenden. Doch zwischen jener Salbung zum König und der tatsächlichen Thronbesteigung vergehen zwischen zehn und zwanzig Jahre. In dieser Zeit klammert sich Saul an sein Gestern und seine vergangene Autorität als König, infolgedessen verfolgt er David und versucht mehrfach, ihn umzubringen. Man kann die Früchte seines Handelns nachlesen: Mordversuche, Neid, Eifersucht, Furcht vor dem Feind, Mangel an Gotteserkenntnis, Zauberei, Hass, Totenbeschwörung, Selbstmitleid, Niederlage; er setzt das Leben anderer leichtfertig aufs Spiel; er ist besessen und getrieben von einem einzigen Gedanken und verliert alles andere aus dem Auge; er tötet willkürlich oder aus purer Rachsucht und schließlich bringt er sich selbst um.

Da stellt sich die Frage, warum Gott dem Ganzen nicht früher ein Ende gesetzt hat. Sicherlich gibt es viele Erklärungen, aber für mich ist die Hauptsache, dass Gott David in all diesen Jahren zu dem *Mann nach dem Herzen Gottes* gemacht hat, als den er ihn später bezeichnet. Geht es uns nicht auch manchmal so, dass wir denken, wir könnten ganz locker durchs Leben gehen? Doch wie gelangen wir in unser „verheißenes Land"? Wir müssen zunächst erst einmal Ägypten verlassen und dann ... gehen. Durch die Wüste wandern. Es gibt keinen ICE, der uns die Reise erleichtert – Lebensreisen sind selten bequem und klimatisiert. Und das bedeutet, dass wir herausfinden müssen, ob sich – wie es die Bibel im Fall der Wüstenreise Israels formuliert – die Wolken- oder Feuersäule bewegt, und ihr dann folgen. Letzteres manchmal aus purem Gehorsam. In Zeiten, in denen wir kaum noch die Kraft haben, einen Fuß vor den anderen zu setzen, gilt es, einfach treu und demütig Schritte zu tun, so klein sie auch sein mögen, wissend, dass Gott mit uns ist und uns nie im Stich lassen wird. Diese Flexibilität bewahrt uns davor, in der eigenen oder der uns aufgezwungenen Definition unseres Ichs steckenzubleiben.

Dieses letzte Jahr war oftmals eine Herausforderung an meinen „inneren Menschen". Nicht jeder Schritt aus der Gelähmtheit meines Herzens heraus fiel mir leicht. Nicht jeder gelang. Ich habe viel über mich gelernt – und viel über Gott, meinen Schöpfer, liebenden Vater und Erlöser. Angekommen bin ich sicherlich noch nicht, aber ich betrachte mich als eine, die „des Weges" ist, wie es die Apostelgeschichte nennt.

Trauen und Vertrauen

Das Jahr 2007 war von Durchbruch und Entfaltung geprägt. Aus einer Ruhe und einem tiefen Frieden heraus entwickelte ich eine ungeahnte Leistungskraft. Der Ursprung jener Leistungskraft lag in einem noch nie dagewesenen allseitigen Wohlwollen und einer bisher nicht gekannten, nicht selbst erarbeiteten Autorität. Es war, als hätte mir jemand plötzlich „Durchblick" verschafft, indem er mir die Windschutzscheibe putzt, und hätte obendrein noch die Handbremse gelöst, von der ich nichts bemerkt hatte, obwohl ich doch bereits auf der Überholspur unterwegs gewesen war. Man könnte es auch mit einem Wechsel von Schwarz-Weiß-Fernsehen hin zu farbigem HD-3D-Kino mit Dolby-Surround-Klang vergleichen. Mein Leben und Tun in Israel erstrahlte in kräftigeren Farben und erklang in kristallklareren Tönen.

Aber es war ein Weg dorthin, der sich langsam entwickelte bis hin zur vollen Entfaltung, und das Jahr begann alles andere als geruhsam. Erneut wurde in meine Wohnung eingebrochen. Ich wurde ein zweites Mal beraubt, was mich emotional heftiger erschütterte als beim ersten Mal. Doch selbst in dieser Situation merkte ich, dass Ketten von mir abgefallen waren. Ketten, von denen ich bis dahin gar nicht wahrgenommen hatte, dass ich sie mit mir herumschleppte. Dieses Jahr beschenkte mich einerseits mit einem „Mehr" im quantitativen Sinne, nämlich mehr Arbeit, mehr Action, aber andererseits auch mit einem „Mehr" im qualitativen Sinne – ich entwickelte ein neues und neu-inspiriertes „Wie" im Herangehen an das, was mir täglich begegnete, und das, was mir anvertraut worden war. Dadurch entwickelte sich in mir eine neue Dimension an Gnade und Barmherzigkeit, für die ich noch heute dankbar bin. Gnade und Barmherzigkeit für andere und für mich selbst.

Das Jahr war gefüllt mit herausragenden Begegnungen, die mich inspirierten, diese neue Qualität in eine bleibende Charakter-stärke zu verwandeln. Dabei war mir wichtig, das Wohlergehen meiner selbst und anderer im Blick zu behalten, ohne der Selbst-zufriedenheit oder der Gefallsucht zu erliegen. Das ist etwas, das mir in der Vergangenheit aufgrund von Druck und verzerrten Am-bitionen nicht immer gelungen ist.

Das wirklich herausragende Ereignis des Jahres 2007 war auf je-den Fall der „Vatersegen". Viel hatte ich darüber gelesen, viel da-rüber nachgedacht und ihn schlussendlich auch erhalten. Dieses Erlebnis hat mich für immer verändert. Tief in meinem Inneren habe ich begriffen, dass Gott nicht nur Gott sein möchte, son-dern auch und vor allem Vater. Ein Vater, der seine Kinder über alles liebt und Sehnsucht nach ihnen hat. Und ich habe tiefer denn je erkannt, dass diese Liebe ein immens tragfähiges Fun-dament, eine kraftspendende Quelle ist, aus der Frieden, Gnade, Liebe, Freude sowie Barmherzigkeit sprudeln, und zwar in einer erfrischend-belebenden Weise. Besser als der sagenumwobene Jungbrunnen.

Hors d'œuvres beim Präsidenten

Das neue Jahr hat „offiziell" begonnen, nicht nur, weil wir einen neuen Kalender aufschlagen. Der jeweils amtierende israelische Präsident lässt es sich nicht nehmen, den Leitern der christli-chen Gemeinschaften persönlich jedes Jahr frohe Weihnachten zu wünschen. Dazu lädt er zwischen Ende Dezember und Anfang Januar zu einem Empfang ein. In Deutschland sind wir gewohnt, Heiligabend am 24. Dezember zu feiern. Die in Israel ansässigen christlich-orthodoxen Kirchen feiern jedoch unter anderem auch am 6. und 19. Januar Heiligabend. Aus diesem Grund findet der Empfang immer zwischen diesen Daten statt. Die präsidiale Gastfreundschaft und Ehrung der christlichen Gemeinden ist politisch ganz und gar nicht unwichtig, einerseits, weil gut gepflegte Beziehungen zwischen den Religionen natürlich vorteilhaft sind, andererseits haben die traditionellen Kirchenverbände in Israel eine nicht zu unterschätzende Lobby. So gehören beispielsweise bedeutende Flächen an Grund und Boden in Jerusalem der griechisch-orthodoxen Kirche – dazu zählt unter anderem das Land, auf dem sich das berühmte Israelmuseum oder auch das israelische Parlament befinden. Es wurde Israel in langjährigen Pachtverträgen überlassen. In diesem Jahr war es an mir, dem Präsidenten meine Aufwartung zu machen. Ich reihte mich in die Menge der VIPs ein – hauptsächlich schwarz-gewandete Männer mit Hirtenstäben, überdimensionalen Kreuzen auf der Brust, Mitra auf dem Kopf und manch einer gar barfüßig – und bahnte mir den Weg in die Residenz des Präsidenten. Man wühlte sich, mit Etikette natürlich, durch das opulente Frühstücksbuffet mit heißem Portwein, der wohl an Messwein erinnern sollte, und die staatlich-stattlich hergerichteten Hors d'œuvres – allesamt kleine Kunstwerke, die ein kurzes Staunen erzeugten, ehe sie in Mündern auf Nimmerwiedersehen verschwanden. Nach einer guten Stunde wohlbekömmlichen Miteinanders durfte die geladene Gesellschaft tatsächlich die Gegenwart Seiner Exzellenz, des Staatspräsidenten, genießen. Umgeben von Bodyguards und begleitet von seiner Frau sowie dem Innenminister, bahnte er sich zielstrebig seinen Weg zum Rednerpult und ließ die anwesende Christenheit wissen, wie wichtig sie ihm ist. Nachdem auch der Innenminister ein Wort an die geladenen Gäste gerichtet hat, entschwanden die hohen Persönlichkeiten wieder. Ich habe mich köstlich amüsiert und fühlte mich fast wie eine Außerirdische, so ganz ohne Nonnenkutte. Unter den rund zweihundert Gästen gab es vielleicht zwei Dutzend „normal" Gekleidete. Zu Kumpeln sind wir nicht geworden, der Präsident und ich – dennoch war es interessant, diesen christlichen Rummel im Präsidentenhaus zu beobachten.

Mittlerweile hat sich „Israels Clinton", wie der israelische Präsident Mosche Katzav nun vielerorts genannt wird, aufgrund der Publicity in den Medien, die derzeit seinen allzu freundschaftlichen oder gar aufdringlichen Umgang mit dem weiblichen Geschlecht aufdecken und analysieren, beurlauben lassen. Ein Amtsenthebungsverfahren ist eingeleitet worden. Die erste weibliche Präsidentin hat vorläufig das Amt übernommen. Bezeichnend finde ich in diesem Zusammenhang, dass der derzeit am meisten favorisierte Kandidat für die Präsidentenwahl, Schimon Peres, lang und breit in den Medien hat verlauten lassen, dass er schon vor Jahren Mosche Katzav hätte outen können. Es verwundert mich, dass derjenige, der Promiskuität hätte aufdecken können, aber geschwiegen hat, die „Chuzpe" (eines der hebräischen Worte, die man schlichtweg kennen muss: Unverfrorenheit/Dreistigkeit) besitzt, sich selbst als lauteren Burschen zu präsentieren und sich des Präsidentenamtes würdig zu erachten. Davka! (noch so ein Muss-Wort: Ausgerechnet!)

Schreck in der Abendstunde

Was bringt das neue Jahr? Eine allseits präsente Frage zum Jahreswechsel. Ich sehe dem, was da kommen mag, zuversichtlich und froh entgegen, auch wenn ich nicht weiß, ob mir vielleicht schwierige Dinge bevorstehen. Eines darf ich wissen: Gott in seiner Liebe lässt mich nicht fallen. Er nimmt mich bei der Hand und weicht nicht von meiner Seite. Das hat er versprochen!

Und genau das durfte ich inmitten einer emotional aufwühlenden Situation erleben. Vor einigen Tagen ist tagsüber, während ich bei der Arbeit war, bei mir eingebrochen worden. Mein Laptop, mein MP3-Spieler, diverse Ladegeräte, einige Schmuckstücke und sogar mein Parfum wurden mir gestohlen. Der oder die Diebe stiegen durch ein aufgebrochenes Fenster ein und bedienten sich. Es ist das zweite Mal, dass ich auf diese Weise in Israel beraubt wurde.

Es war ein echter Schock für mich. Am Tag des Einbruchs kam ich abends nach einem langen und kräftezehrenden Tag nach Hause, war hungrig, ließ deshalb zunächst nur alles fallen und machte mich daran, mir rasch etwas zu kochen. Kurz bevor das Essen fertig war, wollte ich noch in bequemere Kleidung schlüpfen und ging ins Schlafzimmer. Während ich mich umzog, wunderte ich mich, dass das Schlafzimmerfenster geöffnet war. Ich konnte mich nicht daran erinnern, es aufgemacht zu haben, als ich nach Hause kam, führte dies aber auf den anstrengenden und ermüdenden Tag zurück, der hinter mir lag. Mein Blick fiel auf mein Bett. „Komisch", dachte ich, „so eigenartig zerwühlt hinterlasse ich es normalerweise nicht." Dann bemerkte ich, dass nicht nur das Fenster geöffnet war, sondern auch der Insektenschutz in Fetzen am Rahmen hing und das zerwühlte Bett so etwas wie Fußspuren aufwies. Es durchfuhr mich siedend heiß und Panik ergriff mich, als ich in Sekundenschnelle realisierte, dass da jemand in meine Wohnung eingedrungen war. Ich schaute mich um und bemerkte die fehlenden Dinge, ich begann zu zittern, vergaß mein Abendessen. Der Appetit war mir vergangen. Da war ich bereits seit einer knappen Stunde zu Hause und hatte nichts bemerkt!

Haarspray zweckentfremdet

Ich suchte nach etwas, um das beschädigte Fenster notdürftig verrammeln und absichern zu können, und nachdem das erledigt war, rief ich meine Vermieter an. Sie hatten großes Verständnis, trösteten mich und sicherten mir ohne Zögern ihre Hilfe zu. Mittlerweile haben sie sich als über die Maßen kooperativ erwiesen und zusätzliche Sicherheitsmaßnahmen zeitnah eingeleitet. In jener Nacht konnte ich nicht in meinem Bett schlafen. Ich wechselte die Bettwäsche und zog die Matratze in das Wohnzimmer. Dort schlief ich, unruhig, mit Haarspray in der Hand – der einzig mir logisch erscheinenden Verteidigung, um einem potentiellen Einbrecher damit die Augen zu verkleben.

Am nächsten Morgen wachte ich gerädert auf und machte mich bereit für einen frühen Geschäftstermin und einen arbeitsreichen Tag. Da erst bemerkte ich, dass auch mein Parfum gestohlen worden war. Es war der berühmte Tropfen, der das Fass zum Überlaufen brachte. Ich heulte all meine Panik, all meine Angst, all die wilden Emotionen, die sich in mir angestaut hatten, heraus. Nachdem ich mich wieder etwas gesammelt hatte – mir war mittlerweile egal, ob ich pünktlich zur Arbeit kam oder nicht –, machte ich mich schließlich auf den Weg. Der Trost der Kollegen half mir durch den Tag. Ich traute meinen Ohren kaum, als ein Ehepaar aus den USA mich am Spätnachmittag anrief und mich wissen ließ, dass sie mir einen neuen Laptop schenken möchten und ich ihnen mitteilen sollte, welche Anforderungen dieser erfüllen müsse, um mir in jeder Hinsicht nützlich zu sein. Sie würden sich dann um den Rest kümmern. WOW!

Mir geht es grundsätzlich gut. Was mir allerdings zu schaffen macht, ist die Tatsache, dass erneut ein ungebetener „Gast" in meine Privatsphäre eingedrungen ist und sich Zugang zu persönlichen Dingen verschafft hat. Ebenso wenig ist der Datenverlust zu ersetzen. Es bleibt noch zu sagen, dass ich mir diesmal den Weg zur Polizei erspart habe. Rückblickend auf den Einbruch im Jahr 2004 bleibt festzustellen, dass im Grunde nichts geschehen ist. Versichert ist mein Hab und Gut hier in Israel ohnehin nicht, also verzichte ich diesmal darauf, der Unruhe und dem Schrecken noch frustrierende und im Endeffekt sinnlose Bürokratie hinzuzufügen.

Früchte der Arbeit

Manchmal dürfen wir sehen, wie hoch die Bäume wachsen, die wir gepflanzt haben, und wie an ihnen Früchte heranreifen. Das meine ich natürlich im übertragenen Sinne und empfinde es als pure Gnade, Situationen zu erleben, die uns diese Entwicklungen vor Augen führen. In den vergangenen Monaten hat es sichtbares Wachstum bei *Bridges for Peace* gegeben. Die Anzahl unserer Volontäre ist gestiegen und unser Durchschnittsalter gesunken. Allein zu Beginn des Jahres sind sechs neue Volontäre angekommen – vier von ihnen sind unter dreißig Jahre alt und haben sich für mindestens ein Jahr verpflichtet. Das ist eine wunderbare Ermutigung, denn gerade in diesem Alter konzentriert sich ein Mensch meistens darauf, seinen Platz im Leben zu finden, Karriere zu machen, eine Ehe aufzubauen oder einfach erst einmal Fuß in der Gesellschaft zu fassen. Im vergangenen Jahr haben wir mehr Bewerbungen denn je bearbeitet und es zunehmend mehr Volontären ermöglicht, einen Einsatz in Israel zu absolvieren. Andererseits mussten wir auch öfter Nein sagen. Es ist nicht immer leicht, Mitarbeiterzahl und -eignung mit der anfallenden Arbeit so aufeinander abzustimmen, dass eine Über- oder auch Unterforderung vermieden wird. Es ist ein stetiger, komplizierter Balanceakt.

Aufgrund des zuvor beschriebenen Wachstums mussten wir neue Wohnmöglichkeiten für unsere Volontäre erschließen. Keine leichte Aufgabe, das sage ich aus voller Überzeugung. Meine eigene Wohnungssuche ist mir noch lebhaft in Erinnerung und mittlerweile bin ich dabei, die dritte neue Wohnung für Neuankömmlinge zu finden. Eine positive Nebenwirkung dieses anstrengenden Unterfangens ist, dass mein Hebräisch gehörig aufpoliert wird. Telefonate und Wohnungsbesichtigungen, aber auch das Überprüfen der Mietvertragsentwürfe waren Lehrstunden par excellence. Vertragsinhalte sind in keiner Sprache ein Kinderspiel. Es gilt, Haken und Ösen zu identifizieren und diese erneut mit dem Vermieter zu verhandeln. Ohne die Hilfe eines israelischen Kollegen hätte ich manche Tücke nicht entdeckt. Obwohl diese Dinge nervenaufreibend sind, haben sich sehr schöne Begegnungen ergeben.

Eine Wohnung besichtigte ich gemeinsam mit dem Leiter unseres Heimwerkerteams. Während wir uns umschauten, fragte man uns natürlich, wer wir sind und ob wir die Wohnung für uns persönlich mieten wollten. Als wir dann erklärten, wer wir sind und was wir in Israel tun, mischte sich ein Verwandter, der gerade bei der Familie zu Besuch war, ein, und fragte nach der genauen Lage unseres Verteilzentrums. Dann sagte er, dass er jeden Montag unsere Milchprodukte liefere. „Ich freue mich jede Woche darauf, denn es ist so eine besondere Atmosphäre bei euch." Dann sagte er seinen Verwandten (den Vermietern) in Hebräisch: „Hört auf, Mieter zu suchen. Ihr müsst diese Leute nehmen. Sie sind etwas Besonderes!" Damit war der Deal besiegelt und in wenigen Tagen brachten wir alles unter Dach und Fach.

Eine andere Begegnung ging mir ebenfalls zu Herzen. Ich sprach mit der Vermieterin, Schoschana, zunächst am Telefon und erklärte ihr, wer wir sind. Im Laufe des Gesprächs stellte sich heraus, dass sich die Wohnung in einem Gebäude befindet, in dem bis vor zwei Jahren Volontäre von uns gewohnt haben. Schoschana fragte mich die sprichwörtlichen Löcher in den Bauch und konnte manchmal vor Rührung gar nicht mehr sprechen. Ihre Tochter Anat zeigte mir die Wohnung, und da es ein kalter, regnerischer Abend war, fuhr ich sie anschließend nach Hause (wofür sich Schoschana jahrelang bedankt hat). Im Auto erzählte Anat mir dann ein wenig mehr über ihre Mutter: Sie kam als kleines Kind mit ihren Eltern aus dem Iran nach Israel. Bei der Geburt steckte die Hebamme ihre Finger in Schoschanas Augen, wodurch sie fast gänzlich erblindete. Ob es ein „Versehen" oder Absicht war, wurde nie wirklich geklärt. Schoschanas Eltern machten sich aufgrund ihrer jüdischen Herkunft auf den Weg nach Israel, weil es der einzige Ort im Nahen Osten war, an dem die erforderliche medizinische Hilfe zur Verfügung stand. Durch einige Augenoperationen ist es gelungen, dass Schoschana zumindest schwarz-weiß sehen kann, allerdings ist sie extrem kurzsichtig geblieben. Schoschana heiratete und gebar drei Töchter. Ihr Mann verstarb früh und sehr jung, sodass Schoschana ihre Mädchen allein großziehen musste. Die Älteste ist mittlerweile verheiratet, die Mittlere leistet gerade ihren Wehrdienst ab und die Jüngste ist im nächsten Jahr mit der Schule fertig. Schoschana selbst arbeitet in einer Bank – das Computerzeitalter ermöglicht es ihr zu lesen und zu schreiben. Es war bemerkenswert und hat mich sehr angerührt, dass Schoschana mich manchmal mehrmals täglich anrief, um einfach nur mit mir zu plaudern. Ich kann mittlerweile nicht mehr zählen, wie oft sie mir schon gesagt hat: „Du bist nicht von dieser Welt!" Ein interessantes Kompliment ...

Lässt sich der Amtsschimmel zähmen?

In den letzten Wochen mussten etwa fünfunddreißig Volontärsvisa erneuert werden. Mein Kollege und ich versanken förmlich in Papierstapeln und mussten uns aufmerksam durch ein Labyrinth von Formularen, erforderlichen Begleitdokumenten und Bescheinigungen navigieren, die für jedes dieser Visa individuell zusammengestellt werden mussten. Hinzu kam, dass der Jerusalemer Direktor des Religionsministeriums eine ungeplante dreiwöchige Reise ins Ausland unternahm. Obwohl er jemanden bevollmächtigt hatte, die benötigten Unterlagen zu überprüfen und zu unterzeichnen, weigerte sich das Innenministerium, die Unterschrift des Vertreters anzuerkennen, und bestand darauf, dass der Direktor selbst zu unterzeichnen habe. Das sorgte für Verzögerungen und geplatzte Termine und versetzte so manchen Volontär in Unsicherheit. Obendrein entschloss sich der Öffentliche Dienst einmal mehr zum Streik. Mittlerweile ist jedoch auch diese Hürde erfolgreich genommen. Sie hat uns zwar einiges an Geduld und Nerven gekostet, aber das gehört eben zum israelischen Alltag.

Es fliegen wieder Steine

Anfang Februar 2007 begannen Bauarbeiten nahe dem Mugrabi-Tor am Tempelberg. Eine Rampe, die vor drei Jahren aufgrund heftigen Schneefalls und einem kurz darauf erfolgten Erdbeben eingestürzt und durch ein provisorisches Holzgestell ersetzt worden war, soll nun erneuert werden. Eine simple Angelegenheit, sollte man meinen. Allerdings nicht in Israel. Von islamischer Seite unterstellt man den Israelis, sie wollten den Tempelberg untergraben und die Al-Aksa Moschee, ja gleich den ganzen Tempelberg zum Einsturz bringen. Ohne Unterlass versichern die israelischen Behörden, dass die Arbeiten keine heiligen Stätten beschädigen würden und dass das Projekt mit allen Parteien abgesprochen wurde, darunter relevante muslimische Vertreter und internationale Körperschaften.

Mittlerweile ist es so weit, dass nicht nur in der Altstadt Steine fliegen und der Vorplatz der Klagemauer mehrfach evakuiert werden musste, sondern dass selbst bei den Vereinten Nationen in New York „sofortige und dringend notwendige Maßnahmen" gegen die Bauarbeiten diskutiert werden, um „die Eskalation der israelischen Besatzungsbehörde", die eine historische Stätte zerstöre, zu stoppen. Manch einer der Delegierten ist gar der Meinung, dass nur eine Atombombe Israel zur Beendigung der Arbeiten veranlassen könne. Wenn man das ganze Theater in den Medien verfolgt, kann man kaum glauben, dass es sich lediglich um Reparaturarbeiten handelt. Ob besagte Bauarbeiten letztlich durchgeführt oder eingestellt werden, ist nun wohl abhängig vom Ausmaß der Diskussion in den internationalen politischen Foren und Medien. Es erstaunt mich immer wieder, wie solche Bagatellen derart ausufern, dass die ganze Welt meint, sich einmischen zu müssen.

Hoffnung

Die Jahreslosung 2007 – *Siehe, ich wirke Neues! Jetzt sprosst es auf. Erkennt ihr es nicht?* (aus Jesaja 43,19) – hat mich sehr angesprochen. Es fühlt sich manchmal an, als würde ich die aufsprießende Saat in meinem Herzen spüren können; eine ungewöhnliche Begeisterung und Zuversicht macht sich in mir breit. Als ich vor Kurzem das ganze Kapitel noch einmal im Zusammenhang las, ist mir bewusst geworden, dass es damit anfängt, dass Gott dort

insbesondere (aber nicht nur) zu Israel sagt: „Fürchte dich nicht!"
Auch wenn das Feuer und das Wasser kommen werden, ist Gott
mit uns und lässt nicht zu, dass wir verbrennen oder ertrinken.
Er lässt es aber auch nicht einfach verschwinden, sondern lässt
uns spürbar erleben, dass wir Vertrauen zu ihm fassen und Zuversicht entwickeln können. Das klingt nach Zerbruch. Feuer und
Wasser sind sinnbildlich als reinigende Elemente zu betrachten,
stehen aber ebenso für Gottes Geist. Es ist eine Zusicherung,
dass inmitten von Zerbruch auch Wiederherstellung geschieht
und dass Gott uns nicht enttäuscht und uns nicht mehr zumutet,
als wir bewältigen können. Beim Nachdenken über die Aussagen
in jenem Kapitel kam mir oft das Wort Hoffnung in den Sinn.

Der Begriff Hoffnung wird in der Bibel zum ersten Mal im Buch
Rut erwähnt, als Naomi von sich selbst sagt, dass sie keine Hoffnung mehr habe. Ich bin überzeugt, dass Rut durch die äußeren Umstände hindurch den Gott der Hoffnung, an dem Naomi
festhielt, gesehen hat und ihr vielleicht gerade deshalb gefolgt
ist. Gott war trotz aller Nöte Naomis Zuflucht und das hat Rut
wahrgenommen.

In den Psalmen und auch im Buch Hiob wird Hoffnung häufig erwähnt. Es ist der an Gott gerichtete Schrei, doch einzugreifen;
geboren aus der festen Überzeugung, dass Gottes Verheißungen
wahrhaftig sind und dass die geistliche Realität die äußerliche
Realität überwinden wird. In den Evangelien finden wir das Wort
Hoffnung lediglich ein einziges Mal: Jesus Christus, der die Hoffnung der Herrlichkeit ist, war unter den Menschen – eine buchstäblich greifbare Hoffnung. Das, was Könige, Propheten und
ganz normale Menschen über Jahrhunderte hinweg gehofft und
verkündet hatten, war in Erfüllung gegangen.

Menschen in der Bibel haben ihre Hoffnung gerichtet auf Gott,
sein Wort, seine Gnade, seine Herrlichkeit, auf das ewige Leben
und die Auferstehung sowie auf Christus und auf seine Treue und
bedingungslose, niemals versagende Liebe.

Hoffnung oder Zweifel?

Im Alltag benutzen wir ständig die Worte „hoffen" oder „Hoffnung". Wir drücken in ein und demselben Wort sowohl unsere Wünsche als auch unsere Unsicherheit aus. Wir wünschen uns etwas, aber im Innersten zweifeln wir, und weil wir nicht sicher sind, ob es Realität werden wird, benutzen wir das Wort „hoffen". Biblisch gesehen meint Hoffnung etwas völlig anderes: eine unerschütterliche Erwartung in sich zu tragen, ein Überzeugtsein von dem, was man nicht sieht. Solch eine Hoffnung drückt sich durch Zuversicht und inneren Frieden aus, selbst wenn die Realität beunruhigt. Nicht weil schon Anzeichen einer Erfüllung erkennbar sind, sondern weil DEM vertraut wird, der diese Zusage und das Versprechen gegeben hat. Diese Hoffnung ist etwas Aktives. Sie gründet sich nicht auf Umstände, sondern auf klare Aussagen Gottes und zeigt sich, wenn wir anfangen, sie zu bekennen, und beginnen, aus ihr heraus zu handeln.

Die drei Säulen des Christentums – Glaube, Liebe, Hoffnung – gehen Hand in Hand. Wie oft wird Glaube auf die Probe gestellt („Sollte Gott wirklich gesagt haben, dass ...")? Wie oft schleichen sich Gedanken ein, die uns weismachen wollen, dass Gott uns gar nicht lieben kann, so verkorkst wie wir sind? Solche Gedanken können unsere Hoffnung zerstören. Die Bibel spricht jedoch immer von einer lebendigen Hoffnung, die sich in Jesus verankert – eine Verankerung, die hält, was sie verspricht.

Inspiration Israel

Israel ist meines Erachtens das beste und höchst inspirierende Beispiel aktiv gelebter Hoffnung. Das jüdische Volk hat sich zu jeder Zeit an der Hoffnung auf Gottes Eingreifen und die Erfüllung seiner Verheißungen festgeklammert. Jahr für Jahr, und das über Jahrhunderte hinweg, haben sich Juden gegenseitig zugesprochen, das nächste Passahfest in Jerusalem zu feiern –

selbst während der Inquisition, der russischen Pogrome oder in den Konzentrationslagern der Nazis. Ja, selbst in Zeiten, in denen Jerusalem wahrhaftig kein Zufluchtsort war, sondern von feindlichen Mächten regiert wurde. Mordechai war überzeugt, dass Ester dazu berufen war, vom persischen König Rettung vor der Vernichtung zu erwirken. Er vertraute dermaßen hoffnungsvoll auf Gott, dass er sagen konnte: *Denn wenn du zu diesem Zeitpunkt wirklich schweigst, so wird Befreiung und Errettung für die Juden von einem andern Ort her erstehen* (Ester 4). Propheten haben ohne die Hoffnung auf Gott keine Botschaft zu verkünden. Betende würden lediglich leere Worte daherschwafeln, würden sie nicht zuversichtlich hoffend ihr Anliegen vor Gott darlegen. All dies sind gute Beispiele dafür, dass wir nicht nur Hoffnung für uns selbst und unsere augenblicklichen Bedürfnisse haben sollten, denn *wenn wir allein in diesem Leben auf Christus gehofft haben, so sind wir die elendesten von allen Menschen* (1. Korintherbrief 15,19). Wir müssen über unseren Horizont hinaus hoffen. Oftmals projizieren wir unsere Erwartungen auf Gott und auf unsere Umwelt, glauben, Gott erklären zu müssen, was das Beste für uns oder andere sei oder schlagen ihm eine Strategie vor. Doch wenn wir unseren Erwartungen göttliche Hoffnung mit ihrer ganzen Dynamik hinzufügen, erlauben wir Gott, unseren Horizont zu sprengen, und sehen das „Unmögliche" als geistliche Realität klar vor Augen.

Heute, im Jahre 2007, leidet Israel an einer schrecklichen Krankheit: Hoffnungslosigkeit greift förmlich wie eine Epidemie um sich und damit auch eine Visionslosigkeit in den alltäglichen Dingen. Drei Viertel der Bevölkerung haben kein Vertrauen in die Regierung. Über ein Drittel der Bevölkerung lebt unterhalb der Armutsgrenze. Die USA, die als „großer Bruder" an der Seite Israels empfunden werden, verstärken ihren Druck und forcieren Verhandlungen zur Beendigung des „Nahostkonflikts". Produziert der Iran nukleare Waffen oder nicht? Ein Großteil der Bürger ist überzeugt, dass es einen erneuten Krieg mit dem Libanon oder anderen Nachbarn auch in diesem Jahr geben wird. Die Schlagzeilen in den Medien sprechen Bände! Im Gegensatz dazu steckt die Bibel voller Ermutigungen wie: *Harre, Israel, auf den HERRN! Denn bei dem HERRN ist die Gnade, und viel Erlösung bei ihm* (Psalm 130). Eine Ermutigung nicht nur für Israel, sondern auch für uns!

Raus aus dem Boot

Im April hat mein achtes Jahr in Israel begonnen! Als ich im Jahr 2000 Deutschland verließ, hätte ich mir nie träumen lassen, dass ich solch eine lange Zeit in Israel verbringen würde. Rückblickend kann ich nur sagen, dass es die (bisher) meist gesegneten Jahre meines Lebens sind. Nicht dass ich aus eigener Kraft immens viel zu geben hätte – es ist Gott, der hier den Unterschied macht. Aus diesem Grund wird mein Herz wohl auch unaufhörlich geschliffen, poliert, herausgefordert. In allem sind meine Glaubensmuskeln gestärkt und trainiert worden; ich darf Gott als meinen Versorger, meinen Hirten, meine Kraft, mein Schutz und Schild, meine Freude und meine Hilfe erleben und weiß aus dieser Erfahrung heraus, dass es sich lohnt, „aus dem Boot zu steigen". Es erinnert mich an Petrus, der wagemutig das Boot verließ und seine Füße auf das Wasser setzte. Manch einer, der damals dabei war, hat sicher gelacht, gelästert oder einfach nur den Kopf geschüttelt über solch ein als unsinnig, kindisch oder angeberisch einzustufendes Verhalten. Doch Petrus beobachtete nicht nur, sondern erfuhr leibhaftig, dass das Wasser ihn trug, und erlebte seinen persönlichen WOW-Moment, den er sicher nie vergaß. Und als er zu sinken begann spürte er die starke Hand Gottes – vielleicht der wichtigste Aspekt dieser Begebenheit.

Anfang April feierte Israel wie jedes Jahr das Passahfest. In diesem Jahr hatte ich das Privileg, das Passahfest mit einer jüdisch-messianischen Familie und Gästen aus sechs verschiedenen Ländern zu feiern. Es war eine lange Nacht, in der wir uns ein weiteres Mal bewusst machen, dass es niemals Gottes Plan war und ist, dass sein Volk sich im Gebiet der Unterdrückung und Sklaverei ansiedelt. Freiheit und Gerechtigkeit sowie seine große Liebe sind Gottes oberste Prinzipien für unser Wohl. Das Volk Israel hat über vierhundert Jahre in Ägypten gelebt und sich dem Schicksal der Sklaverei äußerlich wie auch mental ergeben. Irgendwann jedoch ist das Volk aufgewacht und hat Gott gesucht. Ich kann von mir selbst sagen, dass es mir ähnlich ging und ich irgendwann in meinem Leben den Punkt erreichte, mich wachrütteln zu lassen und mich auf die Suche nach wirklicher Freiheit und Gerechtigkeit machte.

Schlüssel, Taxis und Engel

Im Rahmen eines zweiwöchigen Seminars werde ich demnächst die Möglichkeit haben, diversen heißen Eisen in Bezug auf Israel, dem vieldiskutierten Nahostkonflikt und Aspekten der jüdisch-christlichen Versöhnungsarbeit auf den Grund zu gehen. Deshalb heißt es delegieren, denn in dieser Zeit werde ich kaum im Büro sein – es ist also mal wieder ein Streckenabschnitt ganz nach dem Motto „Leben auf der Überholspur". Für meinen Kollegen bedeutet es erhebliche Mehrbelastung, doch ich bin zuversichtlich, dass er diese gut meistern wird. Umso mehr freuen wir uns auf eine neue australische Mitarbeiterin, die uns in Kürze ein Jahr lang unter die Arme greifen wird. Wir werden also das Arbeitspensum bald etwas besser aufteilen können. Zuvor jedoch sind natürlich noch tausendundeine Sache zu erledigen. Und ausgerechnet da passierte es ...

Es war ein Tag mit mehreren Terminen außerhalb des Büros; der Zeitplan war eng gesteckt. Unter einem gewissen Zeitdruck zwischen zwei Terminen fuhr ich mit einem Taxi zum Büro, um dort wichtige Unterlagen zu holen. Als ich das Gebäude betrat und meinen Büroschlüssel suchte, stellte ich fest, dass ich diesen im Taxi liegen gelassen haben musste. An dem Schlüsselbund befanden sich auch meine Wohnungsschlüssel. Inmitten der Zeitknappheit war dies das letzte, was ich gebrauchen konnte. Glücklicherweise hatte ich eine Quittung verlangt, auf der die Registriernummer des Taxis und der Name des Fahrers vermerkt waren. Jetzt musste ich „nur noch" das Taxi ausfindig machen (in einer Großstadt mit 730 000 Einwohnern und unzähligen umherflitzenden Taxis). Per Telefon versuchte ich mein Glück bei mehreren Taxizentralen – erfolglos. So ging ich auf die Straße und hielt einfach herannahende Taxis an. Der erste Fahrer konnte oder wollte nicht helfen, der zweite auch nicht, schließlich gab es in dieser Sache nicht unbedingt Geld zu verdienen. Ein Polizist, Freund und Helfer, so ihr Ruf, empfahl, beim nächstgelegenen Polizeirevier eine Anzeige aufzugeben, sodass man das Taxi polizeilich ermitteln lassen könne. Das klang nicht nach rascher Hilfe und ich verwarf den Gedanken sofort, denn schließlich hoffte ich, am Abend in meinem eigenen Bett schlafen zu können. Dann erhielt ich die Information, dass es ein zentrales Taxifundbüro gibt – sicherlich könne man den Fahrer dort ausfindig machen. Also wieder auf die Straße und erneut ein Taxi heranwinken, um besagtes Fundbüro zu erreichen. Der Fahrer klang nicht sehr zuversichtlich. Dann warf er einen Blick auf meine Quittung und sagte: „Ich kenne die Registriernummer und den Besitzer des Taxis. Er hat ein Restaurant im Westen Jerusalems." Es folgten ein paar Anrufe, die jedoch nicht zu dem gewünschten Erfolg führten. Schließlich sagte er, dass er zum Restaurant fahren, den Besitzer kontaktieren und dadurch den Fahrer ausfindig machen würde. Hoffnungsvoll und doch zweifelnd, denn so richtig glaubhaft klang das alles nicht, stieg ich aus und wartete. Etwa dreißig Minuten später erhielt ich einen Anruf. Mein Schlüsselbund war in der Hand jenes hilfreichen Taxifahrers und weitere zwanzig Minuten später nahm die Geschichte ein glückliches Ende: Ich hielt meinen Schlüsselbund wieder in der Hand und der Taxifahrer wurde mit einem großzügigen Trinkgeld belohnt. Mit einiger Verspätung schaffte ich es auch noch zum nächsten Termin.

Obwohl es eine chaotische Erfahrung war, war sie dennoch heilsam für mich. Der hilfreiche Taxifahrer war ein Araber, der mehr-

mals wiederholte: „Ich muss dir helfen. Du brauchst meine Hilfe."
In einer Welt, in der Feindseligkeit und Hass den Nahostkonflikt
schüren und in der Araber oft voreilig als potentielle Terroristen
abgestempelt werden, ist es ein Geschenk, arabische Freundlichkeit und Hilfsbereitschaft hautnah erfahren zu dürfen. Ich bewege mich nur sehr selten in rein arabischen Gebieten. Als Frau
bevorzuge ich dazu männliche Begleitung. Ich bin dankbar für
dieses Erlebnis und für diesen arabischen Engel, der quer durch
Jerusalem gedüst ist und sein Versprechen, mir zu helfen, vollends und rasend schnell erfüllt hat.

Karmi'el

Einundzwanzig Volontäre aus aller Welt kamen zusammen, um
ein Mütterzentrum in Karmi'el innen und außen mit einem neu-
en Anstrich zu versehen. Außerdem sollte der Garten von sehr
hoch gewachsenem Unkraut befreit und mit ein paar Blumen
verschönert werden. Es war wunderbar, die strahlenden Gesichter der Mütter und Kinder zu sehen, während sich das neue
„Make-up" immer weiter in der Einrichtung ausbreitete. Eine der
Angestellten war zu Tränen gerührt und wir wurden bewirtet wie
Könige. Mit einfachen Mitteln, aber mit viel Liebe, Dankbarkeit
und Wertschätzung wurden die Köstlichkeiten auf den Tisch ge-
zaubert.

Karmi'el ist eine kleine Stadt in der Nähe von Akko im nördlichen
Israel. Sie wurde 1963 gegründet. Der Name Karmi'el bedeutet
so etwas wie „Gott ist mein Weinberg" oder „Mein Weinberg ist
Gottes". Die ersten Bewohner trafen 1964 ein und heute leben
dort etwa 44 000 Menschen. Karmi'el ist ein gutes Beispiel für
zukunftsorientierte Stadtplanung. Die Stadt wurde von Anfang
an für 120 000 Einwohner im Jahr 2020 geplant. Wohnraum und
Infrastruktur werden dementsprechend nach und nach ausge-
baut. Im vor der Stadt gelegenen Industriegebiet haben sich unter anderem Textil- und Baugewerbe-, Plastik-, Holz-, Eisen- und

Stahlverarbeitung sowie Hi-Tech-Firmen niedergelassen. Sie bieten sowohl jüdischen Einwohnern als auch arabischen Nachbarn Arbeit. Die etwa 80 Firmen und Werkstätten beschäftigen rund 8 000 Angestellte. Karmi'els offenes Amphitheater bietet Platz für 25 000 Besucher. Dort findet jedes Jahr im Juli ein über die Grenzen Israels hinaus berühmtes dreitägiges Tanzfestival statt.

Für *Bridges for Peace* ist diese Stadt etwas Besonderes, denn wir werden dort zu Beginn des nächsten Jahres ein zweites Verteilzentrum aufbauen. Sowohl die Not, aber auch die Organisation und Hilfsprogramme sind so dermaßen gewachsen, dass wir die Versorgung bedürftiger Menschen in Norden Israels dadurch besser gewährleisten können.

Eine besondere Begegnung mit Rena Q.

Yad VaShem ist eine Holocaustgedenkstätte in Jerusalem. Die Judenverfolgung und vernichtung vor und während des Zweiten Weltkriegs ist ein dunkles, grausames Kapitel, das niemals vergessen werden sollte. Die emotional aufwühlende Dauerausstellung, einfühlsam gestaltet, erinnert an die subtilen Anfänge des Nationalsozialismus in Deutschland, seine strategisch geplante Sogwirkung auf die Nation, die Propaganda und Umsetzung der Judenverfolgung, den Horror und die Grausamkeit der Vernichtungsmaschinerie. Zeugnisse der Überlebenden wirken multimedial auf den Besucher ein. Das Schicksal der Widerstandskämpfer und das Wiederaufrappeln derjenigen, die die Hölle überlebt haben und danach noch immer einen immens starken Lebenswillen aufbrachten, wird dargestellt. Die *Gerechten unter den Nationen* (Nicht-Juden, die Juden versteckt und/oder gerettet haben) werden in Wertschätzung und Dankbarkeit geehrt.

Ich besuche *Yad VaShem* immer mal wieder. Nicht immer gehe ich durch die umfangreiche Ausstellung. Auf dem Freigelände gibt es viele ausdrucksstarke Skulpturen und Kunstwerke. Junge und ältere Künstler, seien sie direkt, indirekt oder eventuell auch nicht betroffen, haben versucht, ihre Erschütterung über das unfassbare Geschehen der Jahre 1933–1945 künstlerisch umzusetzen. Manchmal nehme ich mir die Zeit, die Aussagekraft dieser Kunst in mich aufzunehmen. Ich bin Deutsche; dieser schreckliche Horror geschah in meinem Land. Und nun bin ich hier in Israel, umgeben von Überlebenden und ihren Nachkommen. Ein totgesagtes Land, ein totgesagtes Volk – beide sind auferstanden und ich lebe mittendrin, spüre das Wunder, das mich umgibt, jeden Tag.

Ich hatte einen Besuch in *Yad VaShem* für eine Gruppe von einundzwanzig internationalen Volontären und Repräsentanten von *Bridges for Peace* geplant. Dort sollten wir auch Rena Q., eine Holocaustüberlebende, treffen. Doch es kam anders. Aufgrund kurzfristiger Terminprobleme lud uns Rena zu sich nach Hause ein, um uns dort ihre Überlebensgeschichte zu erzählen. *Yad VaShem* musste also zunächst warten; wir besuchten es anschließend.

Rena hat das Konzentrationslager Bergen-Belsen überlebt und wurde dort von Britischen Alliierten befreit. Geboren wurde sie in Polen. Als die Nazis in Polen einmarschierten, war sie etwa dreieinhalb Jahre alt. Bis heute konnte sie ihr genaues Geburtsdatum nicht herausfinden, da alle Dokumente abhanden gekommen sind. Ihre Mutter und ihre Brüder wurden 1941 bei einem Besuch der örtlichen Synagoge gefangen genommen, nach Treblinka deportiert und später dort getötet. Rena und ihr Vater verblieben im Ghetto ihrer Heimatstadt Piotrkow – es war das erste „organisierte" Ghetto. Als Junge verkleidet (Jungen wurden von den Nazis zur Zwangsarbeit verpflichtet, was die Überlebenschancen steigerte) arbeitete Rena in einer Glasfabrik, bis sie und ihr Vater in einem Güterwaggon in ein Konzentrationslager deportiert wurden. Ihr Vater konnte aufgrund der Selektion ihre Tarnung als Junge nicht länger aufrechterhalten und vertraute sie einer entfernten Bekannten an. Es war das letzte Mal, dass sie ihren Vater sah. 1944 kam Rena schließlich in Bergen-Belsen an. Während der Kriegsjahre wurde sie von diversen Frauen mütterlich unter die Fittiche genommen. „Ich hatte sechs Mütter", sagte sie von sich selbst und hat über viele Jahre hinweg gehofft, dass sie eines Tages eine von ihnen oder jemanden, der irgendeinen Verwandten gekannt hat, wiedersehen würde. Bisher ist dies nicht geschehen. „Ich kann mich nicht erinnern, dass mir in all den Jahren je warm war", erzählte Rena. Nach ihrer Befreiung wurde sie, an Typhus erkrankt, nach Schweden gebracht und emigrierte von dort aus mit ihrer Adoptivfamilie 1946 in die USA. Seit 1984 lebt sie mit ihrem Mann in Jerusalem.

Rena ist eine fröhliche Frau mit Stil und Klasse. Niemand würde je vermuten, dass sie den Horror des Zweiten Weltkriegs und der Judenverfolgung durchlitten hat und alles verlor, was ihr lieb und kostbar war. Gott hat ihr Leben bewahrt und ihr die Gnade geschenkt, vielen Menschen eine Inspiration zu sein. „Mein Überleben war nichts anderes als ein Wunder. So viele Dinge, die allesamt außerhalb meiner Kontrolle lagen, hat das Schicksal aneinandergereiht, um sicherzustellen, dass ich leben würde. Als Überlebende des Holocausts fühle ich mich dazu angehalten, mein Leben in jedweder Hinsicht auszuschöpfen", sagt sie von sich selbst.

Rena hatte einen Stuhlkreis in ihrem Wohnzimmer aufgestellt. Als wir uns kurz und knapp vorstellten, nannten wir auch unsere Heimatländer. Deutschland rief verständlicherweise besondere und teilweise schmerzhafte Erinnerungen in ihr wach. Sie sprach ein wenig über ihre Kindheit und diverse Ereignisse, die letztlich in Bergen-Belsen endeten. In genau dem Moment fragte sie mich ganz direkt, ob ich das Konzentrationslager kenne. Als ich ihr erzählte, dass ich in Braunschweig, eine knappe Stunde von Bergen-Belsen entfernt, geboren und aufgewachsen bin und dass ich die dortige Gedenkstätte während meiner Schulzeit besucht habe, konnte man spüren, dass unerwartet tiefe, traumatische Erinnerungen in ihr aufwallten. Man konnte eine Stecknadel im

Raum fallen hören. Es schien, als hielte die gesamte Gruppe den Atem an. Zunächst entspann sich zwischen uns ein Dialog, der sich vorrangig mit Fakten beschäftigte. Während wir sprachen, suchte ich nach Worten des Trostes für Rena, Trost für jemanden, der gezwungen war, durch die Hölle zu gehen. Sicherlich war ich nicht die erste Deutsche, die ihr begegnete. Dennoch wurde recht schnell klar, dass ihr bisher noch kein Deutscher so nahe gekommen war.

Rena brauchte Abstand von dieser unerwarteten Nähe und richtete sich wieder an die Gruppe. Doch bereits nach kurzer Zeit fragte sie mich glatt heraus, ob ich in der Schule oder anderswo die Wahrheit über die schrecklichen Einzelheiten des Holocausts gelernt hätte. Beide kämpften wir mit den Tränen und der Kloß in meinem Hals wuchs. Ich konnte ihr in dem Moment keine sachliche Antwort geben, stattdessen sah ich sie an und sagte: „Rena, es tut mir so unsagbar leid, was meine Nation dir und deinem Volk angetan hat. Es ist ein Schmerz, der sich nicht in Worte fassen lässt." Stille im Raum. Nicht das leiseste Geräusch war zu hören. Rena antwortete: „Um mir muss es dir nicht leidtun, sondern um die sechs Millionen, deren Leben erbarmungslos geraubt wurde. Ich hatte Glück."– „Ja, Rena", erwiderte ich, „du hast recht und es ist ein besonderes Geschenk, dass du so viel Lebensfreude ausstrahlst. Wenn ich könnte, würde ich zu jedem Einzelnen der sechs Millionen Ermordeten gehen und um Vergebung bitten." Mittlerweile rangen wir beide um Fassung, doch die Worte, die wir austauschten, waren heilende Worte. Rena, inspirierend und lebensbejahend, fasste sich schließlich galant und beendete den offiziellen Teil unserer Zusammenkunft.

Später fragte mich Rena einige Dinge in Bezug auf die heutige Situation in Deutschland, den neu aufflammenden Antisemitismus in Europa, warum ich in Israel bin und was mich bewegt. Was während unseres Zusammenseins sehr bedeutsam war, ist, dass nur eine Person zwischen Rena und mir saß – und das war ausgerechnet der einzige Brite der Gruppe. Ich glaube nicht an

Zufälle ... Rena, von Deutschen in Deutschland gefoltert und fast des Lebens beraubt, befreit von den Briten, eingewandert nach Israel – und hier saßen wir, Menschen aus diesen drei Nationen, in ihrem Wohnzimmer Seite an Seite.

Als wir uns verabschiedeten, hielt ich Renas Hand ein wenig länger als üblich. Trotz aller Annäherung war eine gewisse Distanz geblieben, doch in diesem Moment spann Herzlichkeit einen zarten Faden zwischen uns. Niemand kann ermessen, welch eine Gefühlsachterbahn meine Gegenwart in Renas Innerem verursachte, und auch ich war extrem aufgewühlt. Was bleibt, ist die Erinnerung an einen sehr kostbaren Moment, der in unser beider Herzen verankert bleiben wird.

Ein Blick in die Tiefen des Tempelbergs

An einem sonnigen Nachmittag unternahm ich mit einigen Freunden einen abenteuerlichen Ausflug in die Vergangenheit. Irgendwo auf dem wellenförmigen und leicht erklimmbaren Hang des Scopusberges in Jerusalem findet eine archäologische „Ausgrabung" statt. In Israel wimmelt es nur so von antiken Steinhaufen, um es salopp auszudrücken. Landesweit sichten, sieben und waschen sich Berufsarchäologen und freiwillige Helfer, gleichermaßen eifrig, durch Tonnen und Abertonnen von Erde. Sie durchsuchen vorsichtig den Schmutz, die kleinsten Tonscherben ausfindig machend, die in Israel wie Sand am Meer zu finden sind und oftmals achtlos niedergetrampelt werden. Auch wir wollten antike Schätze entdecken.

Dies hier ist allerdings keine gewöhnliche Ausgrabung. Es ist Erdaushub, der dort aufgeschüttet wurde. Man fragt sich, was an diesem Haufen Erdaushub so besonders ist und warum Berufsarchäologen die beispiellose Mammutaufgabe auf sich nehmen, etliche Tonnen Erde zu sieben – im vollen Bewusstsein, dass der geologische Kontext völlig ausgelöscht worden ist. Für viele hat diese Erde etwas wirklich Heiliges an sich, denn sie kommt von keinem geringeren Ort als dem Jerusalemer Tempelberg. Warum und wieso der im archäologischen Sinne wichtigste Schutt der Welt als Haufen an einem Berghang außerhalb der Jerusalemer Altstadt landete, ist eine lange Geschichte. Sie begann Mitte der 1990er Jahre. Doch um alles ein bisschen besser verstehen zu können, zunächst ein Abstecher in die antike Geschichte, um ein Bild von der Entwicklung des Tempelbergkomplexes zu bekommen.

Tief unter dem heutigen Platz verbirgt sich der uralte Berg Moriah, auf dem Abraham die Bereitwilligkeit demonstrierte, seinen geliebten Sohn Isaak zu opfern. Später wurde dieser Ort von König David für den Bau des Tempels unter König Salomo, seinem Sohn, gekauft. Dieser Tempel stand von 1000–586 v. Chr. und wurde vom babylonischen König Nebukadnezar zerstört. Der Wiederaufbau fand erst statt, als die Juden unter der Führung von Nehemia und Serubbabel aus dem Exil zurückkehrten und den Zweiten Tempel errichteten (um 515 v. Chr.). Diese später angelegte Struktur wurde unter Herodes dem Großen, ein Idumäer, der von den Römern als König der Juden eingesetzt worden war, immens erweitert. Herodes hatte sich um 38 v. Chr. das Überdecken des Berges Moriah mit dem noch heute existierenden flachen Platz vorgenommen. Natürlich war der Berg in sich selbst nicht flach und dieser enorme Oberbau musste von unten mit Trümmern und Schutt ausgepolstert werden. Diese Schuttansammlung brauchte Stützmauern, damit die Konstruktion nicht zusammenbrechen würde. Also konstruierte Herodes eine Reihe von gewölbten Bögen, einen auf dem anderen, um die Plattform zu stabilisieren.

Genau über diese Abschnitte entwickelten sich 1996 ernste Meinungsverschiedenheiten. Seitdem Israel 1967 die Kontrolle über den Tempelberg an den Waqf (muslimische klerikale Autorität) delegiert hatte, existierte das stillschweigende Verständnis, dass keine Gruppe versuchen würde, die alten Strukturen zu verändern. Mitte der 1990er Jahre änderte sich diese Situation. Benjamin Netanjahu (damals Ministerpräsident) stimmte zu, dass der entlang der Klagemauer freigelegte Hasmonäertunnel für Besucher zugänglich gemacht wird. Anschließend traf der Waqf die Entscheidung, zusätzlich zu den zwei auf dem Tempelberg vorhandenen Moscheen eine weitere unterirdische Moschee östlich der Hulda-Tore zu bauen. Von Seiten des Waqf wurde behauptet, dass Israel nicht entlang, sondern durch den Tempelberg hindurch grabe, um den Felsendom sowie die Al-Aqsa-Moschee zum Einsturz zu bringen – was völlig aus der Luft gegriffen war. Die neu geplante Moschee umfasst etwa 6 000 Quadratmeter, mit einer Kapazität für 10 000 Menschen, und ist die größte in ganz Israel. 1999 wurde ein vermeintlicher Notausgang von knapp 1 700 Quadratmetern eröffnet – und das in einer geheimen, drei Tage andauernden Rund-um-die-Uhr-Operation.

Zum allerersten Mal wurden Traktoren, Lastwagen und Planierraupen auf dem Tempelberg eingesetzt und Hunderte von Tonnen des wertvollen archäologischen Materials wurden entfernt, ehe Widerspruch und Baustopp umgesetzt werden konnten. Der Schutt wurde illegal auf der Ostseite des Kidrontals abgeladen, wo er bis Ende 2004 einfach nur herumlag. Schließlich erhielt Professor Gabriel Barkai (Bar Ilan Universität), der die Aktion des Waqf als archäologisches Desaster bezeichnet, die Erlaubnis, den Schutt zu durchsieben. Er hat hierbei das Motto geprägt, dass es sich bei diesem Projekt im Grunde um eine Autopsie handelt, da die Erdmassen mindestens zweimal auf- und wieder abgeladen wurden, ehe ein Archäologe auch nur einen Blick darauf werfen konnte. Dennoch begann er dieses groß angelegte Projekt mithilfe vieler freiwilliger Helfer. Wichtige Funde, die seither gemacht wurden, haben die Bedeutung des Unterfangens bestätigt.

Fundstücke aller Epochen, von der Zeit des ersten Tempels über die Kreuzfahrerzeiten bis hin zu dem darauffolgenden islamischen Zeitalter, sind bereits ans Licht gekommen. Leider wurde während der Zeit, in der der Schutt im arabisch besiedelten Kidrontal lagerte, allerlei moderner Abfall absichtlich untergemischt, um unerwünschte Beweise jüdischer wie auch christlicher Existenz zu antiken Zeiten zu verschleiern. Trotz dieser Sabotagemaßnahmen sind wichtige Mosaiksteinchen, Siegel, Münzen, Glas, Knochen, Mauerwerk und Tonscherben ausgegraben worden.

So reihten wir uns in die Menge der freiwilligen Helfer ein, siebten unter fachkundiger Anleitung und fanden innerhalb von wenigen Stunden sieben Münzen und mehrere auffällige Ton-, Glas- und Metallstücke, die die Archäologen nun professionell untersuchen. Dabei konnten wir feststellen, dass diese Ausgrabung nicht nur ein interessanter Zeitvertreib für Amateurarchäologen ist. Bisher wurden knapp fünfzehn Prozent der Erdmassen durchsiebt. Das Archäologenteam schätzt, dass es wohl noch einige Jahre dauern wird, ehe das Projekt abgeschlossen sein wird.

Ein Besuch bei Yad LeKaschisch

Das hebräische Wort *Zedakah* wird häufig als „Wohltätigkeit" übersetzt. Wenn man es jedoch aus jüdischer Sicht versteht, erkennt man etwas viel Tieferes. Die Wurzel ist *zedek*, was Rechtschaffenheit, Gerechtigkeit oder Schönheit bedeutet. Im Judentum wird das Geben von Almosen nicht als eine großzügige, großmütige Tat angesehen, sondern als eine Tat der Gerechtigkeit und Rechtschaffenheit, als die Erfüllung einer erwarteten Aufgabe. Maimonides, der berühmte jüdische Weise des 12. Jahrhunderts, sagte: „Die edelste Form von Zedakah ist, anderen zu helfen, sich selbst zu helfen".

Genau dies ist, was *Yad LeKaschisch* (Eine Hand für Senioren) tut. Seit über vierzig Jahren streckt diese gemeinnützige jüdische Organisation mit Sitz in Jerusalem ihre Hände den Senioren entgegen und ermöglicht ihnen, ein integraler Bestandteil der Gesellschaft zu bleiben. Fünf Tage pro Woche kommen etwa zweihundertfünfzig Senioren, darunter viele Einwanderer, in die mit Sorgfalt angelegten Werkstätten und lassen ihrer Kreativität in den verschiedenen Bereichen freien Lauf: Buchbinderei, Keramik, Näherei, Seidenmalerei, Büttenpapierproduktion und Metallarbeiten. Sie erzeugen eine bunte Vielfalt von Produkten: hochwertiges jüdisches Kunsthandwerk, Wandbehänge, Spielzeug, gestrickte Kleidung, Seidentücher, Kerzenständer und Schmuckstücke. Diese „Handwerker" werden von Experten angeleitet und erhalten einen kleinen Lohn für ihre Arbeit. Die liebevoll hergestellten Produkte werden natürlich verkauft, jedoch decken die Verkäufe kaum die Hälfte der Kosten und somit sind Spenden immer willkommen. Häufig besuchen Reisegruppen aus dem In- und Ausland die Werkstätten und treffen die Senioren, die sich von Herzen in ihre Arbeit investieren, und erleben so *Zedakah* in Aktion. Auch Jugendliche werden ermutigt, die Begegnung zu suchen, denn das generationsübergreifende Zusammentreffen baut Vorurteile ab und stärkt Selbstwertgefühl und Würde der Senioren.

Mein Besuch dort erinnerte mich an das Wort aus Psalm 92: *Die gepflanzt sind im Haus des HERRN werden grünen in den Vorhöfen unseres Gottes. Noch im Greisenalter gedeihen sie, sind sie saftvoll und grün, um zu verkünden, dass der HERR gerecht ist.*

Das elementare Ziel von *Yad LeKaschisch* ist nicht nur Beschäftigungstherapie, sondern eine Atmosphäre des sozialen Miteinanders zu fördern. Täglich wird eine warme Mahlzeit serviert, während der jüdischen Feste werden besondere Feierlichkeiten organisiert. *Yad LeKaschisch* kümmert sich auch um andere Belange und bietet gezielte Hilfsmaßnahmen (beispielsweise Hörgerät- und Brillenzuzahlungen, einen Second-Hand-Laden, Transporthilfe, Ermöglichung von Zahnarztbesuchen). Bei so viel Fürsorge verwundert es nicht, dass einige der „Handwerker" noch in hohem Alter dort arbeiten.

Ein paar Lebensgeschichten: Sarah und Rafael heirateten, kulturtypisch, im zarten Alter von zwölf und sechzehn. 1950 verließen sie Marokko und wanderten nach Israel aus. Nachdem sie sieben Kinder großgezogen haben, genießen Sarah und Rafael nun seit zwanzig Jahren ihre Arbeit bei Yad LeKaschisch. Sarah strickt und Rafael arbeitet in der Buchbinderei.

Arkadi aus Weißrussland ist 91 Jahre alt und noch sehr aktiv. Er ist für seine Sorgfalt und Detailtreue bei der Herstellung von Bilderrahmen, Mesusas (Kästchen für Türrahmen mit Segensspruch) und Purimrasseln bekannt.

Eliezer kam aus Kurdistan, wo er die Thora und den Talmud studierte. Er wanderte mit sechzehn Jahren nach Israel aus und diente als Soldat im Krieg gegen Ägypten (1956), im Sechs-Tage-Krieg (1967) und im Yom-Kippur-Krieg (1973).

Welch einen Schatz an Lebensgeschichten, Erfahrungen und Erinnerungen haben diese wunderbaren Senioren mitzuteilen! Ich bin sicher, dass viele ihrer Geschichten die neue Generation von Israelis ermutigt, die heutzutage stetigen internationalen Anfeindungen gegenübersteht. Und irgendwie spiegeln auch die liebevoll hergestellten Kostbarkeiten diesen reichen Erfahrungsschatz wider.

Schiloh

Die Ortschaft Schiloh (in Bibelübersetzungen auch Silo genannt) wird zum ersten Mal im Buch Josua erwähnt. Hier versammelten sich sieben Stämme der Israeliten (Benjamin, Simeon, Sebulon, Issachar, Ascher, Naftali, Dan), um von Josua nach der Landeinnahme Kanaans ihre jeweiligen Stammesgebiete zu erhalten. In Schiloh wurde die Stiftshütte errichtet, um der Bundeslade einen festen Standort zu geben. In den ersten Jahrzehnten nach der Landeinnahme war dieser Ort daher die Hauptstadt und das religiöse Zentrum der Israeliten – lange vor Jerusalem. Die Stiftshütte stand 369 Jahre. Dort betete Hanna in ihrer Verzweiflung um einen Sohn. Ihr Gebet wurde erhört und sie gebar den Propheten Samuel. In Schiloh wurde Samuel von Eli aufgezogen, nachdem Hanna ihr Versprechen, ihren Sohn Gott zur Verfügung zu stellen, eingelöst hatte. Er war es, der David zum König salbte und Eli die Botschaft Gottes überbringen musste, dass dessen Söhne wegen ihrer Gottlosigkeit sterben würden, was später im Kampf gegen die Philister auch geschah. Etwa 1050 v. Chr. wurde der Ort von den Philistern zerstört.

Heutzutage liegt Schiloh inmitten des Palästinensischen Autonomiegebiets und es ist gar nicht so einfach, dort hinzugelangen. In seiner tiefen Sehnsucht nach Frieden hat Israel Kompromisse gemacht und bedeutendes biblisches Kernland zum Tausch angeboten und abgegeben. Nun liegen neben Schiloh auch beispielsweise Hebron, Sichem und Bethlehem im palästinensischen Autonomiegebiet. Die jüdischen Bewohner dieser Ortschaften müssen in der Regel täglich das Autonomiegebiet durchqueren, um Arbeitsplatz, Verwandte, Ärzte und Krankenhäuser zu erreichen. Ich nutzte daher die Gelegenheit gern, gemeinsam mit knapp fünfzig Volontären und Repräsentanten von *Bridges for Peace* in einem kugelsicheren Bus nach Schiloh zu fahren. Wir passierten den Checkpoint zur Westbank im Norden Jerusalems, um die „Siedlung" (was der politisch korrekte Ausdruck wäre) zu besuchen. Während wir durch die Westbank fuhren, konnten wir klar erkennen, dass es den scheinbar „vom übermächtigen Besatzer Israel unterdrückten" Palästinensern gar nicht so schlecht geht. Viele neue Häuser und Villen zierten die Landschaft und es wirkte nicht so, als würde die Bautätigkeit demnächst enden. Nach etwa fünfundvierzig Minuten Fahrt trafen wir in Schiloh David Rubin.

Bis vor einigen Jahren war David Rubin Bürgermeister von Schiloh. Er hat maßgeblich dazu beigetragen, dass Schiloh wieder besiedelt wurde und archäologische Ausgrabungen vorangetrieben werden. Während der Zweiten Intifada, die im Jahr 2000 entfacht wurde, ist die Zahl der Terrorangriffe auf israelische Bürger besonders im biblischen Kernland von Judäa, Samaria und der Region Jerusalem immens angestiegen und hat im wahrsten Sinne des Wortes Familien auseinandergerissen; Eltern verloren ihre Kinder, Kinder blieben verwaist zurück. Am 17. Dezember 2001 wurden David Rubin und sein damals dreijähriger Sohn Ruby durch solch einen bösartigen Angriff verwundet. Palästinensische Terroristen schossen auf ihr Fahrzeug, als sie sich auf dem Heimweg von Jerusalem befanden. Wie durch ein Wunder überlebten sie den Angriff. Als der Kugelhagel begann, versagte das Autoradio und kurz danach der Motor. Noch ehe David begreifen konnte, was geschah, wurde er ins linke Bein getroffen und Blut spritzte wie eine Fontäne in alle Richtungen. David schaute nach seinem Sohn Ruby im Kindersitz auf der Rückbank und sprach ihn an. Ruby starrte einfach vor sich hin und es schien, als wolle er sprechen, doch kein Laut kam aus seinem geöffneten Mund. Ruby weinte weder noch blutete er – deshalb dachte David, er hätte einen Schock erlitten, drehte sich wieder nach vorn und versuchte, das Auto erneut zu starten. Endlich, nach dem vierten oder fünften Versuch, sprang der Motor an und David trat aufs Gaspedal. Mit über 150 Stundenkilometern raste er über die hügelige, kurvige Landstraße zur nächsten Ortschaft. Dort schrie er nach einem Krankenwagen. Glücklicherweise war ein Sanitäter am Ortseingang, der Erste Hilfe leistete und die Blutfontäne, die noch immer aus Davids Bein schoss, eindämmte. Jemand griff nach seinem Handy und wählte – da David zitterte und ohnmächtig zu werden begann – die Nummer seiner Frau. Man berichtete ihr, dass David angeschossen worden war und dass es Ruby gut ginge. Erst als der Krankenwagen eintraf, stellten die Sanitäter fest, dass Ruby einen Nackenschuss erlitten hatte. In diesem Moment brach David bewusstlos zusammen. Beide wurden in ein Jerusalemer Krankenhaus gebracht, Notoperationen wurden angesetzt. Noch ehe die Narkose einsetzte, teilte ihm ein Krankenhausangestellter mit, dass David traurige Berühmtheit erlangt hatte: Er war das tausendste Terroropfer seit Beginn der Zweiten Intifada und Reporter hatten sich in Windeseile im Krankenhaus versammelt. David Rubin gab vor seiner Operation tatsächlich noch ein kurzes Interview.

Nachdem er aus der Narkose erwachte, fand er heraus, dass die Kugel, die seinen Sohn Ruby getroffen hatte, dort eingedrungen war, wo Schädel und Wirbelsäule miteinander verbunden sind, und einen Schädelbruch und Hirnblutungen verursacht hatte. Ruby verbrachte mehrere Wochen auf der Intensivstation, hatte keinerlei Körperkontrolle und erlitt einen totalen Gedächtnisverlust. Doch Ruby überlebte und war nach zwei Jahren, gefüllt mit Operationen, Posttraumatherapie und Arztbesuchen, völlig wiederhergestellt!

Eine Woche nach der Einlieferung ins Krankenhaus erhielt David einen Anruf von seinem Automechaniker. Das war nun das Letzte, um das er sich kümmern wollte. Der Mechaniker teilte ihm aber sofort mit, dass er nicht anriefe, um die Details der notwendigen Reparatur zu besprechen. Er stellte nur eine Frage: „David, warum können wir den Wagen nicht starten?" David erinnerte sich daran, dass der Motor abgesoffen war, und begriff erst dann, wie groß das Wunder war, das sich ereignet und ihm und seinem Sohn das Leben gerettet hatte. Man hatte fünfundvierzig Einschusslöcher gezählt.

Aufgrund dieses Erlebnisses hat David den „Schiloh-Kinderfonds" gegründet. Er hat ein völlig neues, interaktives Schulsystem aufgebaut, das Kindern aller Altersstufen eine ganzheitliche Auseinandersetzung mit dem Lehrmaterial bietet und das besonders Kindern, die traumatische Situationen durchlebt haben, eine sanfte Wiedereingliederung in den Alltag ermöglichen soll. David lädt regelmäßig Gruppen nach Schiloh ein, damit sie sich selbst ein Bild vor Ort machen können, und berichtet dabei auch über sein persönlich erlebtes Wunder, das selbst nach fast sechs Jahren noch Tränen in ihm hervorruft.

Es lässt sich nicht in Worte fassen, welche Stärke und Barmherzigkeit David Rubin ausstrahlt. Er hat eine furchtbare Situation überlebt, die die meisten von uns in dieser Art nicht kennen. Dadurch hat sich sowohl sein Leben als auch sein gesamtes Denken verändert. Die daraus resultierende Initiative ist bereits vielen Familien zum Segen geworden. David führte uns durch Schiloh und wir trafen auch auf Ruby, der quietschvergnügt aus einem Klassenraum lief, seinen Vater umarmte und dann wieder davonsprang.

Danach verweilten wir an der Stätte, die Archäologen zweifelsfrei als den Ort identifiziert haben, an dem einst die Stiftshütte gestanden haben muss, und suchten uns auf dem Areal einen persönlichen Rückzugsort, um mit Gott für ein paar Minuten allein zu sein. Es war eine kraftvolle Erfahrung und ich möchte nicht einen Augenblick davon missen. Es ist ein besonderer Ort, an dem Gott nicht nur zu biblischen Zeiten, sondern auch heute noch anwesend und zu spüren ist!

Grüner Daumen in Aktion

Barry, ein extrovertierter Familienvater aus den USA, Natalya, eine ruhige junge Frau aus Russland, Ann, eine erfrischend kraftvolle, weißhaarige Großmutter aus Wales, Trystan, ein abenteuerlustiger junger Mann aus Großbritannien, und ich, eine energiegeladene, organisationsbegabte Deutsche – diese bunte Mischung machte sich auf den Weg nach Yavni'el in Galiläa.

Unsere Aufgabe lautete, die Gärtner von Yavni'el drei Tage lang bei den Vorbereitungen für die Feierlichkeiten am israelischen Unabhängigkeitstag zu unterstützen. Seit Sommer 2006 hat *Bridges for Peace* regelmäßig Projekte dieser Art durchgeführt, um Israelis ganz praktisch auch in schwierigen Zeiten freundschaftlich zur Seite zu stehen. So haben wir nach dem Zweiten Libanonkrieg geholfen, die fast überreife Ernte zu retten, dünnhäutige Eier nervöser Hühner eingesammelt und Schulen, Gemeinschaftszentren und Luftschutzbunker mit einem neuen Anstrich versehen.

Yavni'el ist eine hübsche kleine landwirtschaftliche Dorfgemeinde (Moschav) in Galiläa mit etwa 2 500 Einwohnern und befindet sich am südwestlichen Abhang zum See Genezareth. Der Ort liegt in dem Gebiet, das ursprünglich vom Stamm Naftali besiedelt wurde. Die landschaftliche Schönheit ist atemberaubend: fruchtbarer Boden, blühende Felder, saftiges Grün. Wir trafen die vier Gärtner, die in den folgenden drei Tagen unsere Kollegen sein würden, und obwohl wir einander völlig fremd waren und manche Sprachbarriere überwinden mussten, fühlten wir uns am Ende der drei Tage wie altbekannte Freunde.

Auf einem großen, offenen Anhänger sitzend, der von einem kleinen Traktor gezogen wurde, fuhren wir zunächst entlang der Hauptstraße zum Yad LeBanim (Denkmal für die Söhne), einem Kriegsdenkmal, wo Fotos von dreiunddreißig jungen Männern des Ortes einen Platz gefunden haben. Sie waren in verschiedenen Kriegen, die Israel führen musste, gefallen. Ein Teil unserer Gruppe half, die mit Unkraut überwachsenen Beete zu jäten, dann Blumen zu pflanzen und ein Bewässerungssystem zu erneuern. Das Denkmal wurde für den Yom HaZikaron (Gedenktag für die gefallenen Soldaten) hergerichtet. Jeden Morgen erschien eine ältere Dame am Kriegsdenkmal mit einem Staubtuch in der Hand und wischte liebevoll über die Fotos. Sie wohnte nebenan und war über die internationalen Besucher hoch erfreut. Vielmehr noch hatte sie Freude daran, uns mit ihrem Gesang zu unterhalten. Als wir uns einigen der Lieder, einschließlich dem weitläufig bekannten „Hevenu Schalom Aleichem" anschlossen, war sie noch glücklicher.

Während ein Teil unserer Gruppe mit der Arbeit am Denkmal begonnen hatte, wurde der andere Teil zu einem Kinderspielplatz auf der gegenüberliegenden Seite der Hauptstraße gebracht.

Dieser musste von Unkraut und Abfall befreit werden. Schon sehr bald konnten die Gärtner erkennen, dass wir keine Bürde oder Arbeitsbehinderung darstellten, sondern tatsächlich eine Hilfe waren. So arbeiteten wir recht entspannt nebeneinander her, während wir die wenigen verfügbaren Werkzeuge teilten.

Am Ende des ersten Arbeitstages brachte man uns zu unserer Unterkunft für die nächsten zwei Nächte. Unsere Gastgeberinnen waren zwei liebenswürdige ältere Schwestern, die uns eine leerstehende Wohnung zur Verfügung stellten. Sie waren überaus glücklich, ihre Gastfreundschaft anzubieten und uns die Neuigkeiten und Legenden ihrer Stadt zu erzählen. Es wurde eine gemütliche Zeit.

Früh am nächsten Morgen ging es wieder an die Arbeit. Dieses Mal jäteten wir die Beete am Straßenrand und versuchten, die Blumen, die unter dem unbändig wuchernden Unkraut überlebt hatten, ans Sonnenlicht zu bringen. Plötzlich schrie Trystan auf — ein Skorpion hatte ihn ins Bein gestochen. Glücklicherweise hatte seine lange Hose den Einstich gemildert. Da es ein schwarzer Skorpion war, beruhigte man ihn rasch, denn es sind die gelben, die gefährlich sind. Dennoch wurde der Patient auf dem Anhänger zur lokalen Ambulanz gebracht. Nachdem er einen Eisbeutel erhalten hatte, diente der Anhänger als temporäres Lazarett und Trystan hatte sichtlich Spaß daran, unsere Arbeit mit ein paar Kommentaren und Anweisungen zu ergänzen, während er sich von dem Schreck erholte. Lange ließen wir ihn aber nicht ruhen. Bewohner kamen aus den Häusern und bedankten sich. Manche stellten Fragen, warum in aller Welt diese ungewöhnliche Truppe die Straßen Yavni'els verschönerte. Ein älterer Herr brachte uns Schokoladenriegel und gekühlten Orangensaft und der Künstler des Ortes nahm sich Zeit, uns seine Werke zu zeigen.

Der dritte Tag war unsere letzte Chance, das Denkmal so präsentabel wie möglich für den Gedenktag zu machen und einige Blumenbeete zu bepflanzen. Auch ein wenig Aufregung machte sich breit, denn der Bürgermeister hatte sich vorgenommen, uns zu begrüßen. Obendrein erwartete der Teamleiter die Ankunft eines neuen motorisierten Rasenmähers – ein Riesenereignis im kleinen Dorf! Wir posierten mit dem Bürgermeister für Fotos und kurz darauf wurde auch der Mäher geliefert, der liebevoll auf den Namen „Annie" getauft wurde. Mehr Fotos folgten. Der Teamleiter testete sogleich Annies Leistungsfähigkeit auf dem nahe gelegenen Gras und düste dann in Richtung Hauptstraße davon. Er verbrachte den Rest des Tages damit, den Rasen eines jeden, der Interesse bekundete, zu mähen.

Unser Werk war vollbracht und wir verabschiedeten uns von Kollegen und Nachbarn mit Umarmungen und Liedern. Dann suchten wir uns einen Aussichtspunkt auf dem Naftali-Bergkamm und genossen noch einmal die wunderschöne Landschaft. Wir alle empfanden eine Herzensverbindung zu diesem Dorf mit seinen Bewohnern. Die drei Tage in Yavni'el waren nicht nur ein Segen für diejenigen gewesen, die wir trafen, sondern auch für uns. Yavni'el heißt übersetzt „Gott wird bauen" und das durften wir hautnah erleben. Gott wird bauen – inmitten von Naftali, von dem es in der Bibel heißt: *Doch nicht bleibt das Dunkel über dem, der von der Finsternis bedrängt ist. Wie die frühere Zeit dem Land Sebulon und dem Land Naftali Schmach gebracht hat, so bringt die spätere den Weg am Meer, das Land jenseits des Jordan und den Kreis der Nationen zu Ehren. Das Volk, das im Dunkel lebt, sieht ein großes Licht. Die im Land der Finsternis wohnen, Licht leuchtet über ihnen ... Denn ein Kind ist uns geboren, ein Sohn uns gegeben, und die Herrschaft ruht auf seiner Schulter; und man nennt seinen Namen: Wunderbarer Ratgeber, Starker Gott, Vater der Ewigkeit, Fürst des Friedens.*

Ganz normale Helden

Micky, ein Mann in den Fünfzigern, absolvierte bis vor etwa fünfzehn Jahren in einer Spezialeinheit der Grenzpolizei seinen

Dienst. Als er durch ein Geschoss schwer verletzt wurde, musste er den Dienst dort quittieren. Dass er überlebt hat, ist ein Wunder. Seine sämtlichen inneren Organe, oder zumindest das, was davon noch übrig ist, hängen in einem Netz, und er wird lediglich von zwei Metallstangen in seinem Körper aufrecht gehalten. Er kann nur extrem kleine Mengen Nahrung zu sich nehmen und es gelingt ihm nicht, sich zu bücken. Eingestuft wird er als 60 Prozent körperbehindert und er erhält eine geringe Erwerbsunfähigkeitsrente, von der er sich und seine Familie mehr schlecht als recht ernähren kann.

Zu *Bridges for Peace* kam er vor einiger Zeit, weil er um Hilfe bitten wollte – nicht für sich selbst, sondern für eine befreundete Familie mit drei Kindern. Im Jahr 2002 hatte diese Familie nach einer sehr stressigen Zeit endlich Urlaub gebucht und flog nach Kenia. In ihrem Hotel wurden sie jedoch Opfer eines Terroranschlags. Mutter und Kinder befanden sich gerade in der Lobby, als sich der Attentäter in die Luft sprengte. Zwei Kinder starben, das dritte erlitt schwere Verbrennungen. Der Vater leidet seit diesem Anschlag unter schweren Depressionen. Micky erkundigte sich bei uns, ob es möglich wäre, die Familie mit einer Klimaanlage für ihre Wohnung zu versorgen, da die israelische Hitze die Haut der Tochter immer wieder aufplatzen und eitern lässt. Ja, wir haben der Familie geholfen – nicht nur mit der Klimaanlage, sondern seither auch regelmäßig mit Lebensmitteln und anderen notwendigen Dingen. Nachdem wir erfahren hatten, welch großes Herz Micky hat, hat sich zwischen uns eine langjährige Zusammenarbeit entwickelt. Dadurch helfen wir seiner Familie und anderen ehemaligen Soldaten und Polizisten, die im Einsatz verletzt wurden und deshalb nun am Hungertuch nagen.

Micky hat gute Beziehungen zur Armee und stellte den Kontakt zur medizinischen Brigade des israelischen Nordens her. Oberst Ophir C., der Chefchirurg und Kommandeur, berichtete uns zunächst einige Einzelheiten in Bezug auf die Rettungsaktionen seiner Brigade während des Zweiten Libanonkrieges: 105 israelische Soldaten kamen auf dem Schlachtfeld um, 622 wurden verletzt, 600 Hisbollah-Kämpfer wurden getötet und 50 Prozent der Hisbollah-Infrastruktur und Waffenbestände wurden zerstört. Oberst Ophir berichtete detailliert über die heldenhaften Aktionen seiner Männer, die die Verletzten aus dem Schlachtfeld retteten. Jeder von ihnen hat sein eigenes Leben hintangestellt, um das vieler anderer zu retten. Helden allesamt und doch ganz normale Menschen. Die Treue und Verbundenheit, die diese Männer ausstrahlen, ist bemerkenswert. Oberst Ophir ist ihnen allen ein außergewöhnliches Vorbild der inneren Stärke und Selbstaufgabe, und das ohne jegliche Arroganz. Das gesamte Korps, das wir trafen, war eine immense Inspiration.

Man führte uns zunächst zu einem Untergrundkrankenhaus. Die Ausstattung ist recht alt. In Friedenszeiten steht es leer, doch kann es im Kriegsfall innerhalb von achtundvierzig Stunden zur vollen Funktionsfähigkeit gebracht werden. Dieses Krankenhaus hat so manchem Soldaten, für den der Transport nach Haifa oder Zfat zu weit gewesen wäre, das Leben gerettet, denn im Kriegsfall besteht die Gefahr, dass die Straßen in die umliegenden Großstädte unpassierbar werden.

Dann besuchten wir die Kaserne, die bis zum Platzen mit Soldaten und Reservisten gefüllt war. Es schien, als wären wir in einem Ameisenhaufen gelandet. Normalerweise trainieren dort rund 1 000 Reservisten gemeinsam mit den Wehrpflichtigen und Berufssoldaten, doch nun hatte man 10 000 Reservisten dort stationiert. Auch dadurch merkt man die erhöhte Alarmbereitschaft, die seit Monaten im Land existiert, man wappnet sich für mögliche weitere Angriffe aus dem feindlich gesinnten Umland. Uns wurde die behelfsmäßig ausgestattete Krankenstation gezeigt und ein Krankenhaus, das sich gerade im Bau befindet. *Bridges for Peace* hat den Bau dieses Krankenhauses finanziell unterstützt, um den Israelis zu zeigen, dass wir – obwohl wir uns alle Frieden wünschen – auch in Kriegszeiten an der Seite Israels stehen und mit den uns zur Verfügung stehenden Mitteln auch diejenigen unterstützen, die ihr Leben zum Schutz anderer aufs Spiel setzen müssen.

Dann fuhren wir ins Niemandsland zwischen Israel und dem Libanon. Wir konnten die berühmten Blauhelme der Vereinten Nationen, die sogenannte Friedenstruppe, hinter dem Zaun" mit Leichtigkeit erkennen. Man zeigte uns den Ort, an dem im letzten Sommer die Grenzposten der israelischen Armee angegriffen, entführt und getötet wurden, was den zweiten Libanonkrieg auslöste. Das Gelände dort ist schwer einsehbar und es wurde deutlich, dass der Angriff von langer Hand vorbereitet gewesen sein musste. Wir konnten nur kurze Zeit anhalten, da es dort wirklich gefährlich ist und man „erhöhte Aktivität im Libanon" registriert hatte.

Während des ganzen Tages konnten wir mit vielen Berufssoldaten und Reservisten sprechen und erfuhren, was diese Männer erleben während sie ihrem Beruf nachgehen. Mich hat die Begegnung mit diesen Helden tief berührt. Sie protzen nicht mit vollbrachten Heldentaten, sie sind keine Rambo-Charaktere, sie gehen authentisch mit ihren Ängsten um und teilen ihre Lebensträume mit. Mich hat es auch an etwas erinnert, das Jesus gesagt hat: *Dies ist mein Gebot, dass ihr einander liebt, wie ich euch geliebt habe. Größere Liebe hat niemand als die, dass er sein Leben hingibt für seine Freunde* (Johannesevangelium, Kapitel 15). Genau das machen diese Helden des medizinischen Korps berufsmäßig! Wenn ich im Lichte dessen an unser meist sehr gemütliches Leben denke und vor allem an die vielen Kleinigkeiten, über die wir uns manchmal aufregen, kann ich nur sagen: Hut ab vor diesen Alltagshelden. Mögen sie uns allen eine Inspiration sein!

Intensiviertes Leben

Dieses Jahr ist und bleibt für mich ein Jahr auf der Überholspur. Nicht immer gelingt es mir, bei diesem rasanten Tempo auch innerlich mitzuhalten – und damit meine ich nicht nur die simple Aneinanderreihung der Ereignisse, sondern die tiefen Erfahrungen, die mit fast allen Situationen verbunden sind. Es ist und bleibt eine Herausforderung, einen guten Rhythmus zu wahren und mit den eigenen Kräften zu haushalten. Regelmäßige Inspektion und rechtzeitiges Auftanken sind wichtig, um nicht auf der Strecke zu bleiben.

Im Grunde ist all das die Erfüllung eines meiner ersten Gebete, das ich je gesprochen habe: Nachdem ich über ein Vierteljahrhundert meines Lebens damit verbracht hatte zu versuchen, die manchmal fast erdrückende innere Leere zu füllen, fand ich damals endlich den Weg zum Vater. Ich betete, dass Gott in seiner unermesslichen Gnade und Liebe mir die Jahre, die mir geraubt wurden, erstatten möge. Logischerweise dachte ich dabei nicht daran, als älteste Frau, die je gelebt hat, im Guinness-Buch der Rekorde zu landen, sondern ich wünschte mir ein erfülltes Leben, das ich nicht aus mir selbst hervorbringen muss, so wie es in der Bibel beschrieben wird. Intensiviertes Leben sozusagen, so wie Jesus selbst es einst gesagt hat: *Ich bin gekommen, damit sie Leben haben und es in Überfluss haben* (Johannesevangelium, Kapitel 10). Ich kann aus vollem Herzen sagen, dass sich mein Gebet mehr als erfüllt hat. Und dafür bin ich unendlich dankbar.

Bringt Farbe ins Leben!

Ende November hatte ich die Gelegenheit, an einem Arbeitseinsatz in Kiryat Malachi, einer Kleinstadt südlich von Tel Aviv mit etwa 20 000 Einwohnern, teilzunehmen. Einer der Sozialarbeiter dort hatte bei *Bridges for Peace* angefragt, ob wir diverse Gemeinschaftsgebäude mit Wandmalereien „aufhübschen" könnten. Wir starteten mit einem kleinen Amphitheater, in dem Theaterstücke, Konzerte, Kinderfeste, aber auch Gedenkfeiern stattfinden. Gelangweilte Jugendliche hatten das trübselig aussehende Fleckchen in einen Ort zum Zündeln verwandelt. Die

Sozialarbeiter hofften nun, dass wir nicht nur mit Farbe, sondern auch mit unserem öffentlichen, freiwilligen Einsatz („Da kommen Leute aus aller Welt und bringen Farbe in unser Leben.") ein Zeichen setzen und damit zu einem bewussteren Umgang mit dem Allgemeingut ermutigen würden. Es hat Spaß gemacht, kreativ zu sein, und das umso mehr, da heftige Regenfälle um uns herum niedergingen, doch über dem Amphitheater die Sonne strahlte.

Im Laufe dieses Einsatzes ging ich in einen örtlichen Supermarkt, und während ich da so an der Kasse stand, fiel mein Blick auf goldverpackte OSTERHASEN. Im November! In Israel! Völlig verwirrt machte ich rasch ein Bild davon. Sowas muss man festhalten – man traut ja seinen eigenen Augen nicht mehr. Meine Verwunderung verursachte gar einen kleinen Stau an der Kasse, doch als ich zu lachen begann und den Umstehenden den Grund meiner Verwunderung erklärte, fanden auch sie es belustigend. Es ist schon erstaunlich, wie sehr einen das surreale Leben in Israel manchmal kalt erwischt. In all den Jahren hatte ich noch nie Osterhasen entdeckt. Nun schien es, als schmunzelten sie mir zu, als wollten sie schelmisch sagen: „Wir sind die neuen Weihnachtsmänner!" Während in Deutschland sicher seit Monaten Lebkuchen und andere Weihnachtsleckereien in den Supermarktregalen zu finden sind, ist solch ein Weihnachtsrummel hier nirgendwo auszumachen. Doch auch wenn Weihnachten nur eine sehr nebensächliche Rolle in diesem Land spielt, verteilt die Jerusalemer Regierung jedes Jahr gratis Tannenbäume an Christen. Nun kann man also gleich noch einen Osterhasen drauflegen! Vielleicht werden die nicht verkauften Leckereien ja im Frühjahr wieder nach Deutschland in die Supermärkte (zurück) geschickt ...

Mazkeret Batya

Nicht weit entfernt von Kiryat Malachi liegt die Ortschaft Mazkeret Batya. Der Ort wurde auf dem Land erbaut, das einst Baron

Edmond de Rothschild (1845–1934) gekauft hatte. Edmond de Rothschild war ein französischer Philanthrop, Mäzen und Sammler. Er war der jüngste Sohn des Barons James de Rothschild, dem Bankier und Stammvater des Pariser Zweigs der Rothschilds, eine der bis heute bekanntesten jüdischen Familie Europas. Edmond de Rothschild nahm nie aktiv an den Bankgeschäften der Familie teil, sondern bemühte sich leidenschaftlich, Juden in der Agrarwirtschaft auszubilden, was ihnen in Osteuropa jahrhundertelang untersagt worden war. Dazu reiste er oft nach (damals noch) Palästina. 1882 begann Rothschild, dort Grundstücke zu erwerben, und förderte die Gründung von Siedlungen, darunter Zichron Ya'akov, Mazkeret Batya, Binyamina und Rishon l'Zion. Er wurde somit ein aktiver Unterstützer des Zionismus. Nach und nach erwarb er etwa 25 000 Hektar palästinensischen Agrarlands. Es wird geschätzt, dass er dafür mehr als fünfzig Millionen Dollar ausgab. Weiterhin half er russischen Juden in den 1880ern, den in ihrem Land um sich greifenden Pogromen zu entfliehen und sich in Palästina anzusiedeln, wo er Weinanbaugebiete anlegte, die sie dann bewirtschafteten. Mit seinem Traum, eine Parfümindustrie aufzubauen, scheiterte er jedoch. Zwischen 1887 und 1925 unternahm er fünf Reisen nach Palästina, um die Entwicklung seiner „Kolonien" zu verfolgen. Edmond de Rothschild und seine Frau Adelheid, die aus dem deutschen Zweig der Familie stammte, erhielten 1954 ihre letzte Ruhestätte im Rahmen eines Staatsbegräbnisses nahe der Stadt Binyamina am Hügel Ramat Ha-Nadiv („Hügel des Wohltäters").

Mazkeret bedeutet „in Erinnerung an", Batya war der Name der Mutter Rothschilds. Der Ort Mazkeret Batya umfasst eine Fläche von sieben Quadratkilometern und hat knapp 9 000 Einwohner. Er wurde 1882 als Eqron von elf jüdischen Familien aus Weißrussland gegründet. Eqron, eine Philisterstadt, wird schon in der Bibel erwähnt.

Mazkeret Batya ist eine der Ortschaften, die von *Bridges for Peace* adoptiert wurden. Dort unterstützen wir regelmäßig einhundert bedürftige Familien. Außerdem haben wir dort bereits einen Luftschutzbunker renoviert und auch eine Wohnung für ein behindertes Ehepaar neu gestrichen. Im Rahmen unseres Arbeitseinsatzes in Kiryat Malachi machten wir auch einen Abstecher nach Mazkeret Batya. Diesmal allerdings nicht zum Arbeiten, sondern wir nahmen die Einladung an, einige Sehenswürdigkeiten dieses malerischen Ortes zu entdecken. Die Stadtverwaltung hatte eine kostenlose Führung durch das örtliche Heimatmuseum organisiert und verwöhnte uns mit einigen Köstlichkeiten lokaler Herkunft. Auf diese Weise bedankte sich Mazkeret Batya bei uns für die regelmäßige Hilfe und Projektarbeit, die wir im Laufe der letzten Monate geleistet hatten.

Was ist Segen?

Diese Frage stellte ich mir mehrfach in den letzten Monaten. Welche Bedeutung verbirgt sich hinter dem biblischen Segen? Das hebräische *„barach"* bedeutet, jemandem die Kraft Gottes zusichern, mit heilvoller Kraft ausstatten, loben, preisen, danken. Das griechische *„eulogeo"* bedeutet, gut über jemanden sprechen, ihn loben. Wenn wir jemanden segnen, heißt das, diesem Menschen Gottes Kraft zuzusprechen und ihm einen konkreten Zuspruch mitzugeben.

Im Alten Testament wird deutlich, dass dem göttlichen, dem priesterlichen und auch dem väterlichen Segen eine hohe Bedeutung zukommt. Die Geschichte von Jakob und Esau (1. Buch Mose, Kapitel 27) zeigt uns, wie enorm wichtig den Söhnen der Segen ihres Vaters Isaak war. Um den Segen zu erhalten, war Jakob sogar bereit, seinen Vater zu betrügen. Esau war zutiefst verzweifelt, weil er den Segen verpasst hatte.

Als Jesus getauft wurde, stieg der Heilige Geist als Taube herab. *Und eine Stimme vom Himmel her sagte: „Dies ist mein geliebter*

Sohn, an dem ich Wohlgefallen habe" (Matthäusevangelium, Kapitel 3).

Gott segnete seinen eigenen Sohn und stattete ihn für seinen Dienst aus. Das ist ein wunderbares Bild dafür, dass es auch für uns möglich und wichtig ist, die Segnungen von Gott, unserem Vater, zu erhalten und anzunehmen!

Im Laufe des letzten Jahres machte Gott mich auf liebevolle Weise darauf aufmerksam, dass ich mich nach genau diesem Segen bewusst ausstrecken soll. Ich traf mehrere Menschen, die irgendwann in ihrem Leben ihren Vater beziehungsweise ihre Eltern gebeten hatten, einen Segen über ihnen auszusprechen. Damit sind nicht nur ein paar nette, flugs daher geplapperte Worte gemeint, sondern ein Segensgebet, das dem Vaterherzen Gottes entspringt. Auf der anderen Seite begegneten mir Menschen, die diesen Segen bisher vermisst hatten, und ich nahm ihren Schmerz wahr. Ganz auf mich selbst bezogen, dachte ich: „Ina, dieser Zug ist abgefahren!", denn meine Eltern leben nicht mehr in dieser Welt. Doch so recht abfinden wollte ich mich damit nicht und ebenso spürte ich, dass auch Gott mir dieses Thema immer wieder ins Bewusstsein rief. Schließlich liebt er es, seinen Kindern seine Liebe zu schenken. Es war ein Ringen mit Gott: *Ich lasse dich nicht los, es sei denn, du hast mich gesegnet.* So hat Jakob es einst ausgedrückt, als er spürte, dass er für sein weiteres Leben ein neues Fundament brauchte (1. Buch Mose, Kapitel 32). Und so kam es, dass ich zaghaft den Mut aufbrachte, meine geistlichen Eltern um den väterlichen Segen aus dem Herzen Gottes zu bitten. Gott hat ihnen eine besondere Stellung in meinem Leben gegeben und dafür bin ich ihm von Herzen dankbar. Tief in mir wusste ich, dass es mir nicht gelingen würde, die Fülle Gottes für mein Leben voll auszuschöpfen, ohne dass sein Segen in mir Raum gewinnt und eine neue Dynamik freisetzt.

Gott ist treu und hat mir diesen Vatersegen geschenkt! In mir hat seitdem eine tiefe Veränderung stattgefunden und ich weiß, dass ich bisher lediglich die Oberfläche angekratzt habe. Wie noch nie zuvor in meinem Leben weiß ich, dass Gott mein Leben mehr ausfüllen kann, als ich begreifen oder erfassen könnte. Egal wie tot oder unmöglich etwas erscheinen mag, egal welche Wunden das Leben gerissen hat, egal welches inneres Vakuum um sich zu greifen scheint – Gott ist in der Lage, einen Weg zu unserem Herzen zu finden, und möchte sich dort in seiner ganzen Herrlichkeit entfalten. Er möchte uns spürbar und aktiv mit seiner Liebe beschenken. Gott hat mein Leben in ein wunderschönes, reich gefülltes Gefäß verwandelt, das bereits viel Wiederherstellung und kraftvollen Segen erlebt und vielschichtige Erneuerung und verwandelnde Liebe empfangen hat. Doch hat mich dieser Vatersegen in eine neue Dimension katapultiert. Von innen her lebe ich nun nicht mehr aus einer vernarbten Identität heraus, sondern es ist ein Ort der Schönheit, durch den Gott dieser Welt etwas schenken möchte. Die Worte, die im Hohelied Salomos zu finden sind, könnten es nicht treffender ausdrücken: *Nun aber bin ich vor ihm wie eine, die Frieden anbietet* (Kapitel 8).

Verletzt – Geheilt – Verändert

Gott hat uns zur Fülle berufen und möchte seine Kinder nicht nur segnen, sondern auch heilen und verändern. Vor einiger Zeit las ich irgendwo ein Wort, das in mir haften blieb: „Verletzte Menschen verletzen andere. Geheilte Menschen heilen andere. Veränderte Menschen verändern andere." Ich denke, dieses Wort birgt viel Wahrheit in sich. Ich wurde verletzt und habe verletzt; ich habe Heilung erfahren und Menschen auf dem Weg zur Heilung begleitet. Wonach mein Herz und mein Geist sich sehnen, ist, tiefgreifende Veränderung zu erleben – in mir und in denen, die mir lieb und kostbar sind; in denen, die in Ketten der Verletzung, des Verlusts, der Enttäuschung, in Ketten von Tragik und Trauma gefangen sind. Das Leben reißt allerlei Wunden, aber keine Wunde ist unheilbar, denn Gott ist groß und mächtig, seine Liebe ist stark und seine Gnade unerschöpflich.

Israel ist Gottes erstgeborener Sohn, den er aus Ägypten gerufen hat. Sein Herz sehnt sich danach, seine Liebe in das Herz seines Volkes auszugießen und all seine furchtbaren Wunden zu heilen. Er möchte seinem Volk Vater sein und wahren Frieden in ihr Herz hineinlegen. Einen Frieden, aus dem sie Kraft schöpfen, in dem sie geborgen leben können, einen Frieden, in dem sie Sicherheit finden. Gott denkt in viel größeren Dimensionen als wir Menschen und hat doch Acht auf unsere ganz individuellen Träume und Nöte, wie klein und unscheinbar oder wie groß und unmöglich sie uns auch erscheinen mögen!

Aus dieser tiefgreifenden Veränderung habe ich ein Fazit gezogen: Es ist gut und heilsam, dem Vaterherzen Gottes zu trauen. Es lohnt sich, mit Gott zu ringen und ihn nicht loszulassen, ehe er nicht seinen vollen Segen ausgegossen hat. Sich segnen zu lassen und Segen zu sein ist ein unbeschreiblicher Schatz. Vielleicht sind einige von Euch selbst Väter. Vielleicht habt ihr bereits Ähnliches erfahren. Vielleicht habt ihr die Gelegenheit, euren Vater um seinen Segen zu bitten. Vielleicht denkt ihr aber auch, es ist zu spät dafür. Doch eine Tatsache bleibt unumstößlich – Gott ist ein liebender Vater, der das Beste für uns wünscht und uns allen sagt: „Du bist mein geliebtes Kind, ich freue mich an dir!" Und er möchte das, was er bereits in uns angelegt und für uns geschaffen hat zur vollen Entfaltung bringen.

Wenn Sekunden entscheidend sind

Über alle Maßen herausfordernd und extrem aufwühlend – so würde ich das Jahr 2008 im Rückblick beschreiben. Gleichzeitig betrachte ich es aber noch heute als eines der schönsten und anspruchsvollsten Jahre meiner Zeit in Israel. Würde man den Vergleich mit einer Flugreise heranziehen, dann könnte man sagen, dass ich durch ein Sturm- und Gewittergebiet, das heftige Turbulenzen verursachte, flog. Manchmal war ich Pilot und manchmal war ich Passagier auf diesem Streckenabschnitt. Mittendrin und mehr als einmal dachte ich, dass ein Absturz unvermeidlich sei und unmittelbar bevorstünde. Blitze zuckten, schwarze Wolken türmten sich bedrohlich auf, Donnerschläge und Luftlöcher erschütterten die Maschine und Instrumente oder Motoren verzeichneten Ausfälle – sinnbildlich gesprochen. Und doch bin ich am Ende gut und sicher gelandet.

Herausforderungen reihten sich unaufhörlich aneinander. Manchmal blieb kaum Zeit, zwischendurch Atem zu schöpfen. Demgegenüber standen Phasen, in denen ich gezwungenermaßen Pausen einlegen musste: Zwei Mal hat es mich gesundheitlich heftig niedergestreckt. Dazu gehörte der schwerste Verkehrsunfall, den ich in meinem Leben bisher erlebt habe – er hätte noch um einiges schlimmer ausgehen können. Doch Gott hielt seine schützende Hand über mich. Viele Situationen erforderten einen kühlen Kopf, reichlich Fingerspitzengefühl und Diplomatie sowie einen Gesamtüberblick, der weder kurz-, mittel- noch langfristig zu bedenkende Aspekte aus den Augen verlor. Meine Sinne wurden mehr denn je geschult und geschärft. Es wurde mir viel zugetraut, viel anvertraut und ich ging, um es mit den Worten des Sterntaler-Märchens auszudrücken, „im Vertrauen auf Gott" den

Weg, der sich vor mir auftat. Manchmal erschien es mir in der Tat so, als hätte ich nichts mehr zu geben, doch irgendwie, irgendwo kramte Gott das, was die Situation erforderte, aus mir hervor.

Für einen Zeitpunkt wie diesen wurde Ester die Würde der Königin von Persien verliehen, so liest man es in der Bibel. Lange ehe Gefahr für das jüdische Volk drohte, hatte sie diese Position inne. Und als die Vernichtung ihres Volkes kaum mehr abwendbar schien, scheute sie sich nicht, ihr eigenes Leben zu riskieren, um Leben zu retten. Die Geschichte von Ester inspirierte und begleitete mich durch das Jahr 2008. Alles zuvor schien eine Art Trainingslager gewesen zu sein – nun hieß es anzuwenden, was da in mir trainiert worden und herangereift war.

Zwei der schönsten Höhepunkte des Jahres gaben mir Kraft und Inspiration, die selbst in niederschmetternden Momenten unerschöpflich schien: Schnorchelexkursionen im Roten Meer und das Abseilen von Steilhängen. In beiden Fällen überwand ich innere Ängste. Ich bin kein guter Schwimmer; Meere sind mir nicht recht geheuer. Ich bevorzuge die klar gesteckten Grenzen eines Schwimmbads, in dem keine unberechenbaren Wellen über mich hereinbrechen. Die Korallenküsten des Roten Meeres waren also mehr als herausfordernd, doch ich wusste, dass ich eine überwältigend prächtige Welt verpassen würde, wenn ich mich nicht traute, die Tiefen und Weiten zu erschnorcheln. Zu sagen, es habe sich gelohnt, ist glattweg untertrieben! Die Farbenpracht, die Stille, die mannigfaltige Schönheit der Unterwasserwelt waren faszinierend. Sie zeigten mir, dass Gott diese Welt nicht nur oberflächlich geschaffen hat, sondern die vielleicht schönsten Schätze unterhalb der Oberfläche verborgen hält, dort, wohin man sich aufmachen muss, um sie zu entdecken.

Beim Abseilen spielt einerseits die eigene Fitness eine große Rolle, andererseits muss man sein Leben einer anderen Person anvertrauen, der nämlich, die das Seil verankert und hält. Jede Felswand ist anders und erfordert ein gewisses körperliches Geschick, jedenfalls für Laien wie mich. Der wirkliche Trick beim Abseilen liegt jedoch darin, sich zurückzulehnen und sein Körpergewicht für sich arbeiten zu lassen. Dann wird es zu einem mühelosen und genussvollen Vergnügen. Eine wichtige Lektion, die sich auf viele Lebensbereiche übertragen lässt, dass nämlich inmitten von Angst, Gefahr, Heraus- oder Überforderung ein Zurücklehnen und Vertrauen oftmals genau das Richtige ist. Höhenangst hin oder her – bei diesem Abenteuer hatte sie keine Chance.

In beiden Fällen wurde mir klar, wofür schon die Beatles in den 1960er Jahren einen entscheidenden Hinweis lieferten: *With a Little Help from My Friends*[16] sind Herausforderungen leichter zu meistern. Manchmal können sie gar nicht ohne die Hilfe von verlässlichen Freunden, die nicht nur praktisch zupacken, sondern vor allem den liebevollen Blick für innere Ängste nicht scheuen, überwunden werden. Freunde helfen uns, ungekannte Welten zu entdecken; sie schützen uns, wenn wir Gefahren ausgesetzt sind; sie halten zu uns, wenn uns Ängste oder Ungewissheit schrecken wollen; sie heitern uns auf, lenken uns ab, feuern uns an und sind eine unschätzbare Stütze. Freunde bereichern uns, ja, sie sind wohl einer der größten Schätze, die ein Mensch in seinem Leben haben kann.

Turbulente Zeiten

Es war ein eher ungewöhnlicher Einstieg in dieses Jahr. Mein freies Weihnachtswochenende wurde von einem aufwühlenden Zwischenfall überschattet, der mich viel Kraft und Zeit kostete und sich bis in die ersten Januarwochen hineinzog: Eine junge Volontärin wurde von einem Unbekannten tätlich angegriffen und brauchte viel Begleitung, Trost und auch Schutz. Hinzu kamen polizeiliche Vernehmungen und eine Gegenüberstellung mit anschließender Aussage beim Haftprüfungstermin. Es war eine Si-

311

tuation, die mich sehr forderte, und so nahm ich mir ein paar Tage Auftankzeit, als es überstanden war. Kaum hatte ich etwas durchgeatmet, wurde ich krank. Eine eigenartige Schlappheit streckte mich nieder: Fieber – aber keine Erkältung; Appetitlosigkeit und Durchfall – aber keine Magenschmerzen; Gliederschmerzen, Konzentrationsschwäche und grundlegende Schwachheit – aber ohne offensichtlich erkennbare Ursache. Innerhalb einer Woche nahm ich fünf Kilo ab. Genau in dieser Zeit wurde Jerusalem mit einer reichlichen Ladung Schnee gesegnet; die ohnehin seltene Chance auf eine ausgiebige Schneeballschlacht zog ungenutzt an mir vorüber.

Im Anschluss an diese Zwangspause wurde es im Büro ziemlich hektisch. Ein Schwung neuer Volontäre hielt meine Abteilung auf Trab. Die halbjährliche Vorstandssitzung kam mit Riesenschritten auf uns zu und forderte Berichte, Statistiken, Präsentationen. Obendrein musste mein Chef am Fuß operiert werden und ich übernahm einige seiner Aufgaben. Es waren immense Anforderungen an die gesamte Abteilung, doch unsere Teamarbeit hat sich positiv weiterentwickelt und ein tieferer Zusammenhalt ist zwischen uns entstanden. Dafür sind wir alle sehr dankbar.

Trotz der vielen Herausforderungen spüre ich seit einiger Zeit, dass sich neues Potential in mir entfaltet: Ich erlebe ein Aufblühen wie noch nie zuvor in meinem Leben, getragen von Liebe und Kraft, befreit von Menschenfurcht und Zweifel. All dies entspringt einer friedvollen Geborgenheit, die meinem Körper, meiner Seele, meinem Geist und meinem Tun eine bisher nicht gekannte Schaffenskraft verleiht.

Zweigstelle Karmi'el

Ende Februar hat *Bridges for Peace* das neue Verteilzentrum in Karmi'el, Nordisrael, eingeweiht. Im Falle eines lang andauernden Krieges hilft Geld auf dem Bankkonto wenig. Nahrungsmittel müssen stattdessen rasch verfügbar sein. Der Libanonkrieg 2006 hat, obwohl er nicht sehr lang dauerte, gravierende Versorgungsengpässe aufgezeigt. Mittlerweile haben wir in Karmi'el über 320 Tonnen Lebensmittel deponiert. Diese Menge wird stufenweise erhöht, so dass wir letztlich stets 450 Tonnen Grundnahrungsmittel vorrätig haben. Ein ausgeklügeltes System wurde entwickelt, um das jeweilige Haltbarkeitsdatum nicht aus den Augen zu verlieren. So gelingt es uns, aus diesem Vorrat regelmäßig durch unsere Hilfsprogramme Bedürftige zu versorgen und angemessen aufzustocken, so dass wir im Kriegs- oder Katastrophenfall Soforthilfe leisten können. In absehbarer Zeit möchten wir dort noch ein zweites Heimwerkerteam etablieren und unsere Zusammenarbeit mit Sozialarbeitern auch auf handwerkliche Projekte ausweiten.

Verjüngung

Zwanzig bis fünfundzwanzig Prozent der Volontäre sind unter dreißig Jahre alt; das ist etwas, das sich in den letzten achtzehn Monaten entwickelt hat. Als ich meinen Dienst im Jahr 2000 antrat, war ich mit Anfang dreißig die drittjüngste Person im Büro. Für mich ist es ein großes Geschenk, junge Menschen, die ihre ersten eigenverantwortlichen Schritte ins Leben machen, begleiten zu dürfen. Es hält mich jung und nährt meine Abenteuerlust. Bislang waren die jungen Männer in der Überzahl; das ist noch immer so, aber mittlerweile gesellt sich eine Gruppe junger Frauen dazu. In den jungen Erwachsenen brennt die Sehnsucht, ihr Leben so auszurichten, dass es wirklich etwas bewirkt und nicht nur so dahinplätschert. Diejenigen, die den Schritt gewagt haben, nach Jerusalem zu kommen und hier ein sogenanntes „gap-year" (also ein Jahr zwischen Studium und Berufseinstieg) zu absolvieren, haben zwar ihre Sinne bereits dementsprechend sensibilisiert, doch es passiert nicht selten, dass sie während ihres Volontariats noch einmal einen kompletten Umschwung durchmachen. Unser Koordinator für das Bildungsprogramm, das sich speziell an junge

Erwachsene richtet, bat mich, eine Kleingruppe für die „Girls" zu übernehmen, während er Treffen zum Austausch mit den „Guys" organisiert. Wir genießen das offene, authentische Mitteilen und inspirieren uns gegenseitig, unsere Lebensziele zu formulieren und Schritte zur Verwirklichung umzusetzen.

Jerusalemer Terrorpause beendet

Am 6. März 2008 hat sich in Jerusalem Erschütterndes zugetragen. Ein palästinensischer Terrorist drang in eine Jerusalemer Jeschiwa (Talmudschule) ein, schoss wild um sich und tötete acht Studenten im Alter von fünfzehn bis sechsundzwanzig Jahren. Elf weitere Studenten wurden verletzt. Dieser blutige Anschlag markiert das Ende der knapp zweijährigen Terrorpause in der israelischen Hauptstadt. Die betroffene Jeschiwa wird als Flaggschiff des religiösen Zionismus betrachtet. Sie wurde 1924 gegründet und viele führende Rabbiner und Offiziere der israelischen Armee zählen zu den Absolventen.

Der Attentäter – er war in einem Ostjerusalemer Vorort wohnhaft und besaß deswegen israelische Personaldokumente – feuerte etwa sechshundert Schuss ab ehe er schließlich von einem Offizier der israelischen Armee, der in der Nachbarschaft wohnt, erschossen wurde. In den Straßen Gazas wurde gefeiert; voller Begeisterung über das Attentat feuerte man mit Maschinengewehren stundenlang in den Abendhimmel.

Dieser Anschlag auf die Jeschiwa hat mich ziemlich erschüttert. Sie ist nur knappe zwanzig Minuten Fußweg von meiner Wohnung entfernt und ich erinnere mich (mehr, als mir manchmal lieb ist) an die Jahre 2000–2003, als an so ziemlich jeder Straßenecke mehrmals in der Woche Sprengsätze in die Luft flogen und Menschenleben zerfetzten. Und ich frage mich innerlich: Kann ich so etwas noch einmal aushalten? Ich weiß es nicht, aber ich darf mich darauf verlassen, dass ich in Gottes Schutz geborgen bin!

Während solche Anschläge in Jerusalem Gott sei Dank nicht täglich geschehen, sieht es in anderen Landesteilen ganz anders aus. Im Negev beispielsweise (dem südlichen Teil Israels) sind seit der Räumung des Gazastreifens über 7 500 Raketen eingeschlagen. Dieser zermürbende Dauerterror findet selten Erwähnung in den internationalen Medien. Auch ohne weltweite Aufmerksamkeit ist es eine Realität, die niemals vergessen werden sollte. Ja, Terror gehört in Israel zum Alltag. Er ist allgegenwärtig und kann in wenigen Augenblicken Menschenleben auf tragische Weise für immer verändern.

Eine besondere Ehre

Es gab Besuch aus Deutschland. Nein, nicht für mich. Bundeskanzlerin Angela Merkel kam und durfte als erste deutsche Regierungschefin in der Knesset (dem israelischen Parlament) eine Rede in deutscher Sprache halten. Bisher wurde dies nur Bundespräsidenten (wie Rau und Köhler) genehmigt. Die Wunden und Erinnerungen an Judenverfolgung und -vernichtung unvergleichlichen Ausmaßes unter der Naziherrschaft sind noch immer sehr präsent, daher ist Deutsch eine Sprache, die aus dem Parlament verbannt wurde. Angela Merkel hat in ihrer Rede in der Knesset an die Worte Ben Gurions „Wer nicht an Wunder glaubt, ist kein Realist!"[17] erinnert. Vor der Knesset wurde die deutsche Fahne gehisst und die deutsche Nationalhymne gespielt. Auch das sind Zeichen neuer freundschaftlicher Verbundenheit zwischen Deutschland und Israel. Merkel betonte in ihrer Rede, dass Deutschland an der Seite Israels stehe und dass Deutschland eine historische Verantwortung für die Sicherheit Israels habe, besonders im Hinblick auf die Bedrohung durch den Iran. Sie erhielt für ihre Rede stehende Ovationen. Dieser

Besuch der Kanzlerin wird hier als Beginn eines neuen Kapitels in der Beziehung beider Staaten zueinander empfunden.

... für einen Zeitpunkt wie diesen ...

2008 ist ein Schaltjahr – auch hier in Israel. Während der Großteil der Weltbevölkerung lediglich einen Extratag geschenkt bekommt, werden Israelis gleich mit einem zusätzlichen Monat beglückt. Der jüdische Kalender richtet sich nach dem Mond, und da jeder Monat somit nur 29 oder 30 Tage hat, werden innerhalb von 19 Jahren 7 Schaltmonate eingefügt, um eine Angleichung an den Gregorianischen Kalender zu ermöglichen. In diesem Jahr folgt also dem Monat Adar I der Monat Adar II. Im 2. Adar wird Purim gefeiert.

Purim (von hebräisch „Pur" = Los) wird am 14. Adar (in Städten mit Stadtmauer am 15. Adar) gefeiert, in jüdischen Schaltjahren dementsprechend im zweiten Adarmonat. Es ist ein Fest, das an die Errettung des jüdischen Volkes aus drohender Gefahr in der persischen Diaspora erinnert. Das Buch Ester in der Bibel berichtet, dass Haman, der höchste Regierungsbeamte des persischen Königs, alle Juden innerhalb des Reiches an einem Tag ausrotten wollte. Gott führte jedoch durch Ester, die jüdischer Abstammung war und dennoch erwählt wurde, Königin zu sein, Rettung herbei. In den Synagogen geht es bei diesem Fest meist nicht übermäßig ernst zu. Das Buch Ester wird vorgelesen. Immer wenn der Name Haman fällt, wird mit Tröten und Rasseln so viel Krach wie möglich gemacht. Dies beruht auf dem Befehl Gottes im Alten Testament, den Namen Amaleks, Hamans Vorfahren, auszulöschen, nachdem Amalek Israel auf dem Weg zum Verheißenen Land hinterhältig angegriffen hat. Kinder verkleiden sich – nicht nur passend zur Geschichte – und genießen es, für einen Tag König, Königin oder auch Superman, Clown oder Cowboy zu sein.

In diesem Jahr fielen Ostern und Purim exakt auf dasselbe Datum. Landesweit wurde Purim am christlichen Gründonnerstag und Karfreitag gefeiert, in Jerusalem zusätzlich am Ostersonntag. Ostern bleibt hier weitestgehend unbeachtet, denn schließlich macht die christliche Bevölkerung lediglich eine Minderheit aus und auch die Verstärkung durch viele christlich-traditionell geprägte Touristen macht keinen allzu großen Unterschied. Während in einem Teil der Altstadt Kinder in Purimkostümen lachend durch die Straßen liefen, sammelten sich die kreuztragenden Pilger zur Prozession über die Via Dolorosa zur Grabeskirche – eine sehr bunte, unterschiedliche Mischung.

Purim ist in diesem Jahr auch für mich lebendiger denn je geworden. *Bridges for Peace* bietet seit einiger Zeit Gruppen und Besuchern diverse biblische Mitmachaktionen an und so kam es, dass ich die Ehre hatte, die Rolle von Königin Ester zu übernehmen. Wir hatten viel Spaß bei unseren Aufführungen und waren sogar so erfolgreich, dass wir zweimal zusätzlich engagiert wurden – sogar vor internationalem Publikum.

Die Botschaft des Buches Ester ist nicht verstaubt und überholt, sondern auch heute noch aktuell. Einige Aspekte der Geschichte haben mich zum Nachdenken angeregt. Keiner von uns kann einschätzen, wie sehr Gott „hinter den Kulissen" wirkt (der Name Gottes wird im Buch Ester nicht ein einziges Mal erwähnt). Dennoch platziert er seine „Protagonisten" strategisch und gibt ihnen sowohl Einsicht, Weisung und Mut als auch die Mittel, sprich Waffen, zum Kampf. Es ist sein Wunsch, jeden perfekt *für einen Zeitpunkt wie diesen* vorzubereiten. Trotz starker innerer Kämpfe war sich Ester ihrer Autorität bewusst und hat sich nicht zurückgehalten, als ihr eigenes Leben in Gefahr war. Sind wir bereit, dem Ruf Gottes (oder unserer inneren Überzeugung) zu folgen, auch wenn es uns das Leben kosten mag? Diese Frage wird oft im Kontext von Märtyrern und Menschen, die den Mut aufbringen, in Unruhe- oder Seuchengebieten zu helfen, gesehen. Aber sagt Jesus nicht allen Menschen, dass sie ihr Leben verlieren müssten, um es zu gewinnen? Fordert er nicht auf, das Kreuz täglich aufzunehmen? Spricht die Bibel nicht davon, sich selbst zu verleugnen oder Vater und Mutter zu verlassen? Es geht nicht immer nur darum, etwas Großes und Ungewöhnliches zu tun. All diese Dinge stehen im Grunde sinnbildlich dafür, unsere Bequemlichkeit nicht zu weit oben auf der Prioritätenliste anzusiedeln.

Im Buch Ester lesen wir, dass zerstörerische und todbringende Erlasse, selbst wenn sie auf höchster politischer Ebene ratifiziert wurden, von Gott dennoch annulliert und widerrufen werden können. Gott lässt diese Dekrete allerdings nicht einfach so verschwinden, sondern stattet Menschen zum Kampf dagegen aus. So gibt er auch uns alles, was wir brauchen, um zu widerstehen. Einen Sieg können wir jedoch nur dann verbuchen, wenn wir aktiv werden. Mit solch einem Sieg gehen lebensspendende Erlasse, Frieden, Freude und Liebe einher.

Und vielleicht gerade weil Purim und Ostern in diesem Jahr gleichzeitig gefeiert wurden, lässt sich Jesus am Kreuz einmal durch „Purimaugen" betrachten. Durch seinen geliebten Sohn hat der Vater von Sünde befreit und uns Menschen ewiges Leben geschenkt. Er hat uns ins Reich des Lichts versetzt. Wir können das nicht aus eigener Kraft tun. Es brauchte seinen Beschluss. Und Jesus ist *für einen Zeitpunkt wie diesen*, als die Zeit reif war, in die Welt gekommen und hat den Preis, den eigentlich wir hätten zahlen müssen, übernommen. Durch sein Werk haben wir Leben – Leben im Überfluss.

Jeder Mensch ist Zielscheibe zerstörerischer „Erlasse". Sicherlich kommt dem einen oder anderen so manches in den Sinn: Krankheit, Verlust, Misshandlung, Aufwachsen in einem zerrütteten Elternhaus, Vater oder Mutter, die unentwegt degradierende Botschaften vermittelt haben. Oder innere Strukturen, die uns daran hindern, unser volles Potential zu entfalten: Menschenfurcht, Unsicherheit, Scham, Angst, Schuld, Süchte, Mutlosigkeit ... Egal, was es auch sein mag: Gott hat für die Annullierung dieser „Erlasse" gesorgt. Nein, diese zerstörerischen Dinge verschwinden nicht einfach so; wir müssen aktiv werden. Gott will unser volles Potential entfalten, er stattet uns für die Gegenoffensive aus und hat uns versprochen, dass er mit uns ist. So wie Gott in keine Schublade passt, sollten auch wir uns nicht in eine hineinquetschen lassen.

Abgetaucht und abgeseilt

Israel hat seinen 60. Unabhängigkeitstag ausgelassen gefeiert und auch ich nutzte den Anlass, ausgiebig auf den Straßen zu tanzen und Feuerwerk, Lichtershows und Konzerte zu genießen. Das alljährliche fröhliche Menschengetümmel ist immer wieder etwas Besonderes und wird nie langweilig. Wenig später hatte ich die Gelegenheit, mit Freunden den Sinai zu erkunden. Nach einer anstrengenden Zeit waren wir alle urlaubsreif und freuten uns auf Sonne, Strand und Schnorcheln. Die Unterwasserwelt des Roten Meeres ist unfassbar faszinierend! Nur der Schnorchel zwischen meinen Zähnen verhinderte, dass mir vor Staunen der Mund offenblieb. Auch eine Nachtwanderung auf den Berg Sinai gehörte zum Urlaubsprogramm. Auf dem Gipfel wurden wir von einem malerischen Sonnenaufgang begrüßt. Da saßen wir auf dem Berg, auf dem Gott Mose im Feuer begegnete, ihm die Zehn Gebote auf Steintafeln schrieb und ihm die Obhut Israels anvertraute. Es war mein erster Besuch in Ägypten und ich war erstaunt, wie entspannt es im Sinai zugeht. Ich hatte eine eher angespannte Atmosphäre erwartet, doch wir erlebten das komplette Gegenteil. Diese Kurzreise war die erholsamste und schönste, die ich in all den Jahren meines Dienstes im Nahen Osten erlebt habe, und jede Faser meines Seins sog diese Rundumentspannung dankbar auf.

Kurz danach eroberte ich gemeinsam mit Freunden die „Schwarze Schlucht". Sie liegt im Norden Israels in einem der schönsten Naturparks des Landes. Um besagte Schlucht zu überwinden, muss man mehrfach ins Wasser springen, schwimmen, klettern und sich immer wieder an Steilhängen abseilen. Ich bin generell neugierig auf neue Herausforderungen und so kam diese ungewöhnliche Wanderung gerade recht. Nun habe ich solch einen Appetit bekommen, dass ich bereits die nächste Abseilwanderung herbeisehne. Ich empfand es auch als kleinen persönlichen Test, Furcht abzulegen und zu vertrauen – gerade dann, wenn mein Leben hier oder da lediglich an einem Seil hängt. Loslassen, Vertrauen und die Kontrolle abgeben, das konnte ich hier ganz praktisch umsetzen. Es sind wichtige Aspekte innerer Stärke, besonders in Zeiten des Umbruchs und Verabschiedens. Unser Leben und unsere Pläne werden erschüttert und oft ist es nicht leicht, nicht ins Wanken zu geraten. Doch diese Erschütterungen schaffen Raum für die Pläne, die Gott mit uns hat; Pläne die wir anders vielleicht gar nicht wahrnehmen würden. In diesem Sinne wünsche ich mir einen scharfen Blick, eine feine Wahrnehmung und vor allem ein starkes Seil, das mich hält, egal wie steil der Abhang auch sein mag. Und so, wie wir in der „Schwarzen Schlucht" eine faszinierend-traumhafte Landschaft entdeckt haben, freue ich mich auf die Erkundung neuer herausfordernder Lebenslandschaften.

Knock-Out in der Nacht

Vor Kurzem hat eine Freundin, die für mehrere Monate außer Landes ist, ihr Auto bei mir untergestellt, mit dem Angebot, es zu benutzen, wann immer es sich für mich anbietet. Doch kaum abgestellt, ist es bereits lahmgelegt und fahruntüchtig gemacht worden. An einer Kreuzung zweier kaum befahrener Nebenstraßen in der Nähe meiner Wohnung fuhr ein Taxifahrer mit extrem überhöhtem Tempo in meine Fahrerseite, als ich eines Abends mit dem Auto auf dem Weg nach Hause war. Meine Sicht auf den Seitenverkehr war durch ein ordnungswidrig in der Kurve parkendes Fahrzeug blockiert, deshalb musste ich mich langsam in die Kreuzung hineintasten. Das Taxi jedoch muss es so eilig gehabt haben, dass Vorsicht und Verkehrsregeln nur eine untergeordnete Rolle spielten. Mit voller Wucht traf es mein linkes Vorderrad, den Kotflügel und die Türaufhängung. Die Vehemenz des Aufpralls schleuderte mein Fahrzeug diagonal über die ganze Kreuzung – es wurde nur durch den Bordstein und einen Pfosten gebremst. Ich wurde, trotz des Sicherheitsgurts, seitwärts geschleudert, sodass ich mit dem Kopf das Fenster der Fahrertür zerschlug. Es zersprang in tausend kleine Teilchen. Ehrlich gesagt, hätte ich nicht gedacht, dass ich so einen kräftigen Dickschädel habe! Der Taxifahrer legte nach dem Aufprall in Windeseile den Rückwärtsgang ein, weil er Fahrerflucht begehen wollte. Doch rückwärts raste er erneut mit hoher Geschwindigkeit in ein parkendes Fahrzeug und einen danebenstehenden Müllcontainer, was sein Gefährt außer Gefecht setzte.

Innerhalb von Sekunden entstand eine tennisballgroße Beule seitlich an meiner Stirn. Ich staunte selbst über das Tempo, mit dem sich mein Kopf zu verformen schien. Die Glassplitter hatten Schnitte verursacht und das herausströmende Blut ließ meine Verletzungen sehr dramatisch aussehen. Der Schockzustand jedoch half mir, klar zu denken und der Situation angemessen zu handeln.

In Windeseile war die Straße bevölkert, dabei war es bereits gegen Mitternacht. Aber so ist es hier in Israel: Wenn jemand in Not ist, steht sofort die ganze Nachbarschaft bereit, um Hilfe zu leisten – selbst zu später Stunde. Jemand half mir, auf der Beifahrerseite aus dem Auto herauszuklettern; man hatte bereits Polizei und Krankenwagen gerufen; jemand drückte mir einen Eisbeutel auf die Stirn, was mich vor Schmerz aufschreien und fast ohnmächtig werden ließ; ein anderer drückte mir einen Becher Saft in die Hand und meinte, dass es wichtig sei, der Unterzuckerung vorzubeugen; und noch jemand anders bot mir sogar etwas zu essen an (wonach mir wahrlich nicht zumute war). Der Taxifahrer verbrachte die meiste Zeit an seinem Mobiltelefon, und ich musste tatsächlich erst einmal mehrere der Herumstehenden befragen, um meinen Unfallgegner zu identifizieren. Wie es mir ging, schien ihn nicht zu interessieren. Dann fiel mir ein, dass ich kurz zuvor einen Freund abgesetzt hatte. Sicher war dieser noch wach. Er wohnte in der Nähe und hatte obendrein noch ein Rad. Also fummelte ich mein Handy aus irgendeiner Tasche und rief ihn an Er machte sich ohne Zögern auf den Weg. Wenige Minuten später war er am Unfallort und seine Unterstützung war willkommener Trost und Hilfe. Er kümmerte sich nicht nur um mich, sondern machte auch mit seinem Handy Fotos und sprach mit den Umstehenden, um herauszufinden, wer als Zeuge des Geschehens in Frage kommen könnte und notierte deren Adressen und Telefonnummern.

Schließlich kamen Polizei und Krankenwagen. Während die Polizei den Unfall auf- und die notwendigen Messungen und Untersuchungen vornahm, behandelten die Sanitäter meine Verletzungen und bereiteten meinen Transport ins Krankenhaus vor. Auch dem Taxifahrer wurde von jemandem empfohlen, sich schwach zu fühlen, denn das sähe aus polizeilicher Sicht besser aus (zuvor hatte er schroff die Hilfe der Sanitäter von sich gewiesen). Sowohl ich als auch einer der Sanitäter und eine junge Frau, die fließend Englisch und Hebräisch sprach und die mir gleich zu Beginn ihre Hilfe zusagte, hatten ein entsprechendes Gespräch mitangehört. Im letzten Moment sprang er in den Krankenwagen, der uns dann beide in ein Krankenhaus brachte. Mein linker Arm wurde geröntgt, mein Kopf einer Computertomographie unterzogen. Man diagnostizierte sehr rasch eine Gehirnerschütterung, nahm Blutproben und frischte meinen Tetanus-Schutz vorsorglich auf. Daphna – die hilfreiche junge Frau – war ein echtes Gottesgeschenk. Sie wich nicht von meiner Seite, schlug sich mit mir die Nacht im Krankenhaus um die Ohren, gab mir hilfreiche Tipps, half bei den Aufnahmeformalitäten und übersetzte. Mein Hebräisch war glattweg verschwunden. Im Schockzustand und inmitten aller Aufregung konnte ich keinen zusammenhängenden Satz mehr formulieren. Mein herbeigerufener Freund gesellte sich später dazu und brachte uns beide schließlich im Morgengrauen nach Hause; es war bereits nach vier Uhr. Mein Körper fiel erschöpft und schmerzend in einen unruhigen Schlaf.

Blühende Veilchen

Am nächsten Vormittag stand mir die Aussage zum Unfallhergang bei der Polizei bevor. So etwas ist schon in Deutsch und in einem bürokratisch geordneten System eine anstrengende Angelegenheit. Hier jedoch, wo es einem kaum gelingt, die manchmal willkürlich anmutenden Strukturen der Bürokratie zu durchblicken, und man zusätzlich noch eine nicht unerhebliche Sprachbarriere überwinden muss, wird es zu einer mächtigen Herausforderung. Glücklicherweise hatte Daphna mir ihre Hilfe zugesagt und begleitete mich. Wir verbrachten einige Stunden bei der Verkehrspolizei, mussten Zeichnungen und Messungen kommentieren, Formalitäten klären und Anzeige gegen den Taxifahrer und den Halter des ordnungswidrig geparkten Wagens erstatten. Ebenso mussten wir herausfinden, wohin „mein" Auto abgeschleppt worden war und bis wann es dort abgeholt werden musste – all das natürlich gespickt mit großzügigen Wartezeiten und dem typischen Von-einer-Person-zur-nächsten-Schicken! Es war ermüdend, ernüchternd, verwirrend, und ich war überaus dankbar, dass Daphna mich unterstützte. Gott sei Dank war Freitag und das Wochenende stand bevor. Ich sehnte mich danach, dieses anstrengende Chaos hinter mir zu lassen, zu schlafen und meinem lädierten Körper Ruhe zu gönnen. Am Morgen hatte ich mir selbst ungläubig im Spiegel ins Gesicht gestarrt. Die Beule an meiner Stirn ging nur langsam zurück und um beide Augen herum entwickelten sich farbenprächtige Veilchen. Ich machte im Abstand von mehreren Stunden regelmäßig Fotos dieser blühenden Exemplare. Es begann als ein leichter „Lidschatten", gelblich-grün, doch dann schmückten regenbogenfarbene und schließlich dunkelviolette Ringe meine Augen. Sämtliches vorhandene Make-up blieb wirkungslos – die Farbenpracht ließ sich nicht verdecken. Meine Sonnenbrille wurde tagelang zu meinem treuen Begleiter, sobald ich mich auf die Jerusalemer Straßen begeben musste.

Ein schmerzhafter Dickschädel

Einige Tage nach dem Unfall machten sich die Auswirkungen meiner Gehirnerschütterung schmerzhaft bemerkbar. Ich habe zehn Tage lang fast ausschließlich gelegen (mit den schlimmsten Kopfschmerzen, die ich je erlebte), konnte nicht ins Büro gehen und regelte lediglich einige wichtige Angelegenheiten von zu Hause aus. Ich konnte kaum meinen Kopf drehen oder heben und die Intensität der Schmerzen verursachte starke Übelkeit. Ich konnte nur sehr kurze Abschnitte lesen oder schreiben, da die Fixierung auf den Text meine Augen zu sehr anstrengte und stechende Kopfschmerzen hervorrief. Knapp drei Wochen nach dem Unfall habe ich dann zum ersten Mal wieder das Auto sehen können. Es war mächtig demoliert, und als ich den Zustand des Wagens sah, ist mir erst richtig klar geworden, welch ein Wunder es ist, dass ich mit lediglich so geringen Verletzungen davongekommen bin. Es ist nicht übertrieben zu sagen, dass mich dieser Unfall das Leben hätte kosten können!

Meiner Freundin, der Eigentümerin des Autos, teilte ich die schlechten Nachrichten einige Tage nach dem Unfall mit. Sie hat es sehr mitfühlend und gefasst aufgenommen – auch das ist keinesfalls selbstverständlich. Ihre Haltung zeugt von echter Charakterstärke und hat keinen Hauch von Anklage oder Bitterkeit, obwohl dieser materielle Schaden wahrhaftig nicht unerheblich ist und ihr Fahrzeug enorm an Wert verlieren wird. Seitdem meine Gehirnerschütterung etwas abgeklungen ist, versuche ich, die erforderliche Bürokratie mit Behörden, Abschleppdiensten, Werkstätten und Versicherungen zu durchblicken, und muss sagen, dass ich mich fühle, als wäre ich in einem Labyrinth, in dem ich mir ständig den ohnehin lädierten Kopf an zusätzlichen Hindernissen stoße. Der Personenschaden ist auf jeden Fall abgedeckt und die entsprechende Kostenerstattung eingereicht, den Rest machen die betroffenen Versicherungen unter sich aus. So bleibt „nur" der Sachschaden, der auf jeden Fall ein erhebliches finanzielles Loch von mehreren Tausend Euro reißen wird. Ohne

Zweifel muss ich zunächst in Vorleistung treten, ob und was später erstattet werden mag, hängt von der Klärung der Schuldfrage ab und ist derzeit mehr als ungewiss. Erschwerend kommt hinzu, dass man als Ausländer Gefahr läuft, von denjenigen übervorteilt zu werden, die in Leistung treten müssten, aber mit der Rechtslage um Etliches besser vertraut sind. Während ich weder auf Paragraphen hinweisen noch diese der Aktenlage entsprechend zu meinen Gunsten heranziehen kann, fällt dies der anderen Seite umso leichter. Außerdem gilt es zu beachten, dass die Gutachten in korrekter Form zur rechten Zeit angefertigt und eingereicht werden müssen. Ein befreundeter Versicherungskaufmann, der Gott sei Dank nicht für die gegnerische Versicherung tätig ist, daher also nicht wegen Befangenheit seine Hilfe ablehnen muss, gibt mir wertvolle Tipps.

Der Taxifahrer versucht, den Unfallhergang so darzustellen, dass er das parkende Auto beim Zurücksetzen aufgrund der Intensität des Aufpralls, die seinen Wagen zurückrollen ließ, gerammt hat. Die polizeilichen Untersuchungen untermauern diese Aussage zwar keineswegs und es gibt mehrere Zeugenaussagen, die klar bestätigen, dass er bewusst den Rückwärtsgang eingelegt und mit hoher Geschwindigkeit zurückgesetzt hat. Trotzdem entwickelt sich genau das zu einem Rechtsstreit, bei dem ja auch der Besitzer des parkenden Fahrzeugs mitmischt. Die Polizei hat ihren Bericht zur Klärung des Unfallhergangs und der Schuldfrage bisher noch nicht abgeschlossen. Solange dieser Bericht nicht erstellt ist, wird keine Versicherung freiwillig die Kosten übernehmen. Es kann also gut sein, dass das Ganze einen langen Rechtsstreit nach sich ziehen wird. Alles in allem bin ich ohne fachkundige anwaltliche Hilfe ziemlich aufgeschmissen und diese juristisch-bürokratische Situation überfordert mich sehr. Dennoch spüre ich in mir einen tiefen Frieden, dass sich alles gut regeln wird und ich nicht beraubt aus dieser Situation hervorgehen werde. Möge es so sein!

Schlachtfeld Visa

Auch an anderer Stelle ist der Amtsschimmel kaum im Zaum zu halten – er wiehert, springt willkürlich umher und verursacht einige Aufregung. Seit nunmehr zwei Monaten wendet das Innenministerium unangekündigt neue, unvollständig ausformulierte Visaregelungen an. Selbst Sachbearbeiter und Abteilungsleiter sind verunsichert und wissen nicht, welche Regelung wann anzuwenden ist, somit sind unsere Anträge für Volontärsvisa einer gewissen Willkür unterworfen. Das alles verursacht immense Komplikationen, die sich sehr kritisch auf die Arbeit unserer Organisation auswirken und Volontäre verunsichern, da sie sich ihres Aufenthalts in Israel nicht sicher sein können. Sie finden sich in einer Situation wieder, in der sie nicht wissen, ob sie ihre Abreise vorbereiten sollen oder ob der beantragte Aufenthaltszeitraum tatsächlich bewilligt wird. Wir versuchen bereits seit Wochen, einen Termin zur Klärung mit dem Amtsleiter zu vereinbaren, um zumindest die zeitnah bevorstehenden Visumserneuerungen für Personen in leitender Funktion zu sichern, denn die Aufrechterhaltung unserer Arbeit ist sonst nicht möglich. Bisher konnten wir lediglich eine kurze Zusammenfassung der akuten Situation einreichen. Ein Berg von Papierkram, der von den Behörden eingefordert wird, muss bewältigt werden. Es ist absolut erschöpfend für jeden Beteiligten, die erforderlichen Formulare, Bescheide, Atteste und Versicherungsnachweise lückenlos und überschaubar für jeden Einzelfall zu dokumentieren. Und da wir in Israel sind, existiert jedes einzelne Papierchen in Englisch und Hebräisch. Von mehreren Anträgen, die wir eingereicht haben, konnten wir nur sehr wenige in diesem unübersichtlich gewordenen Bewilligungsverfahren voranbringen. Eines dieser Visa, die ihrer Gewährung näher gekommen sind, ist für mich. All das betrifft mich also auch direkt, nicht nur in meinem Job als Personalmanagerin.

Übergriffe

Doch nicht nur die bürokratischen Anforderungen halten mich auf Trab. Erneut ist eine Mitarbeiterin tätlich angegriffen worden. Inmitten des Angriffs änderte der Täter jedoch unvermittelt seine Meinung und rannte davon. Ich stufe das als Bewahrung Gottes ein. Dennoch sind ein seelisches Trauma und auch einige leichte körperliche Blessuren geblieben. Eine andere Mitarbeiterin wurde Opfer eines Taschendiebstahls, und zwar wenige Augenblicke, nachdem sie ihre fällige Monatsmiete aus dem Geldautomaten gezogen hatte. Dies ist ein erheblicher finanzieller Verlust. Zu allem Übel sind auch noch sowohl der US-Dollar als auch der Euro immens im Wert gefallen, während der israelische Schekel in die Höhe schießt. Die Nahrungsmittelpreise haben sich innerhalb weniger Monate teilweise verdreifacht, Wohnungsmieten erreichen schwindelnde Höhen, die Lebenshaltungskosten steigen unaufhörlich an. Wir tragen als Organisation eine gewisse Verantwortung für das Wohlbefinden unserer Volontäre und versuchen in diesen Fällen nun, einerseits bei der notwendigen polizeilichen Bürokratie zu helfen und andererseits sensibel für die seelischen Nöte nach solch einem Zwischenfall zu sein und emotionale Hilfestellung zu geben. Ich selbst erinnere mich nur ungern an die emotionalen Folgen, die ich durchlebte, nachdem zwei Mal bei mir eingebrochen worden war. Beide Male kam ich glücklicherweise erst hinterher am Ort des Geschehens an, war also nicht persönlich in Gefahr. Dennoch dauert es eine Weile, Unsicherheit, Verletzlichkeit, Angst und ähnliche Gefühle wieder in den Griff zu bekommen.

In diesen turbulenten Zeiten muss ich sehr oft an die Worte aus Psalm 46 denken: *Gott ist uns Zuflucht und Stärke, als Beistand in Nöten reichlich zu finden. Darum fürchten wir uns nicht, wenn auch die Erde erbebte und die Berge mitten ins Meer wankten ... Der HERR der Heerscharen ist mit uns, eine Festung ist uns der Gott Jakobs!* Sie schenken mir großen Trost, Zuversicht und das erforderliche Durchhaltevermögen. Und im Grunde kann ich es nur bestätigen – ja, Gott ist als Beistand in der Not reichlich zu finden!

Sport ist nicht mehr Mord

Sport ist Mord. Genau das war jahrzehntelang mein Motto. Doch so seltsam es auch klingen mag, das hat sich radikal verändert. Bereits seit einigen Monaten gehe ich vier bis fünf Mal pro Woche in einem schönen und nahegelegenen Park joggen – und ich liebe es! Als ich aufgrund meiner Gehirnerschütterung nach dem Unfall aussetzen musste, habe ich es richtig vermisst. Es hilft mir, meine körperliche Energie besser zu kanalisieren und für den erlebten Stress ein Ventil und guten Ausgleich zu finden. Ein Freund half mir, einen Trainingsplan zu erstellen, der mich nicht überfordert. Mein Fitnesslevel hat sich zum Positiven verändert und darüber freue ich mich, dass ich nun in den Genuss komme, am Morgen, nachdem ich kräftig ins Pusten und Schwitzen gekommen bin, den Sonnenaufgang und das Vogelgezwitscher im Park zu genießen, ehe die Herausforderungen und Freuden der Arbeit meinen Tag in Beschlag nehmen.

Zermürbungskrieg an der Visafront

Die letzten Monate waren für mich gefüllt mit vielen emotionalen Situationen. Es ist eine Zeit des Abschiednehmens und des Neubeginns. Mein Freundes- und Kollegenkreis erfährt aufgrund der neuformulierten Visaregelungen massive Veränderungen, die für mich oftmals traurig und schmerzlich sind. Immer wieder fordert Gott mich auf, das, was er für eine Zeit zusammengeknüpft hat, loszulassen.

Diese Veränderungen sind dramatisch und geschehen oft sehr plötzlich. Das Innenministerium hat die Visaregelungen nochmals verschärft und die Aufenthaltsgenehmigungen auf die Hälfte der Zeit verkürzt. Das geschah ohne Vorwarnung und bedeutet, dass Visa, die jetzt auslaufen, nicht oder nur im Ausnahmefall erneuert werden. Zusätzlich müssen nun Einreisevisa für neue Volontäre beantragt werden, was unter anderem zur Folge hat, dass wir offene Stellen nicht termingerecht besetzen können und diese sich zu klaffenden Lücken entwickeln. Im Innenministerium sind sich Sachbearbeiter und deren Vorgesetzte über das erforderliche Procedere unschlüssig und infolgedessen uneins, was zu willkürlichen und kaum nachvollziehbaren Entscheidungen führt, gegen die Einspruch zu erheben wenig Sinn zu ergeben scheint. Die israelischen Botschaften sind oftmals nur unzureichend über die Neuregelungen der Einreisevisa informiert, sodass Volontäre, die gemäß der von Jerusalem geforderten Maßgaben dort vorstellig werden, widersprüchliche Aussagen erhalten und ungeahnte Hindernisse überwinden müssen. Das zehrt bereits im Vorfeld an vielen Nerven.

Eine Schwesterorganisation wird, wenn bei den Verhandlungen kein Durchbruch erzielt wird, in wenigen Wochen auf die Hälfte der Mitarbeiter zusammenschrumpfen. Bei *Bridges for Peace* werden wir noch vor Ende des Sommers mindestens vier Mitarbeiter frühzeitig verlieren. Bis zum Jahresende sieht ein knappes Drittel unserer Volontäre demselben „Schicksal" ins Auge. Es geht hier nicht nur darum, wie wir das Arbeitspensum bewältigen. Jede Person hat so viel zu geben und über Monate oder Jahre hinweg sind wir zu einer Familie zusammengewachsen. Diese plötzliche Veränderung erschüttert uns alle und es fließen viele Tränen. Durch die Natur meiner Arbeit komme ich mit jedem Einzelfall in Berührung. Es gilt, viele Gespräche zu führen – nicht nur mit Betroffenen, sondern mit der ganzen Familie sozusagen. Das, und der unvorhergesehene Abschied von Freunden, mit denen ich einige Jahre hier gemeinsam verbracht habe und durch dick und dünn gegangen bin, geht mir momentan wirklich nah.
Für Mitarbeiter, die in Schlüsselstellungen arbeiten, versuchen wir, eine andere Visakategorie zu beantragen. Zwar gibt es begründete Hoffnung auf Erfolg, doch bisher haben wir nichts

schwarz auf weiß. Ich würde diese Situation als Zermürbungstaktik beschreiben. Christliche Organisationen werden in Israel nicht immer willkommen geheißen und in den zweiunddreißig Jahren des Bestehens der Organisation wurden uns mehr als einmal unüberwindbar scheinende Hindernisse in den Weg gelegt. Das ist kein Geheimnis. Eine generelle anti-christliche Propaganda ist allgegenwärtig. Wenn wir die jüdisch-christliche Geschichte betrachten, sollte uns das nicht überraschen. Dennoch heißt Freundschaft für uns, auch in schwierigen Zeiten zueinander zu stehen; gute Freunde halten die „schlechte Laune" des anderen auch mal aus, ohne dass darüber gleich die Freundschaft zerbricht. Trotz allem verursacht diese Situation Stress und Überarbeitung, die nicht leicht in den Griff zu bekommen sind.

Bagatelle und doch nicht Bagatelle

Körperlich geht es mir nach meinem Autounfall wieder gut – Gott sei Dank! Ich spüre zwar noch ein paar Nachwirkungen der Gehirnerschütterung und auch die Formalitäten bereiten mir manches Kopfzerbrechen, aber gleichzeitig erlebe ich eine tiefe Ruhe, einen unerschütterlichen Frieden in mir, den ich wirklich nur Gott zuschreiben kann. Mittlerweile hat der Rechtsanwalt des Taxiunternehmens einen Brief verfasst, in dem er die Erstattung von Reparaturkosten, Abschlepp- und Sachverständigenkosten sowie Einkommensausfall für acht Tage – alles in allem knappe 45 000 Schekel oder ca. 9 000 Euro – fordert. Das klingt happig, doch ist es noch nicht das Ende der Geschichte. Der Anwalt, den ich regelmäßig in Bezug auf Visaangelegenheiten für unsere Organisation konsultiere, hat mir sofort seine Hilfe angeboten. Nachdem er den Brief gelesen hatte, fällte er recht schnell das Urteil, dass dieser Brief nicht viel mehr sei als ein Ausstoß heißer Luft. Er ist weder von Dokumenten oder Rechnungskopien untermauert noch kommt er von der Versicherung des Autos – alles Indizien, dass die erhobenen Forderungen einer rechtlichen Prüfung nicht standhielten. Es wird wohl davon ausgegangen, man könne eine Ausländerin mit so etwas einschüchtern. Mein Anwalt hat nun Einsicht in Polizeiakte und alle vorhandenen Unterlagen genommen und rät davon ab, in irgendeiner Form auf den Brief zu reagieren. Wenn er wirklich nur „heiße Luft" ist, wird die Angelegenheit im Sande verlaufen, so seine Einschätzung.

Die Polizeiakte wurde unterdessen geschlossen, was zu meinen Gunsten zu verbuchen ist. Jetzt muss ich mir gut überlegen, ob ich in die Offensive gehen und meinerseits Rechtsmittel gegen den Taxifahrer einlegen will. Aus rechtlicher Sicht ist „mein" total demoliertes Auto ein Bagatellschaden und auch hier gilt, dass Gerichte sich nur sehr ungern mit so etwas beschäftigen. Deshalb tendiere ich dazu abzuwarten, ob der gegnerische Anwalt versucht, seine Forderungen aus dem Brief tatsächlich durchzusetzen. Um dagegen anzugehen, würde es stählerne Nerven brauchen – und damit kann ich im Moment beileibe nicht dienen. Das, was hier derzeit los ist, ist bereits mehr als genug für mich; eine zivilrechtliche Klage wäre das Letzte, was ich noch brauchen könnte.

Beit Schean bei Nacht

Eine Gesandtschaft von *Bridges for Peace* war zu einer ganz besonderen Veranstaltung eingeladen. Beit Schean, eine Stadt im Jordantal, ist vor einigen Wochen von uns „adoptiert" worden. Das bedeutet, dass wir in Zusammenarbeit mit Sozialarbeitern regelmäßig den Bedürftigen des Ortes mit Lebensmitteln und diversen anderen Dingen helfen. Beit Schean hat etwa 16 000 Einwohner. Der Anteil derjenigen, die unterhalb der Armutsgrenze leben, ist überdurchschnittlich hoch, denn die Region bietet nur wenige Arbeitsplätze. Beit Schean war zu biblischen Zeiten berühmt (die Leichen von König Saul und seinen Söhnen wurden an die Stadtmauer genagelt) und gehörte später zu den römischen Metropolen. Im 8. Jahrhundert wurde die Stadt durch ein Erdbeben zerstört. Heute gehören die umfangreichen archäologischen

Ausgrabungen zu den faszinierendsten im ganzen Land und werden von vielen Touristen frequentiert. Während des Sommers ist es dort jedoch so heiß, dass es tagsüber kaum ein Mensch draußen aushält, um die Ausgrabungen zu besichtigen. Daher hatte die Stadtverwaltung die Idee, die Ausgrabungen „nachtaktiv" zu machen: Eine Sound- und Light-Show wurde installiert und durch einige Komparsen wird das antike Treiben zur Zeit der Römer quasi wiederbelebt. Als Dankeschön für unsere Unterstützung der Stadt wurden wir zur Eröffnungsfeier eingeladen und genossen einen Empfang mit dem Bürgermeister und mehreren Offiziellen der Stadtverwaltung. Es war eine gelungene Veranstaltung und eine gute Gelegenheit, unsere Beziehungen zu Politikern, Sozialarbeitern und Helfern zu vertiefen.

Apropos Hitze: Israel sieht sich in diesem Jahr wiederholt mit einer bedrohlichen Wasserknappheit konfrontiert, die sich immer weiter zuspitzt. Die Wasserstände der wichtigsten Reservoirs des Landes, das größte davon der See Genezareth, sind bereits unter den kritischen Stand gefallen. Israel hat vier regenarme Winter in Folge hinter sich.

Der Wasserstand des Sees Genezareths ist so niedrig wie seit fünf Jahren nicht mehr. Derzeit sinkt er jeden Tag allein durch Verdunstung um einen Zentimeter. Er deckt normalerweise fünfundzwanzig Prozent des Trinkwasserbedarfs ab. Zu den ersten Maßnahmen der Regierung gehört eine Kürzung der Wasserzuteilung für die Landwirtschaft sowie eine Anhebung des Wasserpreises für Gartenbewässerung um neunzig Prozent. Mittel- und langfristig gesehen ist jedoch die Suche nach neuen Wasserversorgungsmöglichkeiten unumgänglich. Für diese Zwecke stellt die israelische Regierung nun stufenweise umgerechnet 2,4 Milliarden Euro zur Verfügung. Mit diesen Geldern sollen unter anderem die bereits vorhandenen Meerwasserentsalzungsanlagen erweitert werden, deren jährliche Produktionsleistung momentan bei 130 Millionen Kubikmetern liegt. Bis zum Jahr 2013 soll die fünffache Menge an entsalzenem Wasser produziert werden.

Tatwaffe Schaufelbagger

Wenige Monate nach dem Terroranschlag auf die Jeschiwa hat es erneut gewaltsame Angriffe in Jerusalem gegeben. Diesmal haben die Attentäter nicht mit Sprengstoffgürteln, Autobomben oder Katyuschas unschuldige Menschenleben gefordert, sondern es wurden Schaufelbagger als Tatwaffe benutzt und Menschen auf der Straße niedergewalzt! Innerhalb von drei Wochen hat es in der Stadt zwei solcher Anschläge mit Toten und Verletzten gegeben. Sogar ein Linienbus wurde von einem Bagger umgekippt, bevor ein Polizist den angreifenden Baggerfahrer erschoss. Besonders traurig machte mich die Geschichte einer Mutter, die – im Auto fahrend – von einem der Bagger „angegriffen" und in einen Engpass navigiert wurde. Sie schaffte es, verwinkelt anzuhalten, ihr Kleinkind aus dem Kindersitz zu befreien und es aus dem Fenster in ein Gebüsch zu werfen – wodurch es gerettet wurde. Doch noch ehe sie sich selbst befreien konnte, zermalmte der Baggerfahrer ihr Auto und sie starb. Schrecklich! In beiden Fällen kamen die Baggerfahrer aus dem arabischen Ost-Jerusalem. Baustellen gehören zum Alltagsbild in Israel. Die meisten Bauarbeiter sind Araber – Araber, die in Frieden und Freundschaft mit Israel leben wollen und islamisch-fundamentalistischem Hetzgerede wenig Gehör schenken. Durch diese Vorfälle wird nun erneut gegenseitiges Misstrauen geschürt, da jederzeit irgendwo in dieser Stadt, in diesem Land, in dem es nur so von Baggern wimmelt, einer der Baggerfahrer ausflippen könnte. Auch in mir macht sich in der Nähe von manövrierenden Baggern ein mulmiges Gefühl breit. Es ähnelt jenem Unbehagen, mit dem ich während der Zweiten Intifada in den Jahren 2000–2003 die öffentlichen Verkehrsmittel benutzte. Jede herrenlose Tasche wurde argwöhnisch beäugt, bis sich der Besitzer zu erkennen gab und sich die Situation als harmlos herausstellte. Und wenn dies nicht der Fall war, dann instruierte mein gesunder Menschenverstand meine Beine, schnellstens das Weite zu suchen!

Festliches und Alltägliches

Mittlerweile stehen die Herbstfeste vor der Tür. Die Vorbereitungen auf das jüdische Neujahrsfest, den Versöhnungstag und das Laubhüttenfest laufen auf Hochtouren, während der Ramadan in seine letzte Woche geht. Mehr als 150 000 Moslems machen sich freitags auf den Weg zum Tempelberg. Zur Einstimmung auf die jüdischen Herbstfeste werden Tag und Nacht Schofars geblasen. Die Stadt füllt sich mit Touristen aus allen Nationen – es ist, als verdopple sich die Menschenmenge in den Straßen. Jerusalem ist und bleibt ein unvergleichlicher Schmelztiegel mit berauschend-faszinierender Atmosphäre, in dem es raucht und brodelt.

Ich freue mich auf einige freie Tage – sie sind dringend nötig, denn die letzten Monate waren extrem anstrengend. Viele unserer Mitarbeiter sind mit unterschiedlichen persönlichen Herausforderungen konfrontiert: Finanzen, Gesundheit, Familienkrisen und vor allem Aufenthaltsgenehmigungen. Da gehen die Emotionen vieler Kollegen schon mal drunter und drüber und verursachen zusätzlichen Stress. Auch an mir geht all das nicht spurlos vorüber: Ich bin oft gefordert, ein hörendes Ohr und ein mitfühlendes Herz zu haben und gemeinsam mit den Betroffenen nach Lösungen zu suchen.

Etappensieg I

Gleich nach den Herbstfesten konnten wir einen fast schon überraschenden Etappensieg verbuchen. Nach monatelangem Bemühen, für Mitarbeiter in Schlüsselpositionen Langzeitvisa zu erhalten, sind uns acht solcher Visa genehmigt worden. Das ist der wohl größte Erfolg, den wir in diesem Jahr errungen haben, und wir sind dankbar und erleichtert. Diese Visa sind nun in die jeweiligen Pässe gestempelt worden und eines davon ist auch in meinem Pass gelandet. Somit bleibt die Tür für mich zunächst für ein weiteres Jahr geöffnet. Gott sei Dank! Dennoch – besonders in Anbetracht der Regelung, dass Volontäre zukünftig keinesfalls mehr als 27 Monate Aufenthalt in Israel genehmigt bekommen, müssen wir Lösungen für Mitarbeiter finden, die Abteilungen oder Programme leiten. Die verschärfte Umsetzung neu formulierter und noch unklarer Visaregelungen verursacht noch immer viel Unruhe. Mitarbeiter und Freunde mussten das Land verlassen. Andere hingen monatelang in der Luft, was an ihren Nerven gezehrt hat. Im Leben eines wichtigen Verhandlungspartners beim Innenministerium ereignete sich eine schlimme Familientragödie: Sein Sohn beging Selbstmord. Das ist ein Trauma, das sich nur wenige von uns im Ansatz vorstellen können, und es erübrigt sich zu erwähnen, dass auch dies unsere Verhandlungen beeinflusste und verzögerte. Unsere Akten wurden mehr als einmal von einem Schreibtisch zum anderen geschoben. Ständig kommunizierten Behörden oder Sachbearbeiter, die sich ungeplant mit unserem Fall auseinandersetzen mussten, neue Ideen oder Anfragen, sodass wir Übergangslösungen finden mussten. Mein Team und ich wurden dabei extrem stark beansprucht – sowohl nervlich und gedanklich als auch rein logistisch: Einsatzpläne wurden fortlaufend unter unklaren Bedingungen erstellt, wobei wir nur hoffen konnten, dass sie nicht zu sehr aus der Balance geraten würden.

Fortlaufende Veränderungen in unserer innerbetrieblichen Infrastruktur sind die Folge, denn mit acht Langzeitvolontären, zehn israelischen Mitarbeitern und stetig wechselnden Kurzzeitvolontären lässt sich die Arbeit nicht wie gehabt bewältigen. Nun beginnt also die nächste Stufe der Auseinandersetzung mit dem Innenministerium, denn das bisher Erreichte kann in der Tat nur ein Etappensieg sein.

Etappensieg II

Auch wenn das Ende meiner Unfallstory noch ungewiss ist, war der Rat meines Anwalts, die Forderungen der Gegenpartei einfach zu ignorieren, offensichtlich ein guter Schachzug: Bisher hat sich die Gegenseite nicht wieder gemeldet und die selbst gesetzten Fristen verstreichen lassen. Ich hoffe, dass es dabei bleibt.

Endlich habe ich auch das Geld, das ich für die medizinischen Untersuchungen vorauszahlen musste, zurückerhalten. Es war ein unbeschreiblicher Nervenkrieg zwischen Versicherungen, dem Krankenhaus und den Banken – alles verbunden mit Sprachbarrieren. Insgesamt hat es über fünf Monate gedauert. Nur jemand, der hier in Israel lebt und Ähnliches durchgemacht hat, kann ermessen, wie ermüdend und kräftezehrend so etwas ist.

Einige Zeit nach meinem Unfall erzählten mir Kollegen, dass sie an dem Unfallabend zusammenkamen, um zu beten. Sie hatten keinen konkreten Plan für den Abend, doch sie beteten für die Sicherheit von Freunden und Kollegen. Im Verlauf des Gebets empfanden sie immer wieder, dass sie besonders für mich und meine Sicherheit beten sollten. Das war etwa ein bis zwei Stunden vor meinem Unfall. Selbst heute noch fährt es mir immer wieder durch Mark und Bein, dass ich viel schlimmere Verletzungen hätte erleiden können. Auch der Automechaniker, der den Wagen repariert hat, schüttelte mehrfach den Kopf, als er mich sah, und meinte, er könne es kaum glauben, dass ich so heil vor ihm stehe. Da bleibt mir nur zu sagen: Gebet wirkt und ich habe es am eigenen Leib erfahren!

Noch ein Unfall

Vor Kurzem erlitt einer unserer Volontäre erhebliche Verletzungen bei einem Fahrradunfall. Bei einem Zusammenstoß mit einem LKW stürzte er und zog sich infolgedessen mehrere Frakturen in beiden Armen zu. Es folgten siebzehn Tage Krankenhausaufenthalt und mehrere komplizierte Operationen. Mittlerweile ist der Gips ab und langsam kann unser Kollege seine Arme und Hände vorsichtig einsetzen, selbständig essen und die wichtigsten körperpflegerischen Dinge ohne allzu große Hilfe bewältigen. Der Fahrer des LKW beging Fahrerflucht, nachdem er sich kurz versichert hatte, dass sein Unfallgegner noch lebt, und nahm überdies auch noch das Fahrrad mit – ein wichtiges Beweismittel. Eine Augenzeugin ist mittlerweile von Versicherungsdetektiven so eingeschüchtert, dass sie nicht mehr bei der Polizei aussagen möchte. Ohne dass der Fahrer gefunden wird, kann die Kostenübernahme für die erheblichen Behandlungskosten nur unzureichend geklärt werden. Es wird auf jeden Fall zu einer Gerichtsverhandlung kommen, denn aufgrund der Fahrerflucht ist von behördlicher Seite Anzeige erstattet worden. Auch hier sehen wir Komplikationen und Kämpfen mit Versicherungen ins Auge, die weitestgehend von mir und meinem Team koordiniert werden müssen. Ob unser Kollege sich so weit erholen wird, dass er seinen Dienst in Israel fortsetzen kann, bleibt abzuwarten. Auf jeden Fall wird die Mobilität seiner Handgelenke, Schulter und Ellbogen für den Rest des Lebens eingeschränkt bleiben.

Ein paar Tage in Sderot

Im Spätherbst hatte ich das Privileg, einer vom Terror betroffenen Frau in Sderot zu helfen. Sderot, eine Ortschaft mit etwa 19 000 Einwohnern, liegt in der Nähe des Gazastreifens und wird dauerhaft und unerbittlich mit Kassam-Raketen beschossen. Hier ein paar Zahlen:

Im Jahr 2005 hagelten 506 Kassam-Raketen auf Sderot nieder. Dann zog sich Israel aus dem Gazastreifen zurück. 2006 fielen 1 121 Raketen – also mehr als doppelt so viele wie vor dem Rückzug! 2007 erhöhte sich die Zahl der Raketen auf 2 313 (eine erneute Verdoppelung) und von Januar bis Juni dieses Jahres schlugen bereits 2 363 Kassam-Raketen in Sderot ein. Auf dem Gelände des örtlichen Polizeireviers kann man besichtigen, was davon an Munitionsteilen übrig geblieben und zusammengetragen worden ist. Erschüttert stand ich vor dem Regal, in dem sich Raketenhülse an Raketenhülse reiht. Stapelweise liegen sie dort, datiert und nach Jahren sortiert. Jede von ihnen ist eine

Erinnerung an Löcher, die sie gerissen haben – Löcher in Straßen und Plätzen, Löcher in Gebäuden und vor allem Löcher in dem Leben von Menschen, Opfern und Angehörigen gleichermaßen. Mittlerweile werden die Raketenhülsen nach der Dokumentation des damit einhergehenden Vorfalls verschrottet. Der Grund: Platzmangel!

Mit den Sachschäden infolge des Beschusses werden die „Be-Troffenen" sicher irgendwie klarkommen. Um vieles kostbarer als Hab und Gut jedoch sind Menschenleben; ihr Verlust ist mit Geld nicht aufzuwiegen. 2005 gab es 68 Tote; 2006 waren es bereits 163, also fast zweieinhalb Mal so viele wie vor dem Rückzug. 2007 fielen 343 Personen dem Raketenterror zum Opfer und in den ersten sechs Monaten des Jahres 2008 forderte dieser Terror 258 Tote. Die Menschen haben – je nachdem, wo in Sderot sie wohnen – beim Losheulen der Alarmsirenen sieben bis fünfzehn Sekunden Zeit, einen Luftschutzbunker zu erreichen. Klare Gedanken lassen sich da kaum fassen; im Grunde muss sich jeder darauf beschränken, schnellstmöglich um sein eigenes Leben zu rennen.

Das wirft eine Frage auf, die sich vielleicht jeder einmal stellen sollte: Was schafft man in sieben bis fünfzehn Sekunden? Ich habe die Stoppuhr gestellt und ausprobiert, wie lang oder wie kurz diese Zeit ist und stelle mir noch immer Fragen wie diese: Schafft man es, aus der Dusche zu springen und Schutz zu suchen? Schafft man es, vom Auto in den Keller zu rennen? Und wie schafft man es, wenn man nicht allein ist, sondern Kinder dabei hat? Führt man sich diese Realität vor Augen, wird das eigene Leben entsetzlich verwundbar und die große Sehnsucht nach Frieden sehr viel nachvollziehbarer. Während der zwei Tage, die ich in Sderot verbrachte, war ich innerlich und äußerlich immer auf dem Sprung. Meine Ohren waren gespitzt, meine Augen hielten stets Ausschau nach dem nächstgelegenen Luftschutzbunker oder vergleichbarem Unterschlupf, wenn ich unterwegs war. Es war nicht Angst, die mich dazu anhielt, sondern eine erhöhte

Aufmerksamkeit schärfte meine Sinne. Für mich grenzt es an ein Wunder, dass die Einwohner Sderots noch nicht vollends zu Nervenbündeln geworden sind.

Doch nun zu Luba, die uns um Hilfe bat. Sie ist 1994 mit ihren Kindern und ihrem Vater nach Israel eingewandert, der Vater starb zwei Jahre später. Vier Jahre nach ihrer Einwanderung hatte Luba einen Arbeitsunfall, der eine hundertprozentige Erwerbsunfähigkeit nach sich zog. Sie lebt in einer Sozialwohnung, die ihr vom Staat für eine geringe Miete zur Verfügung gestellt wird. Vor einem Jahr lud ein jüdisch-russischer Wohltäter gebeutelte Einwohner Sderots zu einem einwöchigen Urlaub nach Eilat ein. Lubas Kinder und Enkelkinder nahmen diese Gelegenheit erfreut wahr, Luba jedoch entschied sich, zu Hause zu bleiben.

Und dann geschah es. Eine Kassam-Rakete schlug direkt vor ihrem Haus ein und zerfetzte eine ganze Wand. Völlig im Schock musste Luba beobachten, wie ein kleines Mädchen vor ihren Augen starb. Die Bilder dieses Schreckens verfolgen sie noch heute. Luba selbst erlitt mittelschwere Verletzungen, wobei auch ihr Zahnersatz zerbrach. Letzteres klingt fast nebensächlich, doch die Auswirkungen sind immens. Bisher konnte Luba keinen neuen Zahnersatz finanzieren und traut sich aufgrund ihrer Zahnlosigkeit kaum noch unter die Leute. Sie leidet unter schweren Depressionen und weint oft stundenlang. Sie sagte uns klar und deutlich: „Ich will nicht mehr leben. Wenn ich keine Kinder hätte, hätte ich meinem Leben schon längst ein Ende gesetzt."

Lubas Wohnung wurde nach dem Anschlag aus öffentlichen Mitteln nur behelfsmäßig repariert. Noch immer waren derbe Risse in Wänden und Decke zu erkennen und selbst die Ritzen um die Fensterrahmen waren nicht versiegelt. An diesem Punkt kamen wir auf den Plan. Mit Pinseln, Werkzeug, Betonmischung und Wandverputz ausgestattet, sagten wir den Spuren des Anschlags den Kampf an und brachten Farbe in Lubas Leben. Sie durfte sich Farbton und Gestaltung aussuchen und wir schafften es sogar, dass Luba mit uns einen kleinen Spaziergang machte, etwas Sonnenschein tankte und ein Eis mit uns aß. Bisher ging sie lediglich aus dem Haus, um die lebensnotwendigsten Dinge zu erledigen, und das so rasch wie möglich. Luba brach mehr als einmal in Tränen aus, doch am Ende unseres Einsatzes kramte sie ein Buch aus ihrem Regal hervor und sagte: „Dieses Buch gibt mir viel Hoffnung." Es waren die Psalmen. Wir fragten sie nach ihrem Lieblingspsalm, den sie uns zaghaft mit einem Lächeln auf den Lippen und Tränen in den Augen vorlas. Dann beteten wir gemeinsam. Mit viel Liebe und Barmherzigkeit gingen zwei Arbeitstage zu Ende und zauberten ein neues Lächeln in Lubas Gesicht und damit hoffentlich auch einen belebenden Funken Zuversicht auf bessere Zeiten in ihr Herz.

Thanksgiving

Der israelische Winter ist eingekehrt. Das wichtigste Element dieser Jahreszeit sind die Niederschläge, die herbeigesehnt und herbeigebetet werden. Die ersten Regengüsse haben bereits das durstige Land erfrischt. Sie machen Hoffnung, dass die Wasserknappheit in den nächsten Monaten durch viel Schnee und Regen gemindert werden wird. Jacke und Schal sind wärmende Begleiter – auch wenn die Sonnenstrahlen in der Tagesmitte den Eindruck erwecken, als könnte man Shorts und T-Shirts wieder hervorholen.

Unter den Internationalen, das heißt unter denen, die aus vielen verschiedenen Nationen in Israel eine Dienstzeit absolvieren, hat es sich eingebürgert, das amerikanische Thanksgiving zu feiern. Ein ordentlicher Truthahn muss her sowie Süßkartoffeln, Marshmallows, Kartoffelbrei, Cranberries und Kürbis. Köstliche Desserts runden dann das reiche Mahl ab. Also schlemmen, bis man meint, beim nächsten Bissen zu platzen. In diesem Jahr feierte ich mit sechs Amerikanern, vier Europäern, zwei Kanadiern und zwei Asiaten. Einer unserer Junggesellen bewies ausgezeichnete

Kochkünste und zauberte einen knusprig-goldenen Truthahn aus dem Ofen hervor.

Thanksgiving ist eine wunderbare Gelegenheit, Gott für all das zu danken, womit er unser Leben bereichert hat. Dieses Erntedankfest ist zwar von europäischen Traditionen über die Jahrhunderte hinweg stark abgewichen, doch können wir Europäer wohl nicht von uns behaupten, unser eigenes würde uns besonders viel bedeuten. Im Gegenteil, in den meisten Kalendern wird es noch nicht einmal erwähnt und wenn man Menschen auf der Straße fragen würde, könnten wohl die meisten das Erntedankfest nicht so recht einordnen. Das haben wir sicher unter anderem der Industrialisierung und Urbanisierung zu verdanken, schließlich ernten wir heute gar nicht oder nur selten selbst und kaufen unsere Lebensmittel ganz bequem im Supermarkt. Trotzdem tut uns ein Tag der Besinnung und Dankbarkeit für das, was wir genießen dürfen, gut. Manche Dinge mögen ein echter Höhepunkt gewesen sein, anderes fällt uns mit ein bisschen Nachdenken wieder ein. Das eine oder andere hingegen ist ein eher versteckter, nicht sofort erkennbarer Segen. Dazu gehören sowohl die Alltäglichkeiten, die wir niemals als selbstverständlich einstufen sollten (Gesundheit, Nahrung, ein Dach über dem Kopf, Freunde, Familie, Sicherheit, Frieden), als auch die Dinge, die vielleicht eher schmerzhaft waren und Veränderungen mit sich brachten. Auch dies hat Gott für uns zum Segen geplant, selbst wenn wir es nicht auf Anhieb erkennen.

In diesem Sinne schaue ich zurück und staune über den Reichtum, den ich in meinem Leben entdecken darf. Ich bin gesund; schon so oft hat Gott mein Leben bewahrt und mich perfekt versorgt. Ich darf einen Dienst tun, der Menschenleben verändert und mir sehr viel Freude macht. Außerdem habe ich Freunde an meiner Seite, auf die ich mich in guten wie in schlechten Zeiten verlassen kann. Je mehr ich darüber nachdenke, desto mehr füllt sich mein Herz mit Freude und tiefer Dankbarkeit.

Horizonterweiterungen

2009 – ich erinnere es als ein Jahr, in dem ich das Ende meiner Kräfte erreichte. Ich war erschöpft und leer, die vergangenen, stressgeladenen Jahre zollten ihren Tribut und es war allerhöchste Zeit, auf die Bremse zu treten – oder wohl eher: die Notbremse zu ziehen. In mir trug ich das Bild eines Marathonläufers, der zum ersten Mal an einem hart-umkämpften Wettbewerb teilnimmt. Obwohl gut trainiert und gut vorbereitet, gut ernährt und gut versorgt, hatte ich viel zu oft das Gefühl, dass ich kaum mehr einen Fuß vor den anderen setzen konnte. Ein Gefühl, als würde ich auf der Zielgeraden, mit Blick auf die Ziellinie, im nächsten Moment einen Totalzusammenbruch erleiden.

Im Ausdauersport kennt man die gebräuchliche Bezeichnung „der Mann mit dem Hammer", ein Phänomen, das der Normalbürger meist als „vor die Wand laufen" bezeichnet. Wenn ein Sportler von „dem Mann mit dem Hammer" erwischt wird, dann liegt die Ursache darin, dass die Muskeln dem Blut die benötigte Energie als Glukose entziehen. Der Körper reagiert auf diesen Abfall des Blutzuckerspiegels, indem er aus Muskeln und Leber Glykogen entzieht und zu Glukose verarbeitet. Jedoch kann die Leber den Blutzuckerspiegel ohne Nahrungsmittelzufuhr lediglich für eine bestimmte Zeit konstant halten. Nimmt der Sportler keine Nahrung zu sich, entsteht ein Glukosemangel im zentralen Nervensystem, was drastische Müdigkeit, Schwindel, Gelenkschmerzen, ein zunehmendes Schweregefühl oder gar Bewusstlosigkeit zur Folge hat. Man ist vor die Wand gelaufen und bricht schlichtweg zusammen.

In meinem Fall ging es nicht so sehr um Nahrung in Form von Lebensmitteln, sondern darum, meine inneren Ressourcen aufzufüllen. Ich benötigte eine lange, wohldurchdachte Pause, in der ich komplett aus dem Alltagsgeschehen herauskommen und wirklich abschalten konnte. Das Wort Ressource ist lateinischen Ursprungs und bedeutet so viel wie „wiedererstehen". Wie passend!

Ich suchte also nach einer Gelegenheit, eine längere Auszeit zu nehmen. Da bot sich mir die Möglichkeit, eine Reihe liebgewonnener Freunde in Südafrika zu besuchen. Ein faszinierendes Land, unvergleichbar in seiner Schönheit und Farbenpracht, in seiner Kulturvielfalt, Gastfreundschaft und seiner wilden Tierwelt, das ich schon lange erkunden wollte. Es war meine erste Reise in die südliche Hemisphäre und auf den afrikanischen Kontinent – ich atmete auf, ich atmete durch, ließ mich treiben, wurde über alle Maßen verwöhnt, wohin ich auch kam, und genoss es, in das Alltagsleben meiner Freunde einzutauchen. Außerdem nahm ich mir Zeit, bekannte wie auch weniger bekannte Sehenswürdigkeiten auf mich wirken zu lassen. Israel war, je nachdem wo in Südafrika ich mich gerade aufhielt, zwischen 6 000 und 7 000 Kilometer entfernt. Gedanklich maß ich die Distanz wohl eher in Lichtjahren, und das war gut so.

Ich trug ein klares Verständnis von dem, was mich bei meiner Rückkehr in Israel erwartete, in mir und genau deswegen fiel es mir nicht leicht, den Rückflug anzutreten. Doch als meine Füße wieder nahöstlichen Boden betraten, spürte ich eine tiefgreifende Erfrischung und meine wieder-erstandenen Kräfte und es gelang mir, einige entlastende Maßnahmen umzusetzen, um besser mit meinen Ressourcen haushalten zu können. Diese Wiederauferstehung und einige ganz besondere Begegnungen mit dem „König auf dem Feld" im Sinne jüdischer Überlieferungen gaben mir Kraft für das, was kommen sollte.

>>>>>>>>>> ● <<<<<<<<<<

Reisen ohne GPS oder Landkarte

Das Leben ist eine Reise, kein Ziel. Eine der wichtigsten Komponenten des Lebens ist Dynamik. Fortschritt und Weiterentwicklung statt Stillstand. Kein Ausruhen auf dem Erreichten, sondern ein Weiterstreben – nicht immer höher, besser, weiter (als andere), nein vielleicht lediglich der Anspruch an sich selbst, formbar, belehrbar zu bleiben und stetig den eigenen Horizont zu verändern, so wie er sich auf einer tatsächlichen Reise immer wieder ändert. Auf dieser Lebens-Reise gibt es viel Schönes zu entdecken – besonders, wenn wir es wagen, auch einmal fernab der Hauptstraßen Wege zu erkunden, und gleichzeitig Gott erlauben, unsere Augen für das wirklich Wichtige zu öffnen. Nicht immer führt unser Lebensweg auf geraden, asphaltierten Straßen entlang. Oftmals ist wohl eher das Gegenteil der Fall. Der Pfad ist schmal und es gilt, Täler zu durchwandern, Berge zu erklimmen, vielerlei Hindernisse zu überwinden und manchmal einfach auch nur durchzuhalten, bis wir wieder ein wenig weiter sehen. In all dem dürfen wir wissen, dass Gott mit uns ist, uns niemals allein lässt und uns für jede Etappe der Reise ausstattet.

Zu Beginn des Jahres hatte ich ein weiteres Mal die Gelegenheit, mit Freunden in die Wüste zu fahren und mich dort an steilen Abhängen im Abseilen zu üben. Es war eine großartige Lektion. Wie oft finden wir uns (im übertragenen Sinn) an einem tiefen Abgrund wieder und wissen nicht, wie wir die Schlucht, die da vor uns liegt, überwinden sollen? Herausforderungen, die das Leben stellt, die – so meinen wir – unsere Fähigkeiten übersteigen. Doch mithilfe von Freunden, die ein wenig mehr Erfahrung haben, und dank der richtigen Ausstattung können wir uns schrittweise herantasten. Dabei ist es manchmal in der Tat so, als hinge unser Leben an einem „seidenen Faden" oder an einem dünnen Seil. Gerade dann müssen wir vertrauen, dass es nicht reißt, dass unser Schöpfer genau weiß, was er tut, und dass wir uns voll hineingeben müssen, um weiterzukommen. Auf der anderen Seite angekommen, dürfen wir auf eine Erfahrung zurückblicken, die unser Vertrauen langfristig stärkt und die bewirkt, dass wir uns mehr zutrauen und mutiger werden, Altes los- und uns auf Neues einzulassen. Die Angst vor dem Fallen ist real, doch wenn das Fundament unseres Lebens die tragende Vaterliebe Gottes ist, dann dürfen wir gewiss sein, dass Gott seine schützende, liebende Hand unter und über uns hält. Ein Fundament der Liebe setzt ungeahnte Kräfte frei!

Ich befinde mich in einer der wohl herausforderndsten Phasen meines Lebens. Oft gerate ich an meine Grenzen oder zumindest an den Punkt, an dem ich zulassen muss, dass sie neu definiert werden. Der Druck von außen, mit dem ich umgehen muss, ist eine Sache. Viel intensiver ist jedoch die innere Veränderung, die ich spüre. Samen, die in meinem Herzensboden schlummerten, erwachen und springen zart auf. Wichtiger Bestandteil meiner regelmäßigen Dialoge mit Gott ist seit einigen Monaten, dass ich mich auf dem Weg, den Gott für mich vorgesehen hat, nicht auf eine bereits existierende Landkarte verlassen sollte, sondern darauf, dass Gott mir Wegzeichen geben wird, wann immer ich sie brauche. Dieses Vertrauen verankert sich langsam tiefer in mir, während es mich gleichzeitig Kraft und Tränen kostet: Regelmäßig finde ich mich in Situationen wieder, in denen mein eigenes Vermögen bei Weitem nicht ausreicht. Das mag ein wenig heroisch klingen, doch es bedeutet auch: Loslassen ohne wieder aufzunehmen, Schmerz zulassen, wo er nötig ist, und Festhalten an Gott in lebendiger Hoffnung auf den, der unseren Weg bahnen kann.

So wie ein Vater sich freut, wenn seine Kinder selbständiger, kompetenter, selbstbewusster und reifer werden, so ist auch Gott viel mehr an unserer Veränderung als an unserer „Glaubensausübung" interessiert. Glaube kann automatisiert praktiziert werden. Mechanisch. Weil wir wissen, es gehört sich so, oder weil wir einfach das tun, was „man" so macht. Doch Glaube beinhaltet Vertrauen und beide entspringen einem Herzen der Liebe und des Gehorsams. Vertrauen kommt aus einem zerbrochenen, formbaren Geist, aus unserem tiefsten Inneren, das sich nicht scheut, zu kapitulieren und reifende Veränderung zu begrüßen. Gott ist Liebe und deshalb möchte er eine liebevolle Beziehung mit seinen Kindern. Das war bereits bei Adam so und wird sich niemals ändern. Um dieser Beziehung willen hat er alles gegeben, seine Liebe, seinen Sohn. Er hat uns Menschen herausgerettet aus der Finsternis und uns sein helles und wärmendes Licht geschenkt, er hat uns an sein Herz gezogen. Gott kennt uns und er wünscht sich sehr, dass wir ihn kennen und immer besser kennenlernen. Die Bibel setzt „kennen" sogar mit intimer Beziehung gleich. Intimität geht tief und ist nicht für die allgemeine Öffentlichkeit gedacht. Es ist ein Bereich, zu dem ein Mensch in der Regel nur einem oder sehr wenigen anderen Zugang gewährt. Ein Bereich, der mit aller Kraft bewahrt, gepflegt und beschützt werden sollte. Eine vergleichbare Tiefe sucht auch Gott mit seinen Kindern. Er möchte dieses besondere „Einander-Kennen" erlebbar für uns machen. Es ist eine abenteuerliche Reise, manchmal anstrengend oder auch gespickt mit Schritten in unüberschaubarem Terrain, doch ich möchte sie keinen Augenblick missen.

Schon wieder Krieg

Nicht nur meine „inneren Angelegenheiten" halten mich auf Trab, sondern auch äußere Ereignisse. Israel ist erneut in einen Krieg gezogen und in den Gazastreifen einmarschiert, um dem steten Beschuss der Zivilbevölkerung im Süden des Landes ein Ende zu setzen. Es hat Wahlen gegeben und im kommenden Monat wird sich die neue Regierung bilden. In den Gedanken vieler Israelis macht sich die Frage breit, was sich wohl ändern wird, und mischt sich mit einer gewissen Gleichgültigkeit, weil die Hoffnung auf ein Ende des Konflikts schwindet und das Vertrauen in israelische Politiker einen neuen Tiefpunkt erreicht hat. Der Krieg kostet nicht nur Geld, sondern auch Menschenleben. Ein mittlerweile ausgehandelter Waffenstillstand ist kein wirklicher Waffenstillstand, denn die Raketen schlagen weiterhin auf israelischem Gebiet ein – wenn auch in geringerer Intensität als vor dem Einmarsch in den Gazastreifen. Somit ist eine erneute Auseinandersetzung nur eine Frage der Zeit. Krieg – wie leicht kommt dieses Wort über meine Lippen. Ein so großes Wort mit gravierenden, unvorhersehbaren Auswirkungen und doch Alltag in dieser Region.

Während des Krieges hatte ich die Gelegenheit, eine Familie zu besuchen, die eine Einrichtung für Jugendliche aus Risikofamilien leitet und von unserer Organisation unterstützt wird. Es ist ein kleiner Bauernhof inmitten der judäischen Wüste. Dort werden Ziegen und Schafe gezüchtet, aus deren Milch diverse Produkte hergestellt werden, und einige Werkstätten betrieben, in denen die Jugendlichen Serviceleistungen anbieten. Die Jugendlichen selbst leben dort in betreutem Wohnen und finden hoffentlich so den Weg heraus aus Kriminalität und sozialem Abstieg. Der Vater der erwähnten Familie wurde als Reservist eingezogen und befand sich zur Zeit unseres Besuchs im Gazastreifen. Einmal pro Tag war es der Familie möglich, Kontakt herzustellen und sich zu vergewissern, dass er wohlauf ist. Die Mutter war derweil mit ihren drei Kindern auf sich allein gestellt. Sie arbeitet in Teilzeit bei der Polizei und konnte es lediglich mit Hilfe anderer Familienmitglieder schaffen, eine gewisse Alltagsroutine aufrechtzuerhalten. Doch damit nicht genug. Ein Teil der Verwandtschaft lebt normalerweise in Ashkelon, einer Stadt, die vor und während des Krieges regelmäßig unter Raketenbeschuss stand. Sie waren mit den Nerven am Ende und hatten daher Zuflucht bei der Strohwitwe und ihren Kindern gesucht. Kurz darauf erlebten wir einen Abend fröhlichen Beisammenseins mit einer zehnköpfigen Familie, die sich in einer Drei-Zimmer-Wohnung übereinanderstapelte.

Wir brachten der Familie eine umfangreiche Ladung Nahrungsmittel mit, was eine große Ermutigung für sie war. Ich glaube, niemand von uns kann wirklich nachfühlen, was es bedeutet, durch Bombardierung traumatisiert zu werden, um den Vater und den Ehemann zu bangen, den eigenen oder anvertrauten Kindern Stabilität in all dem zu geben und immer wieder darauf zu vertrauen, dass man sich am Ende des Tages wiedersehen oder wenigstens sprechen wird.

Truppenabzug anderer Art

Meine Arbeit steckt weiterhin voller Herausforderungen. Die verschärften Visaregelungen führen dazu, dass wir ständig Anpassungen vornehmen und Pläne über den Haufen werfen müssen. Es klingt einfach, wenn man es in Worte fasst, doch es verursacht einen immensen Stress. Es geht nicht nur darum zu entscheiden, wie die Arbeit neu verteilt werden kann oder welche Dinge zeitweilig auf Eis gelegt werden können – nein, die Situation zerrt mächtig an den Nerven und die Überbelastung ist immer deutlicher spürbar. Aufenthaltsgenehmigungen für Volontäre sind neuerdings auf zwei Jahre begrenzt worden. Alles, was darüber hinausgeht, ist ein echtes Wunder. Wenn nicht etwas Einschneidendes geschieht, verlieren wir in diesem Jahr über vierzig Prozent unserer Langzeitvolontäre. Viele von ihnen tragen Verantwortung und können nicht so einfach ersetzt werden. Bereits jetzt ist klar, dass sich auch mein Team im späten Frühjahr verändern wird. In dieser von Erschütterungen geprägten Zeit war es ein großes Privileg, dass wir als Personalabteilung bisher eine gewisse Stabilität erleben und gewährleisten konnten. Doch auch wir bleiben von den verschärften Regelungen nicht verschont. Sowohl eine mittelfristige Planung als auch eine reibungslose Übergabe sind so gut wie unmöglich, denn neues Personal ist nicht rasch gefunden. Neben den amtlichen Hürden müssen außerdem auch noch finanzielle genommen werden. Angesichts der weltweiten Finanzkrise ist das kein leichtes Unterfangen. In den vergangenen drei Wochen habe ich den Bericht für unseren Vorstand zusammengestellt und die Statistiken machen deutlich, dass die Durststrecke noch längst nicht überwunden ist. All dies verursacht bei mir wie bei allen anderen Mitarbeitern Druck, Überarbeitung und Unsicherheit. Wir können uns nicht auf das verlassen, was bisher funktioniert hat. Nein, wir müssen einerseits neue Wege finden und andererseits der Belastung mit innerem Frieden begegnen.

Ich habe den Eindruck, dass hier eine Art Truppenabzug stattfindet. Eine solch massive Veränderung quer durch alle christlichen Hilfsorganisationen und auf allen Ebenen hat es in den fast neun Jahren, in denen ich nun hier lebe und arbeite, nicht gegeben. Obwohl sie große Unruhe verursachen, sollten wir Truppenerneuerungen grundsätzlich als etwas sehr Positives sehen. Jede gute Armee tauscht die Kämpfer an vorderster Front von Zeit zu Zeit aus, um zu gewährleisten, dass Erschöpfung und Ermüdung, mangelnde Konzentration und die ständige Bedrohung nicht zur Niederlage führen. Kämpfer an der Front brauchen auch mal Heimaturlaub – und so werden diejenigen, die Jahre hier gedient haben, in neue oder heimatliche Gefilde versetzt, um dort aufzutanken und dann in neuer Frische an anderer Stelle loslegen zu können.

Eine Reise in eine andere „Wildnis"

Abschiednehmen ist etwas, das mir persönlich nicht leicht fällt. Freundschaft und Kameradschaft sind mir wichtig und so investiere ich in diese Dinge viel hinein. Vielleicht auch deswegen kostet mich der beschriebene Truppenabzug viel Kraft. Das vorausgegangene Jahr 2008 war gerade in dieser Hinsicht eines der herausforderndsten meines Lebens und mir ist bewusst geworden, dass ich dringend auftanken muss, um Klarheit für die Zukunft zu bekommen. Die Situation hier erfordert dauerhaft hochkonzentriertes Arbeiten und verursacht ungeahnte Mehrarbeit, die mental und zeitlich ihren Tribut zollt. Auch meine Kapazitäten gehen irgendwann zu Ende. Es ist also dran, einmal die Tankstelle anzufahren, und zwar für mehr als nur rasch Benzin aufzufüllen und die Scheiben zu putzen. Das soll heißen, es ist höchste Zeit, Urlaub zu machen, mich aus dem alltäglichen Stress auszuklinken und eine ausgedehnte Zeit der Ruhe zu genießen. Dank meiner noch anwesenden, gut eingearbeiteten Mitarbeiter bietet sich jetzt eine Gelegenheit, die ich ergreifen werde.

Meine Tankstelle heißt Südafrika. Dort werde ich mehrere Wochen verbringen und den Stressmodus abschalten. Während der Jahre meines Dienstes haben sich gute Freundschaften mit diversen Südafrikanern entwickelt und schon seit längerem ist in mir die Neugierde gewachsen, das Land der Löwen und Elefanten zu erkunden. Ich nehme also einige der schon seit langem ausgesprochenen Einladungen an, kann dadurch verschiedene Regionen des Landes entdecken und freue mich, dass ich sogar eine Reisegefährtin an meiner Seite haben werde. Die südafrikanische Gastfreundschaft erfüllt mich mit Ehrfurcht und viel Vorfreude. Man hat bereits Ausflüge geplant, Unterkünfte organisiert und den Reiseplan mit viel südafrikanischer Lebenskultur gespickt. Es ist schon verwunderlich, dass ich eine kriegserschütterte, terrorgebeutelte Erdbebenzone verlasse, um mich in einem von Cholera und Aids heimgesuchten Land mit einer der weltweit höchsten Verbrechensraten zu erholen. Es bringt mich zum Schmunzeln, denn ich habe großen Frieden über meine Pause in diesem „wilden" Land.

Eins weiß ich bereits jetzt: Nach diesen afrikanischen Wochen werde ich in ein verändertes Israel zurückkehren. Atmosphäre und Realität verändern sich schlichtweg in einem rasanten Tempo und das Schritthalten fordert nicht nur äußere, sondern vielmehr innere Fitness.

Auch die personellen Veränderungen in meinem Team werden greifen und es kommt erneut eine Mehrbelastung auf mich zu, denn Dinge, die ich bisher beruhigt an meine Kollegen delegieren konnte, werde ich wieder übernehmen müssen bis die neuen Mitarbeiter eingearbeitet sind. Im Moment fühle ich mich nicht dafür gewappnet, daher ist es umso wichtiger, meine Reserven aufzufüllen.

Südafrika – Faszinierend!

Und schwups bin ich wieder zurück im Nahen Osten – genauso fühlt es sich an. Mein Urlaub in Südafrika war einfach genial und wunderschön, doch gefühlt viel zu kurz. Meine Gastgeber umsorgten mich liebevoll, die Landschaft faszinierte mich und Löwen, Giraffen, Elefanten und allerlei andere Tiere in Freiheit direkt vor meiner Nase zu sehen, also nicht in der Tristesse eines Zoogefängnisses, brachte mich zum Staunen. So gelang es mir recht schnell, den Stress abzuschalten und das Tempo herauszunehmen. Bereits nach wenigen Tagen schien es, als sei Israel nicht nur geografisch sehr weit entfernt. Obwohl ich einige Male dienstlich angerufen wurde, konnte ich danach rasch wieder umschalten und mich auf die Entdeckung Südafrikas und die Gemeinschaft mit guten Freunden konzentrieren.

Ja, Südafrika ist ein absolut faszinierendes Land und landschaftlich wunderschön. Es ist abwechslungsreich, grün, mit brausenden Ozeanen, majestätischen Bergen und pulsierenden Metropolen. Und dann die Vielzahl wilder Tiere! Da muss man einfach innehalten und staunen, ausruhen und entspannen, Gottes Schöpfung genießen. Ich empfand es als einen großen Segen, das Land nicht nur durch Besucheraugen zu sehen, sondern auch das Herz und den Insiderblick unserer Gastgeber zu erleben. Genau am Wahltag bestieg ich das Flugzeug zurück nach Israel. Kaum zu glauben, dass die Apartheid erst 1994 ein Ende gefunden hat und in jenem Jahr die ersten freien Wahlen stattfanden. Südafrika ist ein junger Staat mit vielen Wunden, die Heilung benötigen, ein Land, das Gnade erlebt hat. Vielleicht ist es genau das, was Südafrika, Deutschland und Israel verbindet – ich weiß es nicht. Alle drei sind Länder, die eine tragische Geschichte durchlitten haben, im Altertum wie auch in der Neuzeit, und gleichzeitig sind es auch

Länder, die sich ihren Herausforderungen gestellt und allen Widrigkeiten zum Trotz eine Art Wiederauferstehung erlebt haben.

Die herzliche Gastfreundschaft übertraf alles, was mir zuvor darüber erzählt worden war. Die offenherzige Freundlichkeit der Menschen, insbesondere derer, die wir noch nie zuvor getroffen hatten, erfüllte uns mit großer Demut. All diese Erlebnisse haben für mich ein Wort aus der Bibel erlebbar gemacht: *Unser Herz ist voll Leid, und doch erleben wir ständig neue Freude. Wir sind arm, aber wir machen andere reich. Wir besitzen nichts und haben doch alles* (2. Korintherbrief 6,10).

Der fehlende Torso

Seit meiner Rückkehr sorgen Arbeit und Alltag in Israel wahrlich dafür, dass mir nicht langweilig wird – im Gegenteil. Beides hat es in sich. Erfrischt und erfüllt mit neuem Tatendrang sowie einer weniger nebligen Vision, aber auch einer guten Portion Weisheit und Entschlusskraft, manche Dinge anders anzupacken, stieg ich aus dem Flugzeug. Ich bin stolz auf mein Team, das – trotz sehr arbeitsintensiver Wochen – wunderbar die Stellung gehalten hat. Es war richtig gewesen, anderen die Zügel in die Hand zu drücken und ihnen etwas zuzutrauen. Nun freue ich mich daran, dass sie durch diese Herausforderung gewachsen sind.

Der Truppenabzug hört allerdings nicht auf und verursacht immer größeren Druck. Da ist einerseits der Druck von außen durch Argwohn christlichen Organisationen gegenüber, der sich auch in immer neuen Vorgaben und Forderungen, die wir nur schwerlich umsetzen können, niederschlägt. Andererseits verursachen die langanhaltende Unterbesetzung und der Verlust der Kontinuität im mittleren Management Überarbeitung und Stress von innen. Manches war bereits absehbar, ehe ich meine Pause einlegte, anderes hat sich für uns unerwartet entwickelt. Die hier tätigen Organisationen stehen einem Dilemma gegenüber, das kaum lösbar ist: Die jeweiligen Leiter können durch langfristige oder permanente Aufenthaltsgenehmigungen abgesichert werden; durch Kurzzeit-Volontäre wird der Großteil der alltäglichen Arbeiten, die wenig Schulung erfordern, gemeistert. Doch für das mittlere Management gibt es nur eine sehr begrenzte Absicherung. Somit haben wir Kopf, Hände und Füße, doch keinen funktionsfähigen Torso. Durch den Mangel an Kontinuität aufgrund eines starken, in dem Ausmaß noch nicht aufgetretenen Umbruchs gerät der gesamte Körper ins Wanken. Doch diese Krise birgt auch Chancen, wertvolle Lektionen zu lernen: Erkennen wir unsere Grenzen? Kommunizieren wir sie? Respektieren wir unsere eigenen Grenzen und die anderer? Finden wir neue Wege und gangbare Kompromisse? Praktizieren wir Wertschätzung, Gnade, Nächstenliebe und Reife? Wie sehr klammern wir uns an das „Endprodukt" – können wir Abstriche verkraften oder, wenn nicht, inwieweit dürfen wir das Wohlsein der Mitarbeiter riskieren? Halten wir an einem starren Plan fest und verlieren dadurch das eigentliche Ziel aus den Augen? Oder sind wir in der Lage, das große Ziel so zu betrachten, dass eine Anpassung unserer Pläne möglich ist? Diese Gesamtsituation bietet reichlich Raum für charakterliches Wachstum.

Der im Geistlichen begonnene Umbruch zeigt sich nun seit einiger Zeit auch im sichtbaren Bereich. Die Umstrukturierung bewirkt, dass Neues zu- und Altes losgelassen werden muss. Es ist wichtig, nicht an einem Denken im Sinne von „Das haben wir schon immer so gemacht" festzuhalten, sondern uns vielmehr darauf einzulassen, neue Wege zu gehen, und dabei das eigentliche Ziel nicht aus den Augen zu verlieren. Somit gestaltet sich meine Arbeit interessanter denn je. Manchmal heißt es, Lösungen zu suchen und bei der Umsetzung zu helfen. Ein andermal braucht es nur ein offenes Ohr und einen gut durchdachten Rat. Oftmals füllen wir die Kommunikationslücke. Und immer wieder halten uns die mangelnden, verzögerten oder ganz normalen Visa auf Trab. All das ist emotionales Dynamit. Noch gelingt es mir, mit meinem Team eine gewisse Stabilität in die Turbulenzen hineinzubringen, und ich bin dankbar für die wohl besten Mitarbeiter, die man sich wünschen kann, die mir aber leider nicht mehr lange zur Seite stehen werden. Es ist also abzusehen, dass wir die bisherige Beständigkeit nicht aufrechterhalten.

Routine?

In Israel ist es derzeit „ruhig", dennoch fanden vor Kurzem landesweit breit angelegte Notfallübungen mit Sicherheitspersonal, dem Militär, Ärzten und Sanitätern, aber auch der Bevölkerung statt. Es sollte ein so realistisch wie mögliches Szenario sein, in dem professionelle und ehrenamtliche Helfer den Ernstfall simulieren. Passanten mussten damit rechnen, in diese Übungen miteingebunden zu werden. Jeder, der unvermittelt in dieses Geschehen hineingeriet, hätte meinen können, er wäre als semi-aktiver Statist in einem Actionfilm rekrutiert worden: Mit Kunstblut überströmte „Verletzte", die die verschiedensten Verletzungen darstellten, lagen auf den Straßen oder hingen halb aus Fahrzeugen. Bis an die Zähne bewaffnete Sondereinsatzkommandos, verfolgten imaginäre Attentäter und brachten sie zur Strecke. Scheinbar hyperaktive Sanitäter riefen sich Kommandos zu und rannten mit Verletzten auf Tragen zum nächsten Rettungswagen. Und natürlich war das alles verbunden mit dem dazugehörigen Blaulicht und Sirengeheul und entsprechender Aufregung. Routine wurde all das genannt, diese sehr real simulierten Rettungsszenarien, die Passanten bei ihrem Einkauf oder anderen Erledigungen erwischten. Ja, es IST Routine hier. Notwendige Routine. Und es ist etwas, das wir in Deutschland für übertrieben und gewöhnungsbedürftig hielten.

Auferstehung ist unbequem

Sieben Wochen liegen zwischen dem Passahfest und Schawuot (bzw. Ostern und Pfingsten in der christlichen Terminologie).

Diese Zeit wird in der jüdischen Tradition durch das Omer-Zählen gekennzeichnet. Omer (עומר) heißt übersetzt „Garbe". Das Passahfest erinnert einerseits an die Befreiung der Juden aus ägyptischer Knechtschaft und ist andererseits ein Dankfest für die ersten Früchte des Jahres. Ehe das erste Brot aus der neuen Ernte gebacken wurde, brachte man eine Garbe (Omer) Gerste in den Tempel – ein rituelles Zeichen, der Dankbarkeit und Hoffnung auf eine gute Ernte. Historisch betrachtet waren die Omer-Tage geprägt von Katastrophen für das jüdische Volk. Deshalb werden besonders in den ersten 33 Tagen der Omer-Zeit keine freudigen Ereignisse gefeiert. Viele Juden rasieren sich während dieser Zeit nicht und lassen auch das Kopfhaar wachsen.

Die ersten vierzig Tage sind auch für Christen besonders bedeutsam, denn der auferstandene Messias erschien seinen Jüngern in verschiedenen Situationen. Er verwirrte sie. Er ermächtigte sie. Er hielt seine Versprechen. Dann wurde er in den Himmel erhoben und sandte den Heiligen Geist – ebenfalls wie versprochen (siehe Johannesevangelium, Kapitel 14 und 16).

Im Glaubensleben eines Christen kommt ein Zeitpunkt, an dem Jesus sterben muss. Was bedeutet das? Der Jesus, den „man" gekannt hat – halt, nein, nicht so unpersönlich und distanziert! Der Jesus, den *wir* gekannt haben, verschwindet und erscheint auf eine andere Art. Wenn er uns nicht verlässt, kann er nicht den Tröster senden (so sagt es Johannes in Kapitel 16,7). Die Apostel und viele andere, die Jesus in den Jahren seines irdischen Dienstes erlebten und begleiteten, hatten das Vorrecht, ihn persönlich zu sehen. Sie beobachteten, was er tat, wie er mit Menschen, die in schrecklicher Not waren, umging, wie er denjenigen, die nach ihm suchten, begegnete und wie er sich mit den Pharisäern und anderen religiösen Führern befasste. Sie stellten ihre Fragen und erhielten Antworten. Sie diskutierten miteinander. Jesus befähigte sie, er rügte sie, er forderte sie heraus, er unterrichtete sie und sandte sie aus. Sie beobachteten sein Gebetsleben und bezeugten so manches Wunder. Sie „kannten die Spielregeln", und während sie mit Jesus durchs Land zogen, begannen sie, sich in ihrem „neuen Leben" wohlzufühlen, hatten sie doch ihr „altes Leben" zurückgelassen. Aber dieses neue Leben war mehr als nur eine „neue Rolle". Jesus hatte eine von Grund auf neue Identität für sie im Sinn. Sie machten sich ihr Bild von Jesus und das gab ihnen Sicherheit, es schuf eine Wohlfühlzone. Er war ihr Leiter, sie sahen ihn, sie blieben in seiner Nähe. Doch das war weit entfernt von dem, was Gott für sie beabsichtigte. Um vollkommen in das hineinzuwachsen, was Gott für sie im Sinn hatte, musste ihr Jesus, so wie sie sich ihn vorstellten und definierten, sterben.

Gezähmt oder unzähmbar?

Und so geht es auch vielen von uns heute. Wir treffen Jesus, wir lernen ihn kennen, wir verändern vielleicht sogar manche Lebensumstände, richten uns neu aus, schlüpfen in eine bisher unbekannte Rolle – und irgendwann machen wir es uns dort bequem. Wir lernen die Spielregeln und wir schaffen uns einen imaginären Jesus, der unseren Vorstellungen entspricht. Wir entwickeln unsere Systeme, unsere Gewohnheiten und Routinen, unsere Liturgien und Rituale, unseren Terminplan und unsere Dienste – und irgendwo dort hinein platzieren wir Jesus. Er kann sehr wohl das Zentrum von all dem sein, und würden wir gefragt, so würden wir antworten, dass wir ihn über alles lieben. Trotzdem muss er das Jesusbild, das wir in unseren Gedanken verankert haben und durch unseren Lebensstil zum Ausdruck bringen, korrigieren. Um Leben im Überfluss zu leben, so wie er es im Johannesevangelium, Kapitel 10 gemeint hat, muss er die Schubladen, die wir für ihn geschaffen haben, sprengen. Letztlich ist Gott souverän, er ist der Unzähmbare. Er sitzt auf dem Thron.

Wenn wir uns klassisches Kirchen- oder Gemeindeleben anschauen, ist es häufig ein Spiegelbild ebendieser Schubladen, die wir geschaffen haben. An Weihnachten und Ostern sind die Häuser voll. Man feiert seine Geburt und kennzeichnet das Ende seines irdischen Dienstes. Ein Baby, so süß und unschuldig und dennoch der versprochene Messias. Der Gekreuzigte, der alle unsere Sünden zum Kreuz trug. Viele gestalten den Advent und oftmals auch die Fastenzeit zwischen Aschermittwoch und Ostern anders als den Rest des Jahres. An Himmelfahrt und Pfingsten sind die Gemeinden jedoch nicht ganz so voll, denn wir wissen nicht richtig, wie wir dem Gott, der beschließt, sich im Geist zu offenbaren, begegnen, geschweige denn, wie wir mit ihm umgehen sollen. Wir können ihn nicht berühren; wir können ihn uns nicht so recht vorstellen. Aber vielleicht ist es genau das, was wir am meisten ergreifen sollten.

Ein Gott, der keinen Sinn ergibt?

Nach seinem Tod und seiner Auferstehung offenbarte Jesus sich seinen Aposteln auf mysteriöse Weise. Er hatte ihnen mehrfach mitgeteilt, dass er sterben müsse, nach drei Tagen auferstehen würde, ihnen voraus nach Galiläa gehen und später den Heiligen Geist senden würde (siehe Matthäus 17,22–23 und 26,32; Markus 14,28; Johannes 14,16–18). Alles geschah genau so, wie er es vorausgesagt hatte. Er hatte sie vorbereitet. Als es dann jedoch Realität wurde, wussten die Apostel nicht mehr weiter. Sie verloren „ihre" Vision und wussten nicht, wie, was oder wohin (auch wie vorausgesagt, siehe Matthäus 26,31 oder Markus 14,27). Der Jesus, den sie kannten, war gestorben. Und mit ihm der Jesus, den sie sich in ihren Gedanken zurechtgelegt hatten. Alles, woran sie geglaubt hatten – der dynamische Dienst, an dem sie aktiv Teil gehabt hatten, sowie die Sehnsucht und Hoffnung nach Veränderung, die sie in all den Jahren hatten erleben dürfen –, war plötzlich nicht viel mehr als eine Erinnerung. Sie gingen mit Balsam und Öl zum Grab, um dem Gott, der (ihrer Ansicht nach) einfach keinen Sinn mehr machte, die letzte Ehre zu erweisen und ihn einzubalsamieren. Wie oft kommen wir an den Punkt, an dem es scheint, als mache Gott keinen Sinn mehr? Wir können nicht erklären, warum er nicht einfach alle unsere Gebete beantwortet und dem Umherwüten des Bösen Einhalt gebietet, während er gleichzeitig auch die letzte Ecke unseres Charakters erforscht und formt. Wir ringen mit ihm. Und er gewinnt – jedes Mal. Aber ergibt es in unseren Augen immer Sinn? Ratlos stehen wir dann da und müssen uns die Frage stellen, ob wir Jesus nun einbalsamieren oder uns an das Versprechen der Auferstehung erinnern sollen – ein Versprechen, das uns auffordert, Gott zuzugestehen, dass er unser Fassungsvermögen sprengen kann und möchte.

Der Fremde. Der Gärtner. Der Typ am Ufer. Geheimnisvoll.

Gott hat mehr für uns geplant, so wie er mehr für die Apostel im Sinn gehabt hat. Sie mussten dem auferstandenen Jesus begegnen. Und er findet sie. Er trifft die Apostel auf ihrem Weg nach Emmaus, begegnet ihnen dort, wo sie in ihrem Denken, ihrem Kummer, dem Verlust ihrer Vision verhaftet sind. Doch er steht nicht einfach vor ihnen und macht sofort deutlich, wer er ist. Er erscheint als ein Fremder, und erst als sie gemeinsam das Brot brechen, erkennen sie den auferstandenen Messias (Lukasevangelium, Kapitel 24,13ff).

Er ist der Gärtner, den Maria an der Grabstätte trifft, der Fremde, der sich zu den Reisenden gesellt. In Liebe und Barmherzigkeit offenbart er sich Thomas, der dem aufgeregten Gerede dieses Häufleins von Aposteln, die Jesus bereits gesehen hatten, zuhören musste und sich doch nicht überzeugen lassen wollte: *Wenn ich meine Hand nicht in seine Seite und meine Finger nicht in die Wunden legen kann, die die Nägel verursacht haben, werde ich nicht glauben!* Jesus liebt Thomas genug, um ihm genau dort, wo er ihn sehen muss, zu begegnen (Johannes, Kapitel 20,24ff).

Und er ist der Typ, der am Seeufer steht, nach einem Happen Fisch fragt und den „Fischern", die aus Jerusalem nach Galiläa gekommen waren, Tipps gibt, wo der beste Fang zu machen ist. Erst nachdem sie den größten Fang ihrer Karriere in ihren fast platzenden Netzen an Land ziehen, begreifen sie, dass es der auferstandene Jesus ist, der gern mit ihnen frühstücken möchte (Johannes, Kapitel 21). Sie hatten für einen Moment vergessen, dass Jesus sie zu Menschenfischern gemacht hatte und dass der wirklich große Fang, den Gott im Sinn hatte, nichts mit Fischen zu tun hatte. All diese Begegnungen sind in gewissem Maße geheimnisvoll, nicht von vornherein offensichtlich. Jesus zeigte sich denen, die er liebte, nicht auf den ersten Blick, manchmal auch nicht auf den zweiten. Er begegnete ihnen allen dort, wo sie waren, holte sie ab, und als sie wirklich hinschauten, mit ihrem Herzen, da offenbarte er sich ihnen.

Faszination Verwirrung

Dem auferstandenen Jesus zu begegnen bedeutet oftmals, „nach Galiläa zurückzukehren", dorthin, wo Jesus zu finden ist, weil er es bereits gesagt hat. Nach Galiläa zu gehen bedeutet, sich daran zu erinnern, was es war, das uns am Anfang zu Jesus geführt und uns in seine Nähe gezogen hat. Es bedeutet, erneut dem Jesus zu begegnen, der unvermittelt vor uns steht und uns herausfordert, unser altes Leben zurückzulassen. Es ist eine frische Begegnung mit demjenigen, der uns vom allerersten Augenblick an verwirrt hat. Mit dem, der uns erfüllt und uns dennoch mit mehr Fragen als Antworten zurücklässt, während er uns gleichzeitig einen tiefen Frieden schenkt, weil wir endlich nach Hause zum Vater gekommen sind. Wir haben vielleicht Jahre gebraucht, um Antworten auf unsere intimsten und brennendsten Fragen zu finden und einige unserer Verwirrungen aufzudröseln – und in dieser Zeit haben wir unser eigenes Jesusbild geformt. Nach Galiläa zurückzukehren erlaubt uns nun, erneut an dem Ort zu sein, an dem Jesus den größten Teil seines Lebens verbrachte, und mit der Weisheit, die wir unterwegs gewonnen haben, aber auch mit neuer Frische und ungeschminkter Ehrlichkeit auf den Jesus zu schauen, der uns von Anfang an fasziniert hat. Den geheimnisvollen, rätselhaften, fesselnden, faszinierenden und umwerfenden Jesus, der uns zu sich selbst hingeliebt hat.

Der auferstandene Jesus verwirrt uns. Er verbirgt und offenbart sich uns gleichzeitig – auf Wegen, die wir oftmals auf Anhieb kaum erkennen. Er erlaubt uns, einen Mangel seiner Anwesenheit zu spüren, während er, allmächtig und allgegenwärtig wie er ist, nicht anders kann, als jederzeit und an allen Orten mit uns zu sein. Um ihn, Gott den Geist, der in uns und unter uns weilt, zu sehen und zu hören, müssen wir als Erstes und Wichtigstes begreifen, wie blind und taub wir tatsächlich sind und wahrnehmen wie leidenschaftlich sich unser Innerstes nach seiner erlösenden und belebenden Berührung sehnt.

Gott offenbart sich größtenteils in den banalen und gewöhnlichen Dingen dieser Welt. Wir leben unser normales Leben: Wir gehen fischen, bereiten Frühstück zu, essen gemeinsam, gehen zum Brunnen und füllen unsere Gefäße, weiden die Schafe, tränken die Kamele – um es biblisch auszudrücken. Wir können uns mit dem Blinden, der am Wegesrand sitzt, vergleichen. Wenn wir lediglich um Almosen bitten, werden wir genau diese auch bekommen und es wohl irgendwie schaffen, jeden einzelnen Tag zu überleben (was heißt das eigentlich? – über-leben?), während wir weiter an der Straße im Staub sitzen bleiben. Doch wenn wir nach Jesus rufen, wird er – vielleicht plötzlich und unerwartet – kommen und uns die Augen öffnen. Wie viel mehr noch wird der auferstandene Jesus tun! Ja, in der Tat, wenn wir ihm erlauben, unsere Routine zu durchbrechen und unser Jesusbild zu verändern, wird er uns befähigen, ein außergewöhnliches Leben zu leben, ihm zur Ehre. Gott weiß, dass wir diese Offenbarung brauchen, um die wahren Schätze des Lebens zu entdecken.

Große kleine Welt

Auf eine Art Schatz trafen kürzlich zwei unserer Volontäre aus Japan. Sie erfuhren aus erster Hand, wie greifbar und nah unsere Bemühungen, Versöhnung zu bringen, sein können. Als sie auf dem Markt waren, um Lebensmittel einzukaufen, fühlten sie sich förmlich in ein Geschäft in einer der Marktgassen hineingezogen. Es war ein kleines, schickes Second-Hand-Lädchen, geführt von einer jüdischen Dame mittleren Alters. Das Geschäft war winzig, aber bestückt mit qualitativ hochwertiger Kleidung in- und ausländischer Marken. Eine junge Verkäuferin begrüßte die beiden und fragte, woher sie seien und was sie hier in Israel machten. Sie antworteten, dass sie aus Japan kämen und als Volontäre bei *Bridges for Peace* arbeiteten. „Oh, ich kenne euch!", sagte sie mit einem strahlenden Lächeln auf ihrem Gesicht, und meinte damit die Organisation. „Ihr habt meiner Mutter geholfen." Dann schauten die beiden sich um, so manches Stück reizte zum Kauf. Während sie noch stöberten, betrat dann tatsächlich die Mutter der jungen Verkäuferin das Lädchen. Als sie hörte, wer die beiden waren, erzählte sie ihre Geschichte:

„Ich war Opfer eines Terroranschlags und erhielt Unterstützung von *Bridges for Peace*. Menschen aus Japan halfen mir durch die schwere Situation hindurch!" An diesem Punkt fiel den beiden förmlich die Kinnlade herunter. Wie groß ist die Wahrscheinlichkeit, dass sie in Israel auf jemanden treffen würden, der von ihren Landsleuten Unterstützung erhalten hatte? Die Frau berichtete weiter, dass diese Unterstützung sie in die Lage versetzt hatte, sich von dem Anschlag zu erholen und neue Hoffnung zu schöpfen. Vor wenigen Monaten hatte sie dann jenes Geschäft im Jerusalemer Markt eröffnet. Freude und Dankbarkeit für die Hilfe, die sie erhalten hatten, waren in den Gesichtern von Mutter und Tochter zu erkennen. Die beiden Volontäre aus dem fernen Japan machte diese Überraschung überglücklich, bestätigte sie doch, dass Liebe und Barmherzigkeit über Grenzen und Nationalitäten hinweg Herzensverbindungen knüpfen kann.

Elul – ein besonderer Monat

Das Erlebnis der beiden japanischen Volontäre erinnert mich an das, was im Judentum traditionell über den Monat Elul gesagt wird. Der Monatsname klingt fremd, denn im gregorianischen Kalender, der in Deutschland und weiten Teilen der Welt benutzt wird, gibt es diesen Monat nicht. Es ist der zwölfte und letzte Monat des bürgerlich-jüdischen Kalenders und der sechste des religiös-jüdischen Kalenders, also nach biblischer Zählung. In der Bibel trägt dieser Monat einfach den Namen „der sechste Monat". Die Bezeichnung Elul ist babylonischen Ursprungs und wurde vom Volk Israel während des dortigen Exils geprägt. In der Bibel kommt dieser Monatsname nur einmal im Buch Nehemia vor: *Nach zweiundfünfzig Tagen, am Fünfundzwanzigsten des Monats Elul, war die Mauer vollendet* (Kapitel 6,15).

Im Hebräischen ist Elul (אֱלוּל) ein Akronym für den Satz aus dem „Lied der Lieder", dem Hohelied Salomos: *Ani Le Dodi We Dodi Li – Ich gehöre meinem Geliebten und mein Geliebter gehört mir.* Und so könnte man den Monat Elul auch als eine Zeit der Liebe zwischen Gott und seinem Volk betrachten, als eine Zeit der besonderen Annäherung zwischen Gott – dem Geliebten – und dem Menschen.

Es ist ein Monat der Reflexion, geprägt von persönlicher Vorbereitung auf die nahenden Herbstfeste. Jeden Morgen in den neunundzwanzig Tagen dieses Monats wird Psalm 27 in den Synagogen gelesen. Es ist eine Zeit der guten Vorsätze. Es wird verbessert, was noch nicht vollkommen ist. Es ist ein Monat des Erforschens des eigenen Inneren, man betrachtet die Taten des vergangenen Jahres, macht sich seine Fehler und Macken bewusst und kehrt um und bringt Dinge in Ordnung. Veränderung ist aus eigener Kraft nicht möglich, wir brauchen viel Gnade und bedingungslose Liebe. Im Monat Elul, so sagen die jüdischen Weisen, ist Gott besonders spürbar, und zur Illustration zeichnen sie ein faszinierendes Bild: Der König hat seinen Palast verlassen und ist auf dem Feld.

Der König auf dem Feld

Der König steht sinnbildlich für Gott. Ein König aus Fleisch und Blut ist für den normalen Untertan im Grunde unerreichbar. Wer um eine Audienz bittet, muss viele Instanzen des Protokolls durchlaufen. Anders sieht es aus, wenn der König seinen Palast verlässt und sich „unters Volk mischt". Er geht mit seinem Gefolge hinaus aufs Land und redet mit Bauern, Marktleuten, Reisenden, Bauarbeitern, Bettlern und Landstreichern, eben mit jedem, der ihm begegnet, der seine Neugierde weckt oder das Gespräch mit ihm sucht. In diesem Fall ist das „Protokoll" nicht ganz so steif und konventionell. Alle dürfen sich dem König nähern und ihm ins Gesicht sehen. Er ist guter Laune und die „gewöhnlich Sterblichen" dürfen kommen und ihn begrüßen, ein Wort mit ihm plaudern. Auf dem Rückweg begleiten ihn die Leute bis zum Palast. Mit diesem Bild versuchen die jüdischen Weisen, die Stimmung des Elul einzufangen. Jetzt ist Gott, der König, auf dem Feld. Gewiss, wir dürfen jederzeit mit Gott reden. Doch, so die jüdische Tradition, im Monat Elul ist der Kontakt enger und Gott besonders nah.

Außer am Schabbat wird an jedem Tag dieses Monats morgens das Schofar (Widderhorn) geblasen. Es soll die Menschen aus ihrer Routine herausrufen und sie daran erinnern, dass der König sich unters Volk gemischt hat. Gemäß der Tradition besteht auch eine Verbindung zur Zeit Moses. Die insgesamt vierzig Tage zwischen dem 1. Elul und Jom Kippur (Versöhnungstag) sollen an jene vierzig Tage erinnern, in denen Moses den Berg Sinai erstieg, um zum zweiten Mal die Gesetzestafeln mit den Zehn Geboten zu empfangen, nachdem er die ersten zerbrochen hatte – aus Wut darüber, dass das Volk in seiner Abwesenheit das Goldene Kalb erschaffen und angebetet hatte. Seither gelten diese Tage als Zeit der göttlichen Gnade und als Zeit der Reue und Rückkehr zu Gott.

Eine himmlische Gelegenheit! Der König ist nah – mitten unter uns. Er freut sich, wenn wir auf ihn zugehen, denn er möchte uns begegnen. Gott hat ganz bewusst besondere Zeiten in den Jahresablauf eingebaut, damit seine Schöpfung, der Mensch, in aller Betriebsamkeit Raum zur Besinnung finden und wieder zum Wesentlichen zurückkehren kann. Das uns geläufigste Beispiel dafür ist wohl der wöchentliche Ruhetag, also der Schabbat oder unser Sonntag. Egal wie groß die Sorgen oder Anstrengungen waren, sind oder sein mögen – wenn wir uns ihm nahen, wird er uns nicht beiseite schieben. Dem König zu begegnen ist immer etwas Besonderes. Passend zu diesem Bild feierte ich dieses Jahr den Beginn des Elul gemeinsam mit Freunden bei einem Lagerfeuer und gutem Austausch unter sternenklarem Nachthimmel fernab vom hektischen Jerusalem. Auf dem Feld sozusagen.

Zeitvertreib?

Das Jahr 2009 geht bereits ins letzte Drittel und wahrscheinlich bin ich nicht die Einzige, die sich fragt, wo bloß „die Zeit geblieben ist". Ist schon eine komische Sache, das mit der Zeit ... Wir alle haben dieselbe Menge an Zeit, die wir mit Arbeit, Schlaf, Mahlzeiten und diversen anderen Tätigkeiten verbringen, wobei wir uns eine gewisse Flexibilität für spontane Aktivitäten, ungeplante Zwischenfälle oder ausgiebige Hobbies bewahren können – und doch haben wir oft „keine Zeit". Darüber wunderte sich schon Rainer Maria Rilke:

„Wunderliches Wort: die Zeit vertreiben!
Sie zu halten, wäre das Problem.
...
Ach, in meinem wilden Herzen nächtigt
obdachlos die Unvergänglichkeit."[18]

„Die Zeit vertreiben"? Das hat so einen Beigeschmack von „fortschicken", dabei kommt es uns doch häufig vor, als hätten wir nie genug Zeit! Als fehle sie uns. Als kämen wir viel zu selten dazu, genug Zeit in die Dinge zu investieren, die uns am Herzen liegen. Es gibt so viele Dinge, die auf uns einströmen, die unsere Kraft und Aufmerksamkeit fordern, vielleicht gar erzwingen. Manchmal müssen wir aufpassen, dass wir in all der Quantität des zu Schaffenden die Qualität nicht verlieren. Unser eigenes Wohlergehen und das Wohlergehen der Menschen, die uns wichtig sind. Zeiten, in denen wir einander Gutes tun, indem wir schlichtweg bewusst *Zeit* miteinander verbringen, sollten wir nie aus dem Auge verlieren.

Wahrscheinlich werden wir auf dieser Seite des Lebens niemals das Mysterium erkunden, warum uns die Zeit durch die Finger zu rinnen scheint, während wir doch anstreben, sie SINN-erfüllt zu nutzen. Das wirft natürlich die altbekannte Frage auf: „Was gibt unserem Leben Sinn?" Sind es die offensichtlichen Dinge? Sind es die Zwischentöne? Oder die Dinge, die wir vielleicht gar nicht wahrnehmen? Sind es noble Ziele und ein fokussiertes Daraufhinarbeiten? Das Streben nach dem eigenen Glück? Oder Selbstaufgabe? Alles in allem sind wir nicht der Nabel der Welt. Nein, das Leben dreht sich nicht allein um „mich". Kein Mensch sollte das Zentrum seines eigenen, selbstdefinierten Universums sein, in dem Ereignisse, Rahmenbedingungen und andere Menschen durch den Orbit kreisen. Zentrum und Quelle allen Lebens ist Gott, der Schöpfer, der unserem Leben Sinn und Inhalt gibt. Er hat einen perfekten Plan für uns, dessen Verwirklichung er sich mindestens genauso sehr wünscht wie wir. Es ist ein Plan, der auch anderen Menschen zum Segen gedacht ist.

Krisenmanagement

Die personellen Veränderungen haben nun auch mein Team erreicht und es heißt Abschied nehmen und neu begrüßen. Diejenigen, die gehen mussten, weil ihr Visum nicht verlängerbar war, waren exzellente Mitarbeiter und ich ließ sie nur schweren Herzens ziehen. Nun werde ich von zwei jungen Frauen unterstützt; beide haben bisher keine oder nur geringe Berufserfahrung und brauchen deshalb noch sehr viel Hilfestellung. Das Arbeitsvolumen ist innerhalb des letzten Jahres derart gewachsen, dass wir zur Zeit gerade so unsere Nase über Wasser halten können. Das bedeutet für mich, Prozesse zu vereinfachen, wo es nur geht, und immer wieder zu entscheiden, wo und wie Dinge auf Eis gelegt werden können.

Mittlerweile wirken sich die verschärften Visaregelungen auf gravierende Weise auf unsere Organisation aus. Einige Zahlen sollen helfen, das zu verdeutlichen: Grundsätzlich bräuchten wir permanent etwa sechzig Volontäre, um das Arbeitsvolumen zu bewältigen. Etwa ein Drittel von ihnen sollte sich langfristig verpflichten, da sie entweder eine Supervisorenrolle ausüben oder mit ihrer fachlichen Kompetenz für Stabilität und reibungslose Arbeitsabläufe sorgen. Das jedoch lässt sich kaum noch umsetzen. Im Verlauf dieses Jahres nahm die Zahl unserer Langzeitvolontäre stetig ab, während wir mit Kurzzeitlern die Lücken zu füllen versuchten. Innerhalb der letzten zwei Monate mussten wir von zweiundzwanzig Volontären Abschied nehmen, während nur fünf neue ankamen. Bis zum Ende des Jahres wird die Anzahl unserer Volontäre um dreiunddreißig Prozent sinken. Wenn Krankheit oder Urlaub Ausfälle verursachen, haben wir wenige Überbrückungsmöglichkeiten und das verursacht großen Stress. Es ist vielleicht schwer nachzuvollziehen, aber das Leben in Israel an sich erfordert bereits hundertdreißig bis hundertfünfzig Prozent der Energie, die der Durchschnittsalltag in Deutschland kostet. Das erschöpft auf die Dauer, sodass zusätzlich entstehende Belastungen nicht immer gut bewältigt werden können.

Ich habe in den vergangenen achtzehn Monaten unzählige Volontäre vor allem emotional und logistisch begleitet und immer wieder mit den Leitern der Organisation nach Lösungsmöglichkeiten gesucht. Es hat viel Kraft gekostet. Nun musste ich auch mein eigenes Visum zur Verlängerung einreichen. Es hat sich vor einigen Wochen bereits angedeutet, dass dies nicht reibungslos über die Bühne gehen wird, und so ist auch mein Antrag auf Verlängerung an eine höhere Instanz weitergeleitet worden. Eine Antwort kann ich frühestens Mitte bis Ende Januar nächsten Jahres erwarten. Grundsätzlich habe ich Frieden über die ganze Angelegenheit, darf ich doch auf viele Jahre aufregenden Dienstes zurückschauen. Dennoch ist es nicht leicht, inmitten des Krisenmanagements mit der Ungewissheit über meinen eigenen Status zu leben. Ich kann mich im Moment weder vor noch zurück bewegen, kann weder mein Leben hier abschließen noch vorausschauend planen. Es gibt derzeit niemanden, der meine Arbeit übernehmen könnte, und daher mache ich mir oft mehr Sorgen um andere als um mich selbst, denn das Wohlergehen unserer Mitarbeiter liegt mir sehr am Herzen. Wie dem auch sei, es ist eine Zeit im Wartezimmer und das heißt warten, bis ich „hereingerufen" werde.

Liebe in Plastiktüten und Briefe, die zu Herzen gehen

Unterbesetzt wie wir auch sein mögen, dürfen wir trotzdem für manche Menschen in Not eine unschätzbare Hilfe sein. Eine Klientin, die ein Jahr lang Unterstützung durch unser Adoptionsprogramm erhalten hatte, bat bei ihrem letzten Besuch um die Aufmerksamkeit aller Mitarbeiter, denn sie habe etwas Wichtiges zu sagen. Für die Mitarbeiter, mit denen sie regelmäßig zu tun hatte, zog sie kleine, hübsch verpackte Schokoladentafeln aus ihrer Tasche. Dann präsentierte sie eine selbstgemalte Urkunde und hob zu einer Rede an: „Ich habe die ganze Nacht nicht schlafen können, weil ich versuchte, Worte für das zu finden, was ich ausdrücken möchte. Ich möchte, dass ihr wisst, dass ich keine Familie habe; keine Mutter, Vater, Onkel, Großeltern, nur mich und meine fünf Kinder. Doch jedes Mal, wenn ich hierher kam, spürte ich, dass ich bei euch Familie habe. Jeder von euch hat mich immer freundlich behandelt und ich kann die Liebe spüren, die mir entgegenstrahlt. Ich weiß, dass das, was ihr tut, ein heiliges Werk ist und dass Gott euch hierher gebracht hat, um Familien zu helfen, die zu schwach sind, sich selbst zu helfen – so wie ich. Ich habe mich nie gedemütigt gefühlt, wenn ich kam, nein, ich spürte, dass ihr mich wirklich ehrlich liebt und um mich besorgt seid. Ich finde eure Liebe in jeder einzelnen Plastiktüte, die für mich gepackt wurde. Die Lebensmittel sind keine übrig gebliebenen Reste, sondern Produkte erstklassiger Qualität. Sogar meine Kinder bemerken das, wenn ich nach Hause komme. Wenn es Menschen wie euch nicht gäbe, wäre die Welt schon am Ende. Ihr alle seid ein riesiger Segen für mich und meine Kinder. Obwohl das, was ihr für mich getan habt, euch wahrscheinlich nur wie eine Kleinigkeit erscheint, war es für uns eine Hilfe, ohne die wir es nicht geschafft hätten. Danke! Ich kann nicht einfach nur so rausgehen, es fällt mir schwer, mich zu verabschieden. Ich werde rückwärts gehen müssen, sodass ich mir den letzten Eindruck tief einprägen kann. Danke, danke, danke!" Als sie weinend rückwärts ging, standen wir Mitarbeiter zu Tränen gerührt und sprachlos da, winkten ihr herzlich nach und brauchten einige Minuten, ehe wir wieder miteinander sprechen und weiterarbeiten konnten.

Ofra, eine 55-jährige Witwe, die sehr unter den Folgen von Lungenkrebs leidet, und ihre fünfzehnjährige Tochter, die geistig und körperlich behindert ist, wohnen gemeinsam mit Ofras arbeitslosem Sohn in einer Wohnung. Diese Wohnung ist völlig vom Schimmel befallen und der Putz hängt von den Wänden und der Decke herunter; viele Löcher starren einen förmlich an. Wie gesundheitsschädigend dieser Zustand ist, besonders für jemanden, der an Lungenkrebsfolgen leidet, kann man sich sicher vorstellen. Unser Heimwerkerteam schritt zur Tat. Sie reparierten Ofras gebrochenes Bett, verputzten Wände und Decken neu, boten dem Schimmel Einhalt, zimmerten Regale und Wandschränke, um mehr Platz zu schaffen, und brachten auch die elektrischen Leitungen wieder auf Vordermann. Im Bad installierten sie Haltegriffe in der Dusche. Diese Verbesserungen haben das Leben von Ofra und ihrer Familie grundlegend verändert. Sie kann sich nun gefahrlos duschen. Ihr Bett ist stabil. Das Haus ist heller, sauberer und sicherer. Auch sie hat uns einen Dankesbrief geschrieben: „Worte sind nicht genug, um meine Anerkennung für das, was Sie tun, auszudrücken. Mögen Sie alle mit guter Gesundheit gesegnet werden und Kraft haben, weiterhin solch gute Taten zu tun."

Manch einer drückt seine Dankbarkeit aber auch anders aus: Da ist die ältere Dame, die Auschwitz überlebt hat und aus ihrem Haus gelaufen kommt, um ihre Arme um unsere Volontäre, die ihr Lebensmittel bringen, zu schlingen. Nach einigen humorvollen Kommentaren erzählt sie ganz unbefangen ihre Überlebensgeschichte, und obwohl ihre Augen sich mit Tränen füllen, bleibt ihr Gesichtsausdruck von Freude geprägt. Ihre Offenheit Christen gegenüber zeigt, dass Heilung und Versöhnung möglich sind.

Oder der jüdisch-orthodoxe Mann, der unseren Fahrer jedes Mal herzlich umarmt. Er lebt in einer jüdisch-orthodoxen Gemeinschaft und die anwesenden Mitglieder dieser Gemeinschaft beobachten immer wieder, wie ein Rabbi einem Christen vorbehaltlos Liebe und Dankbarkeit entgegenbringt und religiöse Mauern, die in vielen Herzen existieren, heruntergerissen werden. Es sind diese kleinen Dinge, die uns alle Belastung vergessen lassen.

Ein Exkurs in die Welt der hebräischen Sprache

Das hebräische Wort für Glauben (אמונה – ausgesprochen „Emunah") bedeutet wörtlich Standhaftigkeit oder Beharrlichkeit. Die Wurzel des Wortes, „aman", wird im Hebräischen als „glauben", „vertrauen" oder „Glauben haben" definiert. Es wird manchmal auch als „unterstützen", „nähren", „bestätigen", „festmachen" oder „beständig machen" übersetzt. Das Wort „omenet" („Betreuerin", siehe das Buch Rut 4,16) und das Wort „omenot" („Säulen", „Türpfosten", siehe 2. Buch der Könige 18,16) stammen vom Verb „aman" ab. *Emunah* ist ein handlungsorientiertes Wort. Unser westlich geprägtes Konzept des Glaubens bezieht die Handlung auf denjenigen, an den man glaubt (Glaube an Gott). Doch die hebräische Definition bezieht die Handlung auf denjenigen, „der Gott unterstützt". Es meint nicht ein simples Kopfwissen oder Überzeugtsein, dass Gott handeln wird, sondern eher ein „Ich werde tun, was ich kann, um Gott zu unterstützen" (aktiv werden). Ein gutes Beispiel für *Emunah* können wir im 2. Mosebuch 17,12 lesen. Dort kämpft Israel gegen die Amalekiter:

Und es geschah, wenn Mose seine Hand erhob, dann hatte Israel die Oberhand, wenn er aber seine Hand sinken ließ, dann hatte Amalek die Oberhand. Da jedoch Moses Hände schwer wurden, nahmen sie einen Stein und legten den unter ihn, und er setzte sich darauf. Dann stützten Aaron und Hur seine Hände, der eine auf dieser, der andere auf jener Seite. So blieben seine Hände fest (אמונה), *bis die Sonne unterging.*

Mose hielt furchtlos und unbeirrbar seine Arme hoch, damit die Israeliten gegen die feindlichen Amalekiter siegen konnten. Glauben ist also keine Gefühlssache, sondern ein beharrliches Festhalten an den Verheißungen Gottes. Und da Mose es nicht allein schaffen konnte, unterstützten ihn Aaron und Hur. Sie wussten, dass nur durch Gottes Eingreifen die Schlacht gewonnen werden konnte und dass Mose, um diesen Sieg zu erringen, seinen Teil dazu beitragen musste. Letztlich unterstützten sie Gott. Alle drei setzten *Emunah* aktiv in die Tat um. Moses zeigte Entschlossenheit in seiner Beziehung zu Gott, Aaron und Hur förderten diese Entschlossenheit und Gott antwortete, indem er Josua und seine Truppen, die im Tal gegen die Amalekiter kämpften, mit seiner Macht ausstattete und ihnen somit den Sieg ermöglichte.

In diesem Sinne ist auch der Ausruf Joschafats zu verstehen. Als er in die Schlacht gegen die haushoch überlegenen Ammoniter und Moabiter zog, forderte er das Volk auf: *Hört mir zu ... Glaubt an den HERRN, euren Gott, dann werdet ihr bestehen!* (2. Chronik 20,20). Im Hebräischen ergibt sich folgendes Wortspiel: „Ha'aminu ba-Adonai ... v'te'amnu". Deklinationen der Wurzel „aman" stecken in diesem Aufruf.

Treue und Vertrauen

Eine häufig verwendete Definition von אמונה *Emunah* ist „Treue" oder „Vertrauen". In diversen Zusammenhängen wird so das Konzept von Entschlossenheit, Beständigkeit, Stabilität, Unveränderlichkeit, Zuverlässigkeit verdeutlicht. Abraham wird als Vater des Glaubens bezeichnet, weil er unerschütterlich daran festhielt, dass Sara ihm trotz ihres Greisenalters noch einen Sohn gebären würde – Isaak, den Verheißungsträger des jüdischen Volkes.

Wenn in der Bibel *Emunah* auf Gott bezogen verwendet wird, weist es gewöhnlich auf völlige Zuverlässigkeit und standhafte Treue hin. In diesem Zusammenhang bezieht es sich auf denjenigen, der die Fähigkeit hat, inmitten beunruhigender Verhältnisse stabil (treu) zu bleiben, z. B. *Alle deine Gebote sind Treue* (Psalm 119,86).

Eine sehr herausragende Bibelstelle, in der *Emunah* verwendet wird, steht im Buch Habakuk, Kapitel 2,4: *Der Gerechte aber wird durch seinen Glauben* (אמונה) *leben.* Zweimal wird diese Stelle im Neuen Testament zitiert (Brief an die Römer 1,17; Brief an die Galater 3,11). Interessanterweise wird dabei das kleine, aber wichtige Wort „seinen" weggelassen.

Als Habakuk diese Worte ausrief und niederschrieb, sahen die Menschen schweren Zeiten entgegen, weil Gott plante, die jüdische Nation (für ihren Unglauben) durch eine andere zu bestrafen. Diese Situation erforderte ein tief verwurzeltes Vertrauen in Gott, während er seine Gerechtigkeit ausübte und seine Ordnungen wiederherstellte. Stabilität und Entschlossenheit waren erforderlich, um den drohenden „Tag der Bedrängnis" zu überleben. *Jetzt will ich auf den Tag der Bedrängnis warten, dass er heraufkomme gegen das Volk, das uns angreift. Denn der Feigenbaum blüht nicht, und an den Reben ist kein Ertrag. Der Ölbaum versagt seine Leistung, und die Terrassengärten bringen keine Nahrung hervor. Die Schafe sind aus der Hürde verschwunden, und kein Rind ist in den Ställen. Ich aber, ich will in dem HERRN jubeln, will jauchzen über den Gott meines Heils. Der HERR, der Herr, ist meine Kraft* (Kapitel 3,16ff). Dürre, Hungersnot, eine Armee, die vernichtend zuschlagen will, kein Vieh auf der Weide – Ausweglosigkeit und Verzweiflung. Inmitten dieser Umstände der unerschütterliche Ausruf Habakuks, der einen tief verwurzelten Glauben (Emunah) bekennt. Auch jetzt gilt: *Die Gnadenerweise des HERRN sind nicht zu Ende, sein Erbarmen hört nicht auf, es ist jeden Morgen neu. Groß ist deine Treue!* (Klagelieder 3,22ff).

Genau deshalb bedeutet Glaube im hebräischen Sinne auch Vertrauen. Es ist die Kapazität, sich auf das Leben in mutiger Erwartung einzulassen. Glaube bedeutet mehr als ein Fürwahrhalten im Herzen oder eine Haltung des Vertrauens – der Glaubensmensch tritt hinaus ins Leben, um auf der Grundlage dieses Glaubens zu handeln. Glauben heißt, sich im Leben nach vorn zu bewegen und zu wissen, dass Gott dort wartet. Es ist eine lebendige Wirklichkeit der Erfahrung und Beziehung zu Gott. Abraham ließ sich auf das Unbekannte mit der vollen Erwartung ein, dass Gott ihn dort treffen würde. Sein Glaube an Gott war eine Antwort auf die Treue Gottes. Abraham verhielt sich Gott gegenüber loyal; er vertraute ihm und glaubte, dass er das, was er sagte, trotz gegenteiliger Umstände auch tun würde. Der Charakter Gottes, den Abraham durch seine Beziehung zu ihm kennengelernt hatte, war Beweis genug für Abraham. Das Gegenteil hieße dann, sich verzweifelt an gestern festzuklammern und zu fürchten, dass, wenn man es jemals losließe, man auch Gott verlassen oder verlieren würde.

Der Himmel auf Erden

Dieses Konzept finden wir auch im Neuen Testament: *So ist auch der Glaube, wenn er keine Werke hat, in sich selbst tot* (Jakobusbrief 2,17). In diesem Sinne dient der Mensch Gott durch „Arbeit". Biblischer Glaube ist sich des Himmels bewusst, doch er operiert und hat sein Zuhause im Bereich von Fleisch und Blut. Im Hebräerbrief, Kapitel 11, finden wir zahlreiche Beispiele dafür. Jesus brachte seinen Jüngern das Vaterunser bei. Die erste Bitte darin lautet: *Geheiligt werde dein Name.* Jesus lebte aus der hebräischen Anschauung heraus: Durch unseren Wandel, unser Verhalten ehren wir Gott. Nicht durch den Glauben an Dogmen, sondern durch den, wie es Paulus ausdrückt, *in der Liebe wirksamen Glauben* (Galaterbrief 5,6). Glaube ist weder blinde Ignoranz, Naivität oder intellektuelle Sturheit noch eine Philosophie, die keine Beweise vorbringen kann. Ein heiliges Leben bestand für Jesus und seine Jünger vor allem aus einer Beziehung zu Gott, nicht einem Glaubensbekenntnis. *Ohne Glauben aber ist es unmöglich, ihm wohlzugefallen; denn wer Gott naht, muss glauben, dass er ist und denen, die ihn suchen, ein Belohner sein wird.* (Hebräerbrief 11,6). Gott belohnt. Gott antwortet, weil er denjenigen treu ist, die ihn ernstlich suchen. Welch ein herrlicher, kraftvoller Zuspruch!

Es ist mein sehnlicher Wunsch, immer tiefer in das Bild, das Gott von mir hat, hineinzuwachsen und ihm vorbehaltlos zu vertrauen. Oft muss ich mich korrigieren, oft darf ich Neues über mich und Gott erfahren, oft erkenne ich, dass ich so vieles noch gar nicht erkannt und erfasst habe. Liebevoll hält Gott mir den Spiegel hin um mein Leben zu einem Spiegelbild seiner Güte, Liebe, Gnade, Treue und Erlösung zu machen. Er genießt es, sich selbst durch seine Schöpfung an seine Schöpfung zu verschenken.

Held oder Heuschrecke?

Eine Dekade, ein ganzes Jahrzehnt! So lange war ich nun schon in Israel. Diesen Anlass feierte ich gebührend, in Dankbarkeit für die reichhaltige und bereichernde Zeit. 2010 war ein Jahr mit sehr ungewöhnlichen, markanten Ereignissen, an die ich äußerst gern zurückdenke. Dazu gehören eine fröhlich-ausgelassene Zeit während der Fußballweltmeisterschaft, deren Spiele ich in drei verschiedenen Ländern miterleben durfte, und die einmalige „Tour d'Israel", bei der ich zwei Radler in ihrer selbstgesetzten Herausforderung, Israel von Süd nach Nord innerhalb von drei Tagen zu durchradeln, begleiten konnte.

Es war allerdings auch ein Jahr, das einige Katastrophen mit sich brachte. Das Erdbeben in Haiti, ein verheerender Waldbrand in Israel, und auch Gilad Schalit war noch immer in den Fängen seiner Entführer und allzeit präsent im israelischen Alltagsgeschehen.

Alles in allem war es ein Jahr, an das ich mich persönlich dennoch als eines der leichteren und fröhlichsten erinnere. Noch etwas anderes prägte diesen Abschnitt meiner Zeit in Israel: Ich spürte tief in mir, dass ich mich langsam dem Schlusskapitel eines großen Werkes näherte. Wann und in welcher Form, das war noch hinter dem Horizont im Nebel verborgen, aber ich spürte, dass sich etwas in mir auf ebendieses Kapitel vorbereitete. Dazu gehörte auch die Ankunft einer neuen Teamkollegin, die ich zu meiner rechten Hand machte. Dank des Potentials, das ich ihrer Bewerbung entnehmen konnte, sah ich darin eine Möglichkeit, eine Nachfolgerin trainieren zu können. Es war in vielen Jahren das erste Mal, dass wir eine Bewerbung mit entsprechendem

Tauglichkeitsprofil und langfristiger Perspektive (jedenfalls sofern die anhaltenden Visaverhandlungen Besserungen erwirken würden) erhielten.

Die Erleichterung darüber brachte eine neue Leichtigkeit in mein Leben und stärkte meinen Elan. Dies machte mir erneut bewusst, welch immense Kraft im Loslassen liegt. Es ist ein Geheimnis, dieses Loslassen, ein Prinzip, das unserer menschlichen Natur zumeist widerstrebt. Trauer, Angst vor Verlust materieller oder ideeller Art, Einbußen der gewünschten Lebensqualität und unser ach-so-typisches deutsches Sicherheitsbedürfnis sind nur einige Gründe, die uns daran hindern, loszulassen und darauf zu vertrauen, dass das, was wir im Moment des Abgebens als Verlust empfinden, in neuer Form bereichernd in unser Leben zurückkehren wird. Garantien gibt es keine, so gern unser menschliches Naturell auch einen Anspruch darauf erheben möchte. Das Prinzip des Loslassens lerne ich immer *noch* und immer *wieder*. Wird es leichter? Mal ja, mal nein. Mir hilft der Vergleich zwischen geöffneten Händen und geballten Fäusten. Wenn ich etwas krampfhaft festhalte, dann muss ich meine Hände schließen, denn sobald ich sie öffne, könnte das, was ich umklammere, ja herunterfallen. Wenn ich jedoch mit geöffneten Händen durchs Leben gehe, kann ich aufnehmen und abgeben. Ich kann die Schönheit oder den Zweck einer Sache oder Situation mit all ihrem Zauber und Staunen für eine angemessene Zeit genießen. Und wenn es dran ist loszulassen, dann können meine geöffneten Hände beweglich bleiben und sich darauf vorbereiten, etwas Neues zu empfangen. Loslassen heißt nicht notwendigerweise, dass etwas aus unserem Leben verschwindet, nein, es heißt, es am angemessenen Platz einzuordnen und in dieser Form, mal mit Nähe, mal mit Abstand, zu genießen. Unser Leben ist wie ein großes wunderschönes Regal, in dem all diese „Dinge" Platz finden, um uns zu erfreuen.

Das heißt jedoch nicht, dass wir nicht auch manchmal im Leben um etwas kämpfen müssen und sollen. Beharrlichkeit ist eine Tugend, von der wir in unserem 21. Jahrhundert wahrhaftig eine größere Dosis gebrauchen könnten. Selbstaufgabe und eine resignierende Antriebslosigkeit können fatale Folgen für die eigene Person und für die Menschen um uns herum haben. Deshalb ist es wichtig, unsere Verantwortung dahingehend ernst zu nehmen, dass wir gut durchdachte Entscheidungen im Leben treffen und uns, wo immer notwendig, dem Kampf stellen. Festhalten ist jedoch etwas anderes als Beharrlichkeit. In der Regel erzeugt Festhalten Sauerstoff- und Lichtmangel, auch im übertragenen Sinn. Wer etwas um jeden Preis festhält, der spürt am Ende nur noch sich selbst und verliert den Blick für andere sich öffnende Möglichkeiten. Loslassen dagegen ist wie eine frische Brise und ein Sonnenstrahl, die Kraft spenden und uns in neuer Freiheit aufblühen lassen.

So gesehen hatte ich also noch nicht meine Koffer gepackt und den „Israelsack" noch nicht zugeschnürt, doch ich hielt meine Hände geöffnet, um etwas Neues ergreifen zu können, wenn die Zeit dafür reif sein würde. Wie lange das Neue brauchte, um sich vollends zu entfalten, das lag nicht in meiner Hand. Gott sei Dank!

Ein wegweisender Freundschaftsstempel

Gute Neuigkeiten haben mich kurz nachdem das Jahr begann jubeln lassen. Mein Visum ist genehmigt und in meinen Pass gestempelt worden. Nach neun Wochen Ungewissheit darf ich durchatmen, ein weiteres Jahr in Israel planen und meine Perspektiven in Ruhe betrachten. Berührt hat mich, dass die zuständige Sachbearbeiterin des Innenministeriums mich sofort, nachdem die Visagenehmigung auf ihrem Schreibtisch zur Endbearbeitung gelandet war, angerufen hat. Normalerweise dürfen konkrete Auskünfte zu Einzelfällen nicht per Telefon kommuni-

377

ziert werden (was sie in all den Jahren auch nicht getan, sondern mich stets zum persönlichen Termin gebeten hat). Doch diesmal warf sie die Vorschriften über Bord. Sie erkundigte sich zunächst nach meinem Wohlergehen, dann erklärte sie, dass sie mir nun etwas sagen wird, das sie mir eigentlich nicht sagen darf, und nannte mir den Grund dafür: „Ich habe mich so gefreut, als ich in der internen Post den Bescheid für dein Visum fand, dass ich dich sofort anrufen musste. Du darfst ein weiteres Jahr bleiben. Und ich nehme mir die Freiheit, es dir aus Freundschaft am Telefon zu sagen, weil ich dir vertraue." Ist es da noch ein Wunder, dass mir Freudentränen über die Wangen kullerten?! Ehrlich gesagt, weiß ich fast nicht, worüber ich mich mehr gefreut habe – das Visum oder das freundschaftliche Vertrauen, ja die Herzensverbindung zu der Sachbearbeiterin. Inmitten aller Routine und Bürokratie ist Freundschaft gewachsen.

Als ich am nächsten Tag zu ihr ging und mir mit den notwendigen Stempeln alles amtlich besiegeln ließ, war es eine wunderbare Begegnung. Gegenseitige Wertschätzung und Vertrauen vertieften sich: Sie sagte mir, dass jemand so Besonderes wie ich für immer in Israel bleiben sollte – sie könne spüren, dass sich die Atmosphäre veränderte, sobald ich anwesend sei. Mir blieben die Worte im Hals stecken und bildeten einen Kloß, der meine Augen feucht werden ließ. Ich bin ein Mensch und folge dem, was in meinem Herzen ist, und hoffe, dass das, was ich lebe und tue, so von Liebe und Gnade durchtränkt ist, dass Menschen dadurch Hoffnung und Zuversicht erfahren. Und so sagte ich es ihr auch. „Genau das tust du, Ina! Ich sehe dich nur sehr selten, aber das, was ich sehe, bringt Licht in mein Leben." Mit diesen Spuren in meinem dankbaren Herzen verließ ich das Innenministerium – der Rest war Feiern.

Zehn Jahre in Israel

Mit dieser Entscheidung ist auch besiegelt, dass ich meinen zehnten Jahrestag in Israel erleben werde. Manchmal muss ich mich kneifen, um mich zu vergewissern, dass es wirklich wahr ist. Zehn Jahre – zwei Worte von immenser Tragweite. Niemals hätte ich gedacht, dass ich so lange in Israel bleiben würde. Niemals hätte ich geahnt, wie sehr sich mein Leben verändern würde. Niemals hätte ich erfassen können, wie viel Freude es macht, wie erfüllend es ist. Niemals hätte ich ermessen können, wie herausfordernd diese Jahre sein würden, und wenn ich zu Anfang auch nur zur Hälfte gezeigt bekommen hätte, was es mich kosten und wie schmerzhaft es zeitweilig werden würde, wäre ich wahrscheinlich nie losgezogen. Ich hätte vermutlich in der ersten Runde das Handtuch geworfen, denn das, was Gott im Sinn hatte – und hat –, ist schier zu unbegreiflich für mich.

So halte ich Rückschau und sehe mir das Kapitel „Zehn Jahre Ina in Israel" an. Ich empfinde Staunen, Ehrfurcht, Freude und tiefe Dankbarkeit, manchmal auch einen Stich, wenn ich mich an das eine oder andere Schmerzhafte erinnere. Ich möchte keinen Tag missen, denn es ist das Gesamtbild, das ein herrliches Puzzle ergibt. Jedes Teil hat seinen Platz – und es ist noch Platz für mehr. Gott hat Wunder vollbracht und Segen in mein Leben hinein geschenkt genauso wie in das Leben derer, denen ich helfen darf und denen ich verbunden bin – weltweit. Ich habe viel gelernt in diesen Jahren. Über Land und Leute, das ist klar, aber vor allem über Gott und über mich. Über Gottes Charakter, Treue, Versorgung, Schutz, Liebe, Wiederherstellung. Ja, ich darf gewiss sein, dass Gott mich auch in schwierigsten Zeiten tragen wird, denn er hat es all die Jahre getan. Die Herausforderungen hier haben mich so manches Mal an den Punkt gebracht, dass ich am liebsten meine Koffer gepackt hätte. Andere Erlebnisse dagegen haben mich so mit Freude und Zufriedenheit erfüllt, dass ich mir nicht vorstellen konnte, meinen Dienst jemals aufzugeben. Und immer wieder habe ich gelernt, keine Pläne zu machen, die das

Ablaufdatum meines Visums überschreiten, sondern das Leben sozusagen locker in der offenen Hand zu tragen, und es nicht verkrampft in der Faust festzuhalten. Zehn Jahre Gastrecht in Israel genießen zu dürfen, kann heutzutage als Wunder eingestuft werden, denn so etwas ist zur Seltenheit geworden. Jeder Nicht-Israeli, der Visa über einen längeren Zeitraum als zwei Jahre erhält, sieht sich erstaunten Gesichtern gegenüber. Umso wertvoller sind mir die Beziehungen, die ich im Innenministerium knüpfen durfte, obwohl sie mir wohl kaum Privilegien verschaffen werden.

Und noch etwas erfüllt mich mit Staunen: die tiefe Qualität der Freundschaften, die ich erleben darf. Ja, Liebe und Freundschaft, das geht sozusagen nur im Plural. Singular ist Egoismus und Selbstbezogenheit, ein Nichtwahrnehmen des anderen. Wann immer in uns die Frage aufkeimt: „Wer ist mein Nächster?", ist der Wunsch, unsere Verantwortung füreinander auf andere abzuschieben, Vater des Gedankens.

Zehn Mal dies und zehn Mal das

Zu meiner persönlichen Rückschau gehören auch ein paar „Höhepunkte" aus dem israelischen Alltag:

- Drei Präsidenten und vier Ministerpräsidenten haben sich in dieser Zeit in Israel die Klinke in die Hand gegeben.
- Die Bevölkerung des kleinen Israels wuchs von 6,4 Millionen im Jahr 2000 auf 7,5 Millionen Ende 2009 – ein Zuwachs von etwa 100 000 Menschen pro Jahr – davon sind über 75 Prozent Juden und etwa 20 Prozent Araber.[19]
- Die Zweite Intifada brach aus, kostete bis Ende 2009 1 178 Israelis das Leben und verwundete 8 022 Israelis.[20]
- Ich habe gelernt, wie man eine Gasmaske benutzt, einen Raum luftdicht versiegelt und in Sekundenschnelle in einen Luftschutzbunker rennt.

- Papst Johannes Paul II. und Papst Benedikt XVI. haben das Heilige Land besucht.
- Im Februar 2004 wird Israel von einem Erdbeben der Stärke 5,3 auf der Richterskala erschüttert. Mein erstes selbsterlebtes Erdbeben.
- Israel räumt den Gazastreifen und siedelt Tausende von Menschen um. Später folgt der Gazakrieg. Auch der Irakkrieg im Jahr 2003 geht nicht spurlos an Israel vorüber.
- 2006 wird Gilad Schalit entführt
- Später im selben Jahr bricht der Zweite Libanonkrieg aus.
- Zweimal ist in meinen Wohnungen eingebrochen worden.
- Ich habe den bisher schwersten Verkehrsunfall meines Lebens im wahrsten Sinne des Wortes überlebt.

Die Zahl 10 hat mich auch anderweitig beschäftigt, vielleicht, weil es eine so schöne, runde Zahl ist oder die erste zweistellige Zahl in unserem Zahlensystem. Also habe ich gesucht, was im Zusammenhang mit der Zehn so zu finden ist. Hier eine kleine Auswahl:

- Die Zahl 10 symbolisiert die Vollständigkeit oder Gesamtheit einer Sache.
- Sie wird als die Zahl der Verantwortlichkeit des Menschen vor Gott betrachtet.
- Wir haben zehn Finger, die im Altertum (und auch heute noch) als die immer präsente Abzählhilfe galten.
- Es gab zehn Plagen in Ägypten.
- Es gibt zehn Gebote.
- Menschen bringen ihren Zehnten zu Gott (also zehn Prozent von dem, was sie erwirtschaftet haben).
- Abraham verhandelt mit Gott über Sodom und Gomorra und Gott verspricht, die Stadt zu verschonen, sollten sich darin zehn Gerechte finden.
- Das Volk Israel hadert zehnmal mit Gott in der Wüste.
- Einige Dinge gab es im Heiligtum der Stiftshütte genau zehnmal: vierfarbige Teppiche, Kessel, Leuchter, Tische.
- Viele Psalmen wurden auf der zehnsaitigen Harfe gespielt.

- Und dann gibt es einige Gleichnisse und Geschichten: das Gleichnis von den zehn Jungfrauen; das Gleichnis von den zehn Knechten und zehn Talenten, der treue Knecht erhält zehn Städte als Belohnung; Jesus heilt zehn Aussätzige.

Ein Land, in dem Milch und Honig fließt?

Im Zuge meiner persönlichen Rückschau habe ich in der letzten Zeit viel über das, was im 4. Mosebuch, Kapitel 13–14 zu lesen ist, nachdenken müssen. Die Geschichte beginnt so: Gott beauftragt Mose, Kundschafter auszuwählen und diese auszusenden, um das Verheißene Land zu erkunden. Die Kundschafter waren nicht irgendwelche zufällig zusammengewürfelten Stammesangehörigen, die diesen Auftrag bekamen; es waren auch keine Abenteurer, die sich nach ein wenig Abwechslung sehnten, weil es in der Wüste stinklangweilig war. Es waren „lauter Älteste" – Führungspersönlichkeiten, die bereits eine solche Rolle innehatten; also dynamische, einflussreiche Charaktere, so dürfen wir annehmen. Sie sollten einerseits das Land vom Südland bis zum Gebirge im Norden bereisen und andererseits hatten sie einen ganz spezifischen Auftrag: *Seht euch das Land an, wie es ist, und das Volk, das darin wohnt, ob's stark oder schwach, wenig oder viel ist; und was es für ein Land ist ... ob's gut oder schlecht ist; und was es für Städte sind, in denen sie wohnen, ob sie in Zeltdörfern oder festen Städten wohnen; und wie der Boden ist, ob fett oder mager, und ob Bäume da sind oder nicht ... und bringt mit von den Früchten des Landes.*

Gesagt, getan, und dann kehren sie zurück. Anfänglich klingt ihr Bericht gut – *es fließt wirklich Milch und Honig darin.* Doch dann kommen ihnen Zweifel und sie beeinflussen mit ihrem ABER-Glauben das ganze Volk. *ABER stark ist das Volk, das darin wohnt, und die Städte sind befestigt und sehr groß. Das Land, durch das wir gegangen sind, um es zu erkunden, frisst seine Bewohner ... wir waren in unseren Augen wie Heuschrecken und waren es auch in ihren Augen.* Das klingt nach Furcht, Versagensangst, Zweifel, Erschöpfung, Mangel an Vertrauen in Gott, Schwarzseherei, Unglaube, Resignation. Jeder Mensch erlebt solche Phasen und es wäre überheblich zu sagen, wir hätten immer alles im Griff und könnten jede Herausforderung glänzend meistern. Ich finde es sehr interessant, dass die Kundschafter nicht nur für sich selbst eine „Heuschreckenhaltung" einnahmen, sondern auch davon überzeugt waren, dass die „Riesen" im Land sie als solche wahrnahmen. Es ist eine Sache, sich wie eine Heuschrecke zu fühlen, doch es ist etwas völlig anderes, anderen zuzuschreiben, dass sie einen selbst als solche ansehen.

Eines kann ich aus vollem Herzen bestätigen: Zehn Jahre Leben und Arbeiten in Israel haben mich gelehrt, dass die Zweifelsworte der Kundschafter eine Grundlage hatten, die auch heute noch nachvollziehbar ist. Grundsätzlich erfordert das alltägliche Leben in diesem Land erheblich mehr Energie, Lebenskraft und Resilienz als gewöhnlich – das habe ich bereits mehrfach erwähnt. Als Ausländer und Christ zur Minderheit gehörend, gibt es täglich Begebenheiten, in denen ich nicht oder falsch verstanden oder übervorteilt werde. Interessanterweise entstammen die Worte „Geduld" und „Leiden" im Hebräischen derselben Wurzel. Geduld in diesem Land zu praktizieren, ist in der Tat oft mit Leiden verbunden und an Gelegenheiten mangelt es gewiss nicht! Anderen Geduld zu schenken ist manchmal die größte Botschaft der Liebe und Gnade.

Verzerrte Erinnerungen und fatale Konsequenzen

Infiziert durch diesen ABER-Glauben wünscht sich das Volk Israel nach Ägypten zurück. Die elende Sklaverei und der damit verbundene Mangel, die Misshandlungen, die Knochenarbeit, die Entwürdigung und die Unterdrückung sind anscheinend vergessen. Im Vergleich zu dem, was das Volk Israel im Verheißenen Land nach dieser Berichterstattung erwartet, kommt ihnen Ägypten wie das Schlaraffenland vor. In all dem gehen die leisen

Stimmen von Kaleb und Josua fast unter: *Wir wollen sie wie Brot auffressen. Es ist ihr Schutz von ihnen gewichen, der HERR aber ist mit uns. Fürchtet euch nicht vor ihnen!* Was ernten sie dafür? Den Aufruhr des Volkes, drohende Steinigung, Spötterei, Ausgrenzung. Das alles erregt den Zorn Gottes und bringt Mose und Aaron auf die Knie, um Gott um Gnade anzuflehen, denn Gott hatte beschlossen, das Volk zu vernichten. Mose erinnert Gott daran, dass er *geduldig ist und von großer Barmherzigkeit und Missetat und Übertretung vergibt ...*

Gott erhört Moses Gebet und lässt ihn wissen: *Ich habe vergeben, wie du es erbeten hast.* Doch Gott macht auch klar, dass alle Männer, die seine Herrlichkeit und Zeichen gesehen haben und dennoch ungehorsam waren, das Verheißene Land nicht sehen werden. Das gilt für alle Männer, die zwanzig Jahre und älter sind. Zu Beginn des 4. Mosebuchs wird von einer Volkszählung berichtet und somit ergibt sich, dass 603 550 Männer in der Wüste würden sterben müssen. Vielleicht kommen sogar noch die Leviten hinzu. Sie versahen den Dienst an der Stiftshütte und wurden bei der Volkszählung nicht berücksichtigt. Ob das Urteil auch für sie galt, kann man nicht eindeutig festmachen.

Nun könnte man denken, dass Gott in seiner Macht dies in einem kurzen Zeitraum „erledigen" kann. Doch er wird noch etwas spezifischer: Vierzig Tage sind die Kundschafter durchs Land gereist und für jeden dieser Tage werden sie ein Jahr in der Wüste bleiben. Über diesen Zeitraum hinweg werden jene 603 550 Menschen sterben und eine neue Generation wird heranwachsen. Es ist genau die Generation, um die das Volk so „besorgt" war und meinte, sie vor den Riesen beschützen zu müssen. Sie soll die Treue und Kraft Gottes erfahren: *Eure Kinder aber, von denen ihr sagtet: Sie werden ein Raub sein, die will ich hineinbringen, dass sie das Land kennen lernen, das ihr verwerft.*

Held sein – Freude oder Last?

Noch etwas macht Gott deutlich: Lediglich Kaleb und Josua, in denen *ein anderer Geist* ist, werden überleben und Gott wird sie dazu einsetzen, die neue Generation in das Verheißene Land zu führen. Das klingt großartig! Sie sind die Helden in der Geschichte! Ja, möchten wir nicht auch manchmal Helden sein? Gegen den Strom schwimmen? Anders oder besser als andere sein? Vielleicht sogar die Welt verändern? Doch was bedeutete dies ganz praktisch für Kaleb und Josua? Sie mussten vierzig Jahre warten, ehe die Lebensvision, die Gott ihnen gegeben hatte, also der Auftrag, den er für sie hatte, BEGINNEN würde. Erst in vierzig Jahren würde die Vision anfangen, sich zu erfüllen. Und das hieß auch, dass sie dann, in der Zukunft, würden stark sein müssen, um den Kampf aufzunehmen; sie würden bis dahin sozusagen „fit" bleiben müssen. Die Bibel sagt, dass Josua vierzig Jahre alt war, als Mose ihn aussandte. Es ist anzunehmen, dass Kaleb ungefähr ebenso alt war. Eines war daher sicher – sie würden im hohen Rentenalter sein, wenn ihr Auftrag beginnt.

Es wird kein Spaß gewesen sein, an der Vision, die Gott ihnen geschenkt hatte, festzuhalten. Vierzig Jahre lang mussten sie beobachten, wie fast alle um sie herum starben. Freunde, Familienmitglieder, Eltern, Menschen, die sie lieb hatten und für die sie sich mit Sicherheit Besseres gewünscht hätten. Wie gern hätten sie ihnen das Verheißene Land gezeigt und mit ihnen den Sieg über die Riesen gefeiert! Vierzig Jahre lang mussten sie den Spott, die Eifersucht, den Frust, den Zorn des Volkes ertragen. „Jaja, du Besserwisser. Du Träumer. Weil du denkst, dass du Superman bist, müssen wir hier in der Wüste versauern. Wenn du zugestimmt hättest, wären wir ganz woanders. Wir könnten in Ägypten sein und wären den super-heiligen Mose losgeworden." „Haha, hier kommt Superman. Für den sind Riesen wie Zwerge." „Guckt mal, da läuft Moses Liebling. So ein Schleimer. Wegen ihm kommen wir nicht aus Sand und Staub heraus." Vierzig Jahre lang hatten die beiden im Grunde niemanden, der sie ermutigte, an der Vision festzuhalten, niemanden, der sie anfeuerte. Sie hatten einander und vielleicht noch Mose und Aaron. Gab es überhaupt noch jemanden darüber hinaus? Vierzig Jahre lang berichteten sie der nächsten Generation vom Verheißenen Land und motivierten sie, sich nicht den Frust ihrer Eltern oder gar der gesamten älteren Generation zu eigen zu machen.

Und unser Heldenpotential?

Josua und Kaleb sind eine gute Erinnerung, wenn es uns schwerfällt, an unserer Lebensvision, an dem, was unser Herz sich wünscht, festzuhalten. Nicht alles, was Gott für uns im Sinn hat, wird sich morgen oder übermorgen erfüllen. Manches liegt weit in der Zukunft und es ist nicht leicht, die Leidenschaft am Leben zu halten und nicht schlapp zu machen. Das gilt ganz besonders dann, wenn alles um uns herum stirbt, wir vielleicht verlieren, was uns lieb und teuer ist, und obendrein niemand da ist, der uns versteht und ermutigt, während wir gegen den Strom schwimmen. Außerdem dürfen wir es uns nicht erlauben, nur an uns zu denken. Wir haben ebenso eine Verantwortung für die nächste Generation. Wenn wir nicht über unseren eigenen Tellerrand hinaus schauen können, haben wir bereits verloren, denn das, was Gott in unserer Zeit oder durch uns tut, ermöglicht auch Versorgung und Möglichkeiten für die, die nach uns kommen. Wir haben ähnlich von unseren Vorgängern profitiert. Ein Stück von diesem Heldenpotential, das wir in Josua und Kaleb erkennen können, wünsche ich uns allen.

Israel in Haiti

Es mag auf Scharfsinn, Intellekt oder innovatives Denken zurückzuführen sein, oder vielleicht ist es auch das kontinuierliche „Auf-der-Hut-sein-Müssen", das Israel zu einer Nation gemacht hat, die wohl am effektivsten, trainiertesten und auch technisch versiertesten auf Katastrophensituationen reagieren kann. Das ist leider auf eigenem Boden eine Tatsache, die zum Alltag gehört, doch es ist auch ein großer Segen, von dem andere Länder profitieren, wenn sie von einer Katastrophe erschüttert werden. Israel bietet seine Hilfe unverzüglich an und meistens wird sie dankbar angenommen, darüber wurde schon oft in den Medien berichtet.

Auch Haiti hat Israel nach dem verheerenden Erdbeben, das sich dort im Januar dieses Jahres ereignet hat, um Hilfe gebeten. Momentan gehen zuverlässige Zahlen von über 300 000 Toten und ebenso vielen Verletzten aus und es wird geschätzt, dass knapp zwei Millionen Menschen in Haiti obdachlos geworden sind – all das sind Zahlen, die unser Begreifen übersteigen. *Bridges for Peace* ist gebeten worden, den israelischen Rettungskräften die Hand zu reichen. Wir haben uns finanziell daran beteiligt, ein funktionales Feldlazarett in Haiti zu errichten, und ebenfalls finanziell dazu beigetragen, dass „ZAKA", eine weltweit bekannte, israelische, humanitäre Organisation, die sich auf das Auffinden von Überlebenden und Leichenteilen spezialisiert hat, mit dem notwendigen Equipment hoffentlich nicht nur Tote, sondern auch noch Lebende aus den Trümmern bergen kann.

Welch wunderbare Gelegenheit, über internationale „Umwege" Menschen in Haiti zu helfen, die wortwörtlich vor den Trümmern ihrer Existenz stehen! Die insgesamt 236 Rettungskräfte, die gesandt wurden, sind vor Kurzem nach Israel zurückgekehrt. Die Delegation hinterließ 30 Tonnen medizinische Ausrüstung zur Fortsetzung der Hilfeleistungen. Seit Beginn ihres Einsatzes haben israelische Rettungskräfte und Ärzte der vom Erdbeben erschütterten Bevölkerung in Haiti unermüdlich Hilfe geleistet. Insgesamt wurden 1 110 Menschen im israelischen Feldlazarett behandelt; 319 lebensrettende Operationen wurden durchgeführt und 16 Babys erblickten das Licht der Welt.

Wenngleich das israelische Rettungsteam Haiti inzwischen verlassen hat, bleibt Israel aktiv am Wiederaufbau des Karibikstaats beteiligt. Eine israelische Delegation hat in der Hauptstadt Port-au-Prince eine provisorische Schule eingerichtet, sodass vor Kurzem etwa 800 Kinder ihren ersten Schultag nach dem Erdbeben erleben konnten.

Hitzewellen und heiße Eisen

Eine der leichteren Herausforderungen des Alltags im Moment ist, mit der extremen sommerlichen Hitzewelle klarzukommen. Im Durchschnitt haben wir um 21 Uhr abends noch 40°C in einer Höhenlage zwischen 600 und 825 Metern über Normalnull. Man kann sich also gut vorstellen, dass das Thermometer in den Mittagsstunden noch um einiges höher klettert. Es ist schon eigenartig, wenn die Zahnpasta brühwarm aus der Tube kommt und die T-Shirts im Schrank sich anfühlen, als wären sie gerade aus dem Backofen gekommen. Ventilatoren, kühle Duschen und vereinzelte Klimaanlagen retten uns vor dem Zerschmelzen. Und natürlich ist so ein Wetter die perfekte Entschuldigung, Eis zu essen.

Etwas, das weniger den Körper, aber umso mehr die Gemüter erhitzt, ist die zunehmende Spannung und Gefahr, die sich im Iran zusammenbraut. Auf politischer und militärischer Ebene wird sicher viel mehr diskutiert und beobachtet, als in den Medien dargestellt wird, denn Israel nimmt diese wachsende Bedrohung sehr viel ernster als es international getan wird. Es erstaunt mich jedoch immer wieder, wie all diese Diskussionen, sei es lokal oder international, in Tatenlosigkeit enden – nicht nur im Fall Iran, sondern auch in vielen anderen Angelegenheiten. Die Instanzen, die wir uns geschaffen haben, um den „Weltfrieden zu sichern", versagen und scheinen eher schlaftrunken als wachsam. An der libanesischen Grenze scheint sich die Lage erneut zu verschärfen. Es hat einige Zwischenfälle gegeben und die Blauhelm-tragenden Einheiten der Vereinten Nationen setzen sehr viel daran, ihre „Neutralität" durch bewusstes Wegschauen zu zeigen. Die Verteilung von Gasmasken mit weiterentwickelten Filtern, die nun auch vor den neuesten Chemikalien schützen sollen, hat ebenfalls begonnen – etwas, das ich nun bereits zum zweiten Mal erlebe. Ach, und in den USA trifft man sich wieder einmal zu Friedensverhandlungen – deren Nebenwirkungen sich in terroristischen Übergriffen hier vor Ort zeigen.

Ein weiteres heißes Eisen ist und bleibt der Fall Gilad Schalit. Im Sommer 2006 wurde er von Freischärlern der Terrororganisation Hamas entführt und in den Gazastreifen verschleppt. Mittlerweile sind über 1 500 Tage vergangen und bald ist es ein Jahr her, dass sowohl seine Familie als auch die Medien das letzte Lebenszeichen erhalten haben. Am 28. August diesen Jahres feierte Gilad seinen 24. Geburtstag – den fünften in „Gefangenschaft". Vor dem Haus des Ministerpräsidenten steht treu eine Mahnwache – seit 1 500 Tagen, Ende offen ... Gilad Schalit ist nicht vergessen, ganz gewiss nicht. Besonders in Momenten, in denen man an jener Mahnwache vorbeigeht, sich mit den dort Versammelten unterhält oder einfach nur einen Kurzbeitrag in den Medien erhascht, wird wieder ganz neu deutlich, dass sich Hoffen und Bangen die Hand reichen. Unumstößlich hoffen Eltern, Freunde, ja ganz Israel, dass Gilad lebt und überlebt, was auch immer er noch wie lange durchmachen muss. Und dazwischen kriecht die Angst umher, dass er vielleicht schon tot sein und sich alles Hoffen nicht erfüllen könnte. Beides verursacht tiefen Schmerz, der manchmal greifbar zu werden scheint. All das drückt sich in unzähligen Gebeten zu Gott aus. Ein Ruf an den Allmächtigen, dass er Gilad durch diese unsagbar schwere Zeit tragen, ihn befreien und nach Hause bringen möge.

Keine Abkühlung

Auch an der Visafront geht es heiß her. Dadurch, dass sich entweder gar nichts oder nur sehr wenig in eine positive Richtung entwickelt, also der Prozess gewissermaßen auf Eis liegt, wird die Lage für uns immer brenzliger. Das Innenministerium erfindet ständig neue Hürden und der Schwierigkeitsgrad zu deren Überwindung steigt. Aus diesem Grund gelingt es den großen Organisationen immer seltener, Langzeitvisa für dringend benötigte Volontäre zu erhalten und zu sichern. In all meinen Jahren hier hat sich die Lage noch nie als so schwierig dargestellt.

Mein Team verändert sich erneut und sieht einer ziemlich stressigen Phase entgegen. Mitte September wird das Visum einer meiner Mitarbeiterinnen auslaufen und die geplante Nachfolgerin hängt in den langsam mahlenden Visamühlen fest. Das trifft mich in einer Situation, in der das Arbeitsvolumen des Volontärsprogramms, das ich manage, im Vergleich zum Vorjahr um etwa vierzig Prozent gestiegen ist. Die verkomplizierten Visaregelungen, das massiv erhöhte Aufkommen an Kurzzeitvolontären und die damit verbundene Fluktuation von Mitarbeitern, um die wir uns kümmern müssen, verursachen diese Mehrarbeit. Die Anforderungen sind immens und zutiefst ermüdend. Es ist und bleibt ein Balanceakt, angemessene Ruhezeiten einzubauen und ein aktives soziales Umfeld zu pflegen und dabei nicht in einen Zustand von „anwesend und doch nicht präsent sein" zu fallen.

Miteinander – Füreinander

Ich erinnere mich an das, was Jesus einst zu Petrus sagte: *Ich aber habe für dich gebetet, dass dein Glaube nicht aufhöre. Und wenn du einst zurückgekehrt bist, so stärke deine Brüder!* Vielleicht geht es hier gar nicht so sehr um das Zurückkehren im klassischen Sinne, sondern eher um ein „An-Gott-Festhalten", während wir Zeiten von Zerbruch oder Niederlage durchmachen. Inmitten der Machtlosigkeit, unser Leben rundum kontrollieren zu können, stärkt Gott uns und wünscht sich, dass wir ihm mehr und tiefer vertrauen. Vielleicht wünscht sich Gott ebenso, dass wir dieses gelernte, erfahrene Vertrauen nicht für uns behalten, sondern es für wertvoll genug erachten, es mit anderen zu teilen und sie dadurch zu stärken, selbst in dieses Vertrauen einzutauchen. Gemeinsam leben, einander auf der Reise des Lebens begleiten – dieses Miteinander-Füreinander ist ein großes Geschenk.

Deshalb freue ich mich besonders auf ein kleines Abenteuer, das mir demnächst bevorsteht. Eine Freundin und ich begleiten zwei junge Männer aus Deutschland und Großbritannien, die sich vorgenommen haben, Israel in vier Tagen von Süden nach Norden mit dem Fahrrad zu durchqueren. Im Moment wird hart trainiert und vorbereitet. Während dieser *Tour d'Israel* werden täglich etwa 160 Streckenkilometer zu bewältigen sein und wir Mädels werden die Radler mit Essen, Trinken und technischem Equipment versorgen, eine Menge Fotos machen und uns natürlich auch den einen oder anderen Moment fürs Wandern oder Erfrischen an den Wasserquellen, die auf dem Weg liegen, nehmen. Unterwegs werden wir campen und uns in der hoffentlich kühleren Nacht von der Tageshitze erholen. Vor allem aber lassen wir den Stress der Großstadt und des Arbeitsalltags hinter uns.

Ein Tropfen auf dem heißen Stein?

Doch ehe es auf die Piste geht, noch einmal zurück zur Arbeit. Die Volontäre in unserem Verteilzentrum, das prall gefüllt mit Nahrungsmitteln ist, verteilen täglich mehrere Tonnen an diejenigen, die sich allein nicht mehr zu helfen wissen und oftmals in demütiger und gedemütigter Haltung an unsere Tür klopfen. Wir tun, was wir können – und doch scheint es oft, als wäre es lediglich ein Tropfen auf dem heißen Stein. Allerdings braucht es manchmal gar nicht so etwas Großes, das ein Menschenherz mit Liebe berührt: Es war ein sehr heißer Tag und es klingelte irgendwann an der Tür unseres Verteilzentrums. Eine ältere Dame stand dort und an ihrer Kleidung konnten wir erkennen, dass sie vermutlich vor Kurzem nach Israel eingewandert war und eine schwere Zeit hinter sich haben musste. Der Volontär, der ihr die Tür öffnete, signalisierte ihr mit Gesten und einem Lächeln, dass sie doch bitte hereinkommen solle. Trotz aller Sprachbarrieren bahnte Liebe einen Weg. Oftmals ist genau diese Liebe das Öl in unserem Getriebe. Die Frau erwiderte das Lächeln und ihre Augen drückten sehr viel Barmherzigkeit aus. Ihr wurde ein Stuhl angeboten und ein Becher kühles, erfrischendes Wasser, was sie dankend annahm. Schnell wurde ein Mitarbeiter mit den notwendigen Sprachkenntnissen gefunden und wir konnten ihr in ihrer Not mit dem, was uns zur Verfügung stand, helfen. Als sie einige Zeit später ging, schien sie glücklicher und hatte einen Schimmer neu erweckter Hoffnung in ihren Augen, der aufrichtige Dankbarkeit ausdrückte. Es waren nicht nur Lebensmittel, die diese Frau brauchte. Zeit, ein Gespräch und einfach das Da-Sein-Dürfen hatten ihre Seele genährt. Und als sie auf diese Weise aufgetankt hatte, trug sich bestimmt auch die Tragetasche mit den Lebensmitteln, die ihren Körper nähren würden, etwas leichter.

Ein neuer Bruder

Vor etwa drei Jahren nahmen wir Hanan, einen 10-jährigen Jungen, in unser "Speise ein Kind"-Programm auf. Durch dieses Programm versorgen wir Kinder aus sozial schwachen Familien an ihren Schulen täglich mit einer frisch gekochten Mahlzeit. Wir liefern die Lebensmittel, die Schulen stellen Küchen und Speisesäle zur Verfügung und Sozialarbeiter sorgen für Personal, das entsprechend koscherer Vorschriften das Essen zubereitet. Hanan ist einer von fünf Söhnen und lebt mit seiner alleinerziehenden Mutter Eti und seinen Brüdern in einer Zwei-Zimmer-Wohnung in einem von den Sozialbehörden betreuten Stadtviertel. Ein kleiner Balkon ist notdürftig von außen umbaut worden, um etwas mehr Wohnraum zu schaffen. Eti ist aus Marokko eingewandert und arbeitet hart, um ihre Familie zu versorgen. Sie hat mehrere Minijobs und versucht, soweit es geht, die kleine Wohnung mit fünf quirligen Burschen und dem begrenzten Budget wohnlich zu gestalten.

Einer der Sponsoren, der Hanan durch unser Programm unterstützt, war nach Israel gereist und nahm sich die Zeit, Hanan zu Hause zu besuchen. Nach der Rückkehr in sein Heimatland entschied er sich, eine Extraspende zu geben, und bat uns, dieses Geld konkret dazu zu verwenden, die Wohnung zu renovieren. Er hatte den schimmelnden Putz und die sich abschälende Farbe an den Wänden und Decken bemerkt. Nun hatten wir zwar das Geld und konnten die Materialien besorgen, doch durch den akuten Mitarbeitermangel war unser Heimwerkerteam unterbesetzt und war gezwungen, diesen Auftrag mehrfach zeitlich zu verschieben. Schließlich schafften wir es, drei Mitarbeiter aus anderen Abteilungen, die sich gern etwas handwerklich betätigen wollten, von ihren regulären Tätigkeiten freizustellen.

Gemeinsam machten sie sich an die Arbeit. Es wurde ein dreitägiges Projekt. Sie rissen eine Wand im Wohnzimmer ein, um das kleine Balkonzimmer zu vergrößern, ersetzten einige spröde Ziegel und Backsteine, reparierten die Abflussrohre an den Waschbecken, verputzten und strichen die gesamte Wohnung neu. Es war ein umfangreiches Unterfangen und die Lage der Wohnung im vierten Stock sorgte für zusätzlichen körperlichen Einsatz, denn alle Materialien und Werkzeuge mussten mit Muskelkraft hinaufgetragen werden. Nach dem Einsatz beschrieb einer meiner Kollegen es folgendermaßen: „Es war eine wunderbare Erfahrung. Durch die Arbeit konnten wir die Sprachbarrieren überbrücken und einander so manches Lächeln auf die Lippen zaubern. Weder Religion noch persönliche Überzeugungen oder unsere Herkunft spielten eine Rolle. Wir haben Brücken geschlagen, einfach durch unser Handeln und unsere hilfsbereite Anwesenheit. Es war eine Ehre, Teil dieses Projekts und dadurch ein Segen sein zu dürfen. Obwohl wir kaum miteinander kommunizieren konnten, nannte mich Hanan am Ende ‚Bruder'. Ja, trotz all dieser großen Unterschiede bin ich zu seinem Bruder geworden!"

Tour d'Israel

Es war ein abenteuerlicher Plan, diese bereits erwähnte Tour d'Israel und nun liegt sie hinter uns. Es war eine tiefgehende Erfahrung, die ich noch immer verarbeite. Der Weg zum Ziel war beschwerlich und wir haben viel gelernt – diejenigen, die motorisiert unterwegs waren, genauso wie die, die in die Pedale traten und sich über die Grenzen ihrer Kraft hinaus Meter um Meter vorankämpften. In Eilat, dem Vier-Länder-Eck (an den Grenzen zu Ägypten und Jordanien, mit Blick auf Saudi Arabien), ging es los: knapp 600 Kilometer in vier Tagen bis zum Berg Hermon am Drei-Länder-Eck Israel-Syrien-Libanon. Normalerweise legen Radler diese Tour umgekehrt zurück, denn Richtung Süden geht es meistens bergab und man kann sich den Rückenwind zunutze machen.

Der erste Tag war von immensen Schwierigkeiten gekennzeichnet: starker Gegenwind, eine unvorhergesehene Radlager-Reparatur und Temperaturen von über 40°C. Die Strecke an sich bot kaum Schatten und hatte diverse, recht heftige Steigungen. Die Radler mussten sich die Piste regelrecht erkämpfen und waren in der Tat drauf und dran, bereits nach kurzer Zeit das Handtuch zu werfen. Unterwegs fanden sie Zuflucht in schattenspendenden Bushaltestellen, in denen wir für sie auf Campingkochern eiweiß- und kohlehydratreiche Nahrung zubereiteten. Am ersten Abend sammelten wir sie einige Kilometer vor dem geplanten Biwak ein und pflegten ihre Blasen, Kratzer und verkaterten Muskeln. Erschöpft lagen wir da, im größten natürlichen Krater der Erde, dem Makhtesh Ramon, und schliefen dann bei Neumond unter einem unbeschreiblich leuchtenden Sternenhimmel ein, nicht wissend, ob und wie weit am nächsten Morgen in die Pedale getreten werden würde.

Es erstaunte mich, wie sehr das menschliche Gemüt in der Lage ist, sich von völliger Verausgabung zu erholen und sich erneut auf das Ziel auszurichten, gerade dann, wenn der Weg mit uneinschätzbaren Schwierigkeiten gespickt ist und wir es uns selbst nicht vollends zutrauen, sie bewältigen zu können. Kurz nach Sonnenaufgang und nach ein paar Nudeln, Nüssen, getrocknetem Obst und viel Stretching entschieden sich die Radler, auf jeden Fall erstmal aus dem Krater heraus zu radeln und dann zu sehen, wie es um ihre Kräfte bestellt war. Die Strecke von etwa zwanzig Kilometern beflügelte sie regelrecht und nach einer guten Pause, um die atemberaubende Aussicht zu genießen, entschieden sie sich, nicht aufzugeben, sondern das ganze Unterfangen mit mehr Gelassenheit und weniger Ehrgeiz anzugehen. Tatsächlich schafften sie es am Ende des zweiten Tages bis zum Toten Meer, dem tiefsten Punkt der Erde.

Am darauffolgenden Morgen ging es von dort weiter durch das Jordantal, das unbedingt durchquert werden musste, denn es ist Palästinensisches Autonomiegebiet und man kann dort nicht campieren. An diesem Tag mussten die meisten Kilometer zurückgelegt werden. Da das Jordantal ein wahrer Hitzekessel ist, tranken unsere beiden Radler Kamelen gleich Liter um Liter und mussten sich zeitweilig im klimatisierten Auto abkühlen, um keinen Hitzschlag zu bekommen. Es wurde bis in die Nacht hinein geradelt – und siehe da, sie schafften es bis zum See Genezareth! Wir waren sehr stolz auf unsere Radler – sie waren zum Umfallen erschöpft.

Der letzte Tag brachte dann den Anstieg zum Berg Hermon mit sich. Eher als gedacht erreichten sie den Fuß des Bergmassivs und bekamen dadurch noch einmal so richtig Auftrieb. Jubelnd, stolz auf unsere Helden, mit Sekt und erfrischenden Wasserbomben ausgestattet, hießen wir sie an der Ziellinie willkommen. Sie hatten es tatsächlich geschafft, ihren ambitionierten Plan zu Ende zu bringen.

Tour des Lebens

Dieses Abenteuer hat uns alle zum Nachdenken angeregt und so manche Erkenntnis, die wir aus dem Erlebten gezogen haben, nehmen wir mit in unseren Alltag.

Wir können einander unterstützen, Hilfe und Ermutigung sein, ohne dasselbe Ziel zu haben. Für uns vom Unterstützerteam war es nicht wichtig, diese athletische Leistung zu vollbringen. Doch es war eine Freude und ein Privileg, unsere Freunde bei der Herausforderung, die sie sich selbst gestellt hatten, zu unterstützen. Wir waren sozusagen das Organisationsteam und kümmerten uns um die versorgungstechnischen Aspekte der Tour. Jeder brachte sich mit seinen Talenten ein und zusammen waren wir ein gutes Team.

Teamarbeit ist wichtig im Leben. Kein Mensch ist eine Insel. Beide Radler machten immer wieder die Erfahrung, dass, wenn einer ans Ende seiner Kraft kam, der andere ihn motivierend antreiben konnte. Wir, als Unterstützende, waren einerseits jederzeit abrufbereit und arbeiteten andererseits Hand in Hand um das, was getan werden musste, jeweils zur rechten Zeit zu erledigen. Dabei hatten wir viel Spaß miteinander. Es erinnerte mich an ein wohlbekanntes Wort aus der Bibel: *Zwei sind besser daran als ein Einzelner, weil sie einen guten Lohn für ihre Mühe haben. Denn wenn sie fallen, so richtet der eine seinen Gefährten auf. Wehe aber dem Einzelnen, der fällt, ohne dass ein Zweiter da ist, ihn aufzurichten! Auch wenn zwei beieinander liegen, so wird ihnen warm. Dem Einzelnen aber, wie soll ihm warm werden? Und wenn einer den Einzelnen überwältigt, so werden doch die zwei ihm widerstehen; und eine dreifache Schnur wird nicht so schnell zerrissen* (Prediger 4).

Um eine Vision zu haben, benötigen wir nicht notwendigerweise „natürliche Augen". Gott hat im Menschen eine immense Kapazität, gesteckte Ziele zu erreichen, verankert. Durchhaltevermögen ist wichtig – besonders dann, wenn wir Niederlagen einstecken müssen oder an den Rand unserer Möglichkeiten kommen. Wie oft kommen wir im Leben an einen Punkt, an dem wir am liebsten aufgeben möchten? Doch Gott ist da noch längst nicht am Ende, er fängt dann erst richtig an. Es ist wichtig, das Endziel nicht aus den Augen zu verlieren, egal wie schwierig der Weg auch sein mag, und darin sowohl uns als auch Gott zuzutrauen, dass wir das große Ziel erreichen werden, auch wenn Etappenziele manchmal angepasst werden müssen.

Eine Überwindermentalität ist sehr hilfreich fürs Leben. Eine Schlacht zu verlieren heißt noch längst nicht, den ganzen Krieg verloren zu haben. Ja, das Leben bietet uns Gegenwind, Hitze, körperliche Grenzen, Situationen, die wir nicht kontrollieren können, und Beschränkungen jeglicher Art in reicher Auswahl, seien es Finanzen, Gesundheit, kulturelle Prägungen oder anderes – doch all das sollte unsere Muskeln stählen und uns motivieren, eine Überwindermentalität zu entwickeln. Zutrauen und Vertrauen, zu uns selbst, zu anderen, zu Gott, sind dabei wichtige Zutaten.

Es ist wichtig, die Herausforderungen des Lebens durch eine „Gnadenbrille" zu sehen. Die Gnade Gottes nimmt kein Ende! Sein Erbarmen hört niemals auf, jeden Morgen ist es neu verfügbar! Das vergessen wir manchmal ein wenig zu schnell. Wenn wir an einen Punkt kommen, an dem wir nicht mehr weiter wissen oder können, sollten wir uns die Freiheit nehmen, unseren Stolz zu überwinden, um Hilfe bitten, und diese auch in Anspruch nehmen. Manchmal müssen wir uns dann vielleicht tragen oder transportieren lassen, doch das wird nicht verhindern, dass wir das Ziel erreichen. Im Gegenteil, es hilft uns, mit unserer Kraft zu haushalten, aufzutanken, die Stärke der Kameradschaft wahrzunehmen und unsere Augen aufs Ziel gerichtet zu halten. Es gibt sicher jemanden, der uns helfen kann, auch wenn derjenige nicht genau dieselbe Zielsetzung hat. Barmherzig mit sich selbst und mit anderen zu sein eröffnet den Raum für Liebe, was fruchtbarer Boden für die Entfaltung unseres Potentials ist. Unter Leistungsdruck gelingt das nur eingeschränkt.

Wir haben es geschafft! Und wir sind reicher – an Erfahrung, an Freundschaft, an Erinnerungen, die sich in unser Herz gegraben haben, an Vertrauen und Lebensfreude! Ziel erreicht!

Keine Butterberge in Israel

Die immense Hitze in Israel hat auch Auswirkungen anderer Art. Nicht nur Dehydrierung und Sonnenbrand sind eine alltägliche Gefahr, nein, selbst „Butter bei die Fische", wie man auf Plattdeutsch so schön sagt, ist ein Problem geworden. Israelis verzehren pro Jahr normalerweise etwa 9 000 Tonnen lokal produzierter Butter, weitere 550 Tonnen werden importiert. Doch seit einigen Monaten herrscht in Israel eine Butterknappheit. Das klingt angesichts europäischer Butterberge eher ungewöhnlich. Es ist die schlimmste „Butterkrise", die das Land jemals erlebt hat. Die Kühlregale in den Supermärkten sind größtenteils leer und auf den wenigen vorhandenen Butterstückchen kleben Etiketten mit saftig hohen Preisen. Durch die anhaltende Dürre reichen die Nährstoffe, die Kühe zu sich nehmen, nicht aus, um die erforderliche Menge an Milch zu erzeugen. Außerdem ist der Anteil an Butterfett in der Rohmilch wegen der ungewöhnlichen und langanhaltenden Hitze zu gering, um Butter zu erzeugen. Man hofft, dass sich die Situation in den nahe bevorstehenden Wintermonaten verbessern wird, da die kühlere Witterung eine erhöhte Produktion ermöglichen kann. Bis jetzt allerdings ist es für die Jahreszeit zu warm und die Kühe erzeugen noch immer zu wenig und zu fettarme Milch.

Der heiße Sommer hatte außerdem negative Auswirkungen auf die Agrarproduktion. Bauern beklagen, dass die anhaltende Dürre siebzig Prozent der Ernte zerstört hat. Im Durchschnitt werden zehn bis fünfzehn Prozent weniger Tomaten, Gurken, Kartoffeln,

Möhren, Äpfel, Zitrusfrüchte und derlei Basisprodukte geerntet. Die Preise schießen förmlich in die Höhe. Während Europa bereits haufenweise Schnee verkraften muss, hat es hier bisher kaum geregnet. Wie wichtig das kostbare Nass von oben ist und wie sehr die Hitze sich selbst in unseren Kühlschränken breit macht, sieht man derzeit an den nur mager bestückten Kühlregalen im Supermarkt.

Hitze, Hitze, Hitze – und ein verheerendes Feuer

„Hitze – Hitze – Hitze" stöhnen wir noch immer. Im November 2010 wurden die wärmsten Temperaturen seit sechzig Jahren gemessen. Es war der trockenste November seit 1962. Wir schreiben mittlerweile das siebente Dürrejahr in Folge. Infolgedessen erlitt Israel Anfang Dezember zu Beginn des Chanukkafestes den verheerendsten Waldbrand in der Geschichte des modernen Staates. Bis zum Ausbruch der Brände hatte es in diesem Herbst lediglich getröpfelt. Unter den Pinien im Karmelgebirge stand das leicht brennbare, trockene Gestrüpp mehr als kniehoch. Angefacht wurden die Feuer von aufkommenden Seewinden und drehendem Wind.

Es begann folgendermaßen: Am 2. Dezember brach ein kleines Feuer im Nordwesten des Gebirges aus. Es habe mehrere kleine Brandherde gegeben, sagte später ein Polizeisprecher. Daraus entwickelte sich ein unkontrollierbarer Flächenbrand. 77 Stunden, also mehr als drei Tage lang, bekämpften die Rettungskräfte diese Katastrophe, angefeuert von der ganzen Nation, ehe das Feuer mit internationaler Hilfe unter Kontrolle gebracht werden konnte und erlösender Regen im Norden Israels fiel. Bis es soweit war, hatten 43 Menschen im Feuer ihr Leben lassen müssen, etwa 20 000 Menschen waren aus Dörfern, Gefängnissen und Krankenhäusern in und um den Karmelwald und Haifa evakuiert worden und etwa 50 Quadratkilometer Wald und Ackerboden waren verbrannt. Über fünf Millionen Bäume hat das Feuer gefressen – das sind vierzig Prozent des Karmelwaldes. Lediglich sieben Prozent des Landes sind überhaupt bewaldet. Der Karmelwald machte davon mehr als zwei Drittel aus.

36 Justizangestellte wurden in einem Bus von den Flammen überrascht und eingeschlossen, als sie, nachdem sie etwa 500 Insassen eines Gefängnisses in Sicherheit gebracht hatten, vor den Flammen zu flüchten versuchten. Eine schreckliche Tragödie. Das Feuer legte eine Strecke von eineinhalb Kilometern in weniger als drei Minuten zurück. Augenzeugen berichteten, dass die Flammen bis zu fünfzig Meter hoch in die Luft schlugen. Der Bus überschlug sich aufgrund der schlechten Sichtverhältnisse und ging in Flammen auf.

Aus ganz Israel wurden die Feuerwehreinheiten des Landes zusammengezogen; zusätzlich wurde die israelische Armee eingesetzt, sodass mehr als 3 000 Feuerwehrleute und Soldaten den Brand bekämpften. Rund dreißig Staaten entsandten auf Anfrage von Ministerpräsident Netanjahu Hilfsmittel nach Israel. Die arabischen Nachbarländer Jordanien und Ägypten schickten Feuerwehrleute und Löschmittel. Sogar die Türkei entsandte nach Vermittlung des deutschen Bundeskanzleramtes zwei Löschflugzeuge. Netanjahu dankte Palästinenserpräsident Abbas für die Hilfe durch palästinensische Feuerwehrleute. Es war sehr bewegend zu erleben, dass internationale Hilfe gesandt wurde, denn Israel hat in der Vergangenheit mehr als einmal anderen Nationen in Katastrophensituationen geholfen – eine Völkerverständigung, die nicht selbstverständlich ist.

Die Brandursache klärt sich nur langsam auf. Die israelische Polizei verhaftete zwei verdächtige Jugendliche aus dem drusischen Dorf Ussefiya wegen des Verdachts auf fahrlässige Brandstiftung. Die Jugendlichen hatten im Wald Feuer für eine Wasserpfeife angezündet, deren Funken die ausgedörrten Bäume in Brand setzten.

Hitzige Debatten folgten in den Medien. Für Entrüstung sorgte der amtierende Innenminister, denn er weigerte sich, Spenden von Christen zu akzeptieren, und vereitelte dadurch eine umfangreiche Lieferung von Löschfahrzeugen und Ausrüstung zur Brandbekämpfung. Nach einigem Hin und Her willigte er ein, acht Fahrzeuge anzunehmen, allerdings auch nur, weil sein Vorgänger sich einst für die Annahme ausgesprochen hatte (eine derartige Lieferung von Hilfsgütern wurde nach dem Zweiten Libanonkrieg organisiert). Generell weigern sich ultra-orthodoxe Juden in Israel, Spenden von Christen anzunehmen, auch wir erfahren das bei unserer Arbeit regelmäßig. Besonders im Lichte dessen, dass die israelische Feuerwehr mit ihrer vorhandenen Ausrüstung dem Ausmaß des Brands überhaupt nicht gewachsen war, ist eine Welle der Empörung durch die Nation geschwappt. Ebenso empörend ist, dass Stimmen auf arabischer Seite laut wurden, die das Feuer als Bestrafung dafür bezeichnen, dass Israel arabisches Land besetzt. Einige religiöse Juden vertraten die Meinung, dass das Feuer eine Bestrafung dafür sei, dass Israel nicht als ganze Nation den Schabbat hält. All das sind traurige Beispiele für religiöse Verblendung.

Einige bemerkenswerte Details gingen in den großen Schlagzeilen jedoch fast unter. Zum Beispiel diese: Griechen und Türken hegen bereits seit Jahrhunderten eine historisch bedingte Animosität gegeneinander. Doch Feuerwehrleute beider Länder haben Seite an Seite gekämpft und dadurch ein versöhnendes Zeichen an ihre Heimatländer gesandt. Nachdem der Brand gelöscht war, zündeten griechische Piloten einen Chanukkaleuchter an. Wenn man bedenkt, dass dieses Fest der Tempelweihe seinen Ursprung darin findet, dass im zweiten Jahrhundert vor Christus die Makkabäer dafür sorgten, dass Israel aus der griechischen Unterdrückung befreit wurde, ist das, was nun geschah, ein länderumspannender Versöhnungsakt.

Sicherer Boden?

Einige Tage vor Weihnachten erhielten wir Volontäre in Jerusalem eine erschütternde Nachricht. In einem Wald nahe Jerusalem ist eine christliche Touristin tot aufgefunden worden. Sie wurde von zwei Arabern ermordet. Die Frau besuchte eine Freundin, die vor Jahren von Großbritannien nach Israel umgesiedelt war und hier als Reiseführerin arbeitet, und unternahm mit ihr eine kleine Wanderung. Sie wurde bei dem Überfall schwer verletzt, konnte aber entkommen.

Die Überlebende schilderte den Überfall in der Presse. Demnach waren beide Frauen an einem Samstag in jenem Wald wandern, als sie zwei arabisch aussehenden Männern begegneten, die auf Hebräisch um Wasser baten. Die Männer hätten sich zunächst entfernt, seien jedoch zurückgekommen und hätten die Frauen mit einem großen Messer angegriffen, gefesselt, geknebelt und beraubt. „Ich hatte große Angst; meine Freundin wurde hysterisch. Einer von ihnen nahm mir die Kette mit dem Davidstern wie ein Gentleman vom Hals, anschließend stach er zwölf Mal auf mich ein. Sie kamen, um zu töten. Niemand läuft ohne Grund mit einem Messer wie diesem herum." Schließlich hat sie sich tot gestellt. Nach einiger Zeit hat sie sich aufgerafft, um Hilfe zu holen, und gelangte zu einem Parkplatz, wo sie auf Ausflügler traf, die umgehend die Polizei alarmierten. Dann brach sie zusammen.

Polizei und Armee leiteten eine großangelegte Suchaktion ein. Die Leiche der Freundin wurde am nächsten Morgen gefunden. Laut Angaben der Polizei hatten die Täter eindeutig eine Tötungsabsicht. Es war kein simpler Überfall.

Dieses Ereignis hat auch mich tief erschüttert, denn die Überlebende ist eine enge Freundin einer Kollegin. Diejenige, die ermordet aufgefunden wurde, war eine Amerikanerin, die bereits früher als Volontärin in Jerusalem tätig war. Daher war sie vielen von uns bekannt. Außerdem ereignete sich dieser Überfall am Rande Jerusalems, in einem als „sicher" geltenden Gebiet. So etwas zeigt mir immer wieder, wie sehr wir von Gottes Bewahrung abhängig sind – egal in welchem Land wir leben.

Was ist eigentlich lebendiger Glaube?

Vor einiger Zeit fragte mich jemand, was lebendiger Glaube für mich bedeute. Noch dazu sollte meine Definition nicht länger als eine SMS sein. Nach einigem Überlegen sah das dann so aus: *Gott mit meinem Herzen und Sein zu lieben, auf den Wegen zu gehen, auf denen er mich leitet, und dabei seiner unfehlbaren, befreienden Liebe zu vertrauen; authentisch sichtbar zu machen, wie er mich in die Person hinein verändert, die seinen Charakter reflektiert, in der Hoffnung, dass andere diese Freiheit spüren und sich trauen, zu vertrauen.*

Das klingt nobel. Wie das jedoch umsetzbar ist, bleibt ein Geheimnis, das sich im Grunde ein ganzes Leben lang entfaltet, ehe wir es wirklich erkundet und begriffen haben.

Vielleicht hat lebendiger Glaube vor allem mit Beziehungen zu tun. Glaube, der durch Liebe wirksam ist, braucht ein Gegenüber. Liebe untereinander zu haben, sendet Zeichen in diese Welt. Weihnachten ist das Fest der Liebe – Gott hat uns so sehr geliebt, dass er seinen Sohn sandte, um uns den Weg zu ihm zu bahnen. Auch an Weihnachten ist Jesus mehr als ein Säugling in der Krippe. Auch an Weihnachten ist er Erlöser und Retter, ist er derjenige, der Leben schenkt – Leben in Fülle. An Weihnachten finden diese besinnlichen Gedanken leichter einen Weg ins Bewusstsein und drücken sich deshalb vielleicht aktiver aus. Doch ist diese Liebe auch am 17. Februar sichtbar? Oder am 2. August? Finden wir Gelegenheiten, im Alltag Liebe zu leben, und wie sieht das praktisch aus? Wird diese Liebe durch lebendigen Glauben gespeist? Wenn wir durch unser Tun Glauben ausdrücken, tun wir das nur für uns selbst? Oder aus Ehrgeiz? Vergessen wir darüber vielleicht sogar uns selbst?

Jesus fragte seine Jünger, was sie vom „Hörensagen" über ihn wussten. Was wird (vielleicht hinter seinem Rücken) über ihn gemurmelt? Am Ende konfrontiert er sie: Wer bin ich für euch? Was ist eure Definition? Was bedeute ich euch? In welcher Beziehung steht ihr zu mir? Petrus hatte eine Antwort. Habe ich eine? Hast du eine? Wie lautet sie? Was bedeutet Jesus für dich ganz persönlich? Und wie verändert das meinen und deinen Alltag, mein und dein Leben? Was darf er tun?

Ich wünsche uns allen, dass wir uns immer mehr trauen, Gott zu vertrauen, dass er gute Pläne für uns hat. Dass er uns tragen, versorgen, lieben, leiten, inspirieren wird – in allen Lebenslagen. Und dass genau dadurch Glaube lebendiger als je zuvor werden mag.

18 heißt: Lebe!

2011 war ein turbulentes Jahr. Gleich mehrere Ereignisse katastrophalen Ausmaßes erschütterten den gesamten Planeten bis hin zu einer in ihrer Stärke präzedenzlosen Verschiebung der Erdachse infolge des Tsunamis, der den Osten Japans verwüstete und zehntausende Menschenleben kostete. Niemals werde ich vergessen, mit welcher Erschütterung, Trauer und Fassungslosigkeit ich gemeinsam mit japanischen Kollegen in Israel die Medienberichte und Videos dieses fatalen Tsunamis regungslos anstarrte. Es war, als würden meine Sinne nicht erfassen können, was meine Augen wahrnehmen mussten.

Auch in Israel ging es turbulent zu. Ein Terroranschlag, kaum zehn Gehminuten von meiner Wohnung entfernt, riss Jerusalem aus dem Alltagstrott und weckte Erinnerungen an die Zweite Intifada. Es ist manchmal eigenartig: Unsere Erinnerungen verblassen, sie sind verarbeitet und abgeheftet oder wir haben sie verdrängt und vergessen, jahrelang sind sie still und rühren sich nicht – und plötzlich, in einem einzigen Augenblick, kommen sie zurück, oft schmerzhaft, harsch, scharf und mit einer Wucht, die unsere innere „Erdachse" ins Ruckeln bringen kann. So war es nun auch bei mir. In Sekundenbruchteilen breitete sich ein Panorama von Bildern und Schicksalen in meinem Innern aus und löste eine Lawine der Gefühle aus, die ich sortieren musste. Der Begriff „Arabischer Frühling" wurde geprägt. Heute wissen wir, dass diese jahreszeitliche Bezeichnung mehrere Jahre andauerte und die betroffenen politischen Landschaften nicht wirklich in neuer Blüte erstrahlen ließ. Oftmals war und ist noch das Gegenteil der Fall.

Im Frühsommer entstanden Zeltstädte in öffentlichen Parks in Tel Aviv und Jerusalem, um auf die sich immer weiter öffnende Schere zwischen Verdienst und Lebenshaltungskosten aufmerksam zu machen und Politiker dazu zu bewegen, ungerechtfertigter Preistreiberei Einhalt zu gebieten und entsprechende Maßnahmen einzuleiten. Diese Art der Kritik an Israels Innenpolitik brachte Menschen verschiedener Gesellschaftsschichten zusammen und setzte das klare Zeichen, dass hier nicht die ohnehin wirtschaftlich Benachteiligten protestierten, sondern diejenigen, die viel zum gesellschaftlichen Wohl und der wirtschaftlichen Stärke Israels beitragen, doch die stets auftretenden Engpässe im persönlichen Budget trotz ihres gesicherten und mindestens durchschnittlichen Einkommens nicht mehr managen können. Ja, und endlich, endlich fuhr die oh-so-lang-geplante Tram in Jerusalem! Eine Neuheit, mit der die Jerusalemer erst lernen mussten, umzugehen.

Ein Tag jedoch übertraf alle anderen 364 Tage des Jahres 2011: der 18. Oktober. Der Tag, an dem Gilad Schalit im Austausch gegen 1 027 rechtskräftig verurteilte Terroristen endlich nach Hause zurückkehren durfte! Alles Hoffen, alles Bangen, alles Kämpfen fand nun ein glückliches Ende, als nach fünf Jahren und vier Monaten oder 1 941 Tagen unser aller Sohn und Bruder in die liebenden Arme und Geborgenheit seiner Familie zurückkehrte. Ein Tag, den ich niemals vergessen werde ...

Es gibt tatsächlich einen Moment, in dem Freude und Erlösung eine Dimension erreichen, in der die einzig mögliche Ausdrucksform Stille ist. An jenem Tag habe ich es erlebt, gemeinsam mit Millionen anderen stillen Menschen in Israel. Ein Gefühlsreigen von hochgradiger Anspannung, Begreifen, Erleichterung, Tränen der Freude, Stille – in dieser Reihenfolge – das bleibt auch jetzt noch vom 18. Oktober 2011. Alles andere hat schon längst der Wind verweht.

>>>>>>>>>> ● <<<<<<<<<<

Unreif, überreif – oder reif?

Bereits der erste Monat dieses Jahres ist mit einigen vorherseh-
baren und dennoch unvorhergesehenen Hürden gespickt gewesen. Dazu gehört einerseits meine Aufenthaltsgenehmigung, die
erneut den Weg durch die Mühlen des Innenministeriums gehen
muss, ehe sie hoffentlich verlängert wird. Das ist immer wieder
eine Geduldsprobe von mehreren Wochen und lehrt mich, mit
„leichtem Gepäck" durchs Leben zu reisen. Das klingt einfacher,
als es ist, denn es macht mir auf eindrückliche Weise bewusst,
dass menschliche Pläne keine automatische Erfolgsgarantie haben – was nicht heißt, in einer Art Planlosigkeit durchs Leben zu
dümpeln. Ich habe mir eine Lebenshaltung zu eigen gemacht,
die das, was mir begegnet, offen und ohne festgesetzte Agenda
zu leben und zu erleben sucht, es als Geschenk empfängt und
genießt, ohne es festzuketten. So kann es sich authentisch entwickeln und mich bereichern. Alles hat seine Zeit und für alles
gibt es eine bestimmte Stunde. Das findet sich bereits in der
Bibel niedergeschrieben. Ebenso heißt es dort, dass Gott alles
zu seiner Zeit schön gemacht hat. Früchte sind da ein gutes Beispiel. Isst man sie, ehe sie wirklich reif sind, schmecken sie sauer
oder bitter und machen die Zähne stumpf. Isst man sie, wenn
sie überreif sind, dann schmecken sie faul, vergoren, schimmelig
und man kann nicht ausschließen, dass man manche Made oder
Fliege mitverzehrt. Doch zur Reifezeit schmecken Früchte köstlich und erfrischend, süß und saftig und sie haben ihre Nährstoffe
wunderbar entfaltet. Mittlerweile hat sich in mir die Überzeugung gefestigt, dass es mit unserem Leben nicht viel anders ist,
und ich möchte weder unreif noch überreif leben, sondern die
Zeiten in Reife begrüßen und verabschieden. Ein Geheimnis, das
ich wohl immer wieder neu entdecken und lernen darf.

Eine andere Art von Frühling

Die innenpolitischen Auseinandersetzungen in Ägypten, der „Arabische Frühling", wie die Medien die Geschehnisse dort und in anderen arabischen Ländern getauft haben, beeinflussen auch unser Leben hier. Inmitten aller Unruhen ist einer unserer Volontäre in Kairo gestrandet und musste einige Tage dort auf dem Flughafen verbringen. Bereits nach kurzer Zeit waren keine Getränke und Lebensmittel mehr zu bekommen und Passagiere wurden angewiesen, das, was sie bei sich hatten, zu rationieren. Sie blieben im Flughafengebäude, da dieses als der sicherste Ort galt. Schließlich wurde unser Volontär über Istanbul ausgeflogen. Er befand sich eigentlich auf dem Flug von seinem Heimatland nach Israel, doch durch diese Turbulenzen und die damit verbundenen Haftungsbeschränkungen musste er zunächst wieder in sein Heimatland fliegen und wird die Reise noch einmal antreten müssen. Diesmal allerdings mit einem Zwischenstopp in einem anderen Land.

Die Medienberichte aus Ägypten, Tunesien, Libanon, Syrien, Iran, Jordanien, Libyen und Algerien zeigen auf, welch ein Pulverfass der Nahe Osten und das muslimische Nordafrika sind. Die innenpolitischen Umbrüche werden sich weltweit auswirken und es bleibt zu hoffen, dass es positive Auswirkungen sein werden. Es ist eine Zeit der Unruhe, der Revolution, der Unordnung, geprägt von Konflikten und manch ungesunder Machtausübung – sei es diktatorisch oder religiös-fanatisch; alles in allem eine Zeit, die viel Leid verursacht, Existenzen und Perspektiven ruiniert und zu viele Menschenleben kostet. Israel beobachtet all diese Entwicklungen sehr aufmerksam, denn in all diesen Ländern finden sich Strömungen und Ambitionen, die von Feindseligkeit gegenüber Israel durchsetzt sind, sich in lautstark-substanzloser Polemik äußern und oftmals auch entsprechende Taten nach sich ziehen.

Gute Worte

Natürlich wird im Zusammenhang mit dem „Arabischen Frühling" in den Medien auch die „Chance auf Frieden im Nahen Osten" diskutiert. Wenn ich so manche Meinung höre, dann kommt mir etwas in den Sinn, das Golda Meir, die ehemalige israelische Ministerpräsidentin, einst sagte: „Frieden wird es erst geben, wenn die Araber ihre Kinder mehr lieben, als dass sie uns hassen."[21] Ein Wort, das mich nachdenklich stimmt und das nicht aus der Luft gegriffen ist. Viele eigene Erlebnisse sowie Gegebenheiten und Strukturen, die in dieser Region existieren, machen diese Aussage für mich nachvollziehbar. Es fährt mir durch Mark und Bein, wenn ich Bilder palästinensischer Kinder sehe, wie sie in Ferienlagern die Handhabung verschiedener Waffen trainieren oder gelehrt bekommen, wie man sich Sprengstoffgürtel umschnallt. Wie oft hören sie in ihrer Kinder- und Jugendzeit, wie wunderbar es sei, als Märtyrer zu sterben und dieses als das höchste Ziel anzusehen? Eine grausame Realität, die nur wenige Kilometer von mir zum Alltag gehört. Dabei ist es so wichtig, Kindern Gutes über sie selbst zuzusprechen und sich auch über andere Menschen respektvoll zu äußern. Das wissen wir aus eigener Erfahrung und aus jedem verfügbaren Elternratgeber und oft genug habe ich genau das in meiner ursprünglichen Tätigkeit als Erzieherin vermittelt.

Es gibt eine sehr bekannte jüdische Anekdote, die das auf humorvolle Weise veranschaulicht. Einander Gutes zuzusprechen heißt biblisch formuliert, jemanden zu segnen. Oftmals denken wir, das ist Pfarrern, Priestern oder Heiligen vorbehalten, denn nur sie haben die Autorität, so etwas zu tun. Doch das ist ein Irrtum, denn bereits in der Bibel haben Menschen wie du und ich diesen Zuspruch Tag für Tag praktiziert und dadurch den Segen Gottes im Leben anderer aktiviert.

Die Anekdote: Frau Goldberg ist im Supermarkt einkaufen und schiebt ihre beiden kleinen Jungen im Kinderwagen vor sich her.

Ihre Nachbarin entdeckt sie und grüßt: „Guten Morgen, Frau Goldberg. Ach, welch hübsche kleine Jungs. Wie alt sind sie jetzt?" „Der Arzt", antwortet Frau Goldberg „ist zwei. Der Anwalt, Gott segne ihn, wird morgen seinen ersten Geburtstag feiern."

Die Gewohnheit, die eigenen Kinder zu segnen, beginnt früh und ist etwas, das jüdische Familien bis heute regelmäßig praktizieren. In all meinen Jahren hier in Israel habe ich noch keine Familie getroffen, die das nicht tut. Doch segnen oder gesegnet werden ist nicht nur etwas für Kinder, noch ist es einzig dem jüdischen Volk vorbehalten.

Es ist Gottes Wille, uns zu segnen, und es ist gut, sich das bewusst zu machen. Das Konzept des Segnens begann mit Gott. Seine erste Aktion nach der Schöpfung war, Segen über allem, was er geschaffen hatte, auszusprechen. *Gott schuf den Menschen nach seinem Bilde ... Und Gott segnete sie.* Der zweite Segen wurde über Noah und seinen Söhnen ausgesprochen: *Und Gott segnete Noah und seine Söhne.* Der dritte Segen ging an Abraham: *Ich will segnen, die dich segnen.* Und immer wieder liest man von Vätern, die ihre Söhne segneten. Zu Beginn der Bergpredigt spricht Jesus Segnungen aus und er machte es zu seiner Priorität, die Kinder zu segnen. Das Letzte, was Jesus vor seiner Aufnahme in den Himmel tat, war, einen besonderen Segen auszusprechen: *Er hob seine Hände und segnete sie. Während er sie segnete, verließ er sie und wurde in den Himmel aufgenommen.*

Es war und bleibt Gottes erste und letzte Priorität zu segnen. Er hat nicht nur Segen an uns weitergegeben, sondern uns auch das Privileg geschenkt, anderen Segen zuzusprechen.

Narben als Inspiration

Nach zehn Wochen Warten und genau seit dem elften Jahrestag meiner Ankunft in Israel ist es nun amtlich: Mein Visum wurde um ein weiteres Jahr verlängert – eine Nachricht, die ich mit Freude und Erleichterung aufgenommen habe und als pure Gnade empfinde. Obwohl ich es nun schriftlich habe, ist die Frage, wie lange mein Dienst in Israel wohl noch „dran" ist, allgegenwärtig, denn außer einer Aufenthaltsgenehmigung spielen viele weitere Faktoren eine Rolle. Stress, stets brodelnde Konflikte in Nahost, mein Wohlbefinden und die Frage nach den Perspektiven sind nur einige davon und, wie bisher, empfinde ich Beweglichkeit gesünder als Starre.

Der Staat Israel ist mittlerweile 63 Jahre alt geworden. Jedes Mal, wenn sich der „Geburtstag" jährt, erstaunt es mich, welch immense Überwindermentalität im Volk Israel steckt. Wie immer gedenkt die Nation zuvor der über sechs Millionen Juden, die im Holocaust versklavt, entmenschlicht und bestialisch getötet wurden. Es gibt wohl kaum eine Familie, die keinen Vater, Mutter, Großmutter, Sohn, Tochter, Bruder oder Schwester verloren hat. Für immer verschwunden. Einfach so. Weil sie Juden waren. Ebenso haben die Männer und Frauen, die ihr Leben opferten, um ihr kleines Land zu verteidigen, einen Platz in den Herzen der heute Lebenden. Die Zahl der gefallenen Soldaten und Terroropfer seit 1948 liegt im Jahr 2011 bei insgesamt 22 867; das sind 183 mehr als im letzten Jahr. 2 543 Waisen, 4 999 Witwen und Witwer und 10 819 trauernde Eltern.[22] Das Loch, das der Verlust gerissen hat, ist spürbar, denn nichts kann den geliebten Menschen zurückbringen. „Doch jetzt, jetzt sind wir wieder in unserem eigenen Land! Auch wenn unsere Herzen die Narben der Vergangenheit tragen, bewahren wir Hoffnung und richten uns auf!" Auch dieser Gedanke hat in den Herzen der Menschen seinen Platz.

Diese Zeit der Rückschau und der Feier ist für mich immer wieder eine Inspiration. Das Leben verwundet uns; früher oder später zieht sich jeder von uns Narben zu. Manche Narben werden uns zugefügt, andere verursachen wir selbst. Es ist gut und wichtig, uns an diese Narben zu erinnern und sie zu betrachten. Nicht um depressiv und entmutigt zu werden – nein, im Gegenteil. Wenn wir unsere Augen wirklich öffnen, dann sehen wir Gottes Treue. Seine Kraft, die uns durch jedes Tal tragen kann. Seine Liebe, die vergibt und durch die auch wir vergeben können. Seine Heilung, die uns wiederherstellt. Seine Gnade, die kein Ende kennt. Und während wir unsere Narben betrachten, geht es nicht darum, in der Verletzung stecken zu bleiben, sondern zu feiern. Das Leben zu feiern, dieses große, wunderbare Geschenk, das sich zu entdecken lohnt. Immer wieder und jeden Tag neu.

Wankende Welt

In den ersten fünf Monaten dieses Jahres ist rund um den Erdball immens viel passiert. Egal, wie weit entfernt sich diese Dinge zutrugen, es ist bemerkenswert, dass vieles von dem, was sich ereignet hat, mein Leben, meine Arbeit oder meinen derzeitigen Wohnort beeinflusst.

Bridges for Peace hat in mehreren Ländern Büros, darunter auch in Australien, Neuseeland und Japan. Die Auswirkungen der Naturkatastrophen, die sich dort ereignet haben, reichen auch bis zu uns. Einerseits müssen wir noch abwarten, wie sich diese Katastrophen finanziell auswirken und unsere Arbeit in Israel verändern werden. Andererseits haben wir aus allen betroffenen Ländern Volontäre in unserem Team. Sie sind entweder hier in Israel, gerade auf dem Weg hierher oder vor Kurzem in ihr Heimatland zurückgekehrt. Unsere Japaner, beispielsweise, standen fassungslos vor den apokalyptischen Bildern, die über TV und Internet auf uns einströmten. Tränen flossen drauflos, kombiniert mit der Sorge um Familien und Freunde und mit der berechtigten Frage, wie sich ihr Leben gestalten wird, wenn es Zeit ist zurückzukehren. Stille und Gebet haben uns miteinander verbunden.

Bridges for Peace hat außerdem das Privileg gehabt, ein israelisches Ärzteteam in das japanische Katastrophengebiet mit auszusenden. Unmittelbar nach der Erdbeben- und Tsunamikatastrophe bot Israel Japan Hilfe an. Leider kennt die jüdische Nation ähnliche Notfälle aus erster Hand und gehört zu den erfahrensten Katastrophenhelfern der Welt. Nachdem Japan seinen Bedarf an Hilfe bestätigt hatte, rief das israelische Medizinkorps bei uns an und bat uns um finanzielle Unterstützung. Wir wussten sofort, dass dies eine wunderbare Möglichkeit war, nicht nur Japan zu helfen, sondern auch ein Zeichen zu setzen, dass Israel eine Nation ist, die Mitgefühl in Taten umsetzt. Somit unterstützten wir den Transport einer Flugzeugladung mit medizinischem Gerät, Ausstattung und Medikamenten. Sechzig Ärzte und Krankenschwestern waren mit an Bord, um ein Feldlazarett in der Katastrophenregion zu errichten. Obendrein wurden wir gefragt, ob wir Übersetzer bereitstellen könnten. Diese Anfrage haben wir an unser Büro in Tokio weitergeleitet und so gesellte sich unser japanisches Team an die Seite des Hilfsteams. Inmitten der Zerstörung und der nuklearen Verseuchung durften wir einen Lichtstrahl der Hoffnung in die traumatisierten Menschenherzen bringen. Welch ein Brückenschlag!

Erschütterte Stadt

Der meteorologische Frühling entfaltet sich mit Farbenpracht und wärmenden Sonnenstrahlen. Gleichzeitig offenbart auch der „Arabische Frühling", der ja bereits im Januar begann, immer neue Facetten. Allerdings weniger zart und farbenfroh, sondern eher jäh, plötzlich, mit voller Wucht und unvorhersehbaren Folgen. In Israel spürt man intensivere Sicherheitsmaßnahmen im Alltag und an den Grenzen. Alle Wachsamkeit konnte jedoch nicht verhindern, dass am 23. März 2011 mitten in Jerusalem eine Bombe „platzte". Eine 59-jährige Frau ist dabei ums Leben gekommen und mindestens achtunddreißig Menschen wurden zum Teil schwer verletzt. Unter den Verletzten war auch der Sohn einer jüdischen Familie, der sich auf dem Weg von der Schule nach Hause befand. Eine Freundin von mir ist seine Lehrerin und ihre Erschütterung ging auch mir sehr nah. Ja, so ist es in diesem kleinen Land – jeder kennt jemanden, der von solch einem Ereignis betroffen ist, und auf diese Weise rückt der Terror dem eigenen Leben näher, als man denkt. Die etwa zwei Kilo schwere Bombe war in einer Tasche versteckt, die an einer Telefonzelle stand. Sie explodierte gegen 15 Uhr, als gerade zwei Linienbusse nahe der belebten Kreuzung anhielten. Der Besitzer des Kiosks an jener Bushaltestelle hatte das verdächtige Objekt kurz zuvor entdeckt. Er war gerade dabei, Menschen zu warnen und die Polizei anzurufen, da explodierte die Tasche schon und er wurde mittelschwer verletzt. Die Kreuzung ist nur knappe zehn Minuten Fußweg von meiner Wohnung entfernt und die schwere Detonation erschütterte die Stadt bis ins Zentrum hinein. Ein Freund, der nahe der Altstadt wohnt, nahm Kontakt mit mir auf, als sich die Explosion ereignete – er konnte die Wucht nicht nur hören, sondern auch spüren. Es war der erste Anschlag seit März 2008 und in vielen Jerusalemern kamen lebhafte Erinnerungen an die Schrecknisse der Zweiten Intifada hoch. Auch ich erinnerte mich an viele Situationen, die ich in den Jahren 2000–2003 miterlebt hatte, und natürlich machte sich auch in mir eine Anspannung breit. Der Schmerz, das Blut, die Tränen, die Verluste, die Orte, an denen Attentate geschahen – all das ist unauslöschlich in mein Erinnerungsvermögen eingebrannt.

Drahtesel erneut gesattelt

Erneut durfte ich zwei Radler in ihrer Herausforderung begleiten. Sie radelten für einen Tag, um eine israelische Organisation, die eine sehr wertvolle Arbeit tut, zu unterstützen. Das Israelische Zentrum für die Behandlung von Traumata (ICTP) hilft Menschen, die eine traumatisierende Situation durchlebt haben (derer gibt es in Israel leider viele): Neueinwanderer, die sich zurechtfinden müssen; die eher wie Außenseiter behandelte äthiopische Bevölkerung; Terroropfer; Soldaten nach dem Einsatz in hochgradig konfliktreichen Gebieten; Menschen, die nahe des Gazastreifens wohnen und ständigen Raketenbeschuss aushalten müssen; Notfalleinsatzkräfte, die ungefiltert Unfall- oder Attentatsszenarien ausgesetzt waren. Durch diverse Programme werden diese Menschen auf ihrem Weg zurück in ein „normales" Leben begleitet. So radelten die beiden jungen Männer und setzten ein Zeichen der Liebe, Hoffnung, Heilung und Wiederherstellung, während wir an der Ziellinie auf sie warteten und sie dort freudig und voller Stolz begrüßten. Diese Radtour war weit weniger herausfordernd als die Tour d'Israel, die ich im letzten Jahr begleitete. Allerdings wird sie im Leben vieler Menschen einen Unterschied machen, denn gerade durch den Anschlag, der sich vor Kurzem in Jerusalem ereignete, ist uns erneut bewusst geworden, wie häufig und wiederholt Menschen in diesem Land traumatisiert werden und wie begrenzt die Mittel sind, den direkt Betroffenen spürbar zu helfen. Einige Klienten, denen die Organisation half oder hilft, waren bei der Siegerehrung anwesend und so ergaben sich viele Gespräche. Mehrfach wurde uns klar, dass es hier nicht nur um das Geld geht, das durch die Radtour gesammelt wird. Durch unsere Präsenz und den körperlichen Einsatz der Radler sowie die damit verbundene Zwischenmenschlichkeit haben den Betroffenen immense Wertschätzung vermittelt. Es war eine Gabe, die rundum greifbar war und mit Würde und Respekt gegeben und angenommen wurde.

Sorge dich nicht – lebe!

Einfacher gesagt als getan? Wer regelmäßig einen Blick in die Bibel wirft, dem ist bestimmt längst aufgefallen, dass sie mit Anweisungen für Lebenslagen, die wir nicht ganz so locker meistern oder Gewohnheiten, die wir bessern möchten, durchtränkt ist. Die liebevolle Ermutigung, uns nicht zu fürchten, kommt beispielsweise recht häufig vor – und doch gelingt es uns nicht immer, völlig furchtfrei zu sein. Jedenfalls geht es mir so. Ein anderes

Thema sind Sorgen. Wahrscheinlich bin ich nicht die einzige, bei der sich Sorgen in Verstand, Sinn und Denkweise einschleichen. Mir ist aufgefallen, dass wir im Deutschen die Wendung „sich Sorgen machen" benutzen. „Machen" drückt etwas Schaffendes aus. Wir *erschaffen* sie sozusagen. Wir zählen oder betrachten sie nicht – nein, wir *machen* uns Sorgen.

Natürlich findet sich in jedem Leben genügend Anlass zur Sorge. Wenn ich an mein eigenes Leben denke, dann kann ich rasch eine Liste zusammenstellen. Da gibt es beispielsweise Spannungen und Konflikte in und um Israel, bis vor Kurzem Ungewissheit über mein Visum, eine enorme Arbeitslast, die über meine Kraft geht (und das bereits seit langer Zeit), finanzielle Rezession und damit die Frage, ob und wie lange ich meine Rechnungen noch bezahlen kann. Wenn sich zu so mancher Sorge, die wir Menschen haben können, auch noch Schuld gesellt, resignieren wir leicht. Die Schuld, dass wir hier oder da versagt haben, es hätten besser machen können, aufgrund unseres Verhaltens dieses oder jenes gar nicht verdient haben, lässt das schlechte Gewissen pulsieren und kann erdrückend sein.

Der erste Petrusbrief in der Bibel gibt uns einen guten Rat: *Demütigt euch nun unter die mächtige Hand Gottes, damit er euch erhöhe zur rechten Zeit, indem ihr alle eure Sorge auf ihn werft! Denn er ist besorgt für euch.* Das Wort für „werfen" meint im griechischen Original wortwörtlich „schleudern". Da steht nicht loslassen oder ablegen. Schleudern drückt etwas Kraftvolles, Dynamisches aus. Mit aller Kraft von sich schleudern – nicht wahllos irgendwo hin, sondern auf Gott, zu Gott hin. Er kann damit umgehen. Ja, er möchte sogar damit umgehen.

Psalm 55 ermutigt uns in dieser Hinsicht: *Wirf auf den HERRN deine Last, und er wird dich erhalten; er wird nimmermehr zulassen, dass der Gerechte wankt.* Gottes Antwort auf unser Schleudern ist so wunderbar, dass es fast schon als paradox bezeichnet werden kann. Auch Jesus hat gesagt: *Seid nicht besorgt für euer*

Leben, was ihr essen und was ihr trinken sollt, noch für euren Leib, was ihr anziehen sollt! ... Wer aber unter euch kann mit Sorgen seiner Lebenslänge eine Elle zusetzen? ... So seid nun nicht besorgt ... denn euer himmlischer Vater weiß, dass ihr dies alles benötigt ... So seid nun nicht besorgt um den morgigen Tag! Denn der morgige Tag wird für sich selbst sorgen (Matthäusevangelium, Kapitel 6).

Manchmal versuchen Sorgen förmlich, an einem kleben zu bleiben. Doch kein Klebstoff ist stärker als die Liebe Gottes. Diese Liebe sorgt gern und aktiv für uns! Gott kann mit meinen Sorgen viel besser umgehen als ich. Ja, er kann! Darin darf ich ruhen. Und mich jeden Tag im „Weitwurf" üben.

Camping als Streikmittel

Im „Sorgen wegschleudern" üben sich auch viele israelische Bürger auf eine besondere Art. Zeitgleich mit dem Beginn der Sommerferien sind ganze Zeltstädte in Jerusalem, Tel Aviv und anderen Städten entstanden. Der durchschnittliche, mittelständische Bürger schafft es einfach nicht mehr, Einkünfte und Rechnungen in eine Balance zu bringen und drückt seine finanziellen Sorgen durch dieses Camping aus. Lokale und internationale Medien berichten unaufhörlich über die Stärke der israelischen Wirtschaft und die veröffentlichten Prognosen sind durchweg positiv. Da stellt sich dann so manchem mittelständisch situierten Bürger die Frage, warum es mit dem verdienten Geld nicht möglich ist, die Lebenshaltungskosten zu decken. Der vielzitierte „Otto Normalverbraucher" kommt nicht über die Runden und der wirtschaftliche Aufschwung ist im Alltag des Durchschnittsisraeli nur daran zu erkennen, dass die Lebenshaltungskosten steigen während der Inhalt des Portemonnaies nicht mehr Schritt halten kann. Politiker sind und werden aufgefordert, dem preistreiberischen Wildwuchs Einhalt zu gebieten. Die Demonstrationen der vielen Betroffenen verlaufen recht friedlich und immer gesellen sich Passanten dazu. Künstler und Hochschulprofessoren stellen ihre Künste und ihr Fachwissen gratis zur Verfügung und so mancher Friseur oder Physiotherapeut gönnt seine Dienste denen, die ihren Komfort zurückgelassen haben, um diese Missstände anzuprangern und Signale zu setzen, die hoffentlich aufgearbeitet werden und letztlich Besserungen bewirken.

Aus dem Leben gerissen

Für unsere Visaverhandlungen wurde eine neue Runde eingeläutet. Für mich bedeutete das, dass ich ganze Stapel von Dokumenten, Prognosen und Vorschlägen beim Innenministerium einzureichen hatte. Anschließend folgten mehrere Treffen mit Regierungsbeamten höheren Ranges, um diverse Aspekte unserer Organisationsstruktur und der dafür benötigten Aufenthaltsgenehmigungen zu diskutieren. Nun warten wir auf das „Urteil".

Inmitten dieser erhöhten Arbeitslast ereignete sich ein tragischer Zwischenfall: Ende Juli fehlte uns eines Morgens ein Volontär. Nach erfolgloser Suche in Jerusalemer Krankenhäusern schalteten wir die Polizei ein, von der wir erfahren mussten, dass er bei einem Abendspaziergang den plötzlichen Herztod erlitten hatte. Die Reanimationsversuche der Rettungssanitäter vor Ort und auf dem Weg in ein nahegelegenes Krankenhaus waren vergeblich. So plötzlich kann es gehen – ein gesunder Kerl, voll im Leben stehend und noch gar nicht so alt. Jeden Abend ging er spazieren und sog das pulsierende Leben Jerusalems in sich auf, denn sein dreimonatiger Einsatz in Israel war die Erfüllung eines langgehegten Wunsches. Die Wochen nach seinem Tod waren mit all dem, was in so einem Fall getan werden musste, ausgefüllt. Es war ein immenser Balanceakt, zu trösten, Kontakt mit der Familie im Heimatland zu halten und mich durch die erforderliche Bürokratie für die Versicherung, die Botschaft und die Polizei zu arbeiten. Eine Autopsie wurde anberaumt, der Leichnam musste vorbereitet und schlussendlich ins Herkunftsland überführt werden. Die gesamte Mitarbeiterschaft kämpfte mit Emotionen, die durch den plötzlichen Tod eines Kollegen aufwallten. Wir organisierten ein Gedenktreffen, um der Trauer und dem Schock innerhalb des Kollegiums Raum geben zu können. Die Plötzlichkeit hat uns alle aufgerüttelt und uns erneut vor Augen geführt, dass das Leben ein Geschenk ist, das wir jeden Tag in Fülle leben sollten.

Kaum hatten wir diese Situation verkraftet, mussten wir einen weiteren Todesfall verzeichnen. Etwa sechs Wochen nach der Rückkehr in sein Heimatland ist ein anderer Volontär an Herzversagen gestorben. Wir haben von der Familie gehört, dass er nach seinem Aufenthalt bei uns nur so von Israel schwärmte und ihn als das beste und schönste Ereignis seines Lebens bezeichnete. Zwei Todesfälle in solch kurzer Zeit – das ist nicht so rasch verarbeitet, weder im Praktischen, noch innerlich.

Schneller als der Messias

In all den Jahren, die ich nun in Israel leben darf, haben mich Bauarbeiten begleitet. Baukräne, die sich zwischen den Häusern in die Höhe recken, sind aus dem urbanen Bild nicht wegzudenken. Manchmal ging ich abends von der Arbeit nach Hause und fand am nächsten Morgen auf dem Weg ins Büro eine über Nacht entstandene Baustelle, die mich auf bisher unentdeckte Umwege führte. Das Stadtzentrum Jerusalems hat sich vollständig gewandelt und aufgrund der vielen langfristigen Absperrungen, die auch die Kunden fernhielten, ging so manches Geschäft bankrott. Und das manchmal ebenfalls über Nacht. Oft habe ich mich gewundert, wie rasch ein alter Laden verschwinden und ein neuer aufmachen kann.

Und nun, trotz aller Spottreden, ist sie letztlich doch eher da als der Messias (ein gängiges israelisches Sprichwort für etwas, das niemals fertig zu werden scheint): die Jerusalemer Straßenbahn. Erste Pläne für eine Straßenbahn hatte der griechisch-libanesische Ingenieur George Franjieh bereits im Jahr 1892 entworfen. 110 Jahre später war dann tatsächlich Baubeginn und bis zuletzt hielt sich hartnäckig das Gerücht, dass der Messias kommen wird, ehe in Jerusalem je eine Straßenbahn fahren wird. Doch am 19. August 2011 war es endlich soweit, dass die Bewohner Jerusalems einsteigen konnten. Über 40 000 von ihnen haben sie am ersten Tag ausprobiert. Seither stehen an jeder Haltestelle Ordner und in jedem Waggon fährt ein Schaffner mit, der den unerfahrenen Jerusalemern genau erklärt, wie man richtig Straßenbahn fährt. Kurz vor Inbetriebnahme brach das neu entwickelte, vollelektronische Ticketsystem zusammen und aus den ursprünglich geplanten werbewirksamen zehn Tagen „freie Fahrt" sind gute drei Monate geworden. Als dann endlich gezahlt werden konnte und musste, ging die Anzahl der Fahrgäste rapide zurück. Ob sich die Investition gelohnt hat, wird sich zeigen. Die Bahn fährt durch arabische und jüdische Stadtteile und ist Teil eines groß angelegten Konzepts, das den privaten Autoverkehr aus der Innenstadt heraushalten soll. Viele Jerusalemer diskutieren darüber, wie sich eine Teilung der Stadt, die ja immer wieder auf dem Verhandlungstisch landet und doch hoffentlich niemals kommen wird, auf den Trambetrieb auswirken wird. Auch diese Gespräche enden oft mit dem allseits bekannten Satz, dass der Messias eher kommen wird.

Im Süden hagelt's

Der September hat begonnen, es ist angenehm warm und man freut sich daran, dass es in diesem Sommer wettermäßig nicht ganz so heiß herging wie im letzten Jahr. Heiß her ging es allerdings in den vergangenen Wochen in einem anderen Sinne. Im Süden Israels hat es mächtig gehagelt. Nicht Hagelkörner, nein, sondern Raketen und andere Geschosse. Nahe Eilat wurden ein Bus und einige hinter ihm fahrende Vehikel von Terroristen angegriffen. Acht Israelis starben an den Schussverletzungen, vierzig wurden verletzt. Es ist dem kühlen Kopf des Busfahrers zu verdanken, dass nicht mehr Menschen ihr Leben lassen mussten. Er ist aufs Gaspedal getreten und hat sich, so gut es ging, aus der Gefahrenzone entfernt. Hunderte von Raketengeschossen sind quer durch den Süden verstreut in Israel eingeschlagen. Es erschüttert mich jedes Mal, wenn ich darüber lese, was Betroffene durchmachen. Es geschehen aber auch ganz ungewöhnliche Bewahrungen, die mich in Staunen versetzen. Da ist zum Beispiel ein junger Mann, der hungrig war und sich aufmachte, um eine Pizza zu essen. Als er von der Pizzeria zurückkehrte, lag sein Haus in Schutt und Asche. Sein Appetit auf Pizza hat ihm das Leben gerettet. Ein anderer Israeli, der sich nicht wohlfühlte, ging zum Notarzt. Man vermutete, dass er einen Herzinfarkt erlitten haben könnte, und behielt ihn zur Beobachtung über Nacht im Krankenhaus. In jener Nacht schlug eine Rakete direkt vor seinem Haus ein. Eine Mitarbeiterin des Innenministeriums, mit der ich regelmäßig zu tun habe, hatte mir erzählt, dass sie in Eilat Urlaub machen wird. Wie froh war ich, sie einige Tage nach dem Anschlag wohlauf bei der Arbeit zu sehen; wissen zu dürfen, dass es sie nicht „erwischt hat". Werden wir je begreifen, was Terror wirklich bedeutet?

David und Goliath

Neben der Geburt und Kreuzigung Jesu ist dies wahrscheinlich das biblische Ereignis, das am häufigsten zitiert oder als vergleichendes Beispiel herangezogen wird. Egal ob es sich um Sport, Politik oder Wirtschaft handelt, die Begegnung von David und Goliath, die im 1. Buch Samuel 17–18 zu finden ist, wird in so ziemlich allen Bereichen des Lebens gern als herausforderndes Beispiel erwähnt. Es ist die Motivationsstory schlechthin und soll dem vermeintlich Schwächeren Mut machen, sich Großes zuzutrauen. Man kennt die Geschichte fast auswendig und gerade deswegen geschieht es nur zu leicht, dass so manche darin verborgene Wahrheit gar nicht entdeckt wird. Ich habe die Protagonisten und Geschehnisse einmal genauer unter die Lupe genommen.

Saul

Neben David und Goliath ist König Saul eine weitere wichtige Schlüsselfigur. Die Bibel beschreibt Saul als einen gutaussehenden jungen Mann, größer als alle anderen Israeliten. Er war mit niemandem vergleichbar. Als er von seinem Vater auf die Suche nach dessen verlorenen Eseln geschickt wird, begegnet er Samuel, dem Seher (1. Samuel, Kapitel 9). Samuel beantwortet zunächst Sauls naheliegende Frage nach dem Aufenthaltsort der Esel, ehe er ihm *alles, was er auf dem Herzen hat, kundtut.* Saul wird kurz darauf durch Samuel von Gott als der erste König Israels erwählt und bestätigt. Als er später dem Volk als solcher präsentiert werden soll, versteckt sich Saul beim Tross. Ist dieses Verhalten simple Demut? Ist es totale Überwältigung und Überforderung von der eigenen Lebensberufung? Oder ist es schlichtweg Angst? Wir wissen es nicht. Auf jeden Fall verhält sich Saul nicht wie jemand, der es genießt, im Rampenlicht zu stehen.

Er beginnt seine Regierungszeit im Alter von vierzig Jahren und regiert zweiunddreißig Jahre. Während seiner Amtszeit kämpft er tapfer gegen die Feinde Israels, aber er trifft auch einige törichte Entscheidungen, die zur Folge haben, dass er von Gott als König abgelehnt und infolgedessen aus der ihm anvertrauten Position entfernt wird:

- Er nimmt die Position der Priester ein und opfert an deren Stelle.
- Er ruft inmitten einer Schlacht ein Fasten aus, das fast seinem eigenen Sohn Jonathan das Leben gekostet hätte.
- Er gehorcht nicht der Anweisung, die Amalekiter vollständig zu vernichten.

Saul wird in sein Amt als König eingesetzt, doch bereits drei Kapitel später (sehr viel Zeit kann nicht vergangen sein) erklärt Samuel, dass Gott Sauls Herrschaft beenden wird und dass Gott sich selbst einen anderen König, ganz nach seinem Herzen, erwählen wird. Später wird klar, dass David diese Person sein wird. Saul klammert sich an seine Position, er ist nicht bereit loszulassen, er scheint von Menschenfurcht geplagt zu sein und versucht, sein Image, so gut er nur kann, zu schützen. Vielleicht sogar so weit, dass er durch sein törichtes Verhalten den Tod seines eigenen Sohnes in Kauf nehmen und gar die ganze Nation Israel opfern würde, indem er sie in eine Niederlage gegen ihre Feinde führt.

Goliath

Nun betritt Goliath die Szene. Wenn wir die heute gebräuchlichen Maßeinheiten anwenden, kommen wir auf eine Körpergröße von stattlichen 2,97 Metern. Er diktiert die Bedingungen des Kampfes. Mann gegen Mann. Er tut das nicht nur einmal, nein, vierzig Tage lang erscheint er jeden Morgen und jeden Abend und wiederholt seine Bedingungen. Das Volk Israel ist völlig niedergeschlagen und zittert vor Angst. Sie sind buchstäblich wie gelähmt, während Goliath sie verhöhnt.

Interessanterweise heißt es, dass Goliath sich morgens und abends *hinstellte*. Er bezog also einen Standpunkt – ganz im Gegensatz zu der furchtsamen Armee, die ihm gegenüberstand. Auch in unserem Leben ist es manchmal so, dass wir einen Standpunkt einnehmen müssen, egal wie groß oder übermächtig uns das, was uns gegenübersteht, erscheinen mag.

Da Saul größer ist als alle anderen, ist es nur zu logisch, dass die ganze Nation in dieser Situation auf ihn schaut. Offensichtlich verkörpert er die naheliegende Lösung. Seine Größe, seine Statur, seine Stellung, sein Ruf auf dem Schlachtfeld, all das spricht dafür, dass er heraustreten und gegen Goliath hätte antreten können und wohl auch sollen. Doch er tut es nicht. Er zittert vor Angst wie alle anderen um ihn herum und verstärkt damit noch die allgemeine Furchtsamkeit.

Warum? Er setzte sein Vertrauen nicht mehr auf Gott, denn es heißt: *Aber der Geist des HERRN wich von Saul, und ein böser Geist vom HERRN ängstigte ihn.* Der Geist des Herrn war von Saul gewichen. Es gelang ihm deshalb nicht mehr, seine Augen aufzuheben, um das Heil zu sehen, das Gott bringen kann und will. Die Erwartungen, die Menschen an ihn richteten, ließen ihn vor Angst erzittern und er konnte lediglich die Bedingungen sehen, die Goliath tagtäglich wiederholte – nichts anderes.

Zugegeben, es stand viel auf dem Spiel. Warst du jemals in einer Situation, in der es schien, als wärst du die einzige Person, die Abhilfe in diese schwierige Gegebenheit hineinbringen könnte? Haben alle um dich herum auf dich geschaut, weil sie der Überzeugung waren, dass du derjenige bist, der weiß, was zu tun ist? Warst du jemals in einer Situation, in der von dir erwartet wurde, dass du ein paar wirklich harte Entscheidungen triffst? Das schiere Ausmaß der Verantwortung kann absolut beängstigend und lähmend sein.

Ich kann auf einige wenige solcher Situationen in meinem Leben zurückblicken, natürlich nicht in einem Maße, dass von meinem Einschreiten Leben oder Tod einer ganzen Nation abhing wie in dieser Begebenheit. Dennoch ist es kein Leichtes, sich mit so etwas konfrontiert zu sehen. Lediglich die Fähigkeit, unsere Augen zu heben und unser Vertrauen auf Gott zu setzen, gibt uns Zuversicht.

David

Auch David wird als ein hervorragender Mann beschrieben. Zu dem Zeitpunkt, an dem er das Schlachtfeld betritt, ist er bereits von Samuel als König über Israel gesalbt worden und hat als Musiker in Sauls Palast und in dessen Gegenwart gedient. Außerdem besuchte er seine Familie in Bethlehem und hütete dort die Schafe, wenn das nötig war. Sein Vater gab ihm den Auftrag, Proviant auf das Schlachtfeld zu bringen.

Er ist schockiert und traurig, als er sieht, was hier vor sich geht. Eine ängstliche, feige Armee wird zweimal täglich von einem einzigen Mann verspottet, so groß er auch sein mag. David beginnt, zu den Kämpfern zu sprechen, und versucht, sie zum Umdenken zu ermutigen. Der Geist Gottes ruht auf ihm und er kann seine Augen zu ihm heben. Er sieht auch, dass es nicht nur das Volk ist, das von Goliath verhöhnt wird, sondern dass es Gott selbst ist.

Irgendwann hört Saul von all der Unruhe, die David im Lager verursacht, und sendet nach ihm. David wiederholt seine ermutigenden Worte vor dem König und erklärt seine Bereitschaft, den Kampf mit Goliath aufzunehmen.

Hier stellt sich die Frage: Erinnert sich Saul daran, wer David wirklich ist? Oder hat er vergessen, dass Samuel David als zukünftigen König und damit als seinen Nachfolger gesalbt hat? Wir dürfen klar annehmen, dass es kein Geheimnis blieb, dass diese Salbung stattgefunden hatte. Es war ein Festakt, den Samuel im Zusammenhang mit Davids Salbung organisiert hatte. Ebenso stellt sich die Frage, ob David den Posten als Musiker im Palast „angeboten" bekommen hatte, damit Saul ein wachsames Auge auf ihn werfen konnte. Schließlich sagt ein bekanntes Sprichwort: „Sei deinen Freunden nah, deinen Feinden noch näher."

Während Saul einerseits David lediglich für ein kleines Großmaul gehalten haben mag, so mag er sich vielleicht andererseits auch gedacht haben, dass David Goliath niemals besiegen könnte, und erspähte die perfekte Gelegenheit, seinen Konkurrenten und gottgewählten Nachfolger loszuwerden. Sicherlich würde dieser Jüngling dem Riesen nicht gewachsen sein. Wenn er ihn so loswerden könnte, würde er bis zu seinem Tod König bleiben. Saul wurde von einem bösen Geist geplagt und er befand sich in einer ziemlich ausweglosen Situation mit wenigen Optionen. Vielleicht war sein Wunsch, sein Image als König zu wahren, so stark, dass er es sogar dazu kommen lassen würde, die ganze Nation zu opfern und in die Sklaverei zu verknechten, sollte Goliath gewinnen.

So schickt Saul David letztlich gegen Goliath in den Kampf. Doch noch immer denkt er lediglich in den Parametern, die Goliath festgesetzt hat. Er kleidet David in seine eigene Rüstung, obwohl David wahrscheinlich mindestens um ein Drittel kleiner ist als er selbst. Sauls Rüstung stellt sich als unpraktisch und nutzlos heraus, gleichzeitig war sie aber auch ein Zeichen der königlichen Bestätigung. David lässt die Rüstung jedoch zurück, er sucht sich fünf Steine für seine Schleuder und nimmt den Kampf gegen Goliath auf *im Namen des HERRN der Heerscharen, dem Gott der Schlachtreihen Israels, den du verhöhnt hast*. Er tötet Goliath mit einem Steinwurf, nimmt dann dem Riesen sein Schwert ab und köpft ihn damit.

Lektionen fürs Leben

Diese bekannte Geschichte kann Inspiration für so manche Herausforderung in unserem Alltag sein. Mir selbst sind schon Goliaths begegnet und nicht immer fand ich in mir sogleich die Bereitschaft, heldenhaft in die Schlacht zu ziehen. Doch wenn ich mir die Protagonisten genauer anschaue, macht mir das Mut. Und es bleiben ein paar Einsichten:

- Wir sollten nicht bestürzt sein, wenn wir einem Kampf, der viel zu groß für uns scheint, entgegensehen.

- Nicht immer ist die „offensichtliche" Lösung die Art, die Gott wählt, um mit einer Situation umzugehen. Wir Menschen sehen oft auf das äußere Erscheinungsbild, aber Gott sieht das Herz. Mit diesem Blick in die Tiefe hat Gott mehr im Sinn, als wir mit unserem Verstand erfassen können.

- Wir sollten uns niemals darauf einlassen, zu den Bedingungen, die der Feind vorgibt, zu kämpfen. Wenn wir der Gegenseite erlauben, die Kampfbedingungen zu diktieren, haben wir bereits verloren, denn dann ist unser Handeln eingeschränkt und von Angst geprägt.

- Wir benötigen die Waffen des Feindes, die Methoden und Mittel anderer oder deren Äquivalent nicht. Wir müssen unsere eigenen Mittel finden. David brauchte Sauls Rüstung nicht. Er nahm fünf Steine und sie waren die perfekte Waffe gegen Goliath, den er mit einem einfachen, jedoch gezielten Steinwurf niederstreckte. Erst danach benutzte er das Schwert des Riesen, um ihn endgültig zu besiegen.

- Es ist wichtig, die Kraft unseres Feindes realistisch und ehrlich einzuschätzen. Allerdings sollten wir vermeiden, dass unsere Fantasie dahin abdriftet, uns vorzustellen, wie der Feind uns besiegen könnte – es wird uns lähmen.

- Es ist eher selten, dass wir uns in einer tatsächlichen militärischen Schlacht befinden. Aber wir haben einen täglichen Kampf in unseren Gedanken auszufechten, sei es auch manchmal nur gegen den eigenen inneren Schweinehund. Es sind die Schlachten unseres Herzens und unseres Sinnes, die so wichtig sind – denn ob wir gewinnen oder verlieren, entscheidet sich oftmals dort.

Unser Sohn ist endlich wieder zu Hause!

Gilad Schalit. Jeder kennt ihn. Hier in Israel und in vielen anderen Ländern. Auf politischer Ebene, in der UN, dem Roten Kreuz und etlichen humanitären Organisationen ist dieser Name ein Begriff. Unzählige Male wurde über ihn in den Medien berichtet. Auf die Ursache für diesen Ruhm hätte er bestimmt zu gern verzichtet!

Gilad Schalit. Freude und Schmerz. Hoffen und Bangen. Kämpfen und Verhandeln. Lachen und Weinen. Mahnwachen, Poster, Aufkleber. Sein Gesicht begegnet einem bei jedem Spaziergang in

Israel früher oder später irgendwo. „Er lebt!" – diesen Ausdruck der Hoffnung und Erinnerung an ihn haben Menschen jahrelang gesehen, gerufen, gebetet, gemahnt und auf Aufkleber gedruckt. So viel Emotion ist mit diesem Namen verbunden und ich muss gestehen, dass es mir nicht leicht fällt, angemessene Worte zu finden, selbst Jahre später nicht.

Gilad Schalit. Er hat mich jahrelang in Israel begleitet und doch habe ich ihn nie persönlich getroffen. Gilad ist unser aller Sohn, Bruder, Freund, Kamerad. Die ganze Nation und viele Menschen darüber hinaus haben ihn in ihrem Herzen adoptiert. Er ist einer von uns.

Gilad Schalit ist eine Erfolgsstory. Jetzt – seit Oktober 2011. Doch es war ein langer, schmerzhafter, grausamer Weg dorthin.

18 ist Leben

Im Juni 2006 wurde Gilad von Freischärlern der Terrororganisation Hamas entführt, als diese seine Militärbasis nahe des Gazastreifens angriffen. Seither wurde er im Gazastreifen gefangen gehalten. Fünf Jahre und vier Monate oder genau 1 941 Tage lang. Dann endlich, am 18. Oktober 2011, wurde er freigelassen. 18 – diese Zahl steht für „Leben" im hebräischen Gedankengut. Der Preis für sein Leben? Die Freilassung von 1 027 palästinensischen Terroristen, von denen manche zu multiplen lebenslangen Gefängnisstrafen in ordentlichen Gerichtsverhandlungen verurteilt wurden. Der Preis ist hoch und man mag darüber geteilter Meinung sein. Jedermann konnte die Bilder im Fernsehen und im Internet verfolgen: Hier in Israel flossen Tränen der Freude und Erleichterung. In den Palästinensischen Autonomiegebieten sah man Massendemonstrationen; die freigelassenen Terroristen wurden frenetisch bejubelt und mit Handys ausgestattet (die mit internationalen Fördergeldern finanziert wurden – genauso wie die neuen Plattenbauten, die nun gebaut werden, um die Terroristen zu beherbergen). So ziemlich jeder Rede der freigelassenen Terroristen war klar zu entnehmen, dass man die nächste Gelegenheit nutzen würde, um wieder Israelis zu entführen oder zu ermorden. Wenn man die Gefängnisstrafen der 477 Terroristen, die am 18. Oktober freigelassen wurden (die restlichen 550 folgen im Dezember), zusammenzählt, kommt man auf 883 Mal lebenslänglich plus 4 940 unabgesessene Jahre. Und das ist gerade einmal knapp die Hälfte der 1 027 Gefangenen! Der Hass, den die islamischen Fundamentalisten lautstark und medienwirksam herausschreien, ist schier unbegreiflich, und wenn ich diese Bilder sehe, weiß ich nicht, ob ich weinen, Mitleid haben oder wütend werden soll.

Einschaltquotenrekord

In Israel bot sich ein anderes Bild. Schmerzliche Freude; Erleichterung, dass Gilads gesundheitlicher Zustand nicht schlechter ist, als es Ärzte bei ersten Untersuchungen nach der Freilassung feststellten; erfüllte Hoffnung nach all den Jahren des Bangens und Mahnens, ihn nicht zu vergessen. Es ist schwer zu beschreiben, wie emotionsgeladen die Woche vor Gilads Freilassung und der 18. Oktober selbst waren. Sollte es wirklich wahr werden? Oder wird im letzten Moment doch noch etwas den Austausch verhindern? Lebt Gilad überhaupt? Und wenn ja, in welchem Zustand wird er sein? Diese Fragen waren allgegenwärtig.

Den 18. Oktober verbrachten achtzig Prozent der israelischen Bevölkerung wann immer möglich in der Nähe eines Fernsehers oder Computers, um die Live-Übertragungen mitzuverfolgen; manche Arbeit wurde zur Nebensache. Und es schien, als hielte die ganze Nation den Atem an. Zunächst kamen Berichte, dass die freizulassenden Terroristen tatsächlich in Richtung Gazastreifen transportiert wurden. Dann die Nachricht, dass Gilad dem ägyptischen Militär übergeben wurde. Als nächstes folgten Bilder von einem Live-Interview, zu dem Gilad in Ägypten gezwungen wurde. Er musste dieses Interview geben, ehe er mit irgendeinem israelischen Offiziellen Kontakt aufnehmen durfte. Ja, noch ehe er seine Familie anrufen durfte. Die ägyptische Reporterin stellte ihm völlig idiotische Fragen, die mir die Haare zu Berge stehen ließen: „Was hast du für Zukunftspläne?" „Warum hast du deiner Familie lediglich ein Video geschickt? Warum nicht mehr?" „Was hast du während der Zeit im Gazastreifen vermisst?" „Wirst du dich jetzt, wo du weißt, was es heißt, in Gefangenschaft zu leben, für die Freilassung der vielen Palästinenser in israelischen Gefängnissen einsetzen?" Diese Fragen waren ein Schlag ins Gesicht und nur schwerlich auszuhalten, besonders nachdem Einzelheiten über Gilads Verlies bekannt wurden. Und doch – ich war stolz auf Gilad, wie gut er diesem verbalen Bombardement standhielt und wie weise und diplomatisch er antwortete, schwach und nervös wie er war. Denn sicher beschlich ihn auch die Befürchtung, dass eine falsche Antwort willkürlichen, irrationalen Zorn auslösen und seine Freilassung doch noch abgeblasen werden könnte.

Mit den Füßen auf israelischem Boden

Freude brach sich Bahn mit der Nachricht, dass Gilad tatsächlich zu Hause, auf israelischem Grund und Boden, angekommen war. Man kniff sich – war das wirklich wahr? Auf einer Militärbasis nahe der ägyptischen Grenze fand eine erste medizinische Untersuchung statt; danach konnte Gilad duschen und sich umziehen und wurde per Hubschrauber zu einer Basis im Landesinneren geflogen. Dort begrüßten ihn der amtierende Ministerpräsident Netanjahu und der Generalstabschef Gantz sichtlich emotional mit offiziellem Salutieren und herzlichen Umarmungen. Dann endlich war es an der Zeit, seinen Eltern in die Arme zu fallen, ehe es nach Hause ging und er nach über 1 941 Tagen endlich wieder sein Lieblingsessen genießen, seine Familie erleben und in seinem eigenen Bett in Freiheit schlafen konnte. Zuhause. Das bedeutet so viel mehr als nur ein Haus. Es ist Liebe, Annahme, Sein-Dürfen, Geborgenheit und Zufluchtsort.

Was alles Gilad durchmachen musste, wird die Öffentlichkeit wohl erst in einigen Jahren, wenn überhaupt, in Einzelheiten erfahren. Die minimalen Informationen, die an die Presse weitergegeben wurden, sagen aus, dass er den gesamten Zeitraum seiner Entführung, also 64 Monate lang, unterhalb der Erde ohne Tageslicht gefangen gehalten wurde und dadurch einen gravierenden Vitamin-D-Mangel und die damit zusammenhängenden Folgeerscheinungen erlitt; dass sein Aufenthaltsort im Umkreis von fünfhundert Metern vermint und der Ausgang mit Sprengstoffsätzen versetzt war; dass er dann und wann Papier und Stift zugestanden bekam und damit schrieb und zeichnete (was er nicht mitnehmen durfte); dass man ihm ein Fernsehgerät in seine „Zelle" stellte und ihn diese 64 Monate lang fast ausschließlich mit Humus und Pitabrot ernährte (und er daher enorme Mangelernährung durchlitt). All das hat er nun hinter sich. Er darf die Süße der Freiheit wiederentdecken und war bereits am Strand, fuhr ein wenig Fahrrad und hat neben diversen offiziellen Amtsträgern auch Freunde und Angehörige wiedersehen können. Das, was für uns so selbstverständlich ist, wurde ihm über fünf Jahre gewaltsam vorenthalten. Sechs Geburtstage hat er allein in seiner unterirdischen Behausung verbringen müssen. Ich glaube, keiner von uns kann sich auch nur im Ansatz vorstellen, was Gilad durchgemacht hat. Wie sehr muss ihn die Einsamkeit geplagt haben! Keiner von uns kann einschätzen, ob und wie wir es gepackt hätten. Doch, nun endlich, ist unser aller Sohn, Bruder und Freund frei!

Die Anspannung des 18. Oktober zog die ganze Nation in ihren Bann. Auch mir stand Gilad direkt beim Aufwachen vor Augen und jede Faser meines Wesens fühlte sich an, als wäre sie in erhöhter Alarmbereitschaft. Als dann die ersten Bilder veröffentlicht wurden, stockte mir der Atem und die einzigen Worte, die sich schließlich einen Weg bahnten, waren „Er lebt!!!", „Er lebt tatsächlich!" Immer und immer wieder wiederholte ich diese Worte, zart flüsternd als seien sie zerbrechlich – mehr gab es nicht zu sagen. Den ganzen Tag verfolgte ich das Geschehen und es war eine echte Erlösung, Gilad mit seiner Familie vereint zu sehen. Wie muss es erst ihnen gehen?! Nach all den Jahren der Trennung! Was macht so eine Familie, wenn sie die Tür hinter sich schließt? Ich habe an diesem Tag mit ihnen vor Freude geweint und gebetet, dass Gott Gilad vollends wiederherstellen und von diesem Trauma heilen möge.

Tiefste Freude – stille Freude

Ganz Jerusalem war an jenem Tag von einer ungewöhnlichen Stille eingehüllt. Es waren kaum Menschen auf den Straßen und es war fast, als fürchtete man sich, auch nur ein Wort zu sprechen. Die Stadt hielt den Atem an und dann, als endlich nichts Neues mehr durch die Medien strömte, wurde deutlich, wie nüchtern die Freude war, die viele empfanden. Es gibt tatsächlich einen Punkt, an dem die tiefste Freude eine stille Freude ist. Es hatte etwas von Heiligkeit. Heiligkeit im Sinne von abgesondert und nicht alltäglich.

Als ich am Abend nach Hause kam, begegnete mir mein Vermieter. Als ich ihn fragte, wie es ihm ginge, sagte er: „Das Leben ist nicht immer leicht und Herausforderungen gibt es viele. Doch heute, heute ist ein guter Tag. Ein guter Tag für Israel."

Viele Gedanken, die mir durch den Kopf gingen, galten auch denjenigen, die geliebte Menschen durch die Terroranschläge verloren hatten, die von den Palästinensern, die nun im Austausch für Gilad freigelassen wurden, verübt worden waren. Ja, da sind unzählige Familien, die niemals eine Chance bekommen werden, ihren Sohn oder Bruder erneut in die Arme zu schließen. Sie sind tot. Gewaltsam aus dem Leben gerissen durch Terroristen, die nun Freiheit genießen, als Helden gefeiert werden und deren einziges Ziel es ist, solch einen Gewaltakt schnellstmöglich zu wiederholen. Die Bilder, die die Medien aus dem Gazastreifen übertrugen, bestätigen leider genau das und müssen gerade für diese Familien, die solch einen schmerzlichen Verlust erlitten haben, ein heftiger Schlag ins Gesicht sein. Eine Mutter, die ihren Sohn durch solch einen Anschlag verlor, stimmte einem Fernsehinterview zu. Ihre Aussage hat mich tief bewegt. Sie sagte: „Ich weiß, wie schwer es ist, wenn man einen Sohn verloren hat. Und diese Bilder rufen schmerzhafte Erinnerungen hervor. Doch ich weiß, was ich durchmache, und ich wünsche das niemandem. Daher bin ich froh, dass Gilads Mutter dieser Schmerz erspart bleibt." Eine starke Frau.

Kopfgeldrekord?

Wenn man inmitten dieses Geschehens auch noch die lautstarken Aufforderungen saudi-arabischer Fundamentalisten hören muss, geht einem wirklich der Hut hoch. Der saudische Kleriker Al-Qarni hat jedem, der einen israelischen Soldaten entführt, 100 000 Dollar versprochen und ein paar Tage später hat der saudische Prinz Khaled bin Talal 900 000 Dollar draufgelegt.[23] Ja – eine Million Dollar, das ist das Kopfgeld für einen Israeli. Unfassbar. Solch ein abgrundtiefer Hass ist schlichtweg unfassbar.

Israel hat einen hohen Preis für Gilad bezahlt. Über die 1 027 freigelassenen Terroristen hinaus ist es vielleicht auch eine Niederlage gegen den Terror. Und doch bleibt in all dem zu sagen, dass wir, ein jeder von uns, alles Menschenmögliche tun würden, um unseren Sohn zu befreien, wenn es hier um uns ginge. Wahre Liebe zahlt jeden Preis, überwindet jedes Tal und erklimmt jeden Berg. Viele Wasser können die Liebe nicht auslöschen und es ist Liebe, die über Hass triumphiert. Am Ende wird die Liebe gewinnen. Immer! Und vielleicht müssen wir uns manchmal in Erinnerung rufen, dass Gott für jeden von uns einen noch viel höheren Preis bezahlt hat. Er hat seinen einzigen Sohn geopfert, um uns mit sich zu versöhnen. Er hat diesen Preis bezahlt, um uns aus der Finsternis unseres Herzens herauszulieben. Dieser Preis ist bezahlt. Für mich. Für uns alle. Für Gilad. Für islamische Fundamentalisten und Terroristen.

Abschied

Abschied und Neuanfang, das war 2012. Jahrelang durfte ich in Israel die Brücke zwischen Juden und Christen, die Brücke zwischen Geschichte und Gegenwart, die Brücke der Versöhnung schlagen. Nun war es an der Zeit, über diese Brücke zurückzugehen und auf der anderen Seite wieder aktiv zu werden. Schmerzhafter Abschied und schmerzhafter Neuanfang, vergleichbar mit der Entwurzelung und dem Neu-Anwachsen in einem Boden mit anderen Nährstoffen. Der neue Boden ist hart und ungewohnt und den Wurzeln fällt es nicht leicht, sich den Weg durchs Erdreich zu bohren. Nein, ich kann mit Überzeugung sagen, dass es harte Arbeit ist. Ohne die Hilfe, den Zuspruch, die Barmherzigkeit, die Geduld und die Unterstützung all jener, die seit Jahren treu an meiner Seite stehen, hätte ich es wohl kaum geschafft.

Viele Jahre lang habe ich Volontäre am Ende ihres Dienstes auf den sogenannten Rückwärtskulturschock vorbereitet. Ein Schock, der unausweichlich ist, wahrgenommen werden muss und sich für jeden Betroffenen anders entfaltet. Rückwärtskulturschock – darüber hatte ich viel gelesen und wohl einige Dutzend authentischer Lebensgeschichten hautnah miterlebt; nun war es an der Zeit, mich selbst darauf einzulassen, auf dieses unausweichliche, undefinierbare Etwas, das den inneren Transit darstellt.

Es ergab sich, dass mein Abflug aus Israel genau auf den Tag 12 Jahre und 12 Wochen nach meiner Ankunft in Israel fiel. Ein Zahlenspiel, das mir aus persönlichen Gründen sehr naheging. Man sagt, dass man sich durchschnittlich für jedes im Ausland verbrachte Jahr mindestens einen Monat Wiedereingewöhnung zuhause zugestehen sollte. Ja, ja und nochmals ja! Dieses In-

435

nehalten, Verarbeiten und Aufbereiten ist immens wichtig und gehört zu einem bewussten Leben mit sich selbst, anderen und Gott dazu. Erst nach etwa einem Jahr in Deutschland begann ich, meine Perspektiven zu konkretisieren. Nein, ich habe keineswegs tatenlos in der Ecke gesessen, im Gegenteil. Aber ich musste meine Energie einteilen, um meine Sinne neu zu sensibilisieren, denn die Alltagsanforderungen in der neuen, alten Heimat sahen komplett anders aus als in Israel. Ich musste Bürokratie, Strukturen, Kultur und Alltagsmodalitäten wieder erlernen. Deutschland hatte sich auf vielen Ebenen verändert und oft versuchte ich, meine Wahrnehmung in Gesprächen oder eigener Recherche zu hinterfragen. Es ist wie mit dem Autofahren: (Fast) jeder von uns kann es und denkt kaum noch über die einzelnen Vorgänge des Schaltens, Bremsens, Blinkens oder die Blicke in die Spiegel nach. Selbst in einem ungewohnten Gefährt rücken wir uns lediglich den Sitz und die Spiegel zurecht, testen, wie Gas und Bremse reagieren, und fädeln uns ohne große Bedenken in den fließenden Straßenverkehr ein. Was uns einst der Fahrlehrer beigebracht hat, das haben wir verinnerlicht und haben unseren eigenen Stil daraus entwickelt. Wir denken nicht mehr akribisch darüber nach, in welcher Reihenfolge wir uns anschnallen, den Gang rausnehmen, starten oder die Handbremse lösen. In Israel musste ich vor einigen Jahren die Fahrprüfung noch einmal machen, um einen lokalen Führerschein vorweisen zu können. Zwanzig Jahre, nachdem ich in Deutschland meine Fahrschule und -prüfung erfolgreich absolviert hatte, musste ich mir erneut eine bestimmte Reihenfolge einprägen, ja selbst eine vorgegebene Art, aus dem Auto zu steigen, befolgen. Mein Fahrlehrer erklärte mir geduldig, welchen Sinn genau diese Reihenfolge der Abläufe ergab. Ich musste *verlernen*, was sich in all den Jahren meiner Fahrpraxis eingeschliffen hatte, und mich strikt an das halten, was der Fahrlehrer sagt und der Fahrprüfer verlangt. Es ging nicht, dass ich diese Regeln einfach missachtete – mein eigener Fahrstil und meine Routine mussten zumindest für eine Zeit in den Hintergrund treten – sonst wäre ich durch die Prüfung gerasselt. Ja, und so musste ich auch Deutschland, mein Geburtsland, neu begreifen und den Alltag in Israel *verlernen*. Ich spürte die Lücken auf vielfältige Weise, sei es kulturell, bürokratisch, in der städtebaulichen Entwicklung, im „System Deutschland" oder in der Beziehung zu Menschen – um nur einige Aspekte zu nennen. So manches Mal fühlte ich mich überfordert oder überwältigt, konnte dann und wann nicht mitreden oder mithalten, weil mir Informationen oder Zusammenhänge fehlten. Aber ich ordnete mich in den fließenden Verkehr ein – mit einem göttlichen Fahrlehrer an meiner Seite. Führerschein Deutschland ... die Zweite!

Mach dich auf und komm!

Es ist Frühling in der Ewigen Hauptstadt. In dieser Jahreszeit kommt mir oft der Vers aus dem Hohelied Salomos in den Sinn: *Der Winter ist vorbei, die Regenzeit ist vorüber, ist vergangen. Die Blumen zeigen sich im Lande, die Zeit des Singens ist gekommen, und die Stimme der Turteltaube lässt sich hören in unserm Land. Der Feigenbaum rötet seine Feigen, und die Reben, die in Blüte stehen, geben Duft. Mach dich auf, meine Freundin, meine Schöne, und komm!* (Hohelied 2,11–13). Ja, nach dem „Winterschlaf" erwacht im Frühling vieles zu neuem Leben – und dieses neue Leben, diese neue Lebenskraft, die Gott in seine Schöpfung „pumpt", macht auch vor uns Menschen nicht Halt. Auch vor mir nicht ...

Ehe ich auf diesen letzten Satz näher eingehe, noch ein Wort zum Hohelied an sich. Dieses kleine, oftmals fehlinterpretierte Buch der Bibel wird vom jüdischen Volk in jedem Jahr während der Passahwoche gelesen. Es gehört zu den Gepflogenheiten, es an jedem der sieben Tage einmal durchzulesen. Es ist eine Liebesgeschichte. Die Liebe Gottes zu seinem Volk. Dem Volk, das er sich erwählt hat. Ein Buch, das geprägt ist von Leidenschaft, Sehnsucht und unauslöschlicher Liebe. Eine Liebe, die nur Gott so unfehlbar „leben" kann. Gerade zum Passahfest, Christen nennen es Ostern, erinnert man sich an diese verbindliche, treue, unwiderruflich starke Liebe. Gott liebt uns und sein Herz sehnt sich leidenschaftlich nach uns. Er ist stets mehr an Beziehung mit uns interessiert als an einem auf Leistung basierenden Verhältnis zueinander. Er möchte ernsthafte, authentische, echte Beziehung mit uns, die auf Liebe basiert. Auf unserer fehlbaren, unvollkommenen Liebe UND auf Gottes unauslöschlicher Liebe. Gott weiß genau, aus welchem Material wir „gestrickt" sind, er hat uns schließlich erschaffen. Und er weiß ebenso genau, in welches Umfeld er uns gesetzt hat. Er kennt unsere Grenzen und Schwächen oftmals besser als wir selbst. Und doch freut er sich an uns und ist uns nie fern. Er ist uns Zuflucht und Fels in der Brandung und seine Kraft ist in den Schwachen mächtig.

Weichenstellende Botschaften

In diesem Frühjahr haben die Worte des Hohelieds eine besondere Bedeutung für mich. Es ist an der Zeit, meinen Dienst in Israel zu beenden. Durch eine Vielzahl von Indikatoren ist mir klar geworden, dass das, was ich an diesem Ort tun sollte, vollbracht ist. Mein Auftrag hier ist erfüllt. Das Feld ist bearbeitet und so übergebe ich es gern an Gott, der die Saat bewahren wird und der Sonne und Regen ausgießen wird, um noch auf lange Sicht hin Frucht hervorzubringen. Auch das passt zu einem Wort aus dem Hohelied Salomos: *Meinen eigenen Weinberg habe ich vor mir. Die tausend Silberschekel gönne ich dir, Salomo, und zweihundert denen, die seine Frucht hüten* (Kapitel 8,12). Der „Weinberg", den ich bearbeiten durfte, blüht und gedeiht, und was Gott weiterhin damit macht, ist allein seine Entscheidung. Dieses Bild erinnert mich auch daran, dass Gott im Buch Jesaja davon spricht, das Schicksal Israels zu wenden und die Wüste fruchtbar werden zu lassen. Dazu durfte ich in meinen Jahren hier mit Herz und Hand beitragen. Ich durfte erleben, wie tatsächlich in der Negevwüste Weinstöcke gepflanzt wurden, die bereits Frucht tragen und deren Trauben mittlerweile zu ersten Weinen verarbeitet wurden, die man in Geschäften finden kann.

Die zuvor erwähnten Indikatoren begannen im letzten November deutlich zu werden. Meine Organisation hatte für einige essentiell wichtige Positionen Langzeitvisa beantragt, die aber nach dreimonatiger Bedenkzeit vom Innenministerium abgelehnt wurden. Für mich war diese Entscheidung richtungsweisend, weil ich von je her die Einstellung vertreten hatte, mein Gastrecht in Israel niemals zu erkämpfen. Nachdem die Ablehnung ausgesprochen war, wurde ein Einspruchsverfahren eingeleitet, dessen Ergebnis wir im Februar erfuhren: Ein solches Langzeitvisum hätte auch ich erhalten können, doch es hätte für mich einen immensen mehrmonatigen zusätzlichen Aufwand zu meinem ohnehin stressbeladenen Vollzeitjob bedeutet. Darüber konnte ich keinen Frieden in mir finden.

Bezeichnend war auch, dass das Visum, das ich im letzten Jahr erhielt, exakt an meinem zwölfjährigen Jubiläum ablief. Zwölf Jahre Dienst hier vor Ort, eine runde Sache, und für mich ein weiterer Indikator, dass es an der Zeit war, meinen Dienst neu zu formieren. Biblisch betrachtet steht die Zahl 12 für die von Gott anvertraute Verwaltung und für Gottes geheiligte Begegnung mit der Welt durch den Menschen. Gerade diese Definition hat mir klargemacht, dass das, was ich hier tun sollte, harmonisch abgeschlossen ist und ich dem nichts mehr hinzufügen muss.

Ein weiterer entscheidender Punkt war, dass zum ersten Mal in all den Jahren, in denen ich hier tätig bin, meine Abteilung in „guter Verfassung" ist. Das heißt, ich habe ein Team von Mitarbeitern, die sich zu enorm fähigen und befähigten Kollegen entwickelt haben. Es ist klar, dass die Fortsetzung der Arbeit nicht ohne Schwierigkeiten und Herausforderungen verlaufen wird, aber das ist ja bei einem Personalwechsel normal. Auf jeden Fall wird „der Laden nicht zusammenbrechen" und das ist ein wunderschön-beruhigend-bestätigendes Gefühl, das ich mir immer für den Tag meines Abschieds gewünscht habe.

Mehr als Zelt und Siebensachen

Somit wird es also Zeit, meine Zelte hier abzubrechen. Naja, gezeltet habe ich in all den zwölf Jahren nur bei abenteuerlichen Wochenendausflügen, somit wird das Packen umfangreicher werden, als nur ein Zelt zusammenzufalten. Ich werde nun noch einige Wochen vollzeitlich arbeiten und dann reduzieren. Während dieser reduzierten Arbeitszeit werde ich meine „Siebensachen" – die weit mehr als sieben Sachen sind – durchsortieren sowie meine Wohnung kündigen und mein Mobiliar anderen zur Verfügung stellen. Vor allem werde ich mir Zeit nehmen, mich von liebgewonnenen Freunden, Nachbarn und Menschen, die in meinem Leben hier eine Rolle spiel(t)en, zu verabschieden, was mich sicherlich viele Tränen kosten wird. Mein Visum werde ich noch bis Ende Juli verlängern und somit irgendwann zwischen Ende Juni und Ende Juli aus Israel abreisen.

In den vergangenen zwölf Jahren habe ich unzählige wertvolle Lektionen gelernt und ich bin öfter, als mir lieb war, an meine Grenzen gestoßen – und das im Grunde in jedem Lebensbereich. Durch meine Arbeit hatte ich das Privileg, diverse Volontäre bei ihrer Rückkehr zu begleiten, und habe viel über die Hürden und Schmerzen der Wiedereingliederung in das Heimatland gelernt. In allem ist mir sehr bewusst geworden, dass eine Rückkehr in meine eigene Kultur und die Ausrichtung auf das nächste Kapitel nicht auf die leichte Schulter zu nehmen ist.

Auf der Töpferscheibe

Wie wird es weitergehen? Ehrlich gesagt: Ich weiß es nicht genau, aber ich kenne denjenigen, dessen Name Treue und Wahrheit ist; denjenigen, der Pläne voller Hoffnung und Zukunft für mich hat und der mich in Liebe und Gnade auf dem Weg, den er für mich hat, führen wird. Immer wieder wird mir klar, dass ich erst konkret erfahren werde, wie es weitergeht, wenn ich dieses Kapitel hier in Israel abgeschlossen habe. Das braucht Vertrauen, Mut und Glauben. Mein Wegzug aus Israel heißt allerdings nicht automatisch, dass das ganze Kapitel Israel für mich beendet ist. Einige Ideen reifen in mir heran, doch wie sich die Dinge entwickeln, das werde ich herausfinden müssen. Grundsätzlich würde ich meine Zukunft momentan folgendermaßen beschreiben: Sie ist ein Klumpen Ton auf der Töpferscheibe Gottes und er ist dabei sie zu formen. Sie wird Gestalt annehmen, während Gott seine geschickten Hände an den Ton legt, und wenn ich mich in diesem Formungsprozess auch manchmal etwas schwindlig, durchgedreht und durchgeknetet fühlen werde, so darf ich doch wissen, dass Gott es gut machen wird.

Wirklich begriffen habe ich die Dimensionen dieser Veränderung wohl noch nicht. Doch im Grunde ist es auch nicht anders als „damals", vor etwa dreizehn Jahren, als ich begann, aus dem deutschen „Boot" auszusteigen und mich auf das Abenteuer Israel einzulassen. Alles, was ich damals wusste, war, dass ich wohl ein Jahr in Israel bleiben würde. Dass daraus über zwölf Jahre werden würden, hätte ich niemals gedacht. Nun darf ich zurückschauen auf viele wunderbar-herausfordernde, prägende, lohnende, abenteuerliche, gesegnete Jahre, in denen ich von meinem Schöpfer auseinandergenommen und wieder zusammengesetzt worden bin; Jahre, die mich über alle Maßen bereichert haben. Somit schaue ich erwartungsvoll und zuversichtlich auf das neue, sich entfaltende Kapitel.

Neue alte Heimat

Es ist Juli und ich bin in der neuen, alten Heimat angekommen. Manchmal wache ich morgens auf und muss mich förmlich kneifen, um zu realisieren, dass ich wieder in Deutschland lebe. Mein Körper und der Großteil meines Hab und Guts sind angekommen, doch mein Herz und mein Inneres brauchen sicherlich noch etwas länger. Ich nehme mir die Zeit, meine „alte" Welt neu zu entdecken; langsam, neugierig und mit kleinen, tapsigen Schritten. Es ist schön in Deutschland.

Momentan darf ich die fürsorgliche und einfühlsame Gastfreundschaft sehr guter Freunde genießen. Wie dankbar ich für diesen Zufluchtsort bin, lässt sich nicht in Worte fassen, denn in meinem derzeitigen „Ausnahmezustand" gibt es doch so manchen emotional nicht unbedingt kontrollierbaren Moment. Die liebevolle, authentische Gemeinschaft tut mir gut. Schritt für Schritt puzzele ich den vor mir liegenden neuen Lebensabschnitt zusammen. Es tut gut, das Tempo etwas rauszunehmen und wieder zu lernen, nicht unter ständigem Volldampf einer Vielzahl von Herausforderungen begegnen zu müssen. Ich genieße es, durch Wald und viel Grün zu joggen, Spaziergänge zu machen, auszuschlafen, aufzutanken, Dinge zu essen, die ich lange nicht genossen habe, und mich schrittweise mit dem gesellschaftlichen und bürokratischen System Deutschland auseinanderzusetzen. Zu dem allen gehört auch, die vielen letzten Eindrücke aus Israel zu verarbeiten, mich sozusagen innerlich, mit Abstand noch einmal von Land und Leuten zu verabschieden.

Neue alte Ina?

Ich merke, wie ich jeden Tag mit bisher ungekannten Grenzen und Hindernissen konfrontiert werde und dabei stets neu definieren muss, was ich oder was ich nicht „packe". Das Wiederankommen hat seine ganz eigene Dynamik. Manchmal genieße ich ein volles Programm, manchmal brauche ich Ruhe. Manchmal genieße ich viele Menschen und Gespräche um mich herum, manchmal überfordert es mich. Manchmal brauche ich Hilfe und Tipps, manchmal ist es besser, wenn ich mir den Weg selbst erarbeiten kann. Ich muss sagen, dass mir die Übergangsphase, die ja gerade erst begonnen hat, wirklich an die Substanz geht, ohne dass ich immer genau benennen könnte aus welchem Grund. Die Mischung aus Rückwärtskulturschock, Verarbeiten des Gewesenen, Sondierung der Zukunftsperspektiven, veränderten Referenzpunkten, die normalerweise Halt geben, das „Was-und-wohin-jetzt-überhaupt?" ist etwas, auf das man sich nicht wirklich angemessen vorbereiten kann. Und das ist auch gut so, denn schließlich liegt der Gewinn ja im Loslassen: Gott streckt gern seine große, starke Hand aus, um uns aufzufangen.

Die Ina, die nun nach Deutschland zurückgekehrt ist, ist nicht mehr die Ina, die im Jahr 2000 ins Flugzeug nach Israel gestiegen ist. Manche Überzeugungen, Interessen oder Schwerpunkte haben sich verändert. Ebenso haben sich die Menschen in meinem deutschen Umfeld verändert, und auch wenn ich mit vielen von ihnen regelmäßigen oder sporadischen Kontakt hielt, ist es doch ein Neu-Kennenlernen, nun nicht mehr auf Distanz, sondern nahe und direkt.

Mit allen Sinnen Abschied nehmen

Doch noch einmal zurück nach Israel. Zum Abschied habe ich meine Füße noch einmal in den See Genezareth gesteckt – das ist einer meiner Lieblingsorte in Israel und ich durfte viele besondere Momente dort erleben. Auf dem Wasser zu gehen – das hat physisch leider nicht so ganz geklappt. Aber im Vertrauen auf Gott steht mir eine spannende Reise bevor, bei der meine Glaubensfüße sich mutig in Bewegung setzen ...

Inmitten allen Packens, Sortierens und der mit meinem Umsiedeln verbundenen Amtswege in Israel habe ich mir Zeit genommen, mich bewusst von Menschen, die auf die eine oder andere Art eine große Rolle für mich gespielt haben, zu verabschieden.

Etwa drei Wochen vor meiner Abreise stellte ich meiner Nachbarin – einer gereiften, aus persischen Gefilden eingewanderten Jüdin, die seit etwa fünfzig Jahren meiner Wohnung gegenüber wohnt – meine Nachmieterin vor. Ihre Reaktion darauf: „Du meinst das wirklich ernst mit deiner Abreise, was?! Gott segne dich und Danke für all das Strahlen, das du in unser Leben gebracht hast. Du hast diesem Land dein Herz geschenkt." Etwa zehn Tage nach dieser Begegnung traf ich sie erneut und sie kam mit weit geöffneten Augen auf mich zugestürmt: „Ina, ich dachte, du wärst schon weg! Wie bin ich froh, dich zu sehen!" Ich versicherte ihr, dass ich doch nicht abreisen würde, ohne mich vernünftig von ihr zu verabschieden. Dann sagte sie: „Es ist gut, dass du nach Deutschland gehst. Geh, aber komm uns besuchen!" Und dann nahm sie mich liebevoll in die Arme, mitten auf der Straße, betete und segnete mich im Namen des Gottes Israels.

Auch aus Fernost bahnte sich ein Abschiedsgruß zu mir in den Nahen Osten. Eines Tages rief mich die Leiterin des japanischen *Bridges for Peace*-Büros in Israel an und bedankte sich unter Tränen für meinen Dienst. Eine Frau, die ich in all den zwölf Jahren vielleicht insgesamt eine Woche leibhaftig gesehen habe. Ihre segnenden Worte waren ein Echo auf das, was meine Nachbarin sagte: „Ich weiß, dass Gott eine große Belohnung für dich bereithält!"

Später traf ich eine Sachbearbeiterin des Innenministeriums in der Innenstadt Jerusalems. Sie winkte mir zu und hielt mich an. „Ina, warum verlässt du uns?" Ich antwortete ihr, dass sie doch wohl am besten weiß, dass meine Visumskategorie mir lediglich nur noch ein paar Monate zusätzlich erlauben würde. „Aber das kriegt doch gar keiner mit, wenn du einfach so hier bleibst! Du brauchst kein Visum. Du bist schon eine von uns – schau dich doch an. Bleib hier, bitte verlass uns nicht!" Ich musste lachen. „Höre ich das wirklich aus deinem Mund? Du arbeitest beim Innenministerium! Du weißt genau, dass es so einfach nicht ist. Und bitte, sei dir gewiss, es ist nur mein Körper, der umzieht. In meinem Herzen werde ich euch niemals verlassen." Dann standen wir beide da, mitten in der Innenstadt, umarmten uns und weinten. Dieselbe Sachbearbeiterin begleitete mich bei meinem „offiziellen" Abschiedsbesuch im Innenministerium zur Tür, schaute mir lange nach und weinte. „Dieses Land wird nicht dasselbe sein ohne dich!" gehörte zu den letzten Worten, die sie mir mitgab.

Ein langer heiliger Moment

Meine Zeit in Israel hat weltweit Kreise gezogen und viele ehemalige Volontäre und Freunde haben mir zu meinem Abschied geschrieben. Worte, die zu groß für mein Herz sind. Worte, die mich tief berühren, mich in Demut staunen lassen. Es ist schlichtweg unfassbar, wie viele Leben ich berühren durfte! Ich genieße es, in diesen Botschaften zu blättern, wenn ich es auch vorsichtig dosieren muss, sonst würde mein Herz vor Dankbarkeit platzen. Meine engsten Freunde haben eine wunderbar liebevolle Abschiedsfeier organisiert, die Menschen aus dem ganzen Land zusammenbrachte. Oh, wie sehr habe ich mich gefreut und gewundert, wer da alles „aufkreuzte". Es war ein langer, wirklich heiliger Moment. Besonders. Abgesondert. Ein Moment, der zwölf Jahre in einem Schnappschuss zusammenfasste und mir fast das Herz platzen ließ.

Mein Vermieterehepaar hat mich bei der Abwicklung von Formalitäten immens unterstützt. Bei diversen Konferenzanrufen, beispielsweise mit der Telefongesellschaft, sagten sie der Sachbearbeiterin: „Was auch immer Ina wünscht, das tun Sie bitte! Ohne Einschränkung und ohne Verzögerung!" Das hat vieles erleichtert. Immer und immer wieder äußerten sie, wenn wir miteinander sprachen, dass sie noch immer nicht glauben konnten, dass ich wirklich gehe. Unabhängig voneinander sagten mir beide: „Ina, wenn du wieder nach Israel kommst, sei es zu Besuch oder hoffentlich wieder zu einem langen Aufenthalt, dann sollst du wissen, dass du dir niemals Sorgen um eine Unterkunft machen musst. Du wohnst erstmal in unserer kleinen Einliegerwohnung. Und solltest du wirklich für länger kommen, dann kannst du sogar diese Wohnung wiederhaben. Für dich werden wir jedem anderen Mieter so rasch wie möglich kündigen!" All das ging natürlich mit vielen Umarmungen und Tränen einher. Meine Vermieterin kam obendrein noch einmal extra an meinem vorletzten Tag vorbei und brachte mir ein kleines Geschenk, „damit du uns niemals vergisst!"

Alles, was ich zwölf Jahre lang kannte ...

Der Abschied von Freunden und Kollegen bei *Bridges for Peace*, insbesondere von meinem direkten Team und meinem Chef, lässt sich nicht wirklich in Worte fassen. Tränenbäche flossen, viele Erinnerungen traten zutage und mündeten in gemeinsamem Lachen und Nachdenken; die Atmosphäre bei meiner Abschiedsfeier war geprägt von Ehrfurcht und Dankbarkeit für die gemeinsame Reise, die hinter uns liegt und uns nun in verschiedene Richtungen führt.

Vier Freunde haben mich zum Flughafen begleitet. Zum Abschied waren diesmal die sonst so pedantischen Sicherheitsüberprüfungen milde und wir hatten noch genügend Zeit, einen gemeinsamen Kaffee zu genießen. Der Abschied fiel auch hier sehr schwer, als wollten wir uns nicht loslassen – und dann trennte uns eine Glasscheibe und wir winkten einander mit Tränen in den Augen zu, bis die strömende Menschenmenge das Erhaschen unserer Blicke unmöglich machte.

Es war wirklich schwer, Israel für einen unbekannten Zeitraum zu verlassen; mit dem Gedanken, dieses besondere Land zukünftig nur noch zu besuchen, nicht aber mehr dort leben zu können. Es war also auch ein Abschied von meinem Leben, so wie ich es die letzten zwölf Jahre gelebt habe. Ein Abschied von vielen lieben Freunden; von Menschen, die ich sehr wertschätze und die mich unbeschreiblich bereichert haben.

EPILOG

Vielleicht wäre „Zwischenspiel" die passendere Überschrift für die letzten Seiten dieses Buches. Es ist kein Ausklang, kein abgeschlossenes Werk, sondern eine Sequenz in einem großen Epos, dem Epos, das Leben heißt und in unerschöpflichen Variationen faszinierende Geschichten schreibt. Dieses Buch zu schreiben war eine Reise in mein Inneres, eine Art Reflexion im wahrsten Sinne des Wortes, denn immerhin wird dieser Begriff als „Nachdenken" oder „prüfende Betrachtung" definiert.

Wenn man sich einen Urlaub gönnt, kehrt man in der Regel mit einer Vielfalt von Fotos zurück, mithilfe derer man versucht hat, Eindrücke einzufangen und Erinnerungen zu bewahren. Man genießt nach der Rückkehr hin und wieder einen Blick auf das Erlebte, das die Alltagsroutine durchbrochen hat. Ähnlich geht es mir mit Israel. Es war wahrhaftig kein Urlaub, ganz im Gegenteil, aber es war ein großes Kapitel meines Lebens, das Spuren und 3D-Bilder in meinem Herzen hinterlassen hat. Es sind Erinnerungen, die mir wertvoll und kostbar sind; Erinnerungen, die mich auch jetzt noch in ihrer Tiefe faszinieren; Erfahrungen, die mich bereichert und verändert haben; Erfahrungen, die mich haben wachsen lassen und mir Kraft für die nächsten Kapitel meines Lebens geben.

Israel, das Land von Milch, Honig und Granat-Äpfeln. So habe ich dieses Buch betitelt und so habe ich es erlebt. Es war eine genussvolle, nahrhafte Erfahrung mit weitreichenden persönlichen Folgen. Israel hat mich verändert. Ich habe gelernt und gelitten, gejubelt, gebangt und genossen. Ich habe Israel noch immer nicht vollends begriffen. Doch habe ich Milch, Honig und beide Formen von „Rimonim" leibhaftig erleben dürfen. „Rimonim" – der Begriff für Granatäpfel und Handgranate gleichermaßen – ist für mich zu einem Wort enormer Tragweite geworden. Ein Granatapfel in meinen Händen ist in der Tat ein Granat-Apfel: Beim Aufbrechen der Schale zersplittert die Frucht in Hunderte von Kernen und ergießt ihre rotsaftige Köstlichkeit. Die Betonung liegt auf „Apfel". Ebenso schaue ich zurück auf eine Vielzahl selbst erlebter Situationen und Hunderte von Lebensgeschichten, die Leid und Zersplitterung verkraften mussten, deren Lebenssaft sich ergoss – und so verschiebt sich die Betonung hin zu „Granate". Israel – ein Land, in dem Wüsten zum Blühen gebracht werden und sich in fruchtbare Äcker verwandeln; ein Land, das den Erdkreis mit den süßesten Früchten versorgt; ein Land, dass inmitten von Schmerz, Tragik, Überlebenskampf, Fehlinterpretationen, Anfeindung und Imagekorrektur das Geschenk des Lebens nie außer Acht lässt. Ein Land, das – auch wenn „man"-cher es nicht wirklich zugeben will – uns viel näher ist, als wir glauben, das uns viel zu geben hat und dem wir viel zu verdanken haben.

In Israel sind mir viele Menschen mit einer „Zersplitterungsgeschichte" begegnet und jeder von ihnen hat Spuren in meinem Leben hinterlassen. Vielleicht kann der Kampf gegen Terror und Vorurteile und das Recht auf ein Leben in Frieden nicht in Einklang gebracht werden. Vielleicht selbst dann nicht, wenn sich die gesamte Weltpolitik einmischt. Trotzdem hinterlässt Israel in dieser Welt, markante, segensreiche Spuren. Der Begriff „Rimonim" ist eine Einladung zum eigenständigen Nachdenken, denn „Rimonim" ist ein Beispiel dafür, dass Israel nicht EINdeutig ist, sondern VIELdeutig.

Was bleibt? Allen voran eine tiefe Dankbarkeit für unerwartet viele herausragende Jahre fernab von Mittelmäßigkeit, von dem, was ein typischer Durchschnittsmensch wohl Normalität nennen würde. Es bleibt Ehrfurcht – eine große Ehrfurcht Gott gegenüber, der jeden meiner Schritte gelenkt, mich bewahrt, versorgt und unfassbar gesegnet hat. Und es bleiben Menschen. Freundschaften, die von höherer Hand gestiftet wurden, mit Menschen aus nahen Landen, aus Israel oder vom sprichwörtlichen Ende der Welt, aus den entferntesten Ecken unseres Planeten. Es sind Freundschaften, die viele Wetter durchlebt haben, jeder Witterung standgehalten haben und mit den Strahlen des Sonnenscheins, den Fäden des Regens und den Spuren des Sturms einen wunderschönen, tragfähigen Stoff gewoben haben.

Das Leben lehrt uns manche Lektion. Einige von ihnen begreifen wir leichter, andere verinnerlichen wir nur schmerzhaft, auf die harte Tour sozusagen. Egal ob gute oder schlechte Erfahrungen, wir können aus jeder Erfahrung lernen – im Grunde genommen ist es ja oft so, dass die Einstufung „gut" oder „schlecht" der subjektiven Betrachtung unterworfen ist und nicht objektiv erfasst werden kann. Wie oft hat sich etwas, das zunächst „gut" aussah, in etwas „Schlechtes" verwandelt? Wie oft entwickelte sich etwas „Schlechtes" in eine unerwartet „gute" Sache? Vorwärts leben und rückblickend verstehen, so wie Søren Kierkegaard es gesagt hat, auch das ist eine Lektion für sich.

Meine Jahre in Israel sind durchsetzt mit vielen Lektionen. Sie sind wie Souvenirs der Seele. Souvenirs, die in meinem Lebensregal stehen und niemals verstauben, weil sie im Kern ihrer Wahrheit regelmäßige Anwendung finden. Diese Lektionen sind keine Rezepte, von denen man sagen kann, dass man durch Zusammenfügen der Zutaten und mit dem angegebenen Koch- oder Backvorgang garantiert genau das Resultat erzielt, das auf dem Farbfoto so perfekt und schmackhaft aussieht. Es sind Ursprungsgedanken, die sich jedes Mal neu entfalten, in unterschiedlicher Gewichtung Anwendung finden und meinem Leben immer einen interessanten Geschmack verleihen. Gerade die Tatsache, dass manchmal eine außergewöhnliche Zutat, die auf den ersten Blick nicht so recht in die Zutatenliste zu passen scheint, dem Leben eine gewisse Würze verleiht, finde ich spannend und lebenswert. Daher sind „meine Israellektionen" eher Denkanstöße im Stenostil, deren Entfaltung jedem selbst überlassen sei:

- Sei vorbereitet auf das Unvorhergesehene und erwarte das Unerwartete.
- Lebe dein Leben in Fülle, koste es aus, nimm jeden Tag als ein Geschenk an und mach ihn zu einem. Es ist eine simple Tatsache, dass wir alle zum ersten und zum letzten Mal leben, ein „So macht man das" kann niemals der allumfassende Maßstab sein.
- Lass los und überlasse „es" (was auch immer „es" ist) Gott. Er ist dein Schöpfer; er kennt dich in- und auswendig und er liebt dich über alle Maßen.
- Menschen werden vergessen, was du für sie getan hast, aber sie werden niemals vergessen, wie sie sich in Deiner Gegenwart gefühlt haben.
- Sei du selbst und beschenke dich und andere mit dir selbst, ganz authentisch-ehrlich und doch wohldosiert. Halte nicht zurück oder verschließe, sondern öffne dich.
- Begegnungen haben nur wenig mit „Zufall" zu tun. Jeder Mensch, der dir begegnet, hat eine Bestimmung; so auch Du für jeden Menschen, dem du begegnest.
- Lache! Lache viel! Und am meisten über dich selbst!
- Liebe! Liebe viel und großzügig. Wage es, dich von der Liebe in ihrer unerschöpflichen Art beschenken zu lassen.
- Gott ist treu! In jeglicher Hinsicht. Und es gibt absolut überhaupt nichts, das er nicht erlösen oder wiederherstellen könnte. Selbst dann, wenn wir denken, etwas sei zu Staub und Asche zerfallen, in Gott ist die Quelle allen Lebens. Selbst dann.

Ich habe den mir anvertrauten Volontären in Israel immer gesagt, dass man nach einem mittel- oder langfristigen Aufenthalt in Israel für das gewöhnliche Leben ruiniert ist. Ein Leben in Mittelmäßigkeit ist einfach nicht mehr möglich. Mehr denn je kann ich dem nur zustimmen und es ist ein Wunsch, den ich an mich selbst stelle, den ich meinem Schöpfer mit jedem geschenkten Tag erneut vorlege, ein Wunsch, den ich mir und anderen hoffentlich erfülle – nicht im breiten Strom der Mittelmäßigkeit unterzugehen, farblos zu werden und die Würzkraft zu verlieren.

Im israelischen Denken ist eine FRAGE nur eine gute Frage, wenn sie eine Gegenfrage hervorruft. Fragen, die keine Gegenfragen provozieren, sind fade, farblos, nebensächlich. Ich wünsche mir von diesem Buch, dass es in so manchem Leser viele Gegenfragen und viel Nachfragen hervorruft. Fragen, die nicht loslassen und die das Gemüt bewegen; Fragen, die weitere Fragen provozieren und nicht bereits vorgekaute, ausgestanzte Platitüden aus der Mottenkiste hervorholen. Denn Israel ist nicht EINdeutig, es ist VIELdeutig. Und nur wenn wir lernen und es wagen, stets und ständig zu fragen und zu hinterfragen, kann es uns gelingen, ver-ANTWORT-lich zu leben!

Soli Deo gloria – Gott allein die Ehre. Mit diesen Worten habe ich meine Briefe aus Israel beendet und so beende ich auch bewusst dieses Buch: Ja, soli Deo gloria!

Quellennachweis

Kapitel 1

1 **Søren Kierkegaard und Theodor Haecker:** Die Tagebücher 1834-1855. 3. Aufl, Kösel, [München] 1949

2 Antwort des DDR-Staats- und Parteichefs **Walter Ulbricht** auf die Frage der Journalistin Annamarie Doherr (Frankfurter Rundschau), Pressekonferenz Berlin (Ost), 15. Juni 1961

3 **Mark Seager**, Fotograf, The Sunday Telegraph, 15. Oktober 2000

Kapitel 2

4 **Corrie ten Boom:** Die Zuflucht. 18. Taschenbuchauflage R. Brockhaus Verlag, Wuppertal 1997

5 **David Ben Gurion:** Rede auf dem 20. Zionistenkongress, Zürich 1937

6 **Arutz Sheva israelnationalnews.com:** „Zinni Gives Up On Arafat". www.israelnationalnews.com, veröffentlicht am 12.11.2001 http://www.israelnationalnews.com/News/ News.aspx/14466#.VSF4A-E3TAg (letzter Zugriff April 2015)

7 **FoxNews:** „Israel Declares Arafat 'Irrelevant'" Security Cabinet Cuts Contacts. Associated Press, veröffentlicht am 12.12.2001, siehe http://www.foxnews.com/story/2001/12/12/israel-declares-arafat-irrelevant-security-cabinet-cuts-contacts (letzter Zugriff April 2015)

Kapitel 4

8 zitiert in: **Erich Kästner / Renate Reichstein (Hrsg.):** Wird's besser? Wird's schlimmer? Gebrauchstexte für (fast) jeden Anlass. Deutscher Taschenbuch Verlag (dtv), München 2011

9 Franz (Franziskus) von Assisi, gebürtig Giovanni Battista Bernardone; ca. 1181–1226, italienischer Ordensgründer

Kapitel 6

10 **Wolf Biermann (dt. Liedermacher):** „Nur wer sich ändert",
CD 1991

11 **N. Manzur, R. Padan:** Lehrbuch „From Alef to Tav" (Seite
37), ISBN 965-306-224-7, Tel Aviv 2004

Kapitel 7

12 **Bundeskanzlerin Dr. Angela Merkel:** zitiert in „Konsequent
und klar - Anmerkungen zum Nahostbesuch von Angela
Merkel" http://www.israelnetz.com/hintergrund/detailan-
sicht/aktuell/konsequent-und-klar-anmerkungen-zum-nah-
ostbesuch-von-angela-merkel-11384/ (letzter Zugriff Juni
2015)

13 http://www.bundeskanzlerin.de/ContentArchiv/DE/Ar-
chiv17/Reiseberichte/il-bundeskanzlerin-merkel-in-israel.
html (letzter Zugriff Juni 2015)

14 **Bundeskanzlerin Dr. Angela Merkel:** Rede auf der 42.
Münchner Konferenz für Sicherheitspolitik am 4. Februar
2006 in München:
http://www.bundesregierung.de/Content/DE/
Bulletin/2001_2007/2006/02/2006-02-04-rede-von-bundes-
kanzlerin-dr-angela-merkel-auf-der-42-muenchner-konfe-
renz-fuer-sicherheitsp_2.html (letzter Zugriff Juni 2015)

15 **Raphael Israeli (Englische Übersetzung):** The Charter of Al-
lah: The Platform of the Islamic Resistance Movement (Hamas), Harry Truman Research Institute, The Hebrew Univer-
sity, Jerusalem. http://fas.org/irp/world/para/docs/880818.
htm (letzter Zugriff Juni 2015)

Kapitel 9

16 **The Beatles (Lennon/McCartney):** Album: "Sgt. Pepper's
Lonely Hearts Club Band; 1967

17 **David Ben Gurion**, ehem. Israelischer Ministerpräsident, in
einem Interview mit CBS am 5. Oktober 1956

Kapitel 10
18 **Rainer Maria Rilke:** Aus dem Nachlaß des Grafen C. W. Ein Gedichtkreis. Insel Verlag, Wiesbaden 1950

Kapitel 11
19 Central Bureau of Statistics Israel http://www1.cbs.gov.il/reader/?MIval=cw_usr_view_Folder&ID=141 (letzter Zugriff Juni 2015)
20 Israel Security Agency http://www.shabak.gov.il/English/EnTerrorData/decade/Fatalities/Pages/default.aspx (letzter Zugriff Juni 2015)

Kapitel 12
21 **Golda Meir,** israelische Außenministerin 1956–1966, vor dem National Press Club in Washington, USA 1957; zitiert in: A Land of Our Own: An Oral Autobiography. Putnam Verl. 1973, S. 242
22 ynetnews.com, veröffentlicht am 5. Juni 2011 http://www.ynetnews.com/articles/0,7340,L-4065366,00.html (letzter Zugriff Juni 2015)
23 Ha'Aretz, veröffentlicht am 30. Oktober 2011, www.haaretz.com/print-edition/news/saudi-royal-offers-900-000-reward-for-capture-of-israeli-soldiers-1.392666 (letzter Zugriff Juni 2015)